JN089410

ためさるる日

井上正子日記 1918-1922

The Diary of Inoue Masako – the Days of Trial –

法藏館

Masako, Inoue

井上正子日記 I、VI

自一九一八年（大正七）五月一日、至一九二二年（大正一一）九月二四日

日記 I 大正七年五月一日、一〇月七日

diary I *May* 1*st* - *Oct. 7th*, 1918

日記 II 大正七年一〇月一四日、八年三月二四日

diary II *Oct.* 14*th* 1918 - *Mar.* 24*th*, 1919

日記 IV 大正九年九月七日、一〇年三月一五日

diary IV *Sep. 7th*, 1920 - *Mar.* 15*th*, 1921

日記 V 大正一〇年五月一日、九月二七日

diary V *May* 1*st*, - *Sep. 27th*, 1921

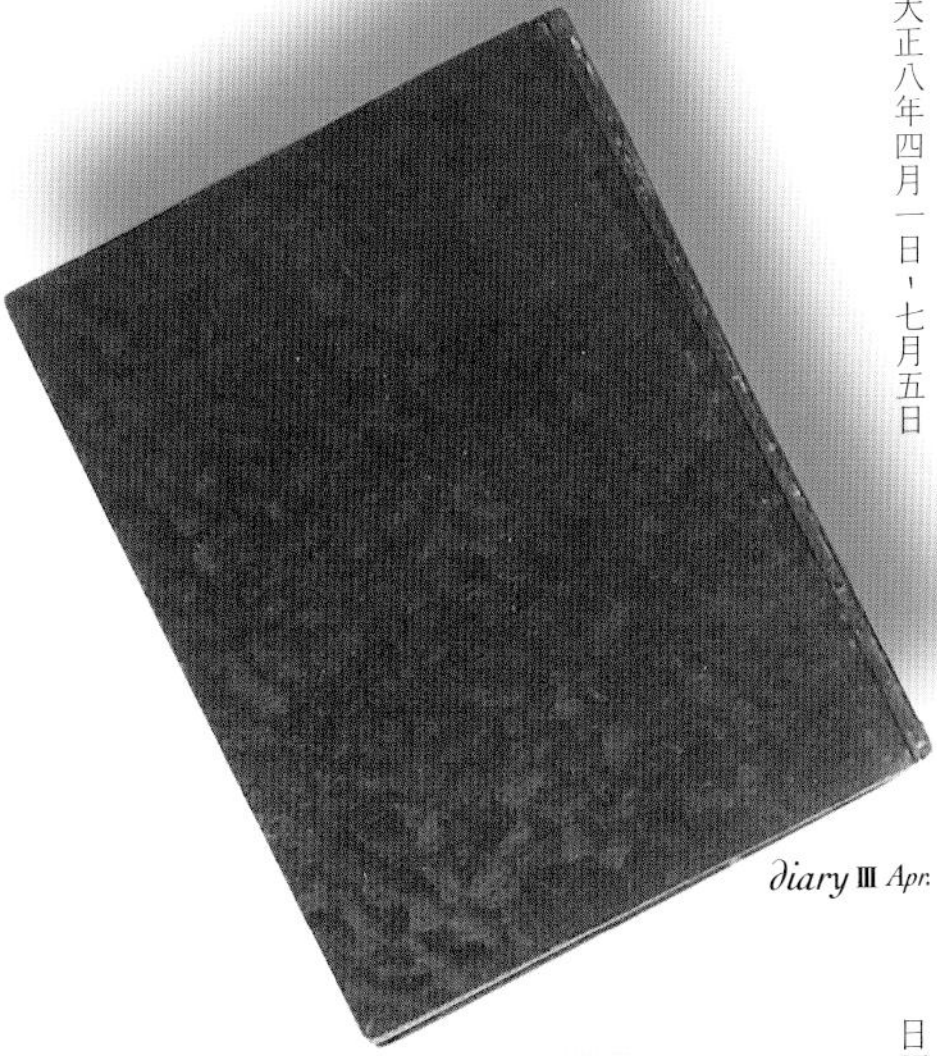

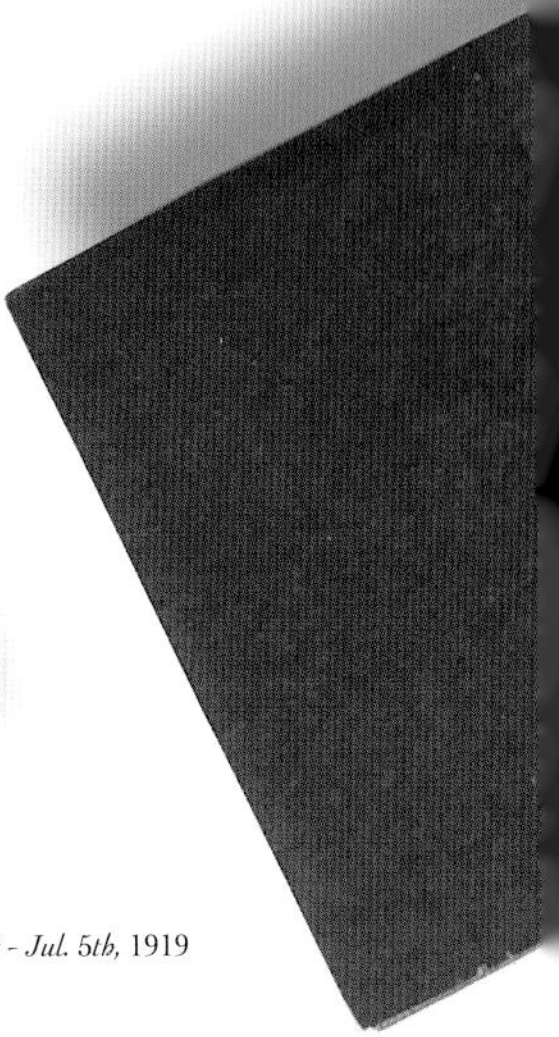

日記Ⅲ大正八年四月一日～七月五日

diary Ⅲ *Apr.* 1*st* - *Jul.* 5*th*, 1919

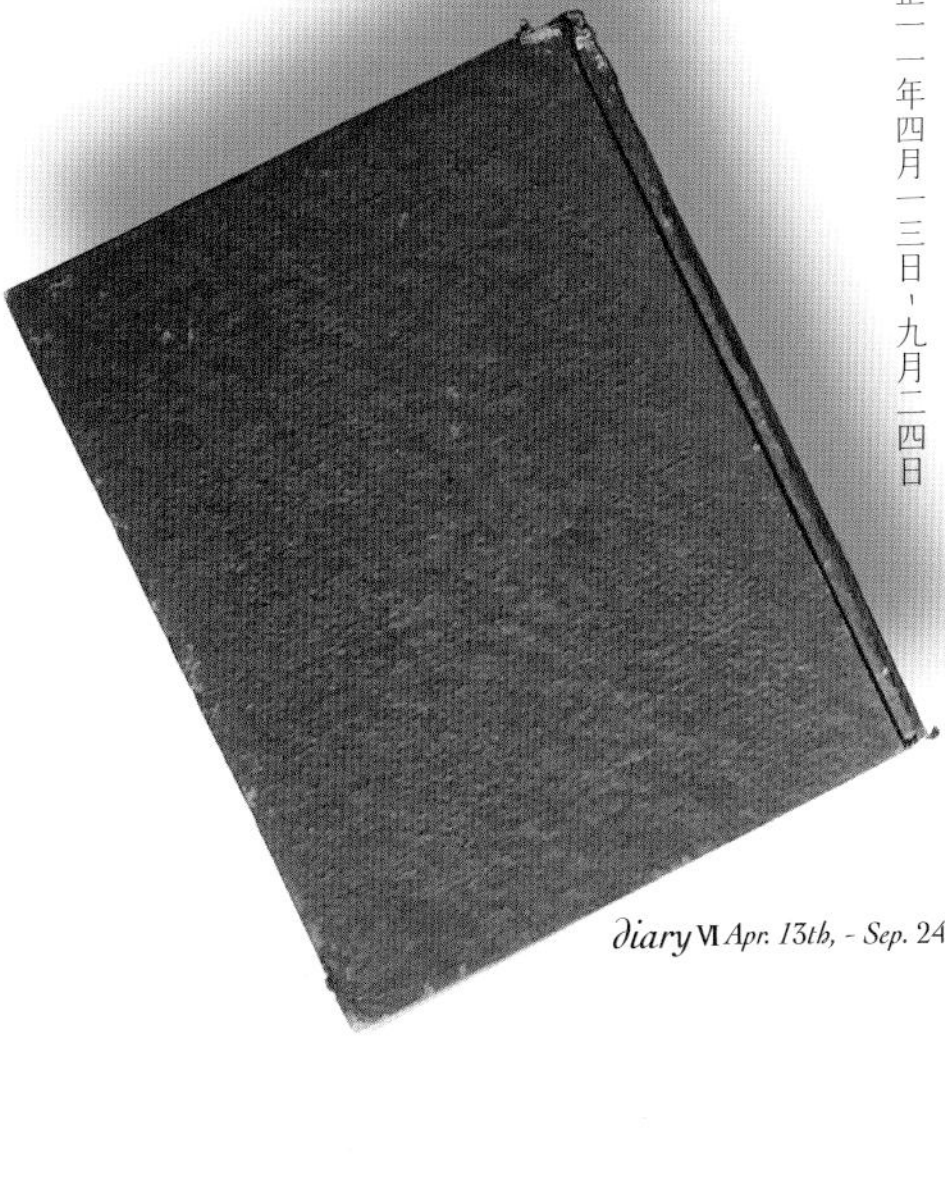

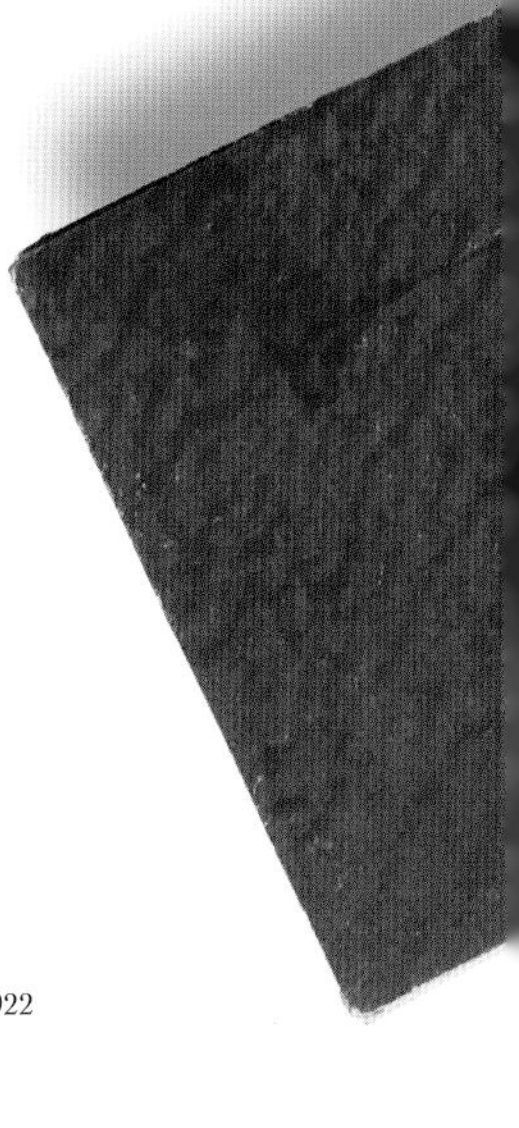

日記Ⅵ大正一一年四月一三日～九月二四日

diary Ⅵ *Apr. 13th*, - *Sep. 24th*, 1922

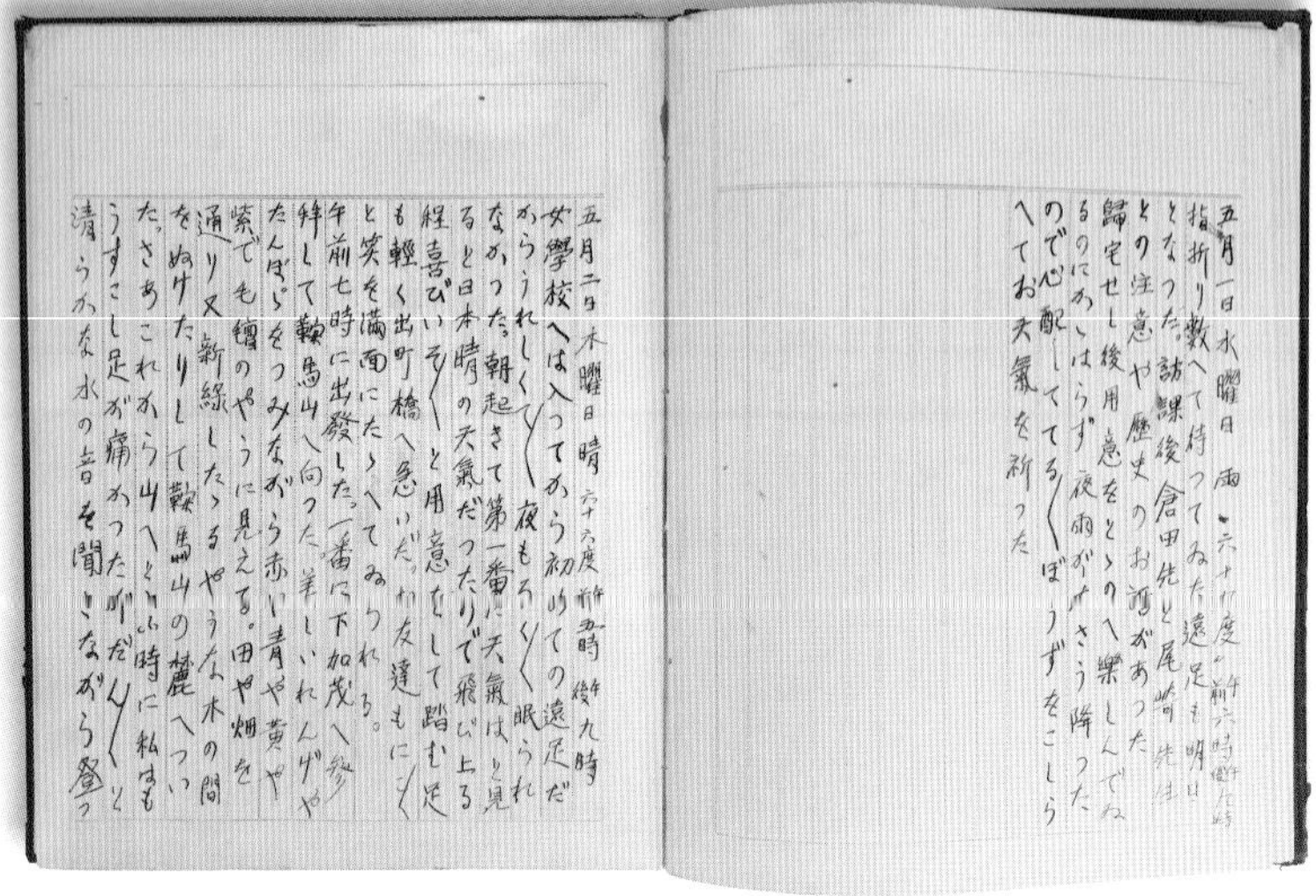

五月一日 水曜日 雨 六十[illegible]度 起床午前六時 就床午後九時
指折り数へて待つてゐた遠足も明日
となつた。訪課後倉田先生と尾崎先生
との注意や歴史のお話があつた
帰宅せし後用意をとゝのへ楽しんでゐ
るのにかゝはらず夜雨がかさう降つた
ので心配してゐる／＼ぼうずをこしら
へてお天氣を祈つた

五月二日 木曜日 晴 六十六度 起床午前五時 就床午後九時
女學校へは入つてから初めての遠足だ
からうれしく／＼夜もろく／＼眠られ
なかつた。朝起きて第一番に天氣はと見
ると日本晴の天氣だつたりで飛び上る
程喜びいそ／＼と用意をして踏む足
も軽く出町橋へ急いだ。もう友達もにこ／＼
と笑を満面にたゝへてゐられる。
午前七時に出發した。一番に下加茂へ参
拝して鞍馬山へ向つた。美しいれんげや
たんぽゝをつみながら赤い青や黄や
紫でも鐘のやうに見える。田や畑を
通り又新緑したゝるやうな木の間
をぬけたりして鞍馬山の麓へつい
た。さあこれから山へと思ふ時に私はも
うすこし足が痛かつたがだん／＼と
清らかな水の音を聞きながら登つ

日記Ⅰ 大正 8 年 5 月 1 日 - 2 日

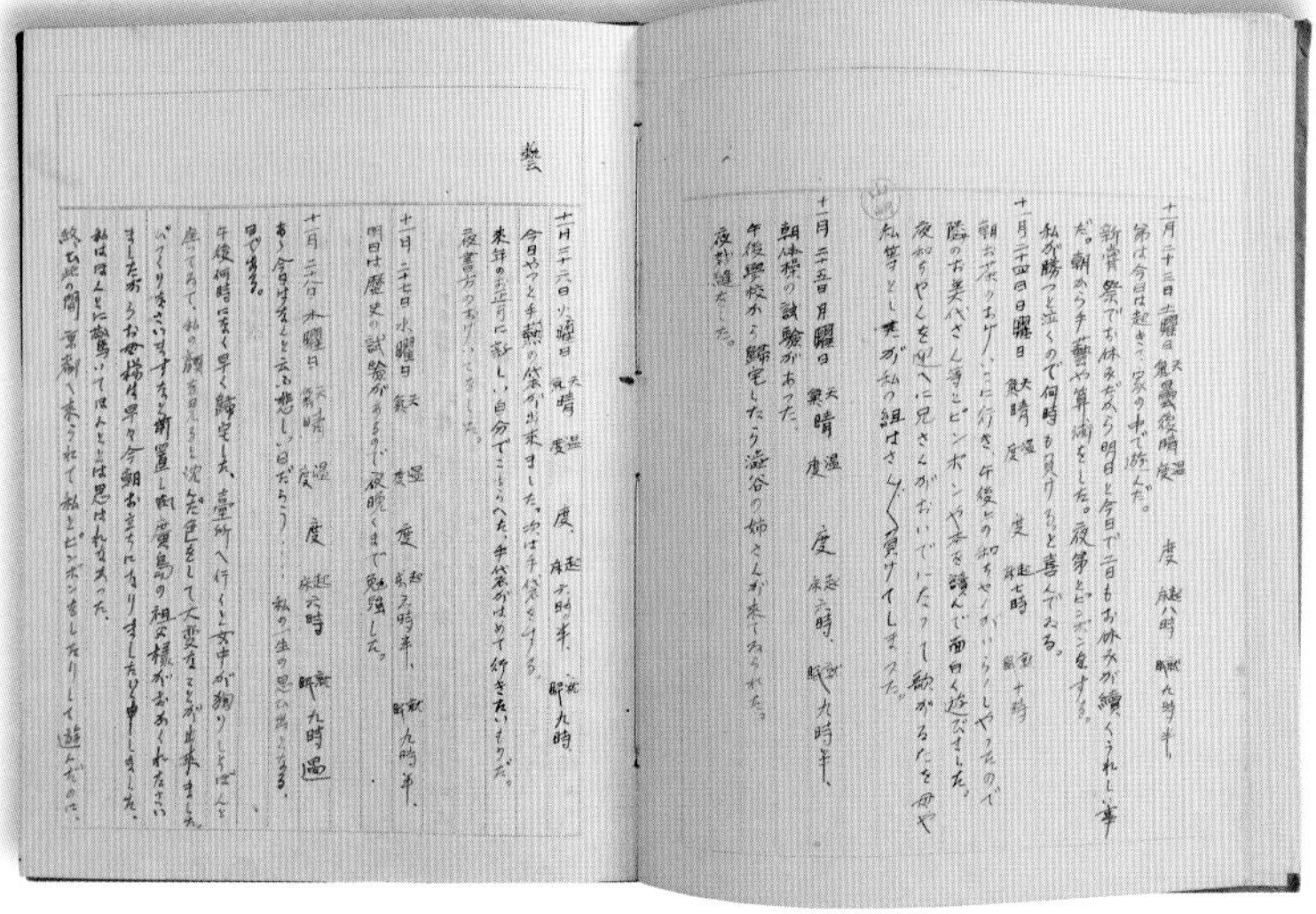

十一月二十三日 土曜日 天気 曇後晴 温度 度 起床八時 就眠九時半
弟は今日は起きて家の中で遊んだ。
新嘗祭でお休みだから明日と今日で二日もお休みが續くうれしい事
だ。朝から手藝や算術をした。夜弟とピンポンをする。
私が勝つと泣くので何時も負けると喜んでゐる。
十一月二十四日 日曜日 天気 晴 温度 度 起床七時 就眠十時
朝お茶のおけいこに行き、午後から和ちゃんがいらっしゃったので
隣の喜代さん等とピンポンやお話を読んで面白く遊びました。
夜和ちゃんを迎へに兄さんがおいでになつて歌がるたを母や
私等として私の組はさん／＼負けてしまった。
十一月二十五日 月曜日 天気 晴 温度 度 起床六時 就眠九時半
朝体操の試験があった。
午後學校から帰宅したら澁谷の姉さんが来てゐられた。
夜お遊をした。

十一月二十六日 火曜日 天気 晴 温度 度 起床六時半 就眠九時
今日やっと手袋の袋が出来ました。次は手袋をする。
来年の正月に新しい自分でこしらへた手袋をはめて行きたいものだ。
夜書方のおけいこをした。
十一月二十七日 水曜日 天気 曇 温度 度 起床六時半 就眠九時半
明日は歴史の試験があるので夜晩くまで勉強した。
十一月二十八日 木曜日 天気 晴 温度 度 起床六時 就眠九時過
あゝ今日は何と云ふ悲しい日だらう。…… 私の一生の思ひ出となる
日である。
午後何時もより早く帰宅した。臺所へ行くと女中が[illegible]
[illegible]

日記Ⅱ 大正 8 年 11 月 23 日 - 28 日

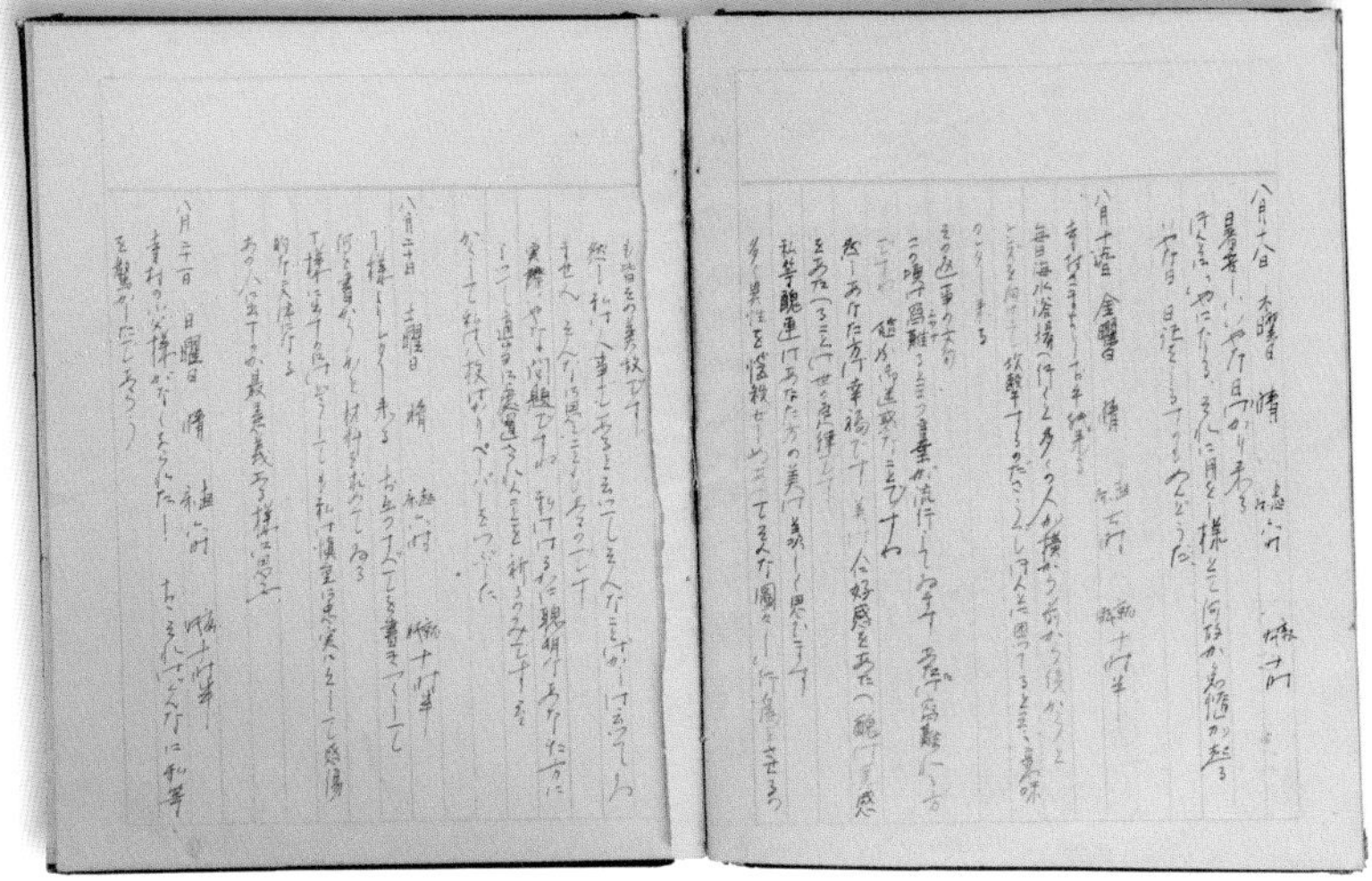

日記Ⅴ 大正 10 年 8 月 18 日 - 21 日

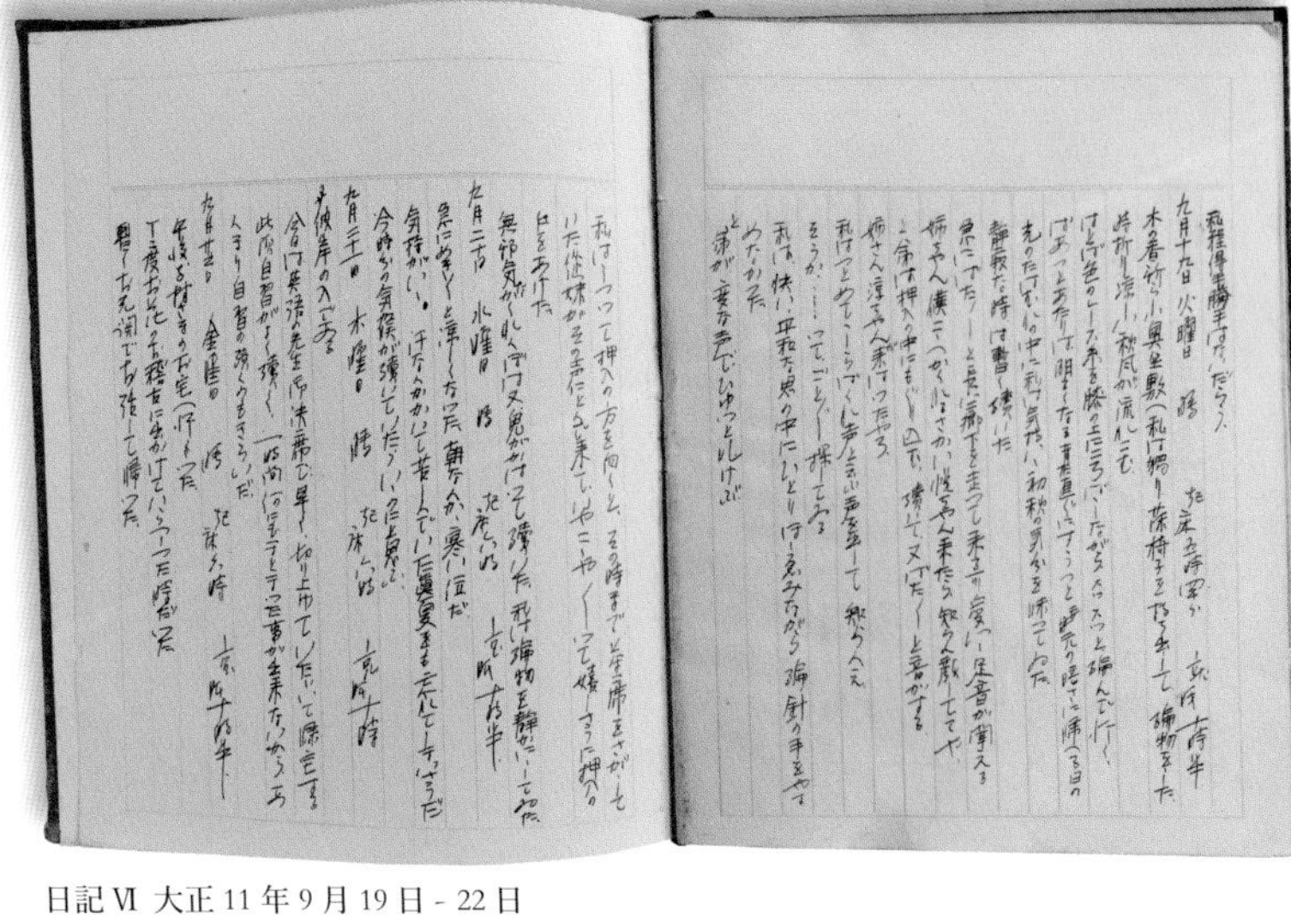

日記Ⅵ 大正 11 年 9 月 19 日 - 22 日

井上正子日記　1918-1922

序

井上迅
いのうえじん

六冊の日記帳

二〇一七年の春、徳正寺《とくしょうじ》の境内にある六角堂（納骨堂）の片づけをしていると、須弥壇《しゅみだん》の下の収納奥深くから埃《ほこり》をかぶった六冊の日記帳が出てきた。薄暗い堂内でそれを開けると、女学校に通う大伯母の多感な十代が現われてびっくりしてしまった。

わが家では、大伯母のことを「日野のおばちゃん」と呼びならわしてきたから、いまさら「大伯母」というのはかしこまったようで、いったんここでは「日野のおばちゃん」と呼ばせていただこう。母は、ただ「おばちゃん」と呼んでいる。母にとっては正真正銘の伯母だから。

滋賀県蒲生《がもう》郡日野町に住んでいたので日野のおばちゃん。

日野のおばちゃんは、母方の親戚ではもっとも頻繁に寺へやってきた。二ヶ月に一度くらいは用事で京都に出てきて、四条で買い物をして、かならず寺に寄ってくつろいでいかれた。おばちゃんの娘のひさこねえちゃん（母の従姉、尚子さん）と一緒にやってくることも多かった。おばちゃんは自分の家のように過ごしておられたが、もともとここが生家だったのだから当然のことだと、記憶の片隅に残る日野のおばちゃんの姿を、日記を書いていた女学生の頃の井上正子《まさこ》に重ねてみる。

日野のおばちゃんが母方の親戚で、おばちゃんから見て姪《めい》っ子であるわたしの母は、寺の一人娘だった。母の父、すなわちわたしの祖父は日野のおばちゃんの弟、彰淳《しょうじゅん》（幼名・淳丸《あつまる》）になる。

わたしは祖父を知らない。なぜって、祖父は一九五七年（昭和三二年）、四十六歳の若さで病没している。わたしの生まれる十四年前だ。祖父が死んだとき、母は十一歳、小学五年生であった。

母は、十歳の頃を回想した文に、「私がもの心ついてから六歳までの三年ほど、父との楽しい日々は、短かったゆえ何度も反芻《はんすう》され濃密に記憶されている」と記してから、こう続ける。

静かに横たわり、こちらの質問にしか答えなくなった父、痩せて細くなった指先を見つめている横顔の父も、私は大好きだった。

井上章子《しょうこ》「10才のとき　トフン（兎の糞）の賑わい」
（『はなかみ通信　其の五十九通』はなかみ通信局、二〇二〇年一月）

わたしは晩年の祖父の横顔を初めて知った。遥か年下の年齢になってしまった父の肖像を、母はずっと忘れず記憶の底にとどめていた。あるとき誕生日を迎えた母が、「父と同じ年になってしもうたわ」とつぶやいていたのをわたしは覚えている。

六角堂で日記帳を開いたとき、まず目に飛び込んで来た出来事に祖父の姿をみとめたことが、この日記がもつある種の特別さを、わたしに決定づけてしまった。

お家に帰って弟に〝いちごゼリーは素的よ。王様の冠のルビーの様に光った。おいしいのよ。夏休みになったらして上げますわ〟ってうんと前告《まえぶ》れを大きく云う。弟〝姉ちゃん夏休みでなくったって明日でもかまいませんよ〟なんて云っていた。

一九二二年（大正一一）六月二一日　水曜日

ブルーのインクで綴られた文字を目で追うと、おおよそ百年前のここでの日常が克明に記しとめられていた。わたしは、祖父の姿を日記の中に探してまわった。

帰宅しましてあまり暑うございましたからお二階のお座敷で涼んでいましたら、弟は目がさめてしまって私と長い事寝台の上でお医者ごっこをしたり大正琴をひいたりして遊びました。

一九一八年（大正七）七月二七日　土曜日

弟は私が女ですから、やはりよく女みたいな遊びをします。ずっと前、母にねだってこしらえていただいた姉様《あねさま》［姉様人形］を大切にしまって置きましたら、今日も弟はそれで独り何か口で云いながらおとなしく遊んでいました。母は、女みたいなと云って笑っていられました。

一九一八年（大正七）七月二九日　月曜日

弟はこの頃竹馬に一生懸命である。母が「あぶないからお止め」とおっしゃっても聞かないので私が竹馬をかくしたらおこって私をたたきに来た。

一九一九年（大正八）二月一二日　水曜日

夜母と弟と三人で京極《きょうごく》へ行って、弟は雑記帳、私は櫛《くし》を買っていただいた。

一九一九年（大正八）三月一〇日　月曜日

弟の無邪気に遊んでいる姿をぼんやり見ては、私もあの様な快活な心になってこのくだらない心配を心から取りたいと独り苦しむのである。

日記に描写された祖父の幼年時代を知ると同時、子どものころ日野へ行くと、幼いわたしを相手にカロム（湖東に伝わるビリヤードに似た盤上ゲーム）をして遊んでくれた日野のおばちゃんを、弟、弟と愛おしく日記に綴る姉の横顔に、わたしはそっと重ねあわせた。もちろん十代のおばちゃんのポートレートは、寺に残された古いアルバムの中でしか知らない。

日記の中に弟（祖父）の姿を見つけるたび、そこはかとない儚さが影を落としているように感じるのは、弟が四十六歳という若さで死んだことを知っているからだろうか。いや日記を綴る姉は、ただその日の出来事に思い浮かんだ感想を気随気儘《きずいきまま》に添えているだけである（たとえ家族や教師が日記を読むことを意識していたにせよ)。そして翌日の日記は未知として、その時点では何も記されていなかったのだ。


木の香。新しい奥座敷へ私は独り籐椅子を持ち出して編物をした。

時折り涼しい秋風が流れこむ。

はとば色のレース糸を膝の上にころばしながら、スッスッと編んで行く。

ぱあっとあたりは明るくなる。直ぐにすうっと元の暗さに返える日の光のたわむれの中に、私は気持ちいい初秋の気分を味わっていた。

静寂な時は暫く続いた。

急にばたばたと長い廊下を走って来る足音が聞こえる。

〝姉ちゃん僕ここへかくれるさかい、悦ちゃん来たら知らん顔しててや〟

と弟は押入れの中にもぐり込む。続いて又ばたばたと音がする。

〝姉さん淳ちゃんが来はったやろ〟

私はつとめてしらばくれ声と云う声を出して
〝知らんえ〟

〝そうか……〟ってごとごと探している。

私は快い、平和な思いの中にひとりほほえみながら編針の手をやすめなかった。

と、弟が変な声で〝ひゅっ〟と叫ぶ。

私は〝しっ〟って押入れの方を向くと、その時まで、茶席をさがしていた従妹がその声にとんで来て〝いやここやここや〟って嬉しそうに押入れの戸をあけた。

無邪気なかくれんぼは又鬼がかわって続いた。私は編物を静かにしていた。

一九二二年（大正一一）九月一九日　火曜日

編み物を編むように、日野のおばちゃんが十二歳から十六歳にかけて綴った日記が、無邪気なかくれんぼをしているうち、誰にも見つけられることがないまま百年近く眠っていた。日野のおばちゃんが日記帳を生家に残してきたのは、どうしてだったのだろう。そこには帰りたくても帰ることのない彼女の少女時代がつまっていると知っていたからだろうか。

長い眠りから醒めた日記は、開くとただちに百年前のいまここに私たちを誘ってくれる。

ためさるる日

井上正子日記 1918-1922｜目次

目次

〈凡例 - この本の編集方針〉

ここに収められる日記は、井上正子（結婚して野田正子／一九〇六～一九九八年）が、京都市立高等女学校（一九一八年〈大正七〉四月本科入学～一九二二年〈大正一一〉三月同科卒業）、京都府立第一高等女学校（一九二二年〈大正一一〉四月本科五年入学～一九二三年〈大正一二〉三月同科卒業）の二学校に在籍していた、一九一八年（大正七）五月一日から一九二二年（大正一一）九月二四日までの五年間、断続してつけられた六冊の日記帳の全記述である。

底本とする六冊の日記帳は便宜上、通し番号（I～VI）をローマ数字で年代順に振った。日記（I～VI）の体裁、記述期間などの書誌は左に示すとおり。

名称
記述期間
形状／判型（縦×横×厚さcm）／ページ数

日記I
一九一八年（大正七）五月一日～一〇月七日
丸背上製継ぎ表紙本（背 - クロス、平 - 紙）／二〇・六×一六・三×〇・六cm／八四ページ

日記II
一九一八年（大正七）一〇月一四日～一九一九年（大正八）三月二四日
丸背上製継ぎ表紙本（背 - クロス、平 - 紙）／二〇・六×一六・〇×〇・五cm／七〇ページ

日記Ⅲ
一九一九年（大正八）四月一日～七月五日
丸背上製紙装本／二〇・八×一六・二×〇・五cm／五八ページ

日記Ⅳ
一九二〇年（大正九）九月七日～一九二一年（大正一〇）三月一五日
丸背上製紙装本／二〇・五×一六・〇×〇・六cm／九〇ページ

日記Ⅴ
一九二一年（大正一〇）五月一日～九月二七日
丸背上製紙装本／二〇・六×一六・二×〇・六cm／八四ページ

日記Ⅵ
一九二二年（大正一一）四月一三日～九月二四日
丸背上製紙装本／二〇・三×一六・〇×〇・八cm／九六ページ

日記帳はすべて、井上正子が在籍した京都市立高等女学校（一九二二年より京都府立第一高等女学校）から生徒専用に配布されたものである。生徒は日課として日記をつけるように指導されていた。おおよそ一週間置きに先生の添削（朱筆）が入り認め印が押されている。扉ページに「日誌記入項目」として、「一　月日曜　晴雨　温度　起床　就眠／右一行ニ記入スルコト／一　当日ノ重要ナル事項及所感」と挙げられ、日記はこの項目に沿って誌される。

日記帳の版式は縦罫（一七行）で上欄が横枠に空けられている。筆記具には万年筆を用い、インクの色は主にブルーかブラック、まれにセピアがかった色のインクを使用している。

本書は若い読者に広く読まれることを第一義に考えて、日記本文の仮名遣いは現代仮名遣いに直し（例・思ふ→思う／でせう→でしょう／ゐる→いる／おつしやる→おっしゃる）、指示代名詞、接続詞など現在は仮名表記される場合が多い漢字表記（例・此の→この／其の→その／然し→しかし）は編者の判断でひらがなに開いた。近年は「言う」に統《す》べられて使用頻度の減った「云《い》う（云ふ）」は、本日記では多用されるため原文のままとする。また記者（井上正子）は、「入る」を「は入る」と表記し、これは「這入《はい》る」の「這」を仮名表記したものと思われ、すべて「入る」に統一した。同じく「いらっしゃった」と書き記すべきところ、記者は「いらしった」と記すことが多い（話し言葉の発音を表したのか）。これは、全日記を通じて「いらっしゃった」の表記と同等に混在し、記者がニュアンスを使い分けている可能性も考えられるのでそのままとした。〈ゝ／ゞ（一の字点）〉および〈〳〵／〴〵（くの字点）〉の繰り返しを表す〈踊り字〉は基本的に使用せず、踊り字で略された文字を表記する（例・まゝ事→まま事／うかゞつた→うかがった／いろ〳〵→いろいろ／ちり〴〵ばら〴〵→ちりぢりばらばら）。ただし例外として、三文字以上の言葉や熟語などの繰り返しを表した〈〳〵／〴〵〉は、文字面が過剰に見えるきらいがあるため〈踊り字〉表記を残した（例・是非〳〵／可愛い〳〵／りん〳〵〳〵）。旧漢字は、人名・地名など一部の固有名詞を除いて新漢字に改めた。図書・絵画・映画・演劇などの作品タイトルは地の文との区別で《ギュメ（二重山型）》に括《くく》る（例・新少女→《新少女》」／クレオパトラ→《クレオパトラ》／松園さんの焰も→松園さんの《焰》も）。会話や話し言葉についても地の文と不分明な条《くだ》りは、〝ダブルミニュート（ちょんちょんかっこ）〟に括るようにした（例・弟がふいに姉ちゃんこれでよろしいかと何だか見せました→弟がふいに〝姉ちゃんこれでよろしいか〟と何だか見せました）。なお、本文で特定の単語を説明していて、地の文との区別が必要な場合、〈山括弧《かっこ》〉を用いる。〈送り仮名〉は、現代の用例に概ね従って直すものとした。ただし、現代仮名遣いに直すことにより、日記の内容・意味合い・表現を損ねる場合はそのままとして註記する。なお詩歌（短歌・今様・詩など）や俳句の自作・引用ほかは、あえて註をほどこさず原文のままとした（例・こほろぎの やさしき声の ひゞく時 我が友よりの 便り来る）。明らかな誤字・脱字は訂正し、本人による訂正はそれに従った。ただし該当の記述を削除する打ち消し線での訂正は、ときに記者の思考の痕跡をとどめる場合、訂正箇所を示してそのままとした（例‐青い葉陰）。教師の朱筆による書き込み（朱記）、校正、教師名の朱印は書体を〈ＤＦＰ教科書体〉に変えて表記する（例‐幸福を感謝して一層努力なさるよう［朱記］／（山崎）［朱印］）。また教師の朱筆校正は註を施してそれに従う。なお明らかな誤字で、何かしら誤りの理由が考えられそうな箇所は〈［ママ］〉と右横に表記し、訂正を〔亀甲かっこ（亀甲）〕で補う（例‐自彊［ママ］〔彊〕会）。同じ理由から、脱字は〈□〉で示す（例‐金□〔剛〕石の歌）。本文の読み易さを鑑みて、適宜〈読点（、）〉〈句点（。）〉を補った。正子日記の句読点は、句点を〈。〉と記さず〈、〉を打つのみであり、文脈から句点で区切られるべき〈、〉は、編者の判断で〈。（句点）〉に置き換えた。同様に読みやすさの観点から、原文にはない圏点《けんてん》「〇〇（ゴマ点）」を補った箇所が多々ある（なお原文に圏点のあるものは「△△（黒丸）」で表記／例‐そてつ）。難読の言葉にはふりがな（例‐丸髷《まるまげ》／原文にふりがなのあるものはゴシック体で表記／例‐騎士《ナイト》／業《ゴウ》）をつけた。文意がはっきりとせず説明を要する箇所や補足、また難しい言葉、現代では不分明となったものごと、歴史事項などは、該当する言葉の直後に［角括弧］に括った註釈を付す（例‐単衣《ひとえ》［裏地をつけない一重の和服］／午前六時［起床］）。さらに細説を必要とするものには〈＊（アステリスク）〉を付して番号を振り、傍註を施した（例‐安東県＊1）。傍註は〈＊〉を付した箇所が含まれるページの見開き、左ページ（奇数ページ）に参照できるように可能な限り配置した。左ページに傍註が収まりきらないものは、次々ページの傍註へ続けている。註釈中の引用文は、原文が旧仮名遣いを用いるものは、現代仮名遣いに直さず、そのままの表記とする。解読不明の文字・箇所は〈■〉で示す。なお日記本文中で用いられる「（丸括弧）」は地の文に含まれて、すべて記者が用いたものである。従って、編者は日記本文中では（丸括弧）を用いず、日記中に現れた（丸括弧）で括られた単語やセンテンスは、日記の地の文として、文字の大きさを変えず本文と同じ文字サイズ（９ポイント）のまま表した（例‐高松の伯母さん（家庭教師）〈９ポイント〉）。

原典では、段落の初行の一字目は下げずに行頭が揃えられている。本書の日記本文もそれを踏襲し、段落の初行の一字目を下げずに表記する。

日記が書かれた当時の社会背景、時代背景をより鮮明にするため、主に新聞史料（『日出新聞』『大阪毎日新聞』『大阪朝日新聞』など）を手がかりに、「その日（頃）の出来事」（日付に傍註を示す〈＊〉を付す）として紹介する。とりわけスパニッシュ・インフルエンザ（スペイン風邪）、米騒動、東本願寺の動静などに関わる報道は、記者（正子）とその家族、また真宗大谷派寺院（正子の生まれ育った德正寺や伯父 阿部惠水の等觀寺など）での生活に少なからず影を落としており、「正子日記」を読解する上での助けとなろう。

本書には挟み込み付録として「京都市全景パノラマ地図」を用意した。本地図は、「正子日記」の書かれた大正期の京都市中と近郊の様子を地理的に鳥瞰して描いたもので、日記に現れた地名や名所旧跡がマッピングされている。本図には、それら地名を地図上でたどれるように格子座標を施した。日記を読みながら座標を頼りに当該地を確かめることができるので利用されたい。（例‐円山公園〔地図 g-3〕）

〈文中に挿入される符号は、主に次の説明に用いる〉
［ ］編者による註／〔 〕誤字・脱字の補訂／□ 脱字・空白／■ 解読不明／〈 〉特定の単語を地の文と区分する／《 》地の文との区分けがない図書・絵画・映画・演劇などのタイトル／原文にあるふりがなはゴシック体で表記（例‐吃驚《びっくり》）／正誤の判断をしかねる不明な箇所、明らかな誤りでも文意に引きづられる形で生じた誤りは訂正せず、右側に〈〔ママ〕〉と振る（例‐輝《〔ママ〕》〔照〕らす月）／教師による朱筆の書き込み、教師名の朱印は書体を「ＤＦＰ教科書体」に変えて表記（例‐美し［朱記］／（尾崎）［朱印］）

井上正子人物関係図

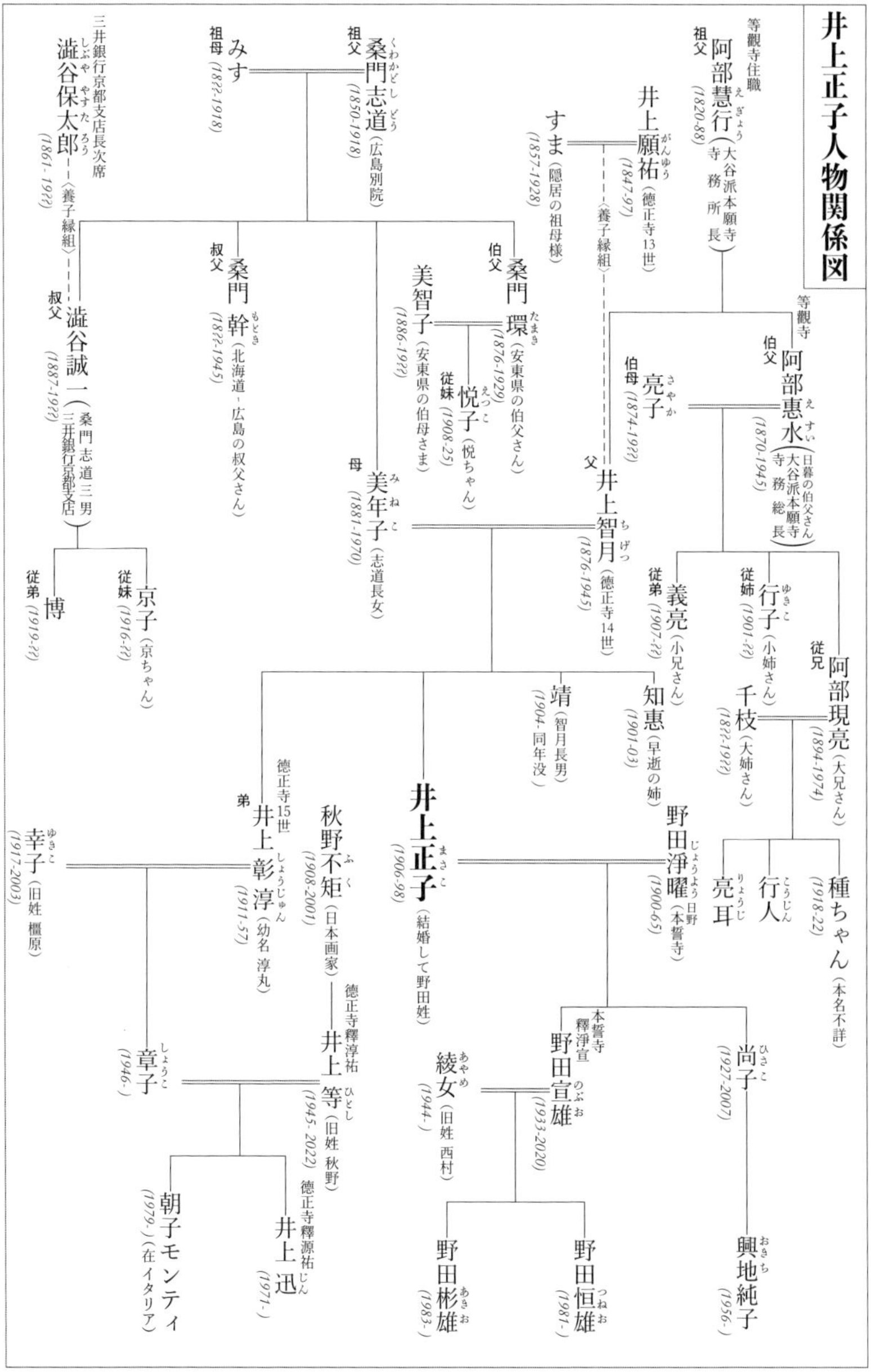
祖父
等観寺住職
阿部慧行《えぎょう》（大谷派本願寺寺務所長）
(1820-88)
井上願祐《がんゆう》（徳正寺13世）
(1847-97)
すま（隠居の祖母様）
(1857-1928)
（養子縁組）
祖父
桑門志道《くわかどしどう》（広島別院）
(1850-1918)
祖母
みす
(18??-1918)
三井銀行京都支店長次席
澁谷保太郎《しぶややすたろう》
(1861-19??)
（養子縁組）
等観寺
伯父
阿部恵水《えすい》（日暮の伯父さん 大谷派本願寺寺務総長）
(1870-1945)
伯母
亮子《さやか》
(1874-19??)
父
井上智月《ちげつ》（徳正寺14世）
(1876-1945)
伯父
桑門環《たまき》（安東県の伯父さん）
(1876-1929)
美智子（安東県の伯母さま）
(1886-19??)
従妹
悦子《えつこ》（悦ちゃん）
(1908-25)
叔父
桑門幹《もとき》（北海道・広島の叔父さん）
(18??-1945)
母
美年子《みねこ》（志道長女）
(1881-1970)
叔父
澁谷誠一（桑門志道三男 三井銀行京都支店）
(1887-19??)
従弟
博
(1919-??)
従妹
京子（京ちゃん）
(1916-??)
従弟
義亮（小兄さん）
(1907-??)
従姉
行子《ゆきこ》（小姉さん）
(1901-??)
従兄
阿部現亮（大兄さん）
(1894-1974)
千枝（大姉さん）
(18??-19??)
亮耳《りょうじ》
行人《こうじん》
種ちゃん（本名不詳）
(1918-22)
靖（智月長男）
(1904-同年没)
知恵（早逝の姉）
(1901-03)
野田浄曜《じょうよう》（日野本誓寺）
(1900-65)
井上正子《まさこ》（結婚して野田姓）
(1906-98)
秋野不矩《ふく》（日本画家）
(1908-2001)
弟
徳正寺15世
井上彰淳《しょうじゅん》（幼名 淳丸）
(1911-57)
幸子《ゆきこ》（旧姓 櫃原）
(1917-2003)
本誓寺釋浄宣
野田宣雄《のぶお》
(1933-2020)
綾女《あやめ》（旧姓 西村）
(1944-)
尚子《ひさこ》
(1927-2007)
徳正寺釋淳祐
井上等《ひとし》（旧姓 秋野）
(1945-2022)
章子《しょうこ》
(1946-)
朝子モンティ（在イタリア）
(1979-)
徳正寺釋源祐
井上迅《じん》
(1971-)
野田彬雄《あきお》
(1983-)
野田恒雄《つねお》
(1981-)
興地《おきち》純子
(1956-)

日記 I

一九一八年（大正七）五月一日〜一〇月七日

休業日

一　祝日大祭日

二　皇后陛下御誕辰［誕生日］

三　日曜日

四　本校創立記念日

五　加茂祭日

六　学校所在地氏神祭日

七　平安神宮祭日

八　夏期休業日　自七月二十一日　至九月五日

九　冬期休業日　自十二月二十五日　至翌年一月七日

一〇　学年末休業日　自三月二十六日　至三月三十一日

日誌記入項目

一　月日曜　晴雨　温度

起床　就眠

右一行ニ記入スルコト

一　当日ノ重要ナル事項及所感

［以上、扉ページ。活字で刷られる。「日記I～VI」の扉ページも「日記I」と同様すべて同じ文面であり、「日記II」以下は省略］

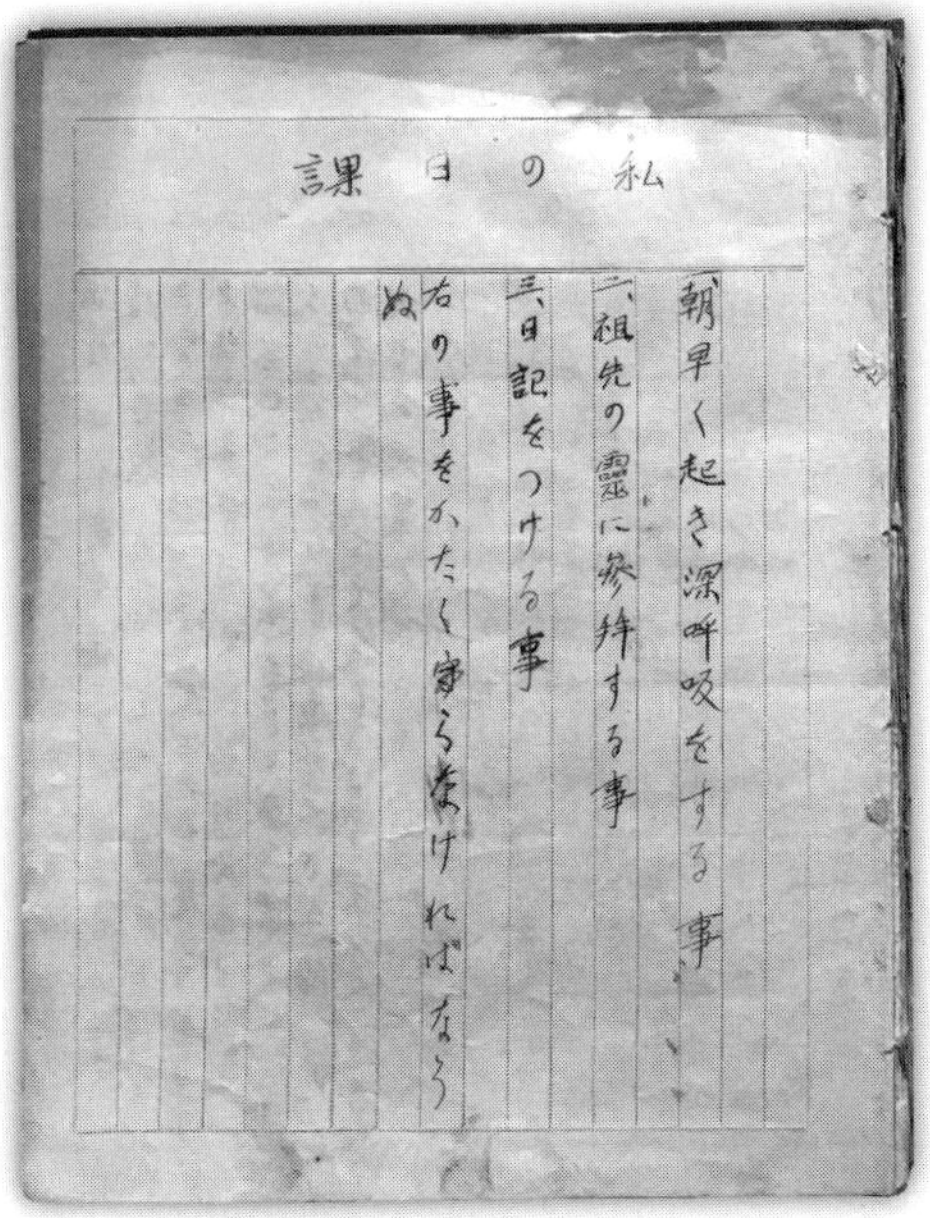

私の日課［上欄に右から左へ横書］

一、朝早く起き深呼吸をする事
二、祖先の霊に参拝する事
三、日記をつける事
右の事をかたく守らなければならぬ

五月一日　水曜日　雨　六十九度［気温はカ氏（華氏）温度で記録。カ氏69°Fをセ氏（摂氏）温度に直すと20・5℃／以下［ ］内はセ氏温度］　午前六時［起床］　午後九時［就眠］

指折り数えて待っていた遠足も明日となった。放課後倉田先生と尾崎先生との注意や歴史のお話があった。

帰宅せし後、用意をととのえ楽しんでいるのにかかわらず夜雨が大そう降ったので心配して、てるてるぼうずをこしらえてお天気を祈った。

五月二日　木曜日　晴　六十六度［18・8℃］　午前五時［起床］　午後九時［就眠］

女学校［京都市立高等女学校（現 京都市立堀川高校）／地図*g-5*］へ入ってから初めての遠足だから、うれしくてうれしくて夜もろくろく眠られなかった。朝起きて第一番に天気はと見ると日本晴の天気だったので飛び上る程喜び、いそいそと用意をして踏む足も軽く出町《でまち》橋［地図*d-4*］へ急いだ。お友達もにこにこと笑みを満面にたたえていられる。

午前七時に出発した。一番に下加茂《しもがも》［下鴨神社／地図*d-4*］

へ参拝して鞍馬《くらま》山［京都北郊の霊山。標高五八四㍍］へ向った。美しいれんげやたんぽぽをつみながら赤や青や黄や紫で毛氈《もうせん》のように見える。田や畑を通り又新緑したたるような木の間をぬけたりして鞍馬山の麓《ふもと》へついた。さあこれから山へという時に私はもうすこし足が痛かったがだんだんと清らかな水の音を聞きながら登った。もう中頃になったと思う頃、足が非常に痛んだがこれ位と勇気を出したがだるくて気ばかりあせって一寸《ちょっと》とも頂上へ行けない。ひきずりひきずりとうとう着いてやっと安心した。それよりお弁当を食べたが何んとも口にも筆にもつくされない程おいしかった。ほんとに一生忘れられない。足の痛いのをこらえて奥の院の僧正谷《そうじょうがたに》へ行きて多くの石がある所を見て貴船《きぶね》へ下り神社に参拝して上加［ママ］〔賀〕茂［上賀茂《かみがも》／地図〈一〉］へ急いだ。そこにて十五分間程休んだ。その時は草原の上に足をなげだして痛いのをさすった。そこより出町橋へ帰ったがその道の足のだるかった事忘れられない。出町から電車［京都電気鉄道（京都市電）の路面電車］で家へ帰った。直ぐに風呂に入りつかれた足をのばしてぐっすり寝た。

五月三日　金曜日　晴　六十八度［20・0℃］　午前五時半［起床］　午後九時半［就眠］

朝起きてみると足の痛みはまだ直っていなかったがこらえて学校へ行った。お友達もだるそうに歩いていられた。先生は今日もお風呂に入って早く寝よとおっしゃって下さった。

夜、安東県[*1]の伯父さん[*2]が帰られた。

五月四日　土曜日　雨　六十九度［20・5℃］　午前五時四十分［起床］　午後九時［就眠］

私と高木さんと小宮さんとは同窓会の委員だから今日案内状が来ていたので三人は母校を訪れた。先生がこのたび学校が落成[*3]したならば展覧会を開きたいと思うがその時に同窓の人も出してもらいたいから貴女《あな》方《た》三人がお友達にお出しなさいと云って下されとおっしゃったので私達は先生のおいいつけ通りに雨の降るのをかまわずたのしみにまわった。そして皆さんに出品を願った。

五月五日 日曜日 晴後雨 六十二度〔16・6℃〕 七時〔起床〕 十時〔就眠〕

今朝四時頃誰かが「正子や、正子や」と呼ばれたので目を覚すと母〔井上美年子《みねこ》（1881-1970）／P.375に略伝〕が枕元にいられる。そして私に祖母様〔桑門みす（182?-1918）。祖父 桑門志道《しどう》（Ⅰ‐＊18）の妻〕は死なれたと云って、それでこれから広島の里〔大谷派本願寺広島別院／P.135に解説〕へ帰ってくるからおとなしくおるす居をしていなさいよとおっしゃった。私はびっくりした。久しく病気で寝ていられたがとうとうなくなられたかと思うと夢ではないかとうたがった。

私を大へん可愛がってくださっていつも夏休みには遊びにいった。今年は前よりもたくさんお休みがあるから楽しんでいて下さったのにと思うと涙が出てとめられない。

それで私も連れてって下さいといったが学校があるからと云って連れてって下さらなかった。五時〔京都駅午前五時三五分発、下関行下り急行ヵ（『日出新聞』大正七年五月五日夕刊「鉄道案内」より）〕の汽車で北海道の伯父〔ママ〕〔叔父〔後出する同様の誤りは修正〕〕さん〔母 美年子《みねこ》の弟 桑門 幹《もとき》（182?-1945）／Ⅳ‐＊2〕と行かれた。家の中は急に淋しくなった。

五月六日 月曜日 晴後雨 六十四度〔17・7℃〕 午前五時半〔起床〕 午後九時半〔就眠〕

今日学校へ行ったが祖母様の死の事が思い出されてちっとも勉強するきになれなかった。放課後ガラスふきがあった。私が家へ帰ったら四時であった。父も弟も大谷〔現 大谷祖廟《そびょう》（東大谷）。真宗大谷派の親鸞聖人《しんらんしょうにん》

＊1 **安東県《あんどうけん》** 中国遼寧《りょうねい》省丹東市の古称。鴨緑江《おうりょくこう》下流の西岸に位置し、対岸を朝鮮半島新義州《シニジュ》（朝鮮民主主義人民共和国）と接する国境の街である。一九一〇年（明治四三）の日韓併合以降、日本の満洲侵略の根拠地となる。河口に安東港（〇三年開港。現 丹東港）を擁し、対外物資の集散地として発展した。

＊2 **安東県の伯父さん** 正子の母 井上美年子《みねこ》の兄 桑門《くわかど》 環《たまき》（1876-1929／広島県生まれ）。桑門志道（Ⅰ‐＊18）の長男。一九〇三年（明治三六）、慶應義塾大学卒。東京在学中は坪内逍遥に私淑し戯曲の研究に没頭したという。「正子日記」に〈安東県の伯父〉と呼ばれるのは、当時、大谷派本願寺（現 真宗大谷派）の安東布教所に在勤したことによる（木場明志・程 舒偉編『日中両国の視点から語る 植民地期満洲の宗教』柏書房、二〇〇七年／P.381に桑門環の布教事業）。

＊3 **学校が落成** 開智尋常小学校（後の開智小学校）が新築したこと。一八六九年（明治二）に下京第十一番組小学校として開校。一九一八年（大正七）は創立五十周年を記念して二階建木造校舎、雨天体操場などを新築、同年六月三〇日に竣工した。（『開智校百年誌』開智小学校創立百周年記念事業委員会、一九六九年）

廟所《びょうしょ》／地図g-3］へ参っていったのでるすだった。

夜父［井上智月《ちげつ》（1876-1945）／P.375に略伝］は明後日広島へゆくからおとなしくるすをしていよとおっしゃった。私ひとりが祖母様の葬式に参列出来ないのは残念で残念でたまらないが学校を休むわけにはゆかないので仕方がないとあきらめている。

五月七日　火曜日　雨　六十二度［16・6℃］　午前五時半［起床］　午後八時半［就眠］

私が五日の日、広島へ手紙を出したから今日母から返事が来た。私は広島へ行きたいと書いておいたら母はおとなしくるすをして勉強し通学した方がおじい様もおばあ様も喜ばれるから此度《このたび》は淋しかろうがるすをしていてくれと書いてあったから、母の云いつけを守ってるすをしていようと思っている。

五月八日　水曜日　曇後晴　六十三度［17・2℃］　午前五時半［起床］　九時［就眠］

今日は作法の時間に立ちすわりのけいこを教わった。

夜父は広島へ行かれたので家の中は私と女中《じょちゅう》［お手伝いさん］と書生［寄宿する学生］二人とになった。

明日からしばらく淋しくなる。

五月九日　木曜日　晴　六十六度［18・8℃］　午前五時半［起床］　午後九時半［就眠］

今朝早く学校へ行き図書室へ行き日本通史を読んだ。そうして歴史のさらえ［おさらい］をしたが試験はなかったので安どの胸をなでた。帰宅せし後、独り部屋で机に向って父母弟の事を思った。何をしても父母弟がいないと淋しいものである。夜風呂へ行き床についた。

（山崎）［朱印］

五月十日　金曜日　六十八度［20・0℃］　雨　午前五時半［起床］　午後九時［就眠］

今日は学校で記恩標の事と皇后陛下［貞明皇后《ていめいこうごう》（1884-1951／Ⅲ-＊53）。大正天皇の皇后］の御下賜金《ごかしきん》でメダルをこしらえたのを二年以上の方がもらわれる式があった［皇后陛下《こうごうへいか》恩賜《おんし》品拝戴式並《ひんはいたいしきならび》に行啓記《ぎょうけいき》恩標竣功式《おんひょうしゅんこうしき》（『日出新聞』大正七年五月二一日朝刊）］。式は朝八時に始まって来賓者や保護者の大勢いられる中で生徒一同、君が代を歌い校長先生のお話と市役所の方のお話と小酒井先生のメダルや記恩標［前年（一九一七）秋、貞明皇后の来校を記念した碑］の出来たことをや又校長先生の我が校の最も喜びとする事であると色々と御説明あり、それより学芸会を開かれたがこの学芸会は何時《いつ》ものとは違って皇后陛下が御台覧なった学課の一部分をなされた。
それが終って金□〔剛〕石の歌［昭憲皇太后《しょうけんこうたいごう》作詞唱歌「金剛石・水は器」］を歌いて式はそれで終った。
晴天であれば女学式やテニスの大会が行われるのであるが折り悪しく雨天であったからやめになって大そう残念であった。

五月十一日　土曜日　晴　六十三度［17・2℃］　午前五時半［起床］　午後八時［就眠］

今日は土曜日だったので学校は早く引けたのでお友達三人で理科の先生鈴鹿先生が草花を採集しておし花にしてこいとおっしゃったので遠い大学病院［京都帝国大学医科大学附属病院（現 京大病院）／地図C-4］の裏の方へ行った。そこで色々の名も知らない草花を採集して帰った。帰途は徒歩で宅へ着いた。

夜父が帰るとの知らせを受けた。おなかのぐあいが悪かったので早く寝た。

五月十二日　日曜日　晴　六十四度［17・7℃］　午前六時半［起床］　午後八時［就眠］

今朝広島へ行っていられた父と弟とが帰京せられた。母は祖母の二七日《ふたなぬか》［没後七日毎に勤める法要（中陰《ちゅういん》）の二回目］〈が〉すむまでは帰られないとの事で十七日頃に帰られるだろうと思っている。早く帰っていただきたくてたまらない。めずらしく朝自分で奇麗に奇麗に二階の私の部屋を掃除した。夜習字のけいこをしていたが中々上手に書けないのには困った。

五月十三日　月曜日　雨後晴　六十三度［17・2℃］　起床六時　就眠九時半

今朝一時間目の体操の時間宇南山《うなやま》先生から早々お目玉を頂戴した。先生は一年の二組を教えるのは一番いやだとおっしゃって大変怒って他の組のするのを見ていなさい、貴女方の様な馬鹿は一組もいませんと私等を戒《いまし》めて下さった。

家へ帰ったら可愛い弟がお腹が痛いと学校を休んでいた。よく食過《たべすぎ》をする弟だ事。

夜裁縫をした。

五月十四日　火曜日　晴　六十四度［17・7℃］　起床五時半
就眠九時

今日算術の試験があったが格別難しくなかった。夜父と弟と、親類［父 智月《ちげつ》の兄、阿部恵水《えすい》（Ⅰ-＊15）の家族］が明日今宮祭《いまみやまつり》［紫野《むらさきの》にある今宮神社（地図 a-6）の祭礼］だがお精進《しょうじん》［肉・魚介類を用いない料理］だので今日御馳走をいただきに行き面《おも》しろく遊んだ。帰ろうとした時私と同じ年の和子さんが是非宿《とま》れとおっしゃるし弟はいやだと云うので私は中でどうしようかと思案したがとうとう和子さんが勝ちになり宿る事になった［恵水が住職の等観寺／地図 a-6］。

弟は少し涙ぐんでいたので私も帰りたかったが辛抱して和ちゃんと二人一緒に寝た。

五月十五日　水曜日　晴　温度六十二度［16・6℃］　起床六時半　就眠九時半

今日は葵《あおい》祭［下鴨神社と上賀茂神社で行われる例祭］だからお休みなので弟は朝早く爺やと又遊びに来た。お庭でまま事などして面白かった。昼から~~みこし~~御輿［〈みこし〉に打ち消し線を引き、左側に〈御輿〉と書き改める］の通るの見に行った。

夜父がむかいに［〈迎えに〉の訛り］来てくれられたので皆さんにお礼して帰宅した。

明日歴史の試験があるにもかかわらず何一つ御習《さら》えがしてないから心配でたまらない。

五月十六日　木曜日　雨　温度六十八度［20・0℃］　起床五時　就眠十時

歴史の試験があったが大概出来た様だ。

今日は母校へ用事があるので行った。

夜裁縫の準備をして寝に就いた。

五月十七日　金曜日　雨　温度六十七度過［19・4℃］　起床五時半　就眠九時半

国語の試験があった。私は大変いけない点を取ったのではずかしかった。

夜母が帰って来られたが十二時半の汽車などでむかいに［迎えに］行かず早く寝てしまった。

（山崎）［朱印］

五月十八日　土曜日　晴　温度七十二度［22・2℃］　起床五時半過　就眠十時

私は一ツ身[*4]の単衣《ひとえ》［裏地をつけない一重の和服］を縫うになった。私の様な下手なものがしてはどのようなものが出来るであろうかと心配している。しかもふくりん[*5]であるから。

先生のさしていただくことになった。私の様な下手なものがしてはどのようなものが出来るであろうかと心配している。しかもふくりん[*5]であるから。

二時間目の国語の時、尾崎先生が~~安~~諳記［〈安〉を消し朱筆訂正］をしている課を一つ云ってごらんなさいとおっしゃって私のに当った時、私は「郷里の父母に」と云う所を云おうと思ったがぐずぐずしていたのだろう、先生はわからなかったらよろしいとおっしゃった。私は驚いてしまった。

帰宅して父母に云ったら女学校へ入学したのだから何事もはきはきと~~自分で~~機敏にしなければならぬとおっしゃった。

夜遅く北海道の叔父が広島から帰られた。

五月十九日　日曜日　晴　温度六十八度［20・0℃］　起床七時半　就眠九時半

今朝起きるなり直ぐ宿題の作文を作った。

昼からの三時頃までに清書も何もかもちゃんとしてしまって昨日の取りかえしに国語を幾《いく》ども幾ども練習した。

五月二十日　月曜日　雨　温度六十六度［18・8℃］　起床六時前　就眠十時

今日修身[*6]の試験があった。書き落したので悪い点であろうと思っている。

家へ帰ったら安東県の伯父から葉書がきていた。

＊4　**一ツ身**　赤ちゃんから二歳くらいまでの乳幼児用の着物。並幅《たんもの》（反物の生地幅）を後ろ身頃《みごろ》（背中を覆う後ろの部分）に用い、背縫い（背中の正中線に通る縫い合わせの筋目）を作らず仕立てたもの。一反《いったん》（幅38センチ〈1尺〉、長さ約11・4メートルの生地）の生地（着尺《きじゃく》・反物）から〈一つ身〉は二、三枚作ることが出来る。乳幼児用は裁ち方の違いで〈二つ身〉〈三つ身〉などあり、〈小裁ち〉と呼ばれる。

＊5　**覆輪**《ふくりん》　女性の着物の八つ口（着物の脇のあき部分）・袖口を別布で細く縁どったもの。

＊6　**修身**　旧制学校の教科。教育勅語《きょういくちょくご》（Ⅳ－＊19）を土台とするに、孝行・柔順・勤勉などの徳目を修める〈国民道徳〉の実践指導を目的とした。

おでこの姉さんと書いてあるのでだれの事だろうと読んで見たら私の事が書いてあったので腹が立ってたまらない。弟[*7]もそれからおでこの姉さん姉さんとひやかすので早く返事をしてしかえししなければならぬ。
夜北海道の叔父が帰られた。

五月二十一日　火曜日　晴　温度七十度［21・1℃］　起床五時半　就眠九時半
今日英語の試験があった。案外にも十点だったのにはほほえまずにはいられない。
算術の答案も返していただいたが甲だったからうれしさが一層うれしかった。

五月二十二日　水曜日　晴　温度七十三度［22・7℃］　起床五時半　就眠九時半
作法の時間歩み方の事に就いて習った。
体操の時間テニスを初めて試みた。人のを見ていると安［ママ］〔易〕い様に［簡単なように］見えるがさて自分でして見るとむつかしいものである。

宅にて文学博士南條《なんじょう》文雄《ぶんゆう》[*8]先生の演説があったが帰った時にはもはや終頃だったので残念だった。

五月二十三日　木曜日　晴　温度七十二度一寸［22・7℃］　起床五時半　就眠十時
宿題の我が校と云うのを作ってゆかなければならぬので学校から帰ったら直ぐそれにかかり夜遅くまでに清書をしてしまった。
予習は何もしてないので心配である。

五月二十四日　金曜日　晴　温度七十六度［24・4℃］　起床五時半　就眠九時
又地理の試験があった。あまりむつかしくなかった。
帰宅したら澁谷《しぶや》の京ちゃん［澁谷誠一長女 京子（I・*32）］がきていられた。可愛らしくなって私の事をお姉ちゃまお姉ちゃまと云って少しも人見《臆》［〈見〉を消し朱筆訂正］をしなくなった。［欄外に「文章に誤が少く又実際の事を簡潔に書いてあるのはよろしい」と教師の朱記］
夜、上の伯父さんが遊びにこられた。お帰りになってから弟は私が明日公会堂［岡崎公会堂（現 京都会館 通称ロームシアター京都）の場所にあった／地図 J-3］の活動写真を学校から見に行くて云ったら僕もつれてって下さいと云って中々聞かないのでとうとう父と書生とは出かけて行かれた。

（尾崎）［朱印］

五月二十五日　土曜日　晴　温度七十三度［22・7℃］　起床五時半　就眠十時

今日午後学校から市の公会堂へ活動写真を見に連れてっていただいた。欧洲《おうしゅう》戦乱［第一次世界大戦（西部戦線）］の有様であった。

英吉利の婦人の働きぶりとは実に壮なものだった。

又男子の戦場に出て力かぎり戦ったからとうとう英国が勝利を得、婦人の手によって色々の麦や作物がよく出来るので皇帝の御満足そうな御顔で終って帰宅したら六時だった。

岡崎公会堂（『近代建築画譜』同刊行会、1936年）

五月二十六日　日曜日　晴後雨　温度七十度［21・1℃］

起床七時　就眠九時半

明日弟は桃山［京都市伏見区、宇治川の北側の丘陵地とその周縁。伏見桃山陵（明治天皇の御陵）がある／地図 I-3,4］へ遠足するのだと云ってうれしそうに用意を一生懸命していた。

夜も早くから遠足の事ばかり云って寝てしまった。

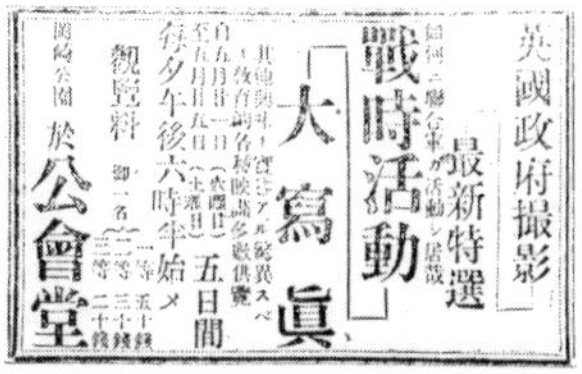

『日出新聞』（大正7年5月19日朝刊）

＊7 **井上彰淳**《しょうじゅん》（*1911-57*）　徳正寺第十五世住職。幼名淳丸《あつまる》。智月《ちげつ》、美年子の二男（長男は生後まもなく死亡）。一九三五年（昭和一〇）大谷大学卒（歴史学専攻）。同年、大谷中学校教師となる。若い頃から演劇に熱中し、戦後は新劇アマチュア劇団テアトロ・トフンを率いた。四九年（昭和二四）、三島由紀夫の戯曲「燈台」を上演。約四年の闘病の末、五七年（昭和三二）一二月一七日命終《みょうじゅう》。行年四十六歳。

＊8 **南條文雄**《なんじょうぶんゆう》（*1849-1927*）　仏教学者。岐阜県大垣の真宗大谷派の寺院に生まれる。一八七六年（明治九）、オックスフォード大に留学、マックス・ミューラーに師事し、ミューラーと共に梵文（サンスクリット）阿弥陀経や無量寿経を校訂出版した。八三年（明治一六）『大明三蔵聖教目録』を英訳公刊、欧州に漢訳大蔵経を紹介。八五年、東大でサンスクリットを講じ、近代仏教学の基礎を築く。一九一四年（大正三）～二三年（同一二）、大谷大学長。

正子の母方の祖父、桑門志道《しどう》とは高倉学寮（大谷大学の前身）での同窓。

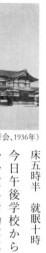

五月二十七日　月曜日　雨　温度六十八度半［20・2℃］
起床六時　就眠九時
弟は折角喜んで桃山へ行ったのにかわいそうに雨降りでしかもじゃじゃ降りだった。私が学校から帰ってどうだったと問うたら雨降りで桃山へ行かれなかったと云って昨日の顔と大分違ってこわい顔をしていた。

五月二十八日　火曜日　曇後雨　温度七十二度［22・2℃］
起床五時　就眠九時半
今日は昭憲皇太后［明治天皇の皇后］の地久節《ちきゅうせつ》［皇后の誕生日を祝う日］だがもはや今年はおかくれになっていられるから御祝いすることが出来ないから桃山へ行く事になっていたが朝大変曇っていたので止めだろうと思っていつもの通り学校へ行く。二時間目から天気もよさそうになったので急に出かける事になったから大いそぎで宅へ帰り仕度をして小宮さんや川崎さんと徒歩で博物館［京都帝室博物館（現　京都国立博物館）／地図［i-4］］へ集まる。皆さんとそろって予定の通りに桃山へ着いた。帰る時、先から降り出した雨が一層強くなったから電車で帰宅した。
小学校の時遠足だったら雨だから、女学校へ入学したらよいお天気だろうと思っていたのにやっぱり同じだった。私はよっぽど雨に縁があると見える。

五月二十九日　水曜日　晴　温度七十四度［23・3℃］　起床六時　就眠九時
お作法の時私は鼻血が出て困った。お友達が親切に色々して下さったので時間の終頃には止まった。
午後宅へ帰ったら小堀の小母さんが夏子さんを連れて来ていられた。夏子さんは可愛い洋服着て庭を弟と走りまわっていらっしゃった。私がそばへよると「いや」とにらんだりたたいたりなさって、弟が行くと「ぼんちゃんぼんちゃん」と云って一緒に遊んだりなさる。先だってもうかがった時、私と弟と脊《せ》を出すと私をぽんとたたいて弟の方へおぶさりなさったので大笑いの事もあった。

五月三十日　木曜日　晴　温度七十六度［24・4℃］　起床五

時半　就眠九時半

歴史の答案を返していただいた。甲［成績を評価する四段階の基準（甲乙丙丁《こうおつへいてい》）のうち、もっとも優秀なもの］だったのでうれしかった。

放課後身体検査があった。体格は中だった。扁桃腺《へんとうせん》と云う病気があるそうだった。尋常六年［現在の小学校六年生］から中になったので喜ばしい事である。

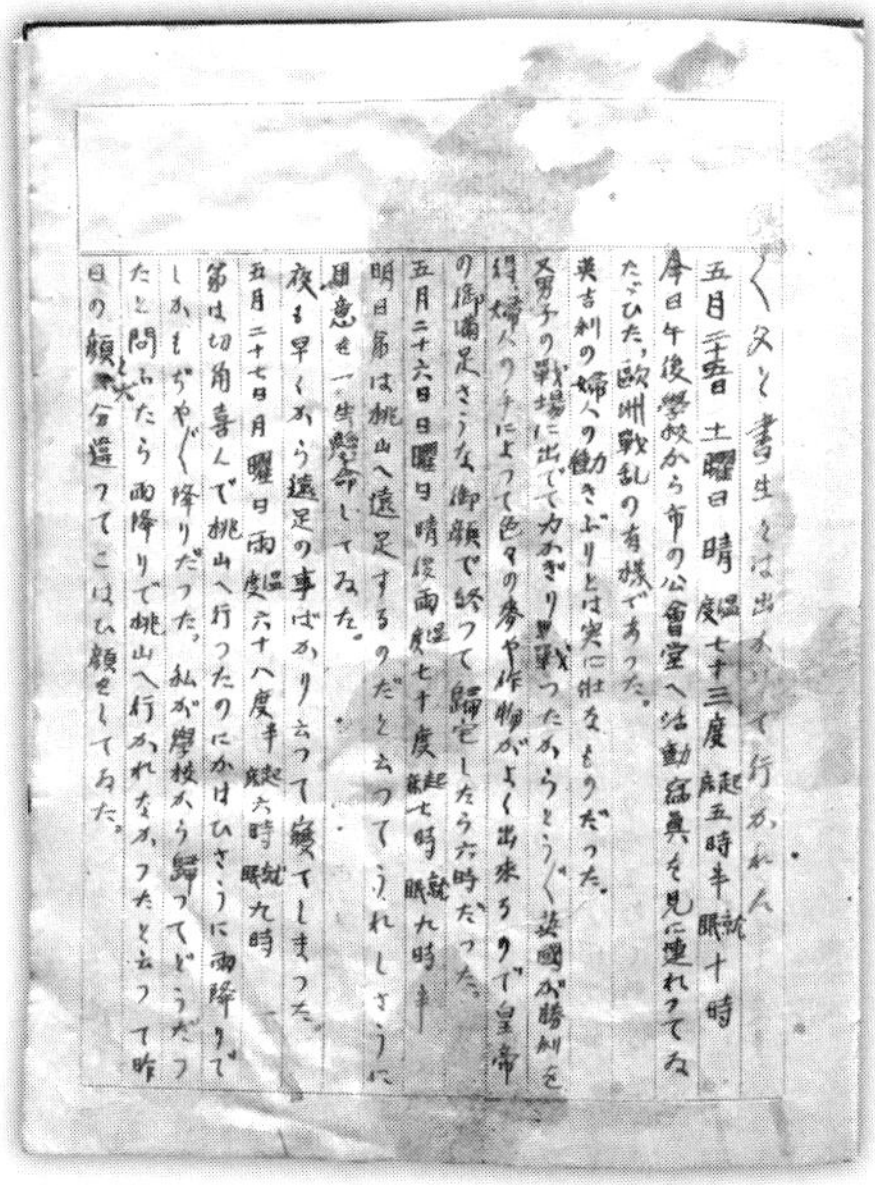
く父と書生とは出かけて行かれた
五月二十五日　土曜日　晴　温度七十三度　起床五時半　就眠十時
今日午後学校から市の公会堂へ活動写真を見に連れて行って
たゞいた。欧州戦乱の有様であった。
英吉利の婦人の働きぶりとは実に壮なものだった。
男子の戦場に出て力かぎり戦ったからとう〳〵英国が勝利を
得、婦人のうちによって色々の麦や作物がよく出来るので皇帝
の御満足さうな御顔で終って帰宅したら六時だった。
五月二十六日日曜日　晴後雨　温度七十度　起床七時　就眠九時半
明日弟は桃山へ遠足するのだと云ってうれしさうに
用意を一生懸命してゐた。
夜も早くから遠足の事ばかり云って寝てしまった。
五月二十七日月曜日　雨　温度六十八度　起床六時　就眠九時
弟は切角喜んで桃山へ行ったのにかはひさうに雨降りで
しかもぢやぐ降りだった。私が学校から帰ってどうだった
と問うたら雨降りで桃山へ行かれなかったと云って昨
日の顔とは大分違ってこはい顔をしてゐた。

インクをこぼした日記帳のページ（5月31日の出来事）

五月三十一日　金曜日　曇後雨　温度七十四度［23・3℃］

起床五時半　就眠十時半

夜日記を書いていると私がひょっとしたそそうでインキをこぼして、日記に一ぱいつき、畳もこの四月に換えたばかりだのに二畳敷程インキだらけになって大そう動をした。きたない日記帳になったが辛抱して終まで書いてしまうと思っている。父母は注意が足らないからそのような事になるのだから何をするにも気を附けねばならぬとおっしゃった。

六月一日　土曜日　晴　温度七十六度［24・4℃］　起床五時半　就眠十時

学校で保護者会があった。母は行って下さった。尾崎先生と山崎先生とが色々生徒の事についてお話し下さったと云っていられた。土曜日だから私は家に帰って弟とテニスをして遊んだ。

六月二日　日曜日　雨　温度七十八度［25・5℃］　起床七時　就眠九時半

朝風呂へ入って勉強をし始めた。
昼母がお医者さんへ扁桃腺の悪いのを見ていただいてこいとおっしゃったので行ったらお医者さんは別に大した事はないといわれたので安心した。
夜お裁縫を仕上げようと一生懸命にしたが出来上がらなかった。　美［朱記］
（山崎）［朱印］

六月三日　月曜日　曇　温度七十二度［22・2℃］　起床六時
就眠九時半
別に大して記す事もない。

六月四日　火曜日　晴　温度七十六度［24・4℃］　起床五時半　就眠九時半頃
今日は祖母様の初月忌だから家ではていねいにお経を上げて祖母様の事を思いだして悲しんだ。

六月五日　水曜日　晴　温度七十六度［24・4℃］　起床六時
就眠九時半
何時もお作法は褒《ほ》められるのに今日は余り褒めていただけなかった。これから何時も褒めていただくようにしよう。躰操《たいそう》の時バスケットボール[9]をして大そう面白かった。
お習字の清書を返していただいたが余りよい点ではなかった。
宅へ帰ったら前にいたきくと云う女中が丸髷《まるまげ》[10]に奇麗にゆって遊びに来ていた。
夜、仕舞《しまい》[11]の先生がおこしになっておきくさんと小袖《こそで》曾我《そが》[12]をさらえていただいた。

六月六日[13]　木曜日　晴　温度七十六度［24・4℃］　起床五時半　就眠十時
今日算術と歴史の試験があった。
授業後皆さんとうたいを合せて仕舞を舞った。教室で？［教師朱筆］
家に帰ったら午後五時二十分だった。それから勉強したのでたっぷりと出来なかった。夜裁縫ばかりした。
（山崎）［朱印］

六月七日　金曜日　晴　温度七十三度［22・7℃］　起床六時
就眠十時
今日弟が明日書方を持って行くのだと云って夜遅くまで「ラクセイ」と云うのを書いていた。

今度学校が落成《らくせい》するのでその時の展覧会に出品するのだろうと思っている。

六月八日 土曜日 晴 温度七十五度［23・8℃］ 起床五時半過 就眠十時半

明日美術倶楽部《クラブ》［御池通寺町東入ルにあった美術商団体 京都美術倶楽部の催し会場］で観世のうたいや仕舞の大会があるので、夜大会に出られる方だけ宅へ来て大ざらえをなさった。私も出るつもりで番組も出来たがこの一月から休んでいるし又寺村のおきくさんも出られないから止めにした。

六月九日 日曜日 晴 温度七十八度［25・5℃］ 起床七時半 就眠九時半

今朝おきくさんと学校へ行ってテニスをして遊んだ。十二時過に家に帰り宿題の書方と図画とを書いた。その他の予習も少しして寝た。

仕舞の衣装の井上正子（11歳頃か）

＊9 **バスケットボール** 成瀬仁蔵（*1858-1919*）により女子教育の一環として導入され、大正期、日本式にアレンジして体育教材として普及。

＊10 **丸髷**《まるまげ》 楕円形の型を髷に入れて丸く結った、主に既婚女性の髪型。

『滑稽新聞』明治三五年七月一日号

＊11 **仕舞**《しまい》 能のシテ（主役）の所作の見どころを地謡の謡いのみで演ずる形式。

＊12 **小袖曾我**《こそでそが》 能の演目。曾我十郎・五郎の兄弟が敵 工藤祐経を討とうとして、母に五郎の勘当の許しを請って富士の狩場に急ぐというあらすじ。

＊13 **一九一八年**（大正七）**六月六日**『大阪毎日新聞』朝刊にスペインで「奇病流行」と、スパニッシュ・インフルエンザの流行がマドリッド来電－上海ロイター経由で伝えられた。「症状は高熱、胸部の痛み及び下痢等」で、感染予防に「屋外に生活する必要」を指摘する。その三日後、九日の『大阪朝日新聞』欄外に「奈良歩兵第三十三連隊」が六月一日以来、流行性感冒の罹患者が続出と報じられ、すでに関西圏での感染拡大の兆しが確認できる。

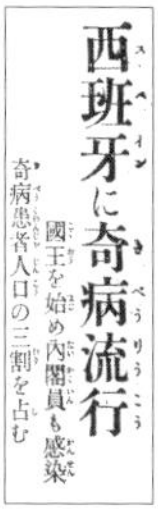

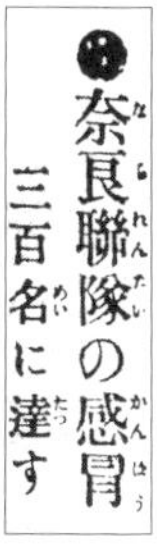

六月十日　月曜日　晴　温度七十三度［22・7℃］　起床六時
就眠十時
今日五時間目の修身の時間急に、講堂へ集まゝ《りまし》た。何事かと思っていたら校長先生の御訓辞がありました。それはこの間から先生は紀《ママ》〔記〕恩標の事［大正七年五月一〇日条を見よ］で東京へ御出になり皇后陛下へ御覧に入れる手続をすまし喜んで御帰りになゝ《りまし》た所が不在中に当校の生徒で新聞へ出て大変不名誉な事をした方がありました為に校長先生初め他の先生も大そう[*14]御心配になって今日は皆さんへ御話をするといろいろ御訓《はな》し下さいました。只一人の不心得の結果こうして学校の名誉をきずつけ先生方へ御心配をかけると云う事はおそろしいものとつくづく思いました。
私達もだんだん大きくなるのですから常からよく気を付けて先生や親の言付《いいつけ》を守り皆様へ御心配をかけない様にしなければならぬと心から思いました。

六月十一日　火曜日　晴　温度七十五度［23・8℃］　起床五時半過　就眠十時
何時も雨降りで止めになっていた草抜きは今日幸にして天気だのでそれにかかりました。私の受持の花園［〈かえん〉と読むヵ］はそれはそれは美しくなり見ても気持がよい位になりました。私の目から他の組よりも上手に出来たように見えました。ほんとうにうれしゅうございました。

六月十二日　水曜日　曇　温度七十四度［23・3℃］　起床六時　就眠十時
国語の時間手紙の認《したた》め方をけいこしました。体操の時又バスケツトボールをして遊びました。双方と一生懸命にしましたので勝負はきまらずに終りました。面白うございました。

六月十三日　木曜日　晴　温度七十六度［24・4℃］　起床六時　就眠九時半
我が校の最も喜んで祝す十周年記念日も近づいてきましたのでその準備や盛に行われる展覧会の事や何かで上級生の方は急がしそうに働かれますが、私等下級生は何も役に立ちませんから朝より昼までに村上先生のあわれな源氏物語や尾崎先生の国語に関する事や鹿野先生、尾木先生の面白い為になるお話など聞かせていただいて終りましたが、私と寺村さんとお八重さんとは残って十五日の学芸会に出る仕舞のお習を遅くまでしていました。

六月十四日 金曜日　晴　温度七十四度〔23・3℃〕　起床六時　就眠十時

今朝学校へ行きましたら、稍々《やや》整った展覧会を一応ざっと先生に見せていただきましたが、どれもこれも皆よく揃《そろ》って完全に出来上っていました。中でも私の目に美しくうつったのは裁縫と手芸でございました。

女学校は小学校と違いまして高等と云う名がついていますので展覧会なぞはそれはそれは盛大で電気や瓦斯《ガス》の陳列もありまして家庭に関する事が重《おも》〔主カ〕でした。

私は女学校へ入学出来たのがうれしくてうれしくてたまりません。

二時間目校長先生の恥ずかしいと云う題で色々な事をお話していただきました。授業後私等三人はテニ

*14 **不名誉な事をした方**　「当校の生徒で新聞へ出て大変不名誉な事をした方」があったと、校長先生が訓辞で触れている出来事は、『大阪朝日新聞』（大正七年六月八日朝刊）が報じるところによれば、京都市立高等女学校生徒S（数え一八歳／四学年）が、京都市美術工芸学校（現 京都市立芸術大学）の学生A（数え一八歳／二学年）と前年（大正六年）以来恋仲となって、その事実がSの父親（数え七三歳／元大審院検事）に発覚（本年三月下旬）したことから、二人の交際は絶たれ、Aには停学処分が降《くだ》された。SはAに甚大な迷惑をかけたことを思い悩み、六月六日の夜、兵庫県垂水《たるみ》の浜辺で入水《じゅすい》自殺を図ったが果たせず、明石署に保護された（記事では実名）。『大阪朝日新聞京都附録』ではこの事件に関して、「男女学生の問題」と題して識者の談話を六月一二日から四回にわたり掲載。その内容をかいつまむと、「良家の淑女としての人格を作るの訓練」として〈修身〉の徹底を説く女学校々長の意見に始まり、「青年と少女とが愛しあふことは極めて当然な人間らしい事」であり「家庭も社会も、最《も》少し物を考へてもつと青年男女の心を尊重し、我等の恋愛を尊敬すべき」とする一青年の見解、「自由と礼儀の制裁とを適当に用ひて男女交際を行ふ」方針を述べる同志社々長、家庭と学校とが助け合って生徒を厳しく監督し、「一大事を起こさぬ内に防ぐ事」を提案する女性教員の投稿など、当時の世相では、男女交際が道徳的に社会秩序を乱すとして制限される傾向にあった。一方、一青年の見解では、男女の自発性・自律性を認めようとする考えが社会に深く浸透し始めてもいた。最後に記者は、「（学校当事者は）生徒の将来を誤らせないやうに気を付けることが大切」と結論づけている。

スをして遊んでいました。

夜明日の記念日の事を思いながら寝ました。

どんなよい夢を見ましょう?

六月十五日　土曜日　晴　温度七十八度［25・5℃］　起床五時半　就眠十時半

とうどう［〈到頭《とうどう》〉の京訛り］十周年紀年日を迎える事が出来ました。朝早くうれしくてたまらず足も宙を飛んでるような気持で学校へ参りまして奇麗に飾られた二階の大裁縫室で来賓者と共に今日のよき日を祝うめでたい式がありました。昼食もおいしくいただき、午後、十年間この学校につとめられた先生や小使《こづかい》［用務員］に御礼いたす式があってそれより学芸会がもよおされ種々面白い事や為になる色々な事がありました。私とおきくさんは一番終《しま》いに小袖曽我の仕舞を舞いました。

四時半頃から園遊会がありて白蒸《しらむし》［小豆を入れないもち米を蒸したもの］・夏蜜柑・パン・御菓子・絵はがき・御茶などをもらっておいしくいただきました。

家に帰り母に今日の事をはなして面白く笑って寝ま

京都市立高等女学校創立拾周年記念 絵葉書（大正7年6月）

した。

六月十六日 日曜日　晴後雨　温度七十四度［23・3℃］　起床七時　就眠九時半

朝遅く起き明日の予習を昼までにして午後母と共に学校の展覧会を見に参りました。小宮さんもお母さんと妹さんとで来ていられました。

母は女学校の展覧会は小規模の博覧会を見るようだと褒めていました。弟はフットボール［サッカーボール］をけって運動場をかけまわっていました。

私はテニスをして遊びました。

リンリンと家へ帰る鈴が校内へひびきましたので校門を出ました。

それから上の親類へ行きましたら伯父[*15]さんが直ぐこれから嵐山へ行こうと叔母さんと和子さんと私等三人を連れて下さいました。

向うに着きましてすぐ船に乗り、あの清らかな又大きい川を温泉に向って上って行きました。沢山のいかだが流れていました。皆丹波の方から来たのだろうとうわさしていました。

四方山《よもやま》の話をしている内に温泉に上り川の方に向っている涼しい部屋でおいしいおいしい夕御飯をいただきました。御飯がすんで帰ろうとすると大きい雨がぼつぼつ降ってきました。私等は困っていましたが温泉の下男が送ってくれました。

雨の嵐山ほんとに美しくございました。可愛い光を出したほたるがそこにもここにも多くいました。弟は喜んで きゃっきゃっ と船の中で飛んでいました。

伯父さんは善い日記の種が出来たねと和子さんと私におっしゃいました。それから嵯峨へ帰りに船から上るなり弟は一匹の大きなほたるを取りましてうれしがって母にほたる籠[*16]を買えとしきりにねだってほたるも買ってもらいました。和子さんも大きいなりして叔母様にお願いして買っていただかれました。

＊15 **阿部恵水**《えすい》（*1870-1945*）　正子の父 智月（*1876-1945*）の兄。京都市上京区日暮《ひぐらし》通椹木町《さわらぎちょう》上ル櫛笥《くしげ》町真宗大谷派　等観寺［図地 *e-6*］住職。真宗大谷派本願寺の寺務総長（一九二九年より宗務総長）を三度務める。内局を組織し宗政の衝《しょう》に当たった。また光華女子学園の創立（三九年）に尽力。

＊16 **蛍籠**《ほたるかご》　蛍の季節（六月頃）、夜店などで〈蛍売り〉が、青い紗《しゃ》（うすぎぬ）や金網を張った蛍籠に蛍を入れて売っていた。持ち帰った籠は家の軒端《のきは》などに吊るして蛍火を楽しんだ。（富安風生 他編『俳句歳時記 夏』平凡社、一九五九年）

電車で家に帰りました時は九時でした。今日は雨の嵐山を見て幸でした。

六月十七日　月曜日　雨後曇　温度七十五度〔23・8℃〕
起床六時　就眠九時半
今日学課はなくて展覧会を見て帰りました。展覧会は今日で終りました。明日は片付けるのに大騒でしょう。

六月十八日　火曜日　晴　温度七十八度〔25・5℃〕起床六時　就眠九時半
今朝学校へ行ったら上級の方が展覧会の片付けに急がしそうにしていられました。私等の学ぶ北の校舎はすっかり片付きましたので明日から授業をすることになりました。
南の校舎は未だごたごたしているようです。

六月十九日　水曜日　雨　温度七十六度〔24・4℃〕起床五時半　就眠九時半
今日国語の試験がありましたが何時〔も〕ながらの悪い成績でした。
夜風呂に行き寝ました。

六月二十日　木曜日　雨　温度七十六度〔24・4℃〕起床六時　就眠九時半
私は今日からお裁縫は四ツ身[*17]を仕始めました。
宅に帰りまして明日地理の試験がありますのでお習《さら》えをしました。この頃私が勉強していますと弟は直ぐねき〔そば〕へきまして同じように字を書いています。少しも私のじゃまをしませんので喜んでいます。

六月二十一日　金曜日　雨　温度七十四度〔23・3℃〕起床五時半　就眠九時半
地理の試験の成績はかなりよかった様に思います。
これからは試験が沢山あるのには困ります。
しかもふい〔〈不意〉ヵ抜き打ち〕試験が多いのですから。

六月二十二日　土曜日　曇後晴　温度七十八度〔25・5℃〕
起床五時半　就眠十時
土曜日ですから何時《いつ》もとは早く帰宅しました。毎月ある演説が今日もありました。真宗中学［真宗京都中学／現 大谷中学高等学校］校長の岡崎先生でした。おしい事には私は聞く事が出来ませんでした。
夕方名古屋のおひげの長い木津先生がお出でになり、上の親類の叔母さんも来られ夕御飯をお上りになり色々なお話をなすって遅くお帰りなりました。

六月二十三日 日曜日 雨 温度七十九度［26・1℃］ 起床七時半過 就眠十時

朝寝ぼけをして弟に先起きられてしまいました。高木さんと学校へ行く約束をしておきましたが雨が降りましたので止めにしました。
小学校の展覧会に出品します書方を書きました。
夕暮お茶の先生の所からお茶を一服飲みに来いとお使が来ましたので上級の三上さんも奥村さんもいらっしゃるそうだので行ってお茶をいただいて帰りました。母は後から行かれました。

六月二十四日 月曜日 曇 温度七十八度［25・5℃］ 起床六時 就眠十時

今日学校から帰りまして直ぐ湊谷さんの所へ［組の総代として［朱筆で挿入］］お見舞に行きました。貞さんは御病気で今学期中学校をお休みになる事ですのであの方は大そう御勉強がおえらいのにおしい事だと思ってお友達二人とお見舞に参りましたら、起きて常と同じようにしていられましたが、頭が朝晩大変いたんで夜寝られない事が幾度もあってお医者さんは本は読んではいけないとおっしゃるそうです。お治りなさってにこにこしたお顔を早く見たいと祈っています。

六月二十五日 火曜日 晴後雨 温度七十六度［24・4℃］

＊17 **四ツ身** 子供用の長着の裁ち方の一つ。前身頃（衣服の前面）をつまみ縫いして衽《おくみ》（前身頃に縫いつける細長い布）を作るので、身丈の四倍の布地で、身頃（胴部を包む衣服の主要部分）を作ることができる。

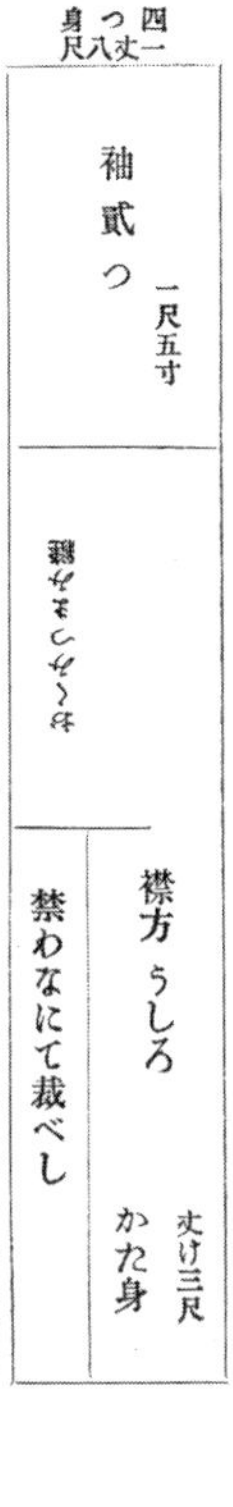

四つ身の裁ち方（國分操子『貴女の栞 上』大倉書房、一八九五年）

起床六時　就眠九時半

今日学校で午前八時より地久節〔の祝賀式［朱筆で挿入］〕が行われました。

校長先生の皇后陛下の御壮健な事や〔御高徳［朱筆で挿入］〕のお話を聞き我我人民が御立派な国母《こくも》陛下を戴き奉れるのは真に幸福な事であると思いました。

その後に嵯峨の天龍寺のおしょうさんの間《ま》宮《みや》英宗《えいじゅう》［(1870-1945) 臨済宗の僧。奥山方廣寺派（浜松）管長］氏の宝の説と云うお話があって地久節は終わ［朱点による打ち消し］りました。間宮先生の貞女お石のお話には誰も感心せぬものはありませんでした。

六月二十六日　水曜日　雨後曇　温度七十八度［25・5℃］

起床六時　就眠九時半

明日歴史の試験ですから心配でたまりません。

六月二十七日　木曜日　曇　温度七十八度［25・5℃］　起床五時半　就眠十時

歴史の試験は二題出ましたが二番は完全に出来ませんでした。

音楽も試験がありました。西村てるさんが一番お上手でした。

明日裁縫の試験があるかも知れませんから心配です

夜寺村さんの伯父さんがおこしになって夕御飯を食べて父とお話しなされてお帰りになりました。

（尾崎）［朱印］

六月二十八日　金曜日　曇後雨　温度七十八度［25・5℃］

起床六時前　就眠九時半

明日　祖父[*18]が来ると云う手紙が来ましたので喜んで寝ました。

六月二十九日　土曜日　晴　温度八十一度［27・2℃］　起床五時半　就眠十一時

今日裁縫の試験がありました。一番二番とが違ったように思います。三時頃に帰宅しましたら広島の祖父が来ていられました。

お土産を沢山いただきました。中でも私に蠟石《ろうせき》［印材等に用いられる軟質・半透明の石］の筆立などはうれしゅうございました。

夕、父は木津先生と奈良へ行きました。父が出ましてしばらくしまして弟が大へん九度も熱が上りましたので心配いたしてすぐ若山医師を迎えましたら別に大した事なくこの頃流行している成金風《なりきんかぜ》*19と云うものだと云われて帰られました。祖父は大そう心配していられました。

六月三十日　日曜日　曇　温度八十四度［28・8℃］　起床八時　就眠九時半

今朝弟は七度四分程しか熱がありませんでしたので安心しました。

奈良から私と弟にあてた葉書がきました。読んで見ましたら奈良ホテル*20よりと書いてありましたので弟とお父さんはよい事をしていられると云ってうらやましがりました。夜九時頃帰っていらっしゃいました。色々お土産やお話をしていただきました。

七月一日　月曜日　晴　温度八十八度［31・1℃］　起床五時半　就眠十時

弟は今日も学校を休んで一日中床にすっこんでいました。

夜私ときく（女中の名）と一緒に上の親類へ祖父のお土産を持って行きました。

*18 **桑門志道**《くわかどしどう》（*1850-1918*）　正子の外祖父（母美年子の父）。広島市大手町《おおてまち》六丁目（現 三丁目）真宗大谷派 常念寺《じょうねんじ》住職（広島別院明信院常輪番）。一八七六年（明治九）、東本願寺寺務所の役員に就き、九〇年（明治二三）、北海道雨竜《うりゅう》開墾に携わり渡道。一八九七年（明治三〇）完成の本願寺水道（琵琶湖疎水を利用した火防水路鉄管を蹴上《けあげ》より東本願寺境内まで敷設）の水路工事掛を務める。一九〇五年（明治三八）、名古屋別院維持財団設立を発起。一一年（明治四四）に竣工した大師堂門《だいしどうもん》（現 御影堂門《ごえいどう》）造営に際し諸事において監督をした。一三年（大正二）辞職まで三十八年間にわたり宗政に携わった。

*19 **成金風**　〈スパニッシュ・インフルエンザ〉の異称。この呼び名は、折しも第一次世界大戦による好況期に巨利を得た成金が台頭したことに由来すると考えられる。『大阪朝日新聞』北陸版には一九一八年（大正七）六月以降、「「成金風」流行す」（六月二日）、「成金風の流行」（六月一七日）、「敦賀の成金風」（一〇月一七日）と、〈成金風〉が頻出し、〈流行性感冒〉の通称として北陸地方での用例が際立つ。

当時の『京都日出新聞』（京都新聞の前身）をレファレンスすると、「悪性感冒」（一〇月二二日）、「流行のインフルエンザ」（一一月二日）、「スペイン風」（一一月三日）、「スパニツシュ・インフルエンザ」（一一月二五日）、「世界風」（一二月一八日）などの呼称を見つけることができる。「正子日記」では、「成金風」のほかに、「いやな風」「かぜ」「流感（流行性感冒）」などと記す。

*20 **奈良ホテル**　一九〇九年（明治四二）開業の鉄道院直営の高級観光ホテル。興福寺、春日大社、奈良公園など観光地に近い。

七月二日　火曜日　晴　温度八十九度［31・6℃］　起床五時半　就眠十時
コンノート殿下[*21]がおこしになったので四条通の家の軒には英国の国旗が立てられてあります。

七月三日　水曜日　晴　温度八十八度［31・1℃］　起床五時半　就眠九時半過
今日理科の試験がありました。大へんむつかしゅうございました。

七月四日　木曜日　晴　温度八十七度［30・5℃］　起床六時
就眠九時
祖母の納骨がありましたので帰宅してから直に大谷へ参りました。お骨を納める時、独りでに涙が出ました。

七月五日　金曜日　晴　温度八十九度［31・6℃］　起床六時
就眠九時半
学校で放課後私等一年に組［い組、ろ組と、いろはで組分けされていた］は写真を先生に写していただきました。どんなに写っているか出来るのを楽しんで待っています。
美し［朱記］
（山崎）［朱印］

七月六日　土曜日　晴後雨　温度八十八度［31・1℃］　起床六時　就眠十時
今朝大へんおなかが痛んで学校を休もうかと思っていましたが熱もありませんので電車［四条通を走る路面電車］で学校へ行きました。
帰りにはもう痛みは止んでいました。

七月七日　日曜日　晴　温度八十二度［27・7℃］　起床七時半　就眠九時半
夜弟は円山《まるやま》公園［地図9-3］に花火が上ると云う事を聞き、女中等を連れて行きました。私も行こうと進めましたがお裁縫をしなければならぬのでことわりました。九時頃帰って来て面しろかったかと聞きましたら人が沢山で苦しかったと云って直ぐに寝ました。

七月八日　月曜日　晴　温度八十六度［30・0℃］　起床六時

就眠九時半

今日から授業が正午までになりましたので早く帰りました。

学校でお友達が昨晩富小路《とみのこうじ》［徳正寺が東面する南北の通り名］の四条で老母［婆カ］が電車にひかれ巡査もけがをなさったそうですとお話していられました。宅から直ぐ近くですのに私はしりませんでしたがほんとに危ない事だと思いました。

富小路通＋四条通北西角にあった大正生命保険株式会社京都支店（大正元年竣工）『近代建築画譜』（同刊行会、1936年）より

七月九日　火曜日　晴　温度八十四度［28・8℃］　起床五時半　就眠九時半

『日出新聞』毎夕刊掲載の「鉄道案内」（図版は大正7年5月5日夕刊）

今日広島から急に電報［II-*20］がきまして祖父に直ぐ帰れとの事で二時四十七分の汽車[*22]で発って行かれました。祖父は夏休みになったら早く来いと云って帰られました。

夏休みが待ち遠しゅうございます。

七月十日　水曜日　晴　温度八十七度［30・5℃］　起床五時半　就眠九時半

別に記すような事もありません。

*21 **コンノート殿下**　初代コノート＝ストラサーン公爵アーサー王子（*1850-1942*）ヴィクトリア女王の第三王子で、陸軍軍人。一九〇二年陸軍元帥、一一-一六年カナダ総督。

*22 **二時四十七分の汽車**　『日出新聞』（大正七年五月五日夕刊）の「鉄道案内」欄（右図）を見ると、「幹線京都駅発」として、下り方面の列車に「後二、四七●○下関行」、すなわち「午後二時四七分発　下関行」の急行（●京阪間急行／○一等寝台洋食付列車）を見つけることができる。当時の時刻表（『公認汽車汽船旅行案内第二九一号』株式会社旅行案内社、大正七年十二月）によれば、午後二時四七分、京都駅を発車した区間急行は、約十一時間半をかけて広島駅に午前二時〇二分到着している。

七月十一日　木曜日　雨　温度八十四度〔28・8℃〕　起床五時半　就眠九時

歴史の答案を今日返していただきました。かなりの点でしたからうれしゅうございました。正午帰宅しましたら衛生掃除*23ですのにもはや美しくなっていましたので、皆に聞きますと雨降りだから廿日《はつか》過になるとの事だと云いましたので、せっ角お手伝いしようと思ってたのにと云いましたら母は口先ばっかしと笑われました。午後お天気になってきましたら、又町の総代〔衛生組合の衛生組長〕から検査をしにこられるからもう一度畳を上げてくれと知らせがきましたから大急ぎで台所と玄かんとを上げました。検査がすみまして後二階の阝下〔ママ／教師の朱線〕〔廊下ヵ〕と阝下〔ママ／教師の朱線〕全体をふきました。その時私も一生懸命お手伝いいたしました。

疲れましたので早くから寝ました。

七月十二日　金曜日　風・晴　温度八十五度〔29・4℃〕　起床五時半　就眠九時半

今朝目をさましますと大変な風でしたので驚きました。学校へ行きますのに傘をさしていると吹き飛ばされそうで独りでに歩めました。今日学校から帰りまして直ぐに裁縫を仕上げました。母に見せましたら長い事かかって出来ましたなと笑われました。

（山崎）〔朱印〕

七月十三日　土曜日　晴後雨　温度八十六度〔30・0℃〕　起床五時半　就眠十時

今日私はお友達二三人と母校〔開智尋常小学校〕へ展覧会を見に行きました。それは今度建築落成したのと五十年祭とがあった為です。それはそれは開智校としては盛大なものでした。私も書方《かきかた》と図画とを出品しました。今日見ましたら入口の所に三人分はってありました。

改築落成の開智尋常小学校校舎（大正7年）
（『開智校百年誌』百周年記念事業委員会、1969年）

弟は一年生ですから片仮名でセイコウと書いてありました。

七月十四日　日曜日　晴　温度八十八度［31・1℃］　起床七時　就眠九時半
母も今日、展覧会を見に行きました。学校が見違える程大きくうつくしくなったのに驚いたと申していました。

七月十五日　月曜日　雨　温度［空白］度　起床六時　就眠九時
祇園《ぎおん》祭*24も段々近づいて参りました。明日は宵山ですのに今日は雨が降りましたので心配しています。どうぞ明日も明後日《あさって》も晴になるよう祈っています。
今日授業は二時間ありまして後は烏丸まで淳宮・高松宮がおこしになったのを奉迎いたしました。温度□度　起床五時半　就眠十時［インクを落として抹消］

七月十六日　火曜日　晴　温度八十七度［30・5℃］　起床五時半　就眠十時
今日三時間、授業を経て学校から烏丸《からすま》［烏丸通／京都駅正面から南北に伸びる大通り］へ淳宮《あつのみや》*25・高松宮《たかまつのみや》*26両王子殿下を奉迎《ほうげい》［お迎え］いたしました。宵山《よいやま》［山鉾巡行（*24）前夜の祭礼］ですから弟は書生や女中を連れて行きました。
夜い、、とこが泊りができました。
（山崎）［朱印］

七月十七日　水曜日　晴　温度八十六度［30・0℃］　起床六時半　就眠九時半
いよいよお祭になりました学校はお休みでした。近所のお子達は皆美しい着物を着て喜んでいられました。私等も色々御馳走を戴きました。

*23 **衛生掃除**　コレラ・赤痢・チフス等の伝染病予防対策として、京都市内の各町単位に衛生組合が設けられ、夏季に各戸の大掃除、井戸や下水の清掃などが、市の衛生行政として各町の監督責任で実施された。（『近代都市環境研究資料叢書3　近代都市の衛生環境（京都編）別冊［解説編］』近現代資料刊行会、二〇一一年）

*24 **祇園祭**　八坂《やさか》神社［図 地9-3］の祭礼。例年七月一七日の山鉾巡行《やまぼこじゅんこう》（P.277に写真）を中心にした約一ヶ月に及ぶ盛大な祭事であり、日本三大祭の一つに数えられる。疫病《えきびょう》の流行にともなった御霊会《ごりょうえ》（たたりをなす怨霊《おんりょう》を鎮《しず》め慰《なぐさ》める祭り）として、その成立は平安時代初期（九世紀）までさかのぼり、京中の民が参加する祭礼として連綿と受け継がれている。

夜父母弟と連れだって御輿《みこし》をみに行きました。

七月十八日 木曜日　雨後晴　温度八十八度［31・1℃］　起床六時　就眠十時半

昨夜の烈しい雨に学校の前の堀川は水があふれでて八九寸［約24・2～27・3チセン］も出水しました。私は早く学校へ行きましたからどうもありませんでしたがお友達は大そう困っていられました。帰宅します頃にはもう引いていました。

夜四ツ身を仕上げてから取りかかった襦袢《じゅばん》［着物の下着］を今日出来上げようと思いましたが残念にも出来ませんでした。

（山崎）［朱印］

七月十九日 金曜日　晴　温度八十四度［28・8℃］　起床五時半　就眠九時

明日通告表［通知表］を先生より受けるが丙隊さん［甲乙丙丁の四段階評価の〈丙《へい》〉を〈丙隊《へいたい》〉と記し〈兵隊〉とかけた］ばかり行列していましょう。

行列所か中で演習をしている事でしょう。心配の胸を抱いて夜寝につきました。

七月二十日 土曜日　晴　温度八十六度［30・0℃］　起床五時半　就眠九時半

今日終業式がございました。校長先生から夏期休暇中の心得をお話していただき後、各教室で主任の先生より通告表や校友会談誌を戴いたり又夏休みの御注意を聞き御機嫌《ごきげん》ようと先生とお別れしました。通告表を見た時、私の心持はどんなでしょう。生れて初めてあんな点をとりました。私の悲しみは如何《いか》ばかりでしょう。帰宅して父母に見せたらお二人共ため息ばかりなさって私の顔を見ていられました。穴でもあったら入りたい程でした。

ああ小学校の先生に見せたら何とおっしゃるだろう、ほんとにほんとにこの次の学期からきばって組全体の頭に立つようにならなければならぬと思いました。

母は出来るかしらと不安顔？

（とても出来ぬと思いながら）

七月二十一日 日曜日　晴少し雨　温度八十八度［31・1℃］　起床五時半　就眠八時

今日は学校から愛宕山《あたご》[27]へ行く事になっていましたので朝六時に家を出て集合地と定められた北野〔北野天満宮周辺／地図e-6〕へ行きました。お友達も沢山来ていられました。上級の方のお顔も多く見えました。校長先生もいらっしゃいました。女の先生のお姿は一人も見受けませんでした。

七時頃出発しました。せまい田んぼのあぜ道や綺麗に澄んだお池のはたや緑の木々のおい茂った森の下などを通った時などはほんとに心地ようございました。途中夕立がしたのにには大そう困りました。山を登りました時の苦しかった事はお話になりません。あせをたらたら流しながら、だるいだるい足をひきずりながら行くのですから何丁目何丁目と書いてある石[28]を見ながらまだこの位しか登れないのかと云ってそばの石に腰を下したりもう十丁程だからと勇気を出したりしてやっと頂上に着いた時はやれやれと思いました。お中はぺこぺこにへっていたので何時も不味《おいしく》ない食パン[29]もこの時ばかりは大そうおいしゅうございました。

お社《やしろ》にお参りして茶店で休んだ時に何時も家の火の見[30]から見て弟とあすこが愛宕山、一度登って見たい見たいと云っていた望みがはたされたと思うとほん

*25 **淳宮**《あつのみや》　秩父宮雍仁《ちちぶのみややすひと》(*1902-53*)。大正天皇の皇《こう》次子《じし》。淳宮は幼少時の称号。陸軍大卒。長兄は昭和天皇。二十歳の誕生日に秩父宮家を創設。一九二五年（大正一四）、渡英、オックスフォード大に学ぶ。四〇年（昭和一五）、結核に倒れて長く療養生活を送った。スポーツ愛好家としても知られた。肉親として昭和天皇を語った『御殿場清話』（四八年）がある。

*26 **高松宮**《たかまつのみや》　高松宮宣仁《のぶひと》親王（*1905-87*）。大正天皇の皇三子。幼少時の称号は光宮《てるのみや》。海軍兵学校、海軍大卒。八歳の時に高松宮家を創設。一九三〇年（昭和五）、徳川慶喜《よしのぶ》の孫、喜久子と結婚。戦争中は大本営《だいほんえい》海軍参謀《さんぼう》などを務め、冷静に戦局の行方を見つめ近衛文麿《このえふみまろ》らの和平工作を支援、兄 昭和天皇にも進言した。戦後はハンセン病患者の救済にあたる福祉活動にも尽力。

*27 **愛宕山**《あたごやま》　〈あたごさん〉とも。京都西郊にある山。標高九二四メートル。山頂に愛宕神社が鎮座し、火難よけの神を祀《まつ》ることで知られる。

*28 **石**　登山道に道標として一丁（三六〇尺、約一〇九メートル）ごとに立てられた丁石。

*29 **食パン**　現在のいわゆる食パンではなく、当時のパンは固いビスケットのようなものだった。日本でパン製造に適した小麦が栽培されだすのは第一次世界大戦後で、米国からイースト菌による製パン技術の導入もあった。（「パン」『平凡社大百科事典12』一九八五年）

*30 **火の見**　おそらく庫裏《くり》（寺院の住職や家族の住む建物）の屋根上に設置された火の見台のこと。本来、火災を監視するためのものだが、京の市中では祇園祭や送り火を見物するための桟敷としても利用された。

とにうれしゅうございました。

山を下りしなに下駄の歯がかけたり、はなお［鼻緒／下駄の緒の足の指ではさむ部分］が切れたりしたのには困りました。

嵯峨で解散して電車で帰りました。宅に着きましたのは六時頃でした。母はあまり遅いので心配していたよとにこにこ顔で迎えて下さいました。夜、痺《しび》れた足をのばしてぐっすり寝ました。

七月二十二日　月曜日　晴　温度八十七度［30・5℃］　起床七時半　就眠九時半

今朝は昨日の疲で朝寝をしました。

九時頃いとこの和子さんから電話[*31]がかかって遊びに来いと云われたので足の痛みも忘れて喜んで行きました。そして色々の美しい御本を見せていただいて夜は二人一緒に仲善く寝ました。

七月二十三日　火曜日　晴　温度九十度［32・2℃］　起床六時　就眠九時半過

朝涼しい中に算術と国語のお習《さら》えをしました。

午後二人は《新少女》［婦人之友社刊行の少女雑誌（1915-19）］へ投書するのだと云って絵を書きました。

夕方浴衣を来て涼みがてらに和子さんと浅井とし尾さんのお宅へ行きました。

七月二十四日　水曜日　晴　温度八十六度［30・0℃］　起床三時十五分前　就眠八時半

今朝は生れて初めてあんなに早く起きました（和子さんに起していただいたのですが）五時に王子殿下［淳宮・高松宮両王子殿下］が東京へお帰りになるのを奉送［お見送り］する為にです。市立《いちりつ》の生徒は蛸薬師烏丸［地図 g-5］へ集まることになっていましたので和子様や行子姉様と一緒に行きました。和子さんやお姉さんは第二［京都府立第二高等女学校（現 京都府立朱雀《すざく》高等学校）］へ行っていらっしゃるので私の学校の隣で奉送なさるので一緒に行きましたのです。お送りして帰って皆一眠りしました。

夜弟と女中が迎えに来ましたので帰りました。

七月二十五日　木曜日　晴　温度八十八度［31・1℃］　起

床六時　就眠九時半

弟は未だお休みになりませんので毎日毎日学校へ行っています。私がお姉様ぶって小学校は少ししかお休みがないと云ったら弟は「姉ちゃんえらそうに云うてはる。僕よう大学へ行ったら六月からお休みへ、けなり〔い〕〔うらやましい（京都弁）〕やろ」と云ったので皆大笑いいたしました。

七月二十六日　金曜日　晴　温度八十八度〔31・1℃〕起床六時半　就眠十時

夜あまりよい月でしたので涼みに大津〔滋賀県の県庁所在地。琵琶湖南西岸〕まで行きました。三井寺〔園城寺《おんじょうじ》（天台寺門宗総本山）の通称〕の上まで行きました。母は三井寺へ十七年ぶりで来たと申していました。琵琶湖の景色のよいのには驚きました。鏡の様に澄んだ湖面に月が影をうつし魚取る船のちらほら見える様は何とも云われません。京都ではこのような景色は見られません。

七月二十七日　土曜日　晴　温度九十度〔32・2℃〕起床六時　就眠十時

午後弟に誘われて澁谷《しぶや》*32へ行きました。京ちゃんが大きくなって私の人形の歌をよくうたわれました。

＊31 **電話**　徳正寺に電話が敷設されたのは明治期後半、庫裏《くり》には電話室があった。当時の電話は、加入者（発信者）が電話をかけるとただちに電話局につながり、交換手が発信者から請求された相手先（受信者）の番号に回線を手動でつなぐというものだった。

＊32 **澁谷《しぶや》**　三井銀行京都支店勤務の澁谷誠一（*1887-19??*）宅。誠一は桑門志道 三男で正子の叔父にあたる。誠一の養父 澁谷保太郎《やすたろう》（*1861-19??*）は三井銀行京都支店長次席を務めた人物でもあり、徳正寺の有力な後援者であった。保太郎は広島市の商家の出身、正子の外祖父 桑門志道とは同郷。志道は明治中ばに東本願寺の困窮を三井銀行から莫大な支援金を取りつけて財政難を打破した際の立役でもあり、志道三男の誠一が、三井銀行の重役澁谷保太郎と養子縁組を結ぶにあたり、東本願寺の会計部整理掛まで務めた桑門志道の智略が働いただろうことは考え得る。

当時、澁谷誠一の家は中京区衣《ころも》ノ棚《たな》通竹屋《たけや》町《まち》上ル玉植町《たまうえ》（地図 *f-5*）にあった（徳正寺史料）。徳正寺から徒歩で三〇分弱。また日記にたびたび登場する「京ちゃん」は澁谷誠一長女の京子（*1916-??*）。大正八年四月一六日の日記には誠一長男博（*1919-??*）の誕生が記される。

三井銀行京都支店
（大正３年竣工／四条通烏丸北東角／絵葉書〈大正期〉より）

行水《ぎょうずい》がすんで私がおぶって外で遊んでいましたら寝てしまわれました。

御飯をいただいてもう帰ろうと思いましたら弟は寝てしまいましたので八時頃までいました。帰る時に起こしましたら寝起でこわい顔していました。帰宅しましてあまり暑うございましたからお二階のお座敷で涼んでいましたら、弟は目がさめてしまって私と長い事寝台の上でお医者ごっこをしたり大正琴［箱型胴の弦楽器］をひいたりして遊びました。

七月二十八日　日曜日　晴　温度八十四度［28・8℃］　起床六時半　就眠九時半

何時も父がなさる植木の水をやるのを夏休みになったので私がする事になりまして朝夕じょろ［ママ］［如雨露《じょうろ》］に水を入れて一生懸命木の早く大きくなるのを楽しみにしています。

今日おやつに私等のお手伝いしてこしらえた白玉をいただきました。いつもしていただきましたが今日のは自分でしたので大そうおいしいように思いました。

七月二十九日　月曜日　晴　温度八十六度［30・0℃］　起床六時　就眠九時半

夜前から母に頼まれていました私の袴《はかま》をほどきました。

弟は私が女ですから、やはりよく女みたいな遊びをします。ずっと前、母にねだってこしらえていただいた姉様*33を大切にしまって置きましたら、今日も弟はそれで独り何か口で云いながらおとなしく遊んでいました。母は、女みたいなと云って笑っていられました。

七月三十日　火曜日　晴　温度八十八度［31・1℃］　起床六時半　就眠九時半

今日は明治天皇祭［明治天皇の崩御《ほうぎょ》した日（七月三〇日）の祭日］であります。もはや明治天皇がおかくれになって七年になります。今年は天皇の七回忌に当ります。

弟の学校は今日はお休みです。明日は一学期の成績表をいただいて来るので心配そうなうれしそうな顔をして早くから寝ました。

七月三十一日　水曜日　晴　温度八十三度［28・3℃］　起床六時　就眠九時半

弟は朝早くから学校へ行きました。暫《しばら》くして帰宅しましたので成績はと云いましたら「あかへん」と云って私に見せましたので開いてみましたら平均九と書いてありましたので八と違ってよかったと思いました。父に見せましたら中等位だと笑っていられました。弟はよい点であったら何か買ってくれと母に云うていましたので中等位と聞いて走って母の所へ行って何かだだをこねていましたがすこししてうれしそうに向いのお医者様の武夫［中村武夫］さんと云う六年の方と一緒に出ました。帰って来て何を買うたのと云ったら「本二冊」と云うて《幼年世界》［博文館刊行の児童雑誌（再刊 *1911-23*）巌谷《いわや》小波《さざなみ》主宰、定価八銭］と《トモダチ》［二葉社刊行の児童雑誌（*1915-??*）］と見せました。そしてこの二冊をもってにこにこして武夫さんと二階の部屋に行きました。

~~七~~八月一日［〈八〉と訂正あり。以下同］　木曜日　晴　温度九十三度［33・8℃］　起床六時半　就眠九時

今朝弟の朝顔が一つ咲きました喜んで皆に自慢していました。

夕、この間澁谷へ行って初めて行水したのでめずらしくてたまりませんでしたので今日私と弟とは行水をしました。おふろよりか行水の〔方〕が面白うございます。

~~七~~八月二日　金曜日　晴　温度九十二度［33・3℃］　起床五時半　就眠九時

今朝父に起されて婦人法話会へ母と五悪段*34と云う真

*33 **姉様《あねさま》**　姉様人形のこと。縮緬《ちりめん》紙で髷《まげ》をつくり、千代紙細工などの衣装を着せた紙人形。ままごと遊びなどに使う手遊びの玩具で、江戸時代に女の子の遊びとして普及し、年長の女性の手芸にもなって家庭で作られた。（「あねさま」『平凡社大百科事典1』一九八五年）

喜多川守貞『守貞漫稿』（一八五三年）

宗中学校長先生の川崎先生の演説を聞きに行きました。私にもよくわかるありがたいありがたい演説でした。今日から向う五日かんありますので母に連れていただくお約束をしました。

~~七~~八月三日　土曜日　晴　温度八十八度［31・1℃］　起床五時
就眠九時

今朝母にゆり起されて初めて目がさめ五悪段を聞きに行きました。七時に帰って来ましたら弟が熱があると云われたので驚きました。母は直ちに車でお医者へ行かれました。お医者は別に大した事はなくひえであろうと云っていられたそうです。夕、弟のお使いで京極［新京極／地図 *g-4*］まで本を買いに行きました。夜もう一つの袴《はかま》をほどきました。

~~七~~八月四日　日曜日　晴　温度九十四度［34・4℃］　起床五時
就眠八時半

今朝もねむい目をこすりこすり徒歩で五悪段を聞きに行きました。朝清い空気を吸いながら早足の母と歩むとほんとに気持がよくございます。弟はもう大分熱もさめたので機嫌よくしていました。午後お襦袢を一つこしらえました。次には母の着物を縫い始めました。

~~七~~八月五日　月曜日　晴　温度九十五度［35・0℃］　起床五時
就眠九時

今日も又五悪段を聞きに行きました。弟はもうよくなったので床を離れてぴんぴんしていました。

~~七~~八月六日　火曜日　晴　温度九十二度［33・3℃］　起床五時
就眠九時

今日で五悪段は終でした。十時頃和子さんが遊びにこられました。弟と三人色々の事をしてあそびました。夜はとまられました。

~~七~~八月七日　水曜日　雨　温度九十五度［35・0℃］　起床六時半
就眠九時半

植木屋が来ていましたので松葉で色々の事をしました。今朝早く起きて将軍塚［東山華頂山上にある塚／地図 *g-3*］へ父に連れてっていただくお約束をしておきましたので喜んでいましたのに雨が降って残念でした。午後和子さんと幼年雑誌をこしらえるのだと一生懸命、画やお話を書いたりしました。弟はお話をこしらえるのに「ある所に太鼓のすきなお姫様がありました」と書いてそれから後がわからなかったので困ったような顔をしていましたが「あてもうよらんとおきまっさ」［「ぼくもう一緒に（雑誌を）作るのやめておきます」］と云ってさっさとどこかへいってしまったので和子さんとうんと笑いました。今日もとまられました。

八
七月八日 木曜日　晴　温度九十六度［35・5℃］　起床七時
就眠九時

朝母に二人は髪を結ってもらって弟と上《かみ》の和ちゃん所へ行きました。行きしな大丸*35［地図9-5］へよってキュウー《［ママ］》ピさん*36を一つ買いました。それは大姉さん［阿部千枝（18??-19??）／正子の従兄 現亮 妻］が赤ちゃんをお生みになるので赤ちゃんのお祝だそうです。向いでお昼をいただいてお姉さんの入院していられる佐伯《さえき》病院［徳正寺近隣の産婦人科医院／V - *3］へ伯母さん［阿部亮子《さやか》（1874-19??）／正子伯父 恵水の妻］と行きました。和ちゃんはお姉さんの枕元にキューピさんをおいて帰られました。小さい兄さん［阿部義亮（1907-??）／恵水 次男。小兄さん］が加賀［石川県］からおかえりになっていられました。夜、弟はとまると云って聞かず向いにきたきくやをおいかえしてしまいました。で、とうと

*34 **五悪段《ごあくだん》**　『無量寿経 下』（浄土三部経の一。阿弥陀仏の四十八願と極楽の様子、極楽往生の方法を説く）の現世《げんせ》（この世）の五悪を説いた一段。五悪とは、殺生《せっしょう》（生物の命を絶つこと）、偸盗《ちゅうとう》（物を盗み取ること）、邪淫《じゃいん》（妻または夫以外の者と淫事を行うこと）、妄語《もうご》（うそ、偽りを言うこと）、飲酒《おんじゅ》（酒を飲むこと）の五つの悪事。在家（在俗）の信者はこの五悪をいましめた五戒《ごかい》（おきて）を保たねばならない。
　五悪段では、業報《ごうほう》（前世におこなった善悪の行為によって受ける報い）が必然であり、悪業《あくごう》（悪い行い）の報《むく》いからけっして逃れることができないと説かれる。一方、そのような悪業がはびこる世界にあって、身を端《ただ》して善をなし、悪をなさなければ、生死《しょうじ》を離れ（生死を繰り返す苦悩から解放され）、現世での福徳を得、来世は極楽に往生し、長寿を全うして涅槃（悟り）への道を得ることができる。（『新纂浄土宗大辞典』浄土宗出版、二〇一六年）

*35 **大丸**　一九一二年（明治四五）、下京区四条通高倉西入ル（北側）に開店した大丸呉服店。下村正太郎（1883-1944）の経営近代化で老舗呉服商から百貨店に転身。インドサラセン様式の高楼を備える鉄筋木造三階建の店舗は異彩を放った。二一年（大正一〇）八月一六日未明、火災により全焼。正子は二階の窓から焼亡する大丸の様子を日記に書き留めている。

うとまりました。

~~七~~八月九日　金曜日　晴　温度九十四度［34・4℃］　起床七時　就眠九時

朝遅く起きて弟に笑われました。午後和ちゃんや弟と三人堀川へ本を買いに行きました。私等は何も買いませんでしたが弟は三冊もかかえてにこにこしていました。夕父が迎に来て下さいました。夜帰宅しましたら母は明日広島へ行くお友達が出来たから今日は早くお休みと云われましたのでいそいそと喜んで寝ました。

~~七~~八月十日*37　土曜日　晴　温度九十八度［36・6℃］　起床六時　就眠九［空白］

朝小宮さんが誘って下さったので学校へ参りました。久しぶりで大勢のお友達に会いました。八時講堂へ集り中島先生と川島先生のお話がございました。十一時頃帰宅しました。頭がお話聞いている頃から痛うございましたので直ぐお医者へ行きました。熱が少しあるだけで別に大した事ではないとおっしゃいまして安心いたしましたが広島行は見合せとの事

柳原町の米騒動を報じる『日出新聞』(大正7年8月11日夕刊)

を聞きました時は大そう残念でございました。午後寝ました。

［八月一一日～一四日］の四日間、正子は高熱に臥《ふ》して日記は空白。この間、柳原町［地図⑸］で米騒動が始まり（一〇日夜）、米屋を襲撃するなど市中各所で部落民を中心とする民衆蜂起が起こった。／I-*37］

~~七~~八月十~~四~~五日　木曜日　晴 夕立　温度九十七度［36・1℃］　起床

*36 **キューピーさん**　キューピー（Kewpie）。キューピッドをモチーフにした幼児姿のキャラクターとして世界中で親しまれる。アメリカのイラストレーター ローズ・オニール *Rose O'Neill* (*1874-1944*) が、婦人雑誌『レディースホームジャーナル』一九〇九年一二月号に発表した絵物語から生まれた。一二年、ドイツで製造されたキューピー人形がアメリカで発売され、一三年（大正二）日本でも本国アメリカへの逆輸入商品として作者認定のもと生産されたが、またたくうちセルロイド製をはじめ様々な素材のイミテーションが大量に出まわり、押しも押されもせぬキューピーさん人形として大衆化に至った。

〈日本製キューピー〉

*37 **米騒動**　第一次世界大戦（*1914-18*）による産業発展がもたらした物価騰貴のなか（資本主義経済の急発展）、一九一八年（大正七）七月から八月、シベリア出兵（ロシア革命で成立したソヴィエト政権に対する武力干渉）を見越した地主と米商人の投機買い占めによって米価が天井知らずに高騰した。困窮を極めた都市部の大衆（非農業人口が大半を占める）が、富山の米一揆（後述）を新聞報道で知るところとなり、京都・神戸を皮切りに（八月一〇日）各地で大規模な暴動が続発、全国へと波及した。政府は警察のほか軍隊を出動させて鎮圧にあたり、その結果多数の検挙者を出した。示威・暴動の発生地点は三八市一五三町一七七村に達したという（七月二三日～九月一一日）。

　発端は同年七月二三日、富山県魚津市で漁民妻女たちによる米の県外移出の差し止めを求める行動が富山湾沿岸一帯に拡大。京都では八月一〇日夜から一一日午前にかけて、柳原町（現 崇仁地区／地図⑸）の被差別部落民が中心となり、米の廉売を要求して下京区・東山区の米穀店を次々と襲った。騒動は市内各所に飛び火して、一〇日夜より出町橋を中心に田中村（地図2-4）ほかの部落民が蜂起、警察だけでは収拾がつかず一一日夜に軍隊が出動し、一二日午前を廻って瞬くうちに鎮圧。同日夜、市内各警察所に夜間外出自粛のビラが張り出され、市中全域で警戒が強化された。

　京都を震源地として、騒動は八月一一日に大阪、神戸、名古屋へと全国に拡大し、一三日には東京を含む一八市四〇町三〇村で示威・暴動が発生。この日を頂点に一一日から一六日までが米騒動の最盛期となった。延べ九万人以上の軍隊が動員（大阪・下関は一万人）され、民衆側には三〇名以上の死者が出た。検挙者は少なくとも二万五〇〇〇人、うち八、二五三人が検事処分を受けた。一四日には内務省命令で新聞報道が禁止され、メディア規制がかけられた点も特筆される。（「米騒動」『平凡社大百科事典5』〈一九八五年〉ほか）

　正子は八月二四日の日記に「十一日から十六日頃まで柳原町の貧民が米が高くなったと云うて一き［一揆］を起した」と書いており、この期間が京都および全国に波及した米騒動の動静をもの語っている。［P. 75コラム参照］

［空白］ 就眠 ［空白］

今日やっとお床の上で起きられました。昨日や一昨日はその前の日などは九度以上に熱が上り、二つも氷袋でひやし母は〝夜通しした〟と云っていられました。母のおかげで熱もさめたので大へんうれしゅうございます。今日もう一日熱が高かったらチビス[*38]［チフス］と定めるとお医者は云っていられたそうです。今日お医者が来てもう明日から起きてもかまわないとおっしゃったのでうれしゅうございました。

~~七~~八月十六日 金曜日 晴 温度九十八度［36・6℃］ 起床七時半 就眠九時

夜大文字《だいもんじ》山［地図 *e-2*］で大文字がともりました。[*39] お向のお医者さんのお子達もおこしになって皆で見ました。左大文字［地図 *d-6*］も見ました。舟［船形］や鳥［ママ］〔鳥居〕や妙法［松ヶ崎／地図 *e-4*］とか云うのは見ませんでした。久しぶりで大文字を見ました。七つの時[*40]から何時も広島へ行っていましたので長いこと京のおぼん［盂蘭盆会《うらぼんえ》（祖先霊を供養する仏事）］を知りませんでした。

~~七~~八月十七日 土曜日 晴 温度九十度［32・2℃］ 起床六時半 就眠八時半

今朝京極へ手帳を買いに行きました。朝未だ早いのに氷屋は大層繁盛していました。私の家では皆夏になって氷のかいた［氷を掻《か》く（刃物で細かく削る）］のを飲んだ事はございません。夏中飲まないと云うつもりです。[*41]

弟は宿題が皆出来たと喜んでいました。夜裁縫を長い間しました。

~~七~~八月十八日 日曜日 曇 温度八十二度［27・7℃］ 起床六時 就眠九時

午後裁縫をしました。夕までに裾《すそ》が絎《く》けられる［縫い目が表に見えないように縫う］ようにしました。月末までにしてしまいたいと思います。夜 寺村の小父さんがおこしになりました。

~~七~~八月十九日 月曜日 雨 温度八十五度［29・4℃］ 起床六時半 就眠十時

午後又裁縫のみしました。衿《えり》がつきましたこの分なら明日一生懸命したら仕上がるだろうと思っています。案外に早く出来てうれしくてうれしくてたまりませんでした。一週間足らずに出来るのですから生れて初めてこんなに早く出来ました。こんなうれしい事はありません。夜いとこの兄が関東地方から帰って来られ私と弟にお土産を下さいました。私には和ちゃんとおそろえ［お揃い］のとめ［帯留め］でした。きれいなのでした。

八月二十日 火曜日 晴 温度八十六度［30・0℃］ 起床六時 就眠九時

午後裁縫を仕上げようとしましたら澁谷の姉さんが京ちゃんをつれて遊びに来られたので出来ませんでした。暫くして和子さんがおいででした。京ちゃんは三つですのにお話が上手です。姉さんも兄さんも江戸っこですから京ちゃんも「あのね京ちゃんぶったのね電車ごうごうの所でね」と可愛らしゅうございます。

和子さんは泊ると云っておられます。

八月二十一日 水曜日 雨 温度八十三度［28・3℃］ 起床七時半 就眠九時半

今日母に布をいただいて和ちゃんとお人形の着物を縫いました。和ちゃんは半分していやだと休まれましたが私は一生懸命していました。夜八時頃女中に送られて帰られました。湊谷さんからお葉書が来ました。加賀とやらで御養生なすって大そうお肥えになったそうです。大層喜ばしい事です。さっそくお返事を書きました。

*38 **チビス** チフス。チフス菌の経口感染（口から病原体が体内に侵入）による感染症。一、二週間の潜伏期ののち発病。特有の熱型を示し、発熱・下痢・脾腫（脾臓が大きくなった状態）・薔薇疹などの症状を呈する。

*39 **大文字《だいもんじ》火** 大文字山で八月一六日に焚かれる火のこと。盂蘭盆会《うらぼんえ》の送り火である。大文字のほかに、北山の左《ひだり》大文字、松ヶ崎の妙法、上賀茂の船形、上嵯峨の鳥居形が、京都の北半をとり囲む五山の送り火として点じられる。

*40 **七つの時** 数え年（生年を一歳とし、以後正月ごと一歳ずつ年齢を重ねる数え方）の七歳。正子は一九〇六年（明治三九）生まれなので、「七つの時（満六歳）」は一九一二年（大正元）。

*41 かき氷を食べないのは防疫《ぼうえき》の観点から。経口感染しやすい赤痢やチフスなどの有効な予防は、「不熟の果物、氷水、その他冷水、ラムネ、サイダー等」は直接の原因になりやすく、「（これらに）病菌はなくとも、胃腸の弱つて居る処へ過飲過食」するのは伝染病を誘引しやすい。（『日出新聞』八月一日朝刊）

~~七~~八月二十二日　木曜日　晴後雨　温度八十度［26・6℃］
起床六時半　就眠九時
とうどう母の着物が出来ました。次には何をしようと考えています。
夜大層雨が降りました。雷もなりました。雷の大きらいな弟は「こわいこわい」と云っていましたが、しまいにうつうつ寝てしまいました。私もこわくて日記も思うように書けません。

~~七~~八月二十~~四~~三日　金曜日　晴　温度八十二度［27・7℃］　起床六時　就眠九時半
この頃は朝夕は大へん涼しくなりました。今日は地蔵盆[*42]ですから弟はお友達大勢と遊んでいました。私はもう女学校の一年生ですからお仲間入りは出来ません。それよりか家でお人形の着物を縫っているのが面白うございます。

八月二十四日　土曜日　晴　温度八十四度［28・8℃］　起床六時　就眠九時
今朝母が日記を見られて八月一日から昨日まで七月々々と書いていますので笑って笑って笑い尽されました。私はこの時母に云っていただいて初めてわかりまして自分の馬鹿なのにも程があると思いました。それから十一日から十六日頃まで柳原町[*43]の貧民が米が高くなったと云うて一き[*44]［一揆（民衆が圧政に抗して手向かうこと）］を起した事も書いてないと叱かられました。［P.75コラム「米騒動と「正子日記」」］

八月二十五日　日曜日　晴　温度八十二度［27・7℃］　起床六時　就眠九時半
今日又又上の親類から電話がかかって遊びに来いとの事でしたので母はそう度々と云っておことわりしましたが是非々々とおっしゃいますのでそれではと寄せていただきました。そして又佐伯病院へお姉さんのお顔を見に行きました。お姉さんは何で早く赤ちゃんを生んで下さらないだろう早く赤ちゃんのお顔が見とうございます。姉さんはもう一月も病院へは入られて未だ赤ちゃんが出来ないて赤ちゃんもあんまり気が長すぎます。お医者さんはもう間がないの一ってんばりですて。

八月二十六日 月曜日 晴 温度八十七度［30・5℃］就眠九時 起床六時

今日お人形の着物が出来ました。弟はお向の中村さんのお子達と二葉臨時小学校と云うのをこしらえて中村さんの絢子さんが先生で弟や義明さんやまだ外三人程が生徒で聞いていますとそれはふき出しそうになります。

八月二十七日 火曜日 晴 温度九十度［32・2℃］起床五時半 就眠九時

朝少し早く起きて絢子さんや義明さんや弟と知恩院［東山区にある浄土宗総本山／地図 g-3］へ行きました。朝早く散歩するのはほんとに愉快なものです。帰りに朝露の一ぱいふくんだ草の上でバッタをとったりして面白く遊びました。

八月二十八日 水曜日 晴 温度八十四度［28・8℃］起床五時半 就眠九時半

今朝も将軍塚へ行きました。弟は風をひいてるようですから行きませんでした。絢子さんも義明さんも寝ていらっしゃいましたので一人で四条通をとっと

*42 **地蔵盆**《じぞうぼん》 京都を中心とする近畿地方で、八月二三、二四日（地蔵尊の縁日）におこなわれる地蔵菩薩をまつる行事。京都では辻々の祠《ほこら》に安置される地蔵尊を華やかにお飾りし、供物をそなえ、その前で数珠回しや町内の子どもが集まってゲームなどをして遊ぶ。近年は少子化で地蔵盆は簡素化している。

*43 **柳原町**《やなぎはらちょう》 現在京都市下京区の崇仁《すうじん》地区（京都駅の東側、鴨川西岸一帯／地図 i-5）。同町は近世以来の被差別部落であり、皮革業、履物《はきもの》製造が盛んで、武士や町人層の履く雪駄《せった》（裏が革張り）の多くは柳原町で作られていた。一八九九年（明治三二）、部落住民によって設立された柳原銀行（現 柳原銀行記念資料館）は、差別のため資金貸付を得られなかった皮革業者等に融資を行い地域の暮らしを支えた。柳原町には早くから自治・共生の意識が根づいていた。一九一八年（大正七）四月、愛宕《おたぎ》郡《ぐん》柳原町は京都市に編入され、下京区東七条と町名を改めている。

*44 **一き**（一揆《いっき》） 大規模な暴動となった米騒動を正子は〈一揆〉と記している。〈米騒動〉と一般的に称されるまで、この歴史的な事件は様々な呼ばれ方をした。正子の母をはじめ井上家とその周辺では、事件の直後、それを〈一揆〉と呼んだのだろう。〈米騒動〉の名前の変遷を、『京都日出新聞』紙面にたどると次のような呼称が見える。〈食料戦争〉〈暴動〉〈米屋襲撃〉〈米屋征伐〉（八月一一日夕刊）、〈米の一揆〉〈群衆妄動〉（八月一二日朝刊）、〈米騒動〉〈騒擾《そうじょう》〉（八月一三日朝刊）、〈米一揆〉〈大騒擾〉（八月一四日夕刊）、〈米騒擾〉（八月一五日夕刊）。九月以降は〈一揆〉の用例は影をひそめ、〈騒擾〉〈米騒擾〉〈米騒動〉の呼称に定着が見られる。

とっと走って一番に知恩院へ行きスタンプをおしてもらって将軍塚へ登りました。市立の一年の生徒さんにも二三人会いました。

頂上で又スタンプをおしていただいて暫く休んで下へ下りました。下りる時一人のおじいさんと一緒でしたがその方はお老人にもかかわらず元気そうに走って下りられました。私がしんどいので休んでてもそのお方は少しも休まず走られます。あまりの元気のよいのに私は驚きました。大谷へより一寸お参りして帰宅しました。午後足袋つぎ［継ぎ。ほころびに他の布をあてて繕うこと］をしました。

八月二十九日　木曜日　曇　温度八十二度［27・7℃］　起床六時　就眠九時

朝新聞に大風と書いてあったので大層心配していましたら案の定《じょう》夕方から大風が吹き出しました。ピウピウと云うすごい風が聞こえます。中庭の白ち［ママ］く〔棕櫚竹《しゅろちく》［ヤシ科の常緑低木］〕の木は軒に入りこみよ、いしはたおれる。書生の雨戸をしめる音ほんとに恐ろしゅうございます。明日父に須磨［神戸市南西部の海岸］へ連れてっていただくお約束ですがこう風が吹いたらお流れになるでしょう。

八月三十日　金曜日　雨後晴　温度八十度［26・6℃］　起床六時　就眠九時

朝目を覚すなりお天気はと見ると大変な暴風雨で須磨所か隣へ行くのもこわい位でした。その時どこかでニァオニァオと猫の鳴声が聞こえると女中の猫がすてでございますと云いましたので飛んで見てみますと三毛猫ですけれどこわい顔をしていました。門の柵の所へくくりつけてあったそうです。牛乳屋のおっさんがきましたので猫が棄ててあったがあげましょうかと云いましたら「へいどうぞおくれやす」と云われましてとうどう連れて行かれました。

嵯峨須磨行の止めでしたのには残念に思いましたが夕方五時頃上の親類から女中が電話がかかって〝唯今おぼんさん［ぼっちゃん］がお生れになりました。〟と云いましたので家では大喜びでした。弟は家中はねまわって男だ男だと喜んでいました。［正子の従兄現亮・千枝夫婦に長男（種ちゃん）が誕生］

早く赤ちゃんの顔が見せていただきたいし、伯父母・兄・姉のにこにこ顔と男ではつまらないと思いながらも喜んでいらっしゃる和子さんのお顔も見とうございます。

八月三十一日　土曜日　晴　温度七十九度［26・1℃］　起床六時　就眠九時半

今朝母は赤ちゃんのお顔を見に行かれました。それはそれはお兄さんに目もとがそっくりだし、はいぎわ［はえぎわ］のこい所はお姉さんににていられるそうです。母は病院から帰りしな京ちゃんのお宅によってそして京ちゃんをおんぶして弟と帰宅されましたので私と弟と三人で仲善く遊びました。小さい時はよく人臆《ひとおくれ》［人見知り］をしましたがこの頃は一寸もしられません。大丸のかどを通りますと、伯母ちゃま、おもちゃ買ってね、と云ったそうです。おひがん［彼岸］には京ちゃんつれてどこかへ行きましょう。

今日はおめでたい天長節［天皇誕生日の旧称］です家々の軒には国旗がさながら今日の善き日を祝っているようにひらひらとしています。

九月一日　日曜日　晴　温度八十四度［28・8℃］　起床六時　就眠九時

朝京極へ赤ちゃんのお祝を買いに行きました。午後父と一緒に赤ちゃんのお顔を見ました。伯母さんと和ちゃんは毎日いらっしゃるそうです。暫くいて直ぐ帰りました。帰りには私一人で澁谷へうかがい夜遅く兄姉におくられて帰りました。京ちゃんのお好きな電車で帰りました。

九月二日　月曜日　晴　温度八十二度［27・7℃］　起床六時　就眠九時半

もう夏休みも終《しまい》に近づきました。今年程早く休暇のすんだことがございません。弟は今日始業式ですから学校へ参りました。

私ももう三日したら行きます。

植木屋が来て庭のそてつを直していました。

九月三日　火曜日　晴　温度八十四度［28・8℃］　起床六時

就眠九時

弟がおひる頃七度一分の熱がありましたので早速お医者へ母と参りました。風だろうと云っていられたそうです。

夜大層熱が登って一時は心配致しました。

九月四日　水曜日　晴後雨　温度九十度［32・2℃］　起床六時　就眠十時

弟は今日学校を休みました。私も今日でお休みはお終です。

明日学校へ行くのがうれしいような気がいたします。弟は私の日記を書くのを見て自分も日記をつけると云っています。どんな事を書きましょう。常から作文がすきで帳面に一っぱい書いています。私よりもずっと上手だと云われています。夜恐しい雷がなりました。ほんとにこわくございました。

九月五日　木曜日　晴雷　温度八十四度［28・8℃］　起床六時　就眠九時

今朝私は学校へ行くのだと思ってちゃんと用意してお友達を待っていましたのに何時も早くいらっしゃる方がちょっともおいでになりませんので不思議ですから私からお誘に行きましたら今日は行くのではありませんでしょうと云われましたので大笑いしました。母は一年生の子の様だとおっしゃいました。

九月六日　金曜日　晴　温度八十五度［29・4℃］　起床五時半　就眠九時

今日はほんとに学校へ行く日でした。朝校長先生の夏休の出来事をお話になりました。それから今度はお入りになった先生の式がありました。西洋料理の高橋先生とお裁縫の田村先生とです。

式がすんで各教室へ入り主任の先生のお話を聞くのでした。山崎先生は第二学期になりましたから、うんと勉強をして下さい。何事も□〔努〕力せば出来ない事はありませんとおいいでした。私も山崎先生のお言葉通り一生懸命勉強しましょう。

九月七日　土曜日　晴　温度八十六度［30・0℃］　起床五時半　就眠九時半過

第二学〔期〔朱筆で挿入〕〕の一番最初の勉強する日ですからいそいそと参りました。久しぶりで教室へ入ったのでうれしゅうございました。午後母と弟は病院へ赤ちゃんを見に行きました所が今退院なさったとの事で又上の親類へ行かれました。弟は初めてお顔を見て帰宅しましてから私に「赤い顔した方やな」と申しました。私は「それやから赤ちゃんて云うのえ」と云いました。

九月八日　日曜日　雨　温度七十四度〔23・3℃〕　起床六時
就眠九時

今日は上の親類で赤ちゃんのお祝がありました。お姉さんのお実家からは赤ちゃんの大祖父さんがお見えでした。お姉さんの弟さんも妹さんもおこしでした。皆と色々の事をしてにぎやかに遊びました。赤ちゃんが早く大きくなって私等と一緒に遊べるようになるとよろしいのです。

九月九日　月曜日　晴　温度七十九度〔26・1℃〕　起床五時
就眠九時

今日はほんとに善い日でした。第一番に朝早く起きた事です。暗い中から目を覚すと気持ちのよい事ったらありません。

第二は放課後大きな大きな綾川《あやかわ》と大戸平《おおとひら》*45と云う二人

---

*45 **綾川《あやかわ》と大戸平《おおとひら》**　九月六日より五日間、東京から巡業した大角力《おおずもう》が、東山八坂通、建仁寺南〔地図9-4〕の松原署後庭に土俵を設けて盛大に行われた。今場所では鳳《おおとり》、西の海、大錦、栃木山の四横綱が土俵を踏んでいる。

綾川五郎次（*1883-1933*）　青森県黒石出身、高砂部屋。身長一七五センチ、体重一〇一キロ。入幕は一九一四年。「容姿端麗」で、「キビキビとした取り口で人気を集めた」。幕内在位十五場所、最高位は関脇（大正五夏）。

大戸平吉太郎（*1889-1963*）　宮城県牡鹿町出身、尾車部屋。身長一七六センチ、体重九八キロ。入幕は一九一二年（明治四五）。「地味な風貌」だが、「左四つを得意とし」、豪快な技で「大物喰いで人気」を博した。幕内在位二十一場所、最高位は関脇（大正六春）。（京須利敏・水野尚文 編著『平成三十年版 大相撲力士名鑑』）

十日は取組四日目。『日出新聞』（九月一〇日朝刊）によると、その日の取組には綾川と大戸平の対戦があり、綾川が「つりだし」で勝星をあげた。取組後、二人は連れ立って正子が通う市立高女を訪れたものと思われる。

因みに一八年（大正七）の十七歳男子の平均身長は一六〇センチ、十二歳女子は一三五・五センチ。

のおすもうさんが来られて綾川という方が純日本式の体操[*46]をして私等に見せて下さいました。その体操をすると大層身体がよくなるそうです。綾川さんはこれをして初めはそれはそれは弱かったのが大いに強くなったと云う事です。私の様な身体の弱いものは是非これを実行しようと思っています。

第三に善かった事は国家の為ほんとに喜ぶべき出来事です。それは久しゅう欧洲戦争［第一次世界大戦］に日本が愈々《いよいよ》出兵し独墺［独逸《ドイツ》と墺太利《オーストリア》］と戦った所が敵は案外弱くとうとう日本がハバロフスク根拠地を鹵獲《ろかく》［敵の武器などを接収すること］して砲艦十七隻を取ったと云う

シベリアへ出征する兵士の見送り 於 - 京都駅
『朝日新聞京都付録』（大正7年9月8日）

号外[*47]が来たのです。弟は父に連れられて兵士を犒《こう》軍[*48]［出征兵の見送り］に行きました。帰宅して私に「大きい声でバンザーイを云うたえ」と自慢そうに云っていました。

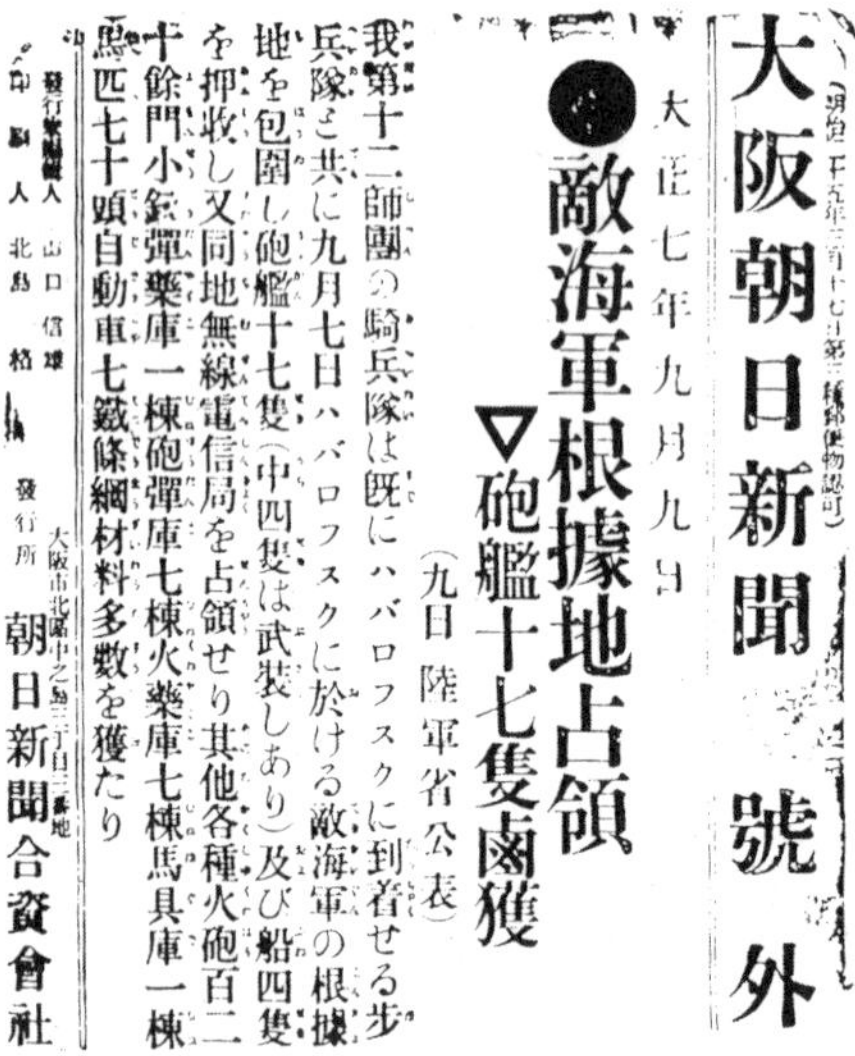
大阪朝日新聞 號外

大正七年九月九日

●敵海軍根據地占領
▽砲艦十七隻鹵獲
（九日 陸軍省公表）

我第十二師團の騎兵隊は既にハバロフスクに到着せる歩兵隊と共に九月七日ハバロフスクに於ける敵海軍の根據地を包圍し砲艦十七隻（中四隻は武裝しあり）及び船四隻を押收し又同地無線電信局を占領せり其他各種火砲百二十餘門小銃彈藥庫一棟砲彈庫七棟火藥庫七棟馬具庫一棟馬匹七十頭自動車七鐵條網材料多數を獲たり

發行兼編輯人 山口信雄 印刷人 北島格 發行所 大阪市北區中之島三丁目三番地 朝日新聞合資會社

『大阪朝日新聞 号外』（大正7年9月9日）

九月十日 火曜日 晴 温度八十度［26・6℃］ 起床五時半 就眠九時半

私は残念で残念でたまらん事があります。学校で教

室の出入が大へん乱れて二学期になってから朝会をのけて［除いて］正しくならんで出入をした事がありません。私や國井さんが正しくしようと思ってそれをしますと皆さんがえらそうにやってはると

*46 **純日本式の体操** 現在も「力士が毎日稽古前に行う準備体操」（『相撲大事典 第四版』）を一般向けにアレンジした相撲健康体操がある。

*47 **ハバロフスク占領の号外** 同日、『大阪朝日新聞』より号外が発せられた。日付及び「ハバロフスク根拠地」「砲艦十七隻」「鹵獲」の用語の一致から当該するものと考えられる。当時の徳正寺では『大阪毎日新聞』を購読、街頭で配られたものを持ち帰ったものか。

前年（一九一七年）ロシアに起こった革命の結果、シベリアで窮地に陥るチェコスロヴァキア軍団（チェコ兵捕虜）を救援する名目で、アメリカから日米各七千の兵をウラジオストクに出したいとの提議を受けた。日本は、軍が自主的行動をとることに含みを残しつつ、米国の提案に沿った共同出兵の宣言を発出（一八年八月二日）、連合国のシベリア出兵が本格化。

シベリア出兵は日米のほか、英、仏、伊およびカナダ、中国がそれぞれ小部隊を派遣して連合国で足並みを揃えようとしていたが、日本軍が日米間の合意を度外視してシベリア内地に大兵を進めた（一〇月中旬までに約七万三千人派兵）。ハバロフスク占領（九月五日）は、シベリア出兵における日本陸軍の最初の大きな戦果として国内で報じられた。

反革命派を支援し、ソヴィエト政府の打倒を目的としたシベリア出兵だが、反革命勢力の崩壊（二〇年一月）により干渉は頓挫、米英仏軍は撤退した。日本軍はその後二二年（北樺太では二五年）までシベリアに留まった。

シベリア出兵は七年にも及ぶ日本軍の海外派兵となったが、「無名の出師《すいし》（大義名分のない出兵）」とも言われ、各国からの信頼を失ったうえに、国益となる何ものも得るところなく不首尾に終っている。

「正子日記」（二一年〈大正一〇〉五月三一日）では、シベリア出兵に起因して二〇年三〜五月、七百余名の日本軍守備隊、居留民がパルチザンに殺害された尼港《にこう》事件について触れている。

*48 **犒軍《こうぐん》** 耳慣れない言葉だが、「犒」は〈ねぎらう〉という意味があり、出征軍人を送迎して犒《ねぎら》うことを言った。〈犒〉の字義は、「軍に飲食を贈ることをいう」（白川静『字統』）。

右ページ、『朝日新聞京都付録』（大正七年九月八日）に掲載の写真は、「昨今の〇〇駅」と説明に伏字があり、当時内務省によって、シベリア出兵関係の記事は差し止める措置が取られていたことが窺える（麻田雅文『シベリア出兵』中公新書、二〇一六年）。しかし、「東本願寺」の立札から、撮影場所が京都駅であることにまず相違なく、旭日旗《きょくじつき》（朝日をかたどった日本の軍旗）を振って出征兵士を見送る群衆の姿が写しだされる。京都駅では毎日のように出陣があったのだろう、早くもシベリアへの増兵が急がれていた。

写真に添えられたコラム（「浮世草紙 万歳」）では、「プラットフオームには今しも一列車がうね〳〵と横着《［ママ］》〈付〉けになつたのですぐ上衣を脱いで襯衣《シャツ》一枚になつた出征兵士が銅《あかがね》色に焦《や》けた元気の良い顔を車窓から鈴鳴《［ママ］》〈生〉りに出して汗まみれの双手《もろて》に小旗を二本も打ち振り〳〵口一杯に万歳を連呼します」「日曜学校の女生徒が十五六名打ち揃《そろ》うて繰り込んで来ました。洋装の裳《もすそ》も短く十一二歳の可愛い頬べたを目白押し」「犒軍の何々婦人会員達は白襟黒紋附つつましやかに（中略）黄色い声を張り上げました」「（お互いに）手を握り合つて僅か一時間の面識を作つた許《ばか》りで再会を期せぬ別れ」を惜しむ銃後の人々の様子が描写される。

正子の弟 彰淳が兵士の見送りに出かけたのはコラム掲載日の翌日九月九日。

おっしゃるし、とう直［当直］が云われても同様です。皆が一人々他正しくしようと思ってするときちんと出来ると思います。イ組やその他の組を見てもちりぢりばらばらに出入している組はないように見受けます。ほんとにこんな事はニ組の恥だと思います。

九月十一日　水曜日　晴　温度七十四度［23・3℃］　起床六時　就眠九時半

今日一昨日おいでになった金子先生に体操を教えていただきました。

父は朝から大阪へ行きました。大阪の伯父さんの所の四つになる坊ちゃんはそれはそれは可愛いらしいそうです。

父が行き風呂敷包を開きますと小父ちゃんお土産ありがとうとまだあげないさきからお云いになるそうです。帰りに風呂敷を持たれるとさいなら［さようなら］と云われるそうです。夜晩く帰られました。

九月十二日　木曜日　晴　温度七十六度［24・4℃］　起床六時　就眠九時

午後大丸へ行き私の今度縫う着物を買っていただいた。

母は新しいのだからきばってお縫いよとおっしゃった。

この間はめいせん［銘仙。平織の絹織物の一］の着物を買っていただいたし又こん度もこしらえていただいたので、うれしい事であります。

（山崎）［教師の朱印］

幸福を感謝して一層努力なさるよう［朱記］

九月十三日　金曜日　晴　温度七十八度［25・5℃］　起床五時半　就眠九時半

国語の時間佐藤つる[*49]の所を読み実に感心しました。その親孝行な事又一家の主として公令を守った事皆善い事のみしています。私もつるを手本にしましょう。そして孝行をしましょう。

九月十四日　土曜日　晴　温度七十六度［24・4℃］　起床五時半過　就眠九時半過

今朝裁縫の時間山崎先生が色々とお話があった末

「どうぞ二組はよく勉強して下さいそうして一年一番の善い組となって下さい」とおっしゃいましたお言葉は私は身にしみてどうぞ先生のお言葉にそむかぬようにしたいと思っています。先生は毎夜々々私等に二組の成績がよくなるようにと神様に願って下さるその御思を私等は少しでもよいからお返ししたいと思っています。私は山崎先生の御身に幸あれと祈ります。

九月十五日 日曜日 晴（夕立） 温度七十四度［23・3℃］

起床七時半 就眠九時

今日母は横町のお花やお茶の先生と一緒に生れて初めてやいと[*50]をすえに行かれました。帰られて熱かった熱かったばっかり云われて先生と明日からすえあいをしますわとおっしゃいました。母と先生とは姉妹のように仲善です。

九月十六日 月曜日 晴（少雨） 温度七十三度［22・7℃］

起床六時 就眠九時半

学校から今日帰って見ると私の大事の大事の西洋人形の目がとれて髪はぬけたりして手足は鼠にかまれそれはそれはひどい事になっていました。弟に聞いたらこの間かしてもら■■［インク染みのため判読不能］知らんと云います。菊やに問うたら私が物置へ入れときましたと申しましたので私は悲しゅう悲しゅうなりました。北海道の叔父さんのお土産で三越製[*51]な

*49 **佐藤つる**（*1845-1921*）『実科高等女学校用国語読本 巻三』（元元堂書房、一九一四年）に、井上毅《こわし》「佐藤つる」が掲載されている。佐藤つるは岡山県後月郡《しつき》出部村《いずべ》（現 井原市《いばら》）出身の孝女で、母を養いながら農作に励み、欠かさず田租、雑税を納め、そうした善行から明治二四年（一八九一）緑綬褒章《りょくじゅほうしょう》を授与された。

*50 **やいと** 灸のこと。体表のつぼ（経穴《けいけつ》）にもぐさを置いて燃やし、その温熱刺激で治療効果を得る漢方療法。

*51 **三越製の西洋人形** 三越は一九〇四年（明治三七）日本最初の百貨店として東京日本橋《にほん》に創業。〇七年には高麗橋《こうらいばし》（堺筋《さかいすじ》）の旧越《えち》後屋《ごや》跡地に大阪店が開店している。大正期に入り百貨店は、顧客（消費者）ターゲットを富裕層だけでなく都市部の中間所得者層に拡大し、とりわけ女性と子どもに向けた市場にウェートを置くようになっていた。三越では呉服だけでなく洋服、化粧品、装身具、帽子、洋食器、玩具など舶来品を目玉に小売販売し、また一方で児童博覧会を開催するなど、児童向けの商品開発にも力を入れた（「児童」という言葉も新しかった）。正子が持っていた西洋人形は、輸入品にたよらず、三越が自社ブランドとして商品化したものの一つであろう。

正子は、一九年（大正八）五月二五日と二二年八月九日に家族で大阪三越を訪れている。

のにと思うと一層悲しゅうございました。

九月十七日　火曜日　晴　温度七十六度〔24・4℃〕　起床五時半　就眠九時

今日から本裁《ほんだち》〔並幅一反の布で大人用の着物を仕立てる〕単《ひと》衣《え》の女物にかかりました。

夜父と弟と三人で初めて六角《ろっかく》さん〔頂法寺《ちょうほうじ》、通称六角堂／地図5〕の縁日に行きました。

中北〔仲北〕さんに会いました。それはそれはにぎやかでした。

九月十八日　水曜日　晴　温度〔空白〕　起床六時　就眠九時半

体操の時初めて袴《はかま》をしぼりました。学校では体操の時は必ず袴をしぼる事になっていたが今からはもうちゃんと出来る様になったからしました。初めてですから体操してても気になってたまりませんでした。

九月十九日　木曜日　晴　温度七十三度〔22・7℃〕　起床五時半　就眠九時半

今日宿題の立褄《たてづま》〔襟下《えりした》。和服で、襟先から褄先《つまさき》までの間〕を絎《く》けて二枚合して見たら両方とも同じ方をしていたので母に云ったら絎けなおしたら糊が落ちるし是から注意して縫えとおっしゃいました。

拝啓　本夕は中秋にて月見をなさる／ことゝ存じ候《そうろう》　祖父も独り月見をいたします／本日正子へゴム草履壱足淳丸《いっそくあつまる》へ絵／の具壱函《ひとはこ》送りました御受留可被下候《くだされべく》　両人／共衛生に注意御勉強可被下候　祖父は淋し／くてたまりません。　御院主《いんじゅ》様へ厚く御致意／可被下候　九月十九日

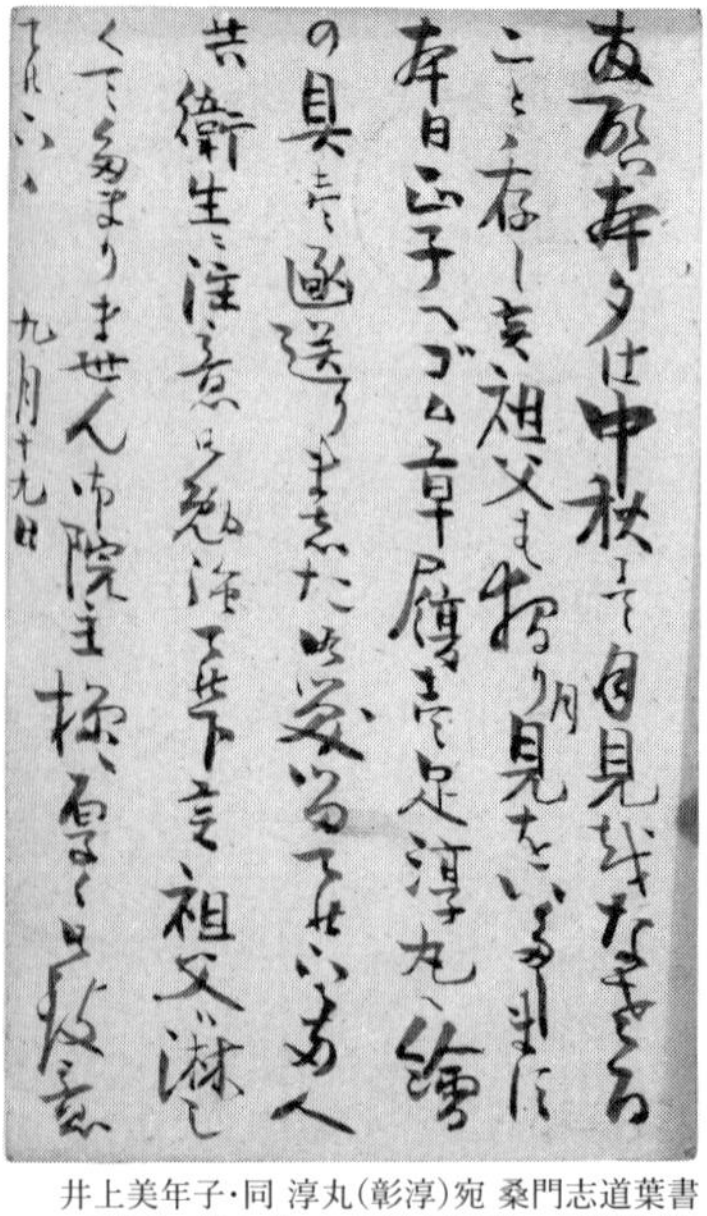

井上美年子・同 淳丸（彰淳）宛 桑門志道葉書
（大正7年9月19日記 同午後0-2時消印）

九月二十日 金曜日 晴 温度［空白］ 起床五時半 就眠九時

昼帰宅しましたら広島の祖父様から~~空気~~ごむ草《ぞう》り*52を送って来ました。早速お礼状を書きました。ほんとによい祖父様です。涙が出る程うれしく感じました。

九月二十一日 土曜日 晴 温度［空白］ 起床五時半 就眠九時半

今日はお彼岸の入りです。我家ではかやく御飯［加薬飯。人参、ごぼう、お揚げなどを具に炊き込んだ飯］を焚《た》いてお供養［斎《とき》。法用の参会者に出す食事］に出しました。私は学校で身体検査の為、遅く帰りましたから、日中のお参りは知りませんでしたが、夜のお説教《せっきょう》は聞きました。

九月二十二日 日曜日 晴一時曇 温度［空白］ 起床七時半 就眠九時半

朝晩く起きて皆にお寝《ね》ぼさんと云われ■■［インク染みのため判読不能／〈はず〉］かしゅうございました。夜父母と書生は公会堂［岡崎公会堂／地図 *f-3*］へ間宮［英宗《えいじゅう》］さんの説教を聞きに行かれました。

（山崎）［教師の朱印］

九月二十三日 月曜日 晴後雨 温度七十度［21・1℃］ 起床五時 就眠九時半過

午後学校で教員・在校生又は卒業生の中で御なくなりになった方をとむらう為の追弔会《ついちょうかい》が行われました。

去年からは先生がお一人と外十六名の方がお死になったそうです［市立高女では毎年この時期に追弔会（追悼会）が催された］。

*52 **空気ゴム草履** 踵《かかと》の部分に空気を入れる仕掛けを作った草履《ぞうり》で明治中期に開発された。

このゴム草履を正子に送った旨を記した祖父 桑門志道の葉書が残されている。以下意訳。

拝啓 本夕は中秋なので月見をなさることだと思います。祖父も独《ひと》り月見をいたします。本日、正子へゴム草履一足、淳丸へ絵の具一箱を送りました。御受け留めください。二人とも衛生に注意し勉強してください。祖父は淋しくてたまりません。御住職にくれぐれもよろしくお伝えください。 九月十九日

宛先《あてさき》は「京都市下京区富小路四条下ル徳正寺町／井上美年子・同淳丸（彰淳）」消印は「広島／7・9・19（大正七年九月一九日）／后0～2（午後〇～二時）」差出人「広島市大手町六丁目／桑門志道」。正子は翌九月二〇日にゴム草履を受け取った。広島－京都間の郵便物は一日で届いていることから、当時の鉄道郵便の発達事情をうかがい知ることができる。

その方々の事は上級の方がお話しして下さいました。皆早年でなくなりなさった事はほんとにおしい事です。

私もその方々へ御同情致します。

九月二十四日　火曜日　曇暴風雨　温度七十一度［21・6℃］
起床七時　就眠九時半
秋季皇霊祭《こうれいさい》［天皇が毎年秋分の日に行う祭祀《さいし》］です。学校はお休みだし、お彼岸詣にほんとに都合の善い日ですからお弁当持ちで大谷や清水や高台寺の萩などを見に母と弟と女中達と行こうと思っていましたのに昨夜から雨が降ったので弟と「てるてるぼーず」をこしらえて寝ましたのに今朝目を覚したらひゅうひゅうと風の恐しい音、じゃあじゃあと降る雨を聞き直ぐ飛び起きて松にくくり付けてあった「てるてるぼーず」をもぎ取り首をちぎったりさんざんいじめて便所へほかした［捨てた］。母はかわいそうにとおっしゃったら弟は「それでもお天気にして呉れしまへんさかいどすがな」とうらめしそうに空を眺めていました。私は「かわいそうどすけどそうせんともうお天気にして呉れしまへんも、仕様があらしまへん」と云いました。
母はだまってにこにこ笑って二階へ行かれました。
午後大分しずまりましたのでやっと安心しました。

九月二十五日　水曜日　晴　温度六十九度［20・5℃］　起床六時　就眠九時半
朝国語の時秋季皇霊祭の一日と云う題で作文を作りました。その時間直ぐ私は読みました。そして先生からよく作れてあると褒めていただきました。ほんとに満足しました。

午後母は弟・女中供を連れて昨日の代りに彼岸参りに行かれました。

私は六時間授業だったので行きませんでした。

御土産には学校へ持って行くおゆのみと腰に下げる曲玉《まがたま》と買って来て下さいました。

夜京極へ母と行きくしを買っていただきました。

九月二十六日　木曜日　晴　温度［空白］度　起床六時
就眠九時半

今日、家で長い事頭を痛めた算術のわけを云わさして貰いうまく出来てうれしゅうございました。

夜宿題の地図を書《〔ママ〕》いたり英語をしらべたりしました。

目覚時計をかけて明日早く起きられる様にして寝ました。

今日お寝ぼして母さんに叱かられました。

（山崎）［教師の朱印］

九月二十七日　金曜日　晴後雨　温度［空白］度　起床五時半　就眠十時半過

午後帰宅しまして父母から今夜公会堂へ少女歌劇[*53]を見に行くのだよと知らしていただいて私はほんとに喜びました。去年宝塚へ行った時はあいにく少女歌劇は居ませんでしたから残念ながら見ませんでしたのが今日見られると云う事は何とも形容の出来ない程うれしゅうございました。

六時半頃に行きましたらもう一ぱいの人でした。私等はそれでもやっとの事で前へ出ました。《江〔の〕島物語》《クレオバ《〔ママ〕》〔パ〕トラ》《七夕踊》などの美しさ愛らしさは何とも云われません。江島物語はちごがいけにえにされる悲しい物語でした。クレオバトラは私には何の事だかはっきりわかりませんでした。

一番終《しまい》の七夕踊は天上と下界の事で天上では織姫様

宝塚少女歌劇《七夕踊》織姫　大江文子　北斗星　三好小夜子
『日出新聞』(大正7年9月21日)

*53 **少女歌劇**　一九一三年（大正二）、箕面有馬《みのおありま》電気軌道株式会社（阪急電鉄の前身）の小林一三《いちぞう》（*1873-1957*）が大阪三越の少年音楽隊にヒントを得、宝塚唱歌隊（後改称して宝塚少女歌劇養成会）を発足。一四年四月、第一回公演を宝塚新温泉の室内水泳場を改造したパラダイス劇場で開演。当初の目的は宝塚の温泉レジャー施設の顧客誘致であったが、大阪・神戸・京都などでの公演が人気を呼び、四年後（一八年五月）には東京帝国劇場の上演を成功させた。
京都は九月二六、二七日、岡崎公会堂で昼夜二回の上演。出征日本軍隊慰問《いもん》会、京都基督《キリスト》教《きょう》青年会、日本健康会が主催。養成会一期生の雲井浪子《くもいなみこ》、篠原浅茅《しのはらあさぢ》、高峰妙子《たかみねたえこ》らが出演。正子の観劇した《江の島物語》《クレヲパトラ》は小林一三作、舞踊《七夕物語》は楳茂都《うめもと》陸平《りくへい》が演出。一等二円、二等一円、三等五〇銭、小児はその半額（『日出新聞』九月二一日）。

とお星さんが頭をぴかぴかさせて踊を踊ったり雷を下界へ落したりそれはそれは面白いのでした。下界の方では小さい子供達が落ちた雷に《〔ママ〕》〔を〕からかって終《つい》に雷の太鼓で踊り出す可愛いぃ可愛いぃのでした。私はそれ等を見て帰りました。父母に幾度お礼を云っても足りない程でした。

九月二十八日　土曜日　曇　温度〔空白〕度　起床六時　就眠九時

かねてから今日はテニス大会をもよおすと云ぅ事になっていましたので大層喜んでいましたのに朝から変なお天気だったのでとうとうやめになって月曜日にする事になりました。月曜日はどうぞ上天気になるよう祈っています。

来週の土曜日も晴でなければならぬ事が出来ました。それは大阪へ全校生徒が旅行する事になったのですからうれしくてうれしくてたまりません。まして汽車で行くのですから。

九月二十九日　日曜日　雨　温度六十八度〔20・0℃〕　起床七時半　就眠九時半

父母は上の親類でうたい会があったので行かれました。

私も弟も何時でも行くのですが、今日だけいやだったから二人が留守居をしました。

夜あまり退屈したので画《え》や字を書いていましたら弟がふいに〝姉ちゃんこれでよろしいか〟と何だか見せました。私は読んで見ますと「ちらちらとちるにもみぢやかなしけり」と書いてありましたのでびっくりしました。どうして作られたか不思議でたまりませんでした。沢山沢山褒めましたら女中や書生〔住み込みの学生〕に自慢しましたので「弟は和歌を作りて我ながら感心せしか自慢してけり」と書いて見せましたらだまって目をくりくりさせていました。

弟はそれから直ぐ寝ましたが私は独り沢山和歌を作って父母の帰りを待ちました。

九月三十日　月曜日　雨　温度七十一度〔21・6℃〕　起床六時　就眠十時

午後学校から帰宅しまして直ぐに上の親類の赤ちゃ

んの生後一月の祝日がありましたので父母弟共に行きました。そして御馳走を沢山いただきました。お手伝もしました。お手伝する時学校で習った作法をしました。夜晩く寝ました。

十月一日　火曜日　雨　温度六十八度〔20・0℃〕　起床五時半　就眠九時半

今日私等一年ニ組へ土屋さんと云う方が岡山から転校しておいでになりました。これから仲善くしましょう。

英語の試験がありました。十点でうれしゅうございました。

十月二日　水曜日　雨　温度七十度〔21・1℃〕　起床五時半　就眠九時

学校から帰宅しまして六時頃まで算術のみしました。どうぞして二学期には善い成績を得たいと思いましてこの頃は一生懸命です。

十月三日　木曜日　雨　温度七十四度〔23・3℃〕　起床五時半　就眠九時

広島から大達と云う方が来られました。仏教大学〔龍谷大学の前身／地図 6-6〕へ行っていられます。私はわからない英語や算術を聞こうと思っています。

十月四日　金曜日　曇　温度七十度〔21・1℃〕　起床五時四十分　就眠十時

お天気が悪い為のびのびにのびたテニス大会はとうどう明日に定まりました。明日こそ晴にしたいものです。

十月五日　土曜日　曇　温度七十四度〔23・3℃〕　起床六時　就眠十時

少し曇っていましたが放課後とうどうテニス大会は行われました。一年から四年までのニハは赤で白はイロとわけられました。

私の組からは玉舎《たまや》さんと

『日出新聞』(大正7年10月14日)

三枚さんが出られました。けれどもとうどう赤組は負けました。ほんとに残念でたまりません。こんどからは何時でも勝つ様にしましょう。

帰宅しましたら満洲《まんしゅう》*54の安東県の伯父さんが来ていられました。

弟は三輪車に乗っていましたのでどうしたのと聞いたらお土産にいただいたのと申して居ました。私も沢山お金をいただきました。

夜母に今日国語が甲であった事を話しました。

十月六日　日曜日　雨　温度七十二度［22・2℃］　起床八時半　就眠九時半

朝晩く起き伯父さんと母とに叱かられました。弟にまで笑われました。午後今井さんがうたい会を家でなさいました。

夜伯父様に支那《しな》［中国の旧称］のお話を沢山沢山云っていただきました。

（山崎）［教師の朱印］

十月七日　月曜日　［空白］　温度七十四度［23・3℃］　起床六時　就眠九時

来月の二日頃に運動会がありますからその時にするダンスを宇南山《うなやま》先生に教えていただきました。

桜んぼと云って面白いダンスです。

これから一生懸命にいたしましょう。

［日記I 了］

*54 **満洲**　中国東北部の旧地域名。現在の遼寧、吉林、黒竜江省の三省を中心とする地域。一〇世紀以来、ツングース系の民族〈女真《ジェシェン》〉の住地で、金朝、清朝はこの地から発した。〈満洲〉の名は、清代に〈女真〉という族称を廃して、〈満洲《マンジュ》〉と改称したことによる。転じて、満洲族の祖宗の地である中国東北部のことを日本では〈満洲〉と呼んだ。一九三二年、日本は、この地に傀儡《かいらい》政権を〈満洲国〉として建国。

コラム1
米騒動と「正子日記」

大正七年（一九一八）八月二四日の日記に、「それから十一日から十六日頃まで柳原町の貧民が米が高くなったと云うて一きを起した事も書いてないと（母に）叱かられました。（傍点-引用者）」とある。「一き」とは一揆《いっき》、米騒動を指している。正子は一一日～一四日の四日間、三十九度以上の高熱で臥《ふ》していたのだから日記が書けなくても当然なのだが、にもかかわらず正子の母美年子《みねこ》は、「（米騒動について）書いてない」と、なぜ叱ったのだろうか。米騒動を「一揆」と呼んでいることも気にかかる。

一揆といえば民衆が竹槍や筵旗《むしろばた》をかかげて圧制に抗して蜂起するイメージだが（戦国期、一向宗《いっこう》〈浄土真宗〉の門徒衆による一向一揆など）、歴史史料に刻まれる「一揆」は時代によって様相を変えてきた。近世に入って、じっさい江戸時代（一七世紀後半以降）を通じて発生した百姓一揆の大半は、領主権力に対し年貢の軽減など異議申し立て—訴願《そがん》—を、非合法の行為（徒党・強訴《ごうそ》・逃散《ちょうさん》）に訴えでる示威《じい》行為ではあったが（非合法の行為に発展する前に訴願が受け入れられる場合も多かった）、その行動は武器を用いた武力行使ではなく、一定の作法に基づいて執行されたという。それが、一八世紀後半から幕末にかけて、政治・社会の変化、商品経済の発達から身分制に基づく支配体制が崩れ出し、さらに飢饉《ききん》や貧困が追い討ちをかけて農村にダメージを与えた。主に農村で発生していた一揆が都市部でも見られるようになり、その示威行動も為政者には向かわず、米穀商人や豪農、豪商に対する打ちこわし、放火、窃盗などの暴力行為が顕著になって、従来の秩序立った一揆の作法は次第に消えていった。幕末から明治初期にかけて多発した世直し一揆では、農村内で富裕層と貧困層との間で暴力の応酬が見られることさえあった。社会が動揺する中で、新たなよりよき世を願う世直しの気運が一つのうねりとなり、圧制からの解放、旧弊を打破しようとする民衆の行動に直結した。世直し一揆は、維新後も近

それから十一日から十六日頃まで柳原町の貧民が米が高くなつた
と云ふて一きを起した事も書いてないと叱かられました。

「日記Ⅰ」（大正七年八月二四日）

代化政策（廃藩置県、徴兵令、学制、賤民廃止令など）に反発する新政府反対一揆へと形を変えていくが、やがて明治十年代後半の自由民権運動と軌を一にしながら、民衆による武装蜂起はことごとく鎮圧された。警察・軍隊という国家権力により正当化された武力組織が民衆の前に立ちはだかる。（藤野裕子『民衆暴力——一揆・暴動・虐殺の日本近代』中公新書、二〇二〇年）

米騒動は明治維新（一八六八年）から五十年後の出来事で、民衆による世情への不満の捌け口としての暴動という点では一揆の性格も多分に含まれていたが、第一次世界大戦（1914-18）による国家の対外進出、産業発展がもたらした資本主義経済の急発展—具体的には物価の騰貴—から生じた日常生活の不如意に苛烈に反応した都市部の労働者層を中心とする示威行動だったという点では、一揆と呼ぶには違っていた（同前『民衆暴力』）。新聞メディアを通じて全国規模で一挙に広まったところも特徴で、内務省（警察・地方行政などを統轄した中央官庁）は治安維持の観点から報道規制を厳しく敷いた。

「米騒擾記事禁止理由／内務当局者の弁明」（『日出新聞』一九一八年〈大正七〉八月一五日夕刊）との見出し記事に「水野内務大臣談」として、「米価暴騰に対する各地の一揆＝一揆というのは既に語弊はあるが、かかる騒擾を見るに至ったのは痛歎此上《このうえ》もない」と述べられている。「一揆」と先ず言ってから、それを「騒擾」と言い直している点が興味深い。これは当初、民衆内での事件＝米騒動の受けとめ方が、「騒擾」ではなく「一揆」と見なしていたことを窺わせる。「柳原町の貧民が米が高くなったと云うて一き（一揆）を起した」という「正子日記」の言い回しには、生活を脅《おびや》かす米価騰貴の現実を、柳原町の部落民が異議申し立てをして立ち上がったという、京都の巷間《こうかん》に漂っていた「世直し」の期待が含まれているようにも思われる。

先ほどの内務大臣談の記事は「仮令《たとい》新聞は誇張的でなく煽動的に亙《わた》らざるとして事実ありのままを報じても今日の事実は既に事実其《そ》の物が治安の妨害になる（中略）安寧秩序を破り民衆を動かす導火線となるに於ては涙を振って馬謖《ばしょく》を斬《き》る云々」と大臣談は続くが、「馬謖を斬る」とは「違反者は厳しく処分する」の意味をもつ故事で、治安維持を盾にして、国家や警察権力がメディアに強権を振るったことが読み取れる（新聞検閲局の新設が『日出新聞』大正七年七月二七日夕刊に報じられている）。では、どのような「事実其の物」を新聞が報じて、どう「治安の妨害」を引き出したのか。全国へ波及する大規模な都市暴動の引き金となった京都での米騒動（一九一八年〈大正七〉八月一〇日勃発）を例に、同年七月～八月の『京都日出新聞』の記事を中心に振り返りたい。

柳原町（同年四月、柳原町は京都市に編入され、下京区東七条と町名を改めた）で口火を切った米騒動は、経緯として八月一〇日の夜から一一日の午前にかけて、同町の女性を含む住民が米の廉売を求めて東七条北派出所に押し寄せたことを契機に、下京区、東山区を中心に群衆を集めながら米穀倉庫、米商店を次々襲撃して廻った。正子の住む徳正寺でも騒動の様子は、新聞を待つまでもなく巷《ちまた》からダイレクトに聞こえてきただろう。柳原町と徳正寺は直線距離で二キロと離れていない。ちなみに「正子日記」に記された八月一〇日の気温は華氏98°F＝摂氏36・6°Cになる。正子の誤記かもしれないが、当然この夏の最高気温であり、暴動は茹《う》だるような暑さの中で発生したことが読み取れる。（『大阪毎日新聞』八月一〇日夕刊「十日の最高気温」は京都92・2°F＝33・4°C）

さて、まず米騒動が発生するまで米価騰貴はどのような推移をたどったのかを見たい。一九一八年（大正七）三月の一升（一・五㌔）当り二五銭から（大正七年八月八日朝刊）、同年六月三日三三銭、八月七日には四五銭（一等米）と急騰ぶりが窺える（大正七年八月九日夕刊）。そして騒動当日、八月一〇日の京都市白米小売値は四九銭五厘（神戸は五六銭六厘／大正七年八月一〇日夕刊）。米価騰貴の直接的な原因として、この年の米は豊作が見込まれていたにもかかわらず、軍のシベリア出兵を見越した地主と米商人の投機買い占めがあり、農商務省の米価調節政策（白米小売標準値段を撤廃し、販売の自由競争を推進〈大正七年七月一四日朝刊〉）の失敗などが市場を混乱させていた。では「宝玉のように貴いお米」（大正七年八月七日夕刊）は、いかほど家計を圧迫したものか。

大正年代（一九一二年以降）に入って米価は二〇銭～二三銭で推移していた。「米の食えぬ瑞穂国《みずほのくに》」（大正七年八月八日朝刊）という記事に、「大正年代に於ける大人一箇月の収入一人三十円平均とすれば消費高一斗二円五十銭にして収得の十二分の一」との条《くだ》りが見える。二〇一八年度の京都における大卒初任給の平均二〇・八万円（厚生労働省統計調査）から考えると、その十二分の一の一・七万円が米代に消える計算となる。米一斗＝一〇升＝約一五㌔は現在四人家族が一ヶ月に消費する平均的な量で、約一五㌔の米（コシヒカリ相当）なら小売店で七、八千円で入手できるだろう。一升四、六七〇円～五、三三〇円。現在一・七万円あれば三二〜三六キログラムの米が買えてしまう。米価は百余年前と比べて半値以下に下落した。それは戦後、米の生産量が著しく上がったこと、米以外の常食が増えたことも影響している。

「生活難㈡　米の値（中）」（大正七年八月九日夕刊）という連載記事に、「今から四年前（大正三年・引用者）に僕の友人がせめて米が二十銭になったら、家は楽になるのにと嘆息した」とある。米騒動時、一升の値が二〇銭の二・五倍、五〇銭近くに跳ねあがったのだから、家計に与えたダメージは察するに余りある。先ほど引いた記事で、「収入一人三十円」の大人が米一斗二円五〇銭を毎月消費したとあるが、これは家族を養っての米の量だろうか。現在ならいざ知らず、そうではないのだ。一ヶ月米一斗＝一〇升＝一〇〇合を日割りすると三・三合（四九五グラム）。これは百年前、大人の男性一人が一日に食べる米の量に相当する。

宮沢賢治が手帖に記した、よく知られた「雨ニモマケズ」（一九三一年執筆）に、「一日ニ玄米四合ト／味噌ト少シノ野菜ヲタベ」とある。現代人にとって一日四合（六〇〇グラム）の米は多すぎると思われるだろうが、当時の労働者にとって四合の米は平均的な摂取量であった。『改訂歩兵須知』（兵書刊行会、一九二九年）という歩兵（旧陸軍の中心的戦闘員）の心得を記した小本に「出征軍ニ属スル軍人ノ一日ノ糧食ハ精米（四合五勺《しゃく》）及精麦《せいばく》（一合九勺）罐詰肉《かんづめ》（四十匁《もんめ》）食塩（三匁）醤油エキス（五匁）其他野菜類、漬物類及調味品若干等デアリマス」と記される。精米四合五勺とは六七五グラムで、一兵士が一ヶ月に必要とする米の量は二〇・二キログラム＝一・三五斗。

一九一八年（大正七）八月二日にシベリア出兵が宣言され、日本軍は一〇月中旬までに約七万三〇〇〇人を派兵した（「シベリア出兵」『平凡社大百科事典6』）。これだけの大兵を一ヶ月養うだけの兵糧を、前出の歩兵一人分「一日ノ糧食」で算出すると、米だけで一、四七五トン＝二四、六三七俵を要した。同年八月の全国における米穀市場の貯蔵米石高の予測は、「外米朝鮮台湾米を加算しても三千一二万俵に過ぎぬ」と述べられている（大正七年八月四日朝刊）。この貯蔵米三〇一二万俵＝一八一万トンは、一九一八〜二二年のおおよその米穀総生産量平均八六五万トン（持田恵三「米穀市場の近代化―大正期を中心として―」『農業総合研究23』農林水産省農業総合研究所、一九六八年）から見て、総生産量のわずか二一%ほどに過ぎない。残り大半の米は市場には出されず、軍の兵站《へいたん》による米の調達が密《ひそ》かに進められていたこと、米穀商人と生産地の大地主が、米価の高騰を待って備蓄していたことなどが推測できる。

シベリア出兵という国家の対外進出政策と食卓がグローバルに連動し、当然ながら米不足の皺寄《しわよ》せは庶民の胃袋を直撃した。「一升の腹は五合となって来る」「どうして人間が生きて居《お》られよう」（大正七年八月九日夕刊）という理不尽に、人口が密集する都市では暴動がいつ生じてもおかしくはない状況になっていた。

米騒動は、必然的にこうした生活難が募るなかで暴発したのである。標的は米穀商で、「此《この》鬼の如きイヤ鬼と閻魔《えんま》とカイゼルとを搗《つき》交ぜたような残忍非道な米屋の中にも最も憎む可きは千石以上の米を抱えて売出さぬ米屋である。その悪鬼羅刹《あくきらせつ》の如き奴が京都に四軒あるそうだ。其内《そのうち》一軒は出町辺にあるという説もある（後略）」（大正七年八月一〇日夕刊）と、紙面には京都市中の各倉庫にどれだけの在米が貯蔵されているかが示された。こうしたあからさまな報道が暴動を煽り、「治安の妨害」を助長したことは否めない。とはいえ同紙面の片隅に、「衣食住三つの重荷にまた小付倅《こづけせがれ》 出征妻は出産」（洛西 孤貧生）と、「生活難の歌」四首が寄せられていることにも目を落としておきたい。

＊米一石＝一〇斗＝一〇〇升＝一〇〇〇合＝約一五〇キログラム／米一斗＝一〇升＝一〇〇合＝約一五キログラム／米一升＝一〇合＝約一・五キログラム／米一合＝一〇勺《しゃく》＝約一五〇グラム／米一勺＝約一五グラム／米一俵＝四斗＝四〇升＝六〇キログラム／一貫＝一〇〇〇匁《もんめ》＝三・七五キログラム／一匁＝三・七五グラム

米の騰貴が止まることなく庶民の生活を苦しめる中、正子の通う市立高等女学校では家庭料理の夏期講習会が開催され、「美人揃《ぞろい》の台所（上）／（下）」（大正七年七月二八日／二九日朝刊）と題するルポが掲載された。一年生の正子は参加していないが、生徒（卒業生も含むか）とその母、すなわち「上流家庭の夫人や令嬢達」が、講師（萬亀楼主人）指導のもと、鱧《はも》や鰆《さわら》、鶏肉を用いた本格的な懐石料理の献立を調理する様が詳しく描かれている。用意された食材二十八人前の分量が目を引く。曰く「米が四升［六キログラム］、玉子が二十、丸山麩三本、鶏百五十匁［五六二・五グラム］」、米の一人分の量《かさ》は一・四三合＝二一四・五グラムである。女性一食分としては多いように見えるが、不足のないよう多めに炊いたのかもしれない。ガス・水道が完備し、季節の食材をとり揃えた女学校の明るい調理室を眺めると、片やその日の食にも苦しむ世情と明暗を分けて、正子を含めて生徒たちの置かれる恵まれた家庭環境を垣間見る思いがする。

柳原町を起点に京都市中を吹き荒れた米騒動の嵐は、僅か三日間で鎮静化した。一一日夜に軍隊が出動し、暴徒を瞬くうちに制圧したのである。検挙された者のうち、検事処分に懸けられたのは、「山城八幡の三十五名及び田中の四十八名、西三条の三十一名、柳原の十九名、以上四件を合わせて百三十三名」（『朝日新聞』大正八年二月一日）に上った。判決（大正八年一月三一日）は、「懲役五十二名、猶予廿六名、罰金四十名、無罪二名、欠席二名にて、刑期の最長は六年、罰金の最高は五十円、猶予者の悉くは未成年なり」（『法律新聞』大正八年二月八日）という内容だった。

米騒動は、急速な社会の変化に振り落とされようとした人々＝大衆の悲痛なまでの意思表示であった。この大衆の民意に衝き動かされるように全国の新聞は「言論の自由擁護と倒閣の論陣」（「米騒動（松尾尊兊《たかよし》 執筆）」『平凡社大百科事典5』）を張って、寺内正毅《まさたけ》内閣を総辞職（九月二一日）に追い込み、立憲政友会総裁の原《はら》 敬《たかし》内閣が誕生する。ここに政党政治が始まり、大正デモクラシーが開花するなか、社会運動の活性化、大衆文化の隆盛が表向き見られるようになるのは歴史教科書が教えるところである。

八月一〇日の午後（地域によって午前）に配られた『日出新聞』（八月一〇日夕刊）には、まるで暴動を予告するかのような投稿詩が、余白を広く見せて掲載されていた。

暴風に目醒《めさめ》よ!!　　小林紀男

吹きあるる風の中に
快哉《かいさい》を叫ぶ
此のこころ
ただひとり。
暴《あ》れて呉れ
暴《あ》れて呉れ
息つまるまでひといきに
いや待てあの中に
なつかしい
あの人も
あの人もいる……
仮面の撫《な》であいに
生きる人間達よ!!
しばし
仮面はぎあう手をやめて
仰いで御覧!!
あの暗澹と渦巻と

巨人の胸を……
其《そ》れいま振りあげた
恐ろしい拳を。
賤しい人間達よ!!
早く仮面をぬいで
赤裸の本性に戻ってくれ。
卑怯でもない
恥でもない
それで当然の事なのだ
それがまた
真の行くべき本道なのだ。

「一揆の跡」と題した記事が見られる（大正七年八月一五日朝刊）。「正米が大分にさがった、これは全く一揆の御蔭と春秋的筆法で言ってもよい。二条通りの或《ある》商店の表で、これでは柳原様々やと称讃している女房があった」と町の声を拾っている。米騒動は一般市民の目線では、やはり「一揆」と見られていたのだろう。「春秋的筆法」とは、「中国の史書『春秋』」のように「批判の態度が中正できびしいこと」（『広辞苑』）を意味する。しかし、正子の母が、「（一揆のことが）書いてない」と叱ったのは、「一揆によって米の値が下がった、良かった」と記されていないと指摘したのでも、「春秋的筆法」で日記をつけなさいと諭《さと》したわけでもなさそうだ。また、日記をつけることによって「社会に眼差しを向けよ」と進歩的な考えを促したと見るのは、おそらく現在の考えに引っぱられた身勝手な解釈にすぎない。

正子の母は「書いてない」と叱ったまでだ。身辺に起こった出来事を日記に持続して書きとどめることの意義が、百年の時を隔てて現代《いま》なお問われている。（扉野《とびらの》良人《らびと》）

＊本コラムで引用されるテキストは現代仮名遣いに直している。

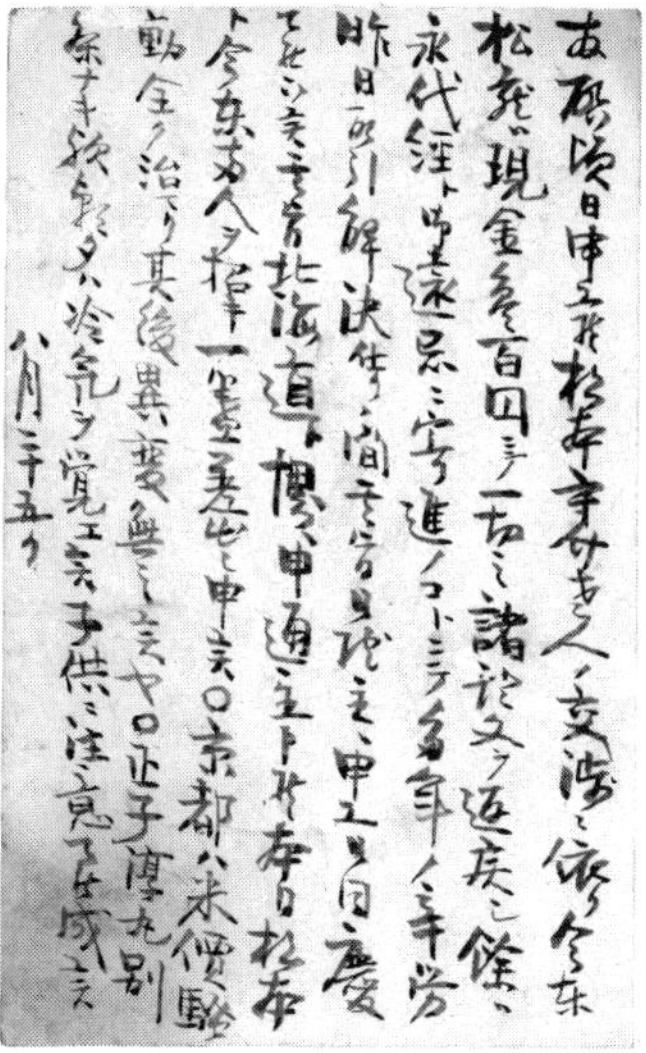

米騒動について触れた正子の祖父 桑門志道の八月二五日 葉書
六〜七行目に「〇京都ハ米価騒動全ク治マリ其《その》後異変無之候《これなくそうろう》ヤ」
（大正七年八月二五日午後六〜八時消印）

日記 II

一九一八年（大正七）一〇月一四日－一九一九年（大正八）三月二四日

［扉ページ「休業日／日誌記入項目」（日記Iに同じ）］

十月十四日　月曜日　晴　温度七十二度［22・2℃］　起床六時　就眠九時半

学校から帰宅して直ぐ観世《かんぜ》さんが新築*1したので舞台開をなさるので見に行った。美しい意匠で能をなさるのは奇麗だったがしんきくさい［じれったく退屈な］時もあった。寺村の小父さんも度々来て色々世話をして下さった。お美代さんもお千代さんもお菊さんも昨日行かれたそうです。帰宅したのは九時だった。

十月十五日　火曜日　雨　温度七十度［21・1℃］　起床六時　就眠十時

お裁縫は今週で予定期限が終るのだがとても出来ないとは残念な事だから一生懸命出来る限りは袖が付ける位にしたいと思っている。

十月十六日　水曜日　雨後晴　温度七十四度［23・3℃］　起床五時四十分　就眠九時半過

昨日から蛭子《えびす》講《こう》*2だから四条通の人出はおびただしい。夜家中が買物に行った。今井のかど*3なんかは人が一っぱいだった。こんな事を人の山と云うのだろう。

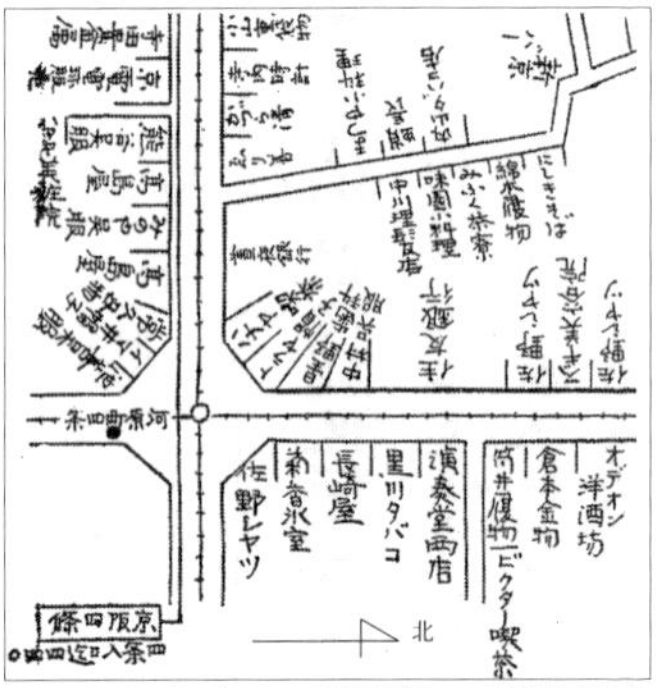

1934年（昭和9）の四条河原町の商店名地図。南西角（左上）に「イマヰ帽子」と見える。

十月十七日　木曜日　晴　温度六十九度［20・5℃］　起床七時　就眠九時

神嘗祭《かんなめさい》［天皇がその年の新穀を伊勢神宮に奉納する祭祀］だからお休みである。朝学校へ宿題の地理をしらべに行った。午後父に連れられて岡崎の広告意匠《いしょう》博覧会*4と院展*5［於 第一勧業館］とを見に行った。博覧会はこの間和ちゃんと行ったから別にしっかり見なかったが院展は面白かった。けれどくどくどした画であっていやらしかった。
父は院展の画は皆これだと云われた。弟はわけもわからずにこれへたとかあれが上手やとか云っていた。

十月十八日　金曜日　晴　温度七十二度［22・2℃］　起床六時　就眠九時前

＊1 **観世能楽堂《かんぜのうがくどう》**　観世元義（*1873-1920*）七世片山九郎右衛門）が観世流能楽の関西での拠点とするべく、一九一八年（大正七）九月、丸太町川端西入ル駒之町に落成。舞台は総檜造《ひのき》り（六尺五寸一間《けん》の三間四方）、能楽師が理想とする構造を備えた。四五年（昭和二〇）四月、隣接して電話局（旧京都中央電話局上分局として現存）があるため強制疎開（疎開小空地）に遭《あ》い解体。五八年、岡崎の地に京都観世会館として再建。『日出新聞』（大正七年一〇月五日夕刊）に「（施工は）名古屋の岩田が受け負ふ」と見え、「名古屋の岩田」とは、徳正寺本堂（一二年〈明治四五〉竣工）を手掛けた棟梁岩田吉次郎（尾張九代伊藤平左衛門の一門）と同一。（地図e-4）

＊2 **蛭子講**　一〇月一五日～二一日頃の一週間（元は一九～二一日の三日間）、京都の呉服商・百貨店などで催された見切りの反物、寄せ切れ（裁《た》ち残りの布切れの寄せ集め）などの大売り出しのこと。現在のバーゲンセールにあたる。〈寄せ切れ〉は、京都では〈えびす切れ〉とも呼ばれ、えびす講（もとは陰暦一〇月二〇日に商売繁盛を祝うえびす神の祭）の日の誓文払《せいもんばら》い（京都では商人などが四条京極の冠《か》者殿社《じゃどのしゃ》に参詣し商売上の罪を祓《はら》った）に売り出される特価品のことを言った。

＊3 **今井のかど**　四条河原町交差点の南西角にあった〈イマヰ《い》帽子〉店のことヵ。『京極と其《その》附近案内：週刊 第三号』（市民風景社、一九三四年六月一七日）所載の「京極と其附近案内」図（部分／右ページ）より。

＊4 **広告意匠博覧会**　岡崎公園内の商品陳列所（現 京都市美術館〈通称 京都市京セラ美術館〉の地に一九〇九年〈明治四二〉開館（地図f-3））にて、一八年（大正七）九月二〇日より開催（一一月一三日まで）。
　京都市の地元商工企業を中心に、自社製品の紹介、事業の取り組み、研究開発の成果などをプロモーションする広告美術が陳列された。なかには単なる商品広告にとどまらず、森林をジオラマに再現して、「数百種の動物の剝製を各生活状態に配置」（『日出新聞』大正七年九月二四日夕刊）した島津製作所（Ⅳ-＊69）の出展のように、観客の知的好奇心に訴えた環境広告の先駆けとも見えるディスプレーもあった。

＊5 **院展**　日本美術院が主催する展覧会。同院は、東京美術学校で排斥運動に遭って辞職した岡倉天心により、一八九八年（明治三一）、橋本雅邦、横山大観、菱田春草、下村観山らにより在野の美術団体として設立、日本画の近代化を促した。天心の死（一三年）を機に、一四年（大正三）九月、第一回再興院展を開催（洋画部、彫刻部も設置）。現在も日本画のみで毎年秋に開かれている。

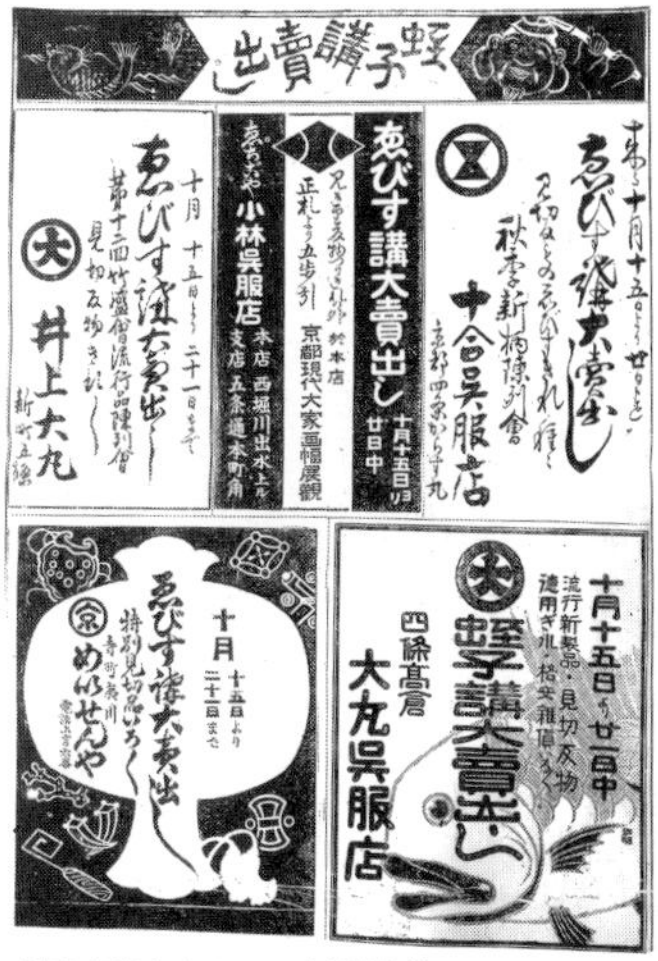

「蛭子講売出し」の新聞広告
（『日出新聞』大正7年10月14日朝刊）

午後本家の寺村さんへ母とお茶を習いに行った。お美代さんとお喜久さんはもう先へ行っていられた。藪内流《やぶのうち》［桃山時代に成立した茶道流派の一つ］だからむつかしい。今日はお手前［茶の湯の所作・作法］をした。ふくささばき［袱紗捌き／茶器の塵《ちり》を払い茶碗を受ける方形の絹布《けんぷ》、その扱い］が上手になったと褒められた。

母は先へ帰られたが私は夜お女中に送られて帰った。

明日は全校生徒が大阪へ修学旅行に行くのだからちゃんと用意をして寝に就いた。

十月十九日　土曜日　晴　温度［空白］度　起床五時二十分　就眠八時

楽しい夢も目覚時計に破られた。大急ぎで用意を整え上天気なのを幸いに集合地と定められた七条《しちじょう》駅*6［京都駅／地図［ニ-5］］へ着いた。

八時二十分に汽車*7は真黒の煙を吐き大蛇の様に動き出した。

またたくうちに朝の日光をおびた奇麗な野や畑や田などを過ぎて待っていた大阪へ着いた。京都の気分とは大変ちがっていた。

大阪朝日新聞社（『近代建築画譜』同刊行会、1936年）

そこから歩行で朝日新聞社*8へ行きそこの五階で写真を写していただいた。

五階には大きな塔があり直径九尺［約二七〇チセン］の時計が四つあった。

四階で社の事に就いてお話を聞いたがその大規模には一、一、目を円くした。続いてそこでお弁当を食べた。それから機械の置いてある所を見た。巧な事に驚いた。社には日本で一つしかない機械*9があった。

そこを出で大阪城*10へ行った。ほんとに豊臣秀吉公の作られただけあると思った。

天守閣*11へ上り手に取る様に見える大阪市を眺めると幾千と云う煙突から出す煙は空いっぱいに広がり、

＊6 **七条駅**　現 京都駅のこと。北辺を七条通に面した東塩小路村の用地に一八七七年（明治一〇）開設されたことから当初は七条停車場と呼ばれた。一九一四年（大正三）の駅改築のとき、駅舎の位置が南（現在地）に移された。
（『京都市の地名』平凡社、一九七九年／P.271に写真）

＊7 **午前八時二〇分発の汽車**　当時の時刻表（『公認汽車汽船旅行案内第二九一号』株式会社旅行案内社、一九一八年〈大正七〉十二月）によれば、午前八時一五分、京都駅発（柳井津《やないつ》行）の急行は見えるが、同八時二〇分発の汽車はない。八時一五分発が何らかの事情で遅発したものヵ。

(K212) Express Train Passing The Maiko Park. 舞子公園通過の急行列車
絵葉書「舞子公園通過の急行列車」（大正年間）京都鉄道博物館 所蔵

絵葉書「大大阪の表玄関大阪駅」（昭和8年頃／部分）

前述時刻表では、定刻の「前八・一五（午前八時一五分）」京都駅を発車した汽車は、「前九・〇四」に大阪駅へ到着。運行した列車番号に〈四五〉とあり、これは鉄道院（後の国鉄）が一一年（明治四四）から製造した、国産テンダー式蒸気機関車の生産順の車輌番号かと思われる（6700型-6745ヵ）。当時、東海道・山陽本線では上段の絵葉書に見られるような機関車が旅客列車として運行していた。

＊8 **朝日新聞社**　大阪朝日新聞社（現 大阪本社）。土佐堀川に架かる肥後《ひご》橋北詰の中之島に位置し、正子が訪れた社屋は、一五年（大正四）に竣工した鉄筋コンクリート造四階建、時計塔が屋上にそびえた（建築顧問 日比忠彦・武田五一、設計 藤井厚二《こうじ》）。日記に「五階には大きな塔」と記されているが、時計塔は屋上階となる。右ページの写真は竣工当時のもの。

＊9 **日本で一つしかない機械**　南亮進《りょうしん》「印刷業における動力と技術進歩」（一橋大学経済研究所編『経済研究 Vol.27 No.1』〈岩波書店、一九七六年一月〉所収）によると、「大阪朝日では、一九一六～一八年（大正五～七）の新社屋への移転の際（輪転印刷機の-引用者）完全電化が行なわれたらしい」と〈大阪朝日の社史編集室〉の談話を記録している。正子がまず見学した機械は、日本でいち早く電化した最新の輪転印刷機だったのだろう。電化前の機械は蒸気やガスを動力源としていた。大阪朝日では、早くから輪転印刷機の導入・開発に力を入れ、〇四年（明治三七）に輪転印刷機械製作試験所を社内に設け、津田寅次郎により仏マリノニ社製輪転機を複製、実用化。自社用の印刷機として稼働させるほか、商品化も試みている。

　正子が訪れた当時は印刷技術の革新期にあたり、大阪朝日では、二〇年一月、グラビア印刷（写真凹《おう》版印刷。インクの厚薄《こうはく》によって明暗・濃淡を再現）による国内初の出版（「週刊画報 朝日グラヒック」大正九年一月二日 本紙附録）に成功。更に最新の超高速度輪転機の導

造幣局鋳造場（『近代建築画譜』同刊行会、1936年）

さすがは日本一の商工業の盛《さかん》な都市であると思った。

少し休んで造幣局[12]へ行った。かねてからやかましく云っていた、造幣局だからしっかり見た。お金がざくざくあったのを見てお友達とあんなに沢山のお金があったら日本貧乏になりそうな事はないと話した。

帰りも汽車で京都へ着き、やっぱり京が一番よいと思った。

十月二十日　日曜日　晴　温度〔空白〕度　起床八時　就眠九時

今朝又お喜久さんと地理をしらべた。学校へ行くとテニスがしたくなるので一生懸命辛抱してやっと予定だけして後はテニスをした。午後弟は菊や、と美代や、〔目下の人（ここでは女中）の名に〈や〉を添えて親愛を表す〕を連れて博覧会〔広告意匠博覧会〕へ行った。

（山崎）〔朱印〕

十月二十一日　月曜日　天気　曇　温度七十二度〔22・2℃〕

起床六時　就眠九時

明日は時代祭[13]でお休みである。

時代祭の日は桓武《かんむ》天皇が平城京《へいじょう》〔八世紀初め、奈良盆地北端に造営された都〕より平安京に御遷都《せんと》遊ばされた日[14]である。

昔の色々の風をした人が市中をねって歩いて岡崎の平安神宮[15]〔地図 p.3〕へ行かれるのである。

明日はそのお祭が見たいものですが、お茶のおけいこがあるから見られないかも知れない。

十月二十二日　火曜日　天気　曇　温度七十度〔21・1℃〕

起床五時半　就眠九時

今朝は寺村さんへお美代さんやお喜久さんとお茶のおけいこ[16]に行った。清子さんは御病気だったのでなさらなかった。

この頃は大変いやな風[17]〔風邪〕が流行するので先生

も父母も私に気を付けよとおっしゃる。［P.178コラム「「正子日記」に見える病《やまい》の姿」］

十月二十三日 水曜日 天気 晴 温度六十八度［20・0℃］

起床五時半 就眠十時

今日歴史の試験があるとばかり思って昨日一生懸命勉強して行ったら明日にまわしますとおっしゃったので私達はもう一遍詳しくしらべる事が出来るので

入は二〇年代（大正九年以降）に入り、生産力を格段にあげた。（深田一弘「新聞製作技術の軌跡（第4回）」〈日本新聞製作技術懇話会 編『CONPT 39-2』二〇一五年三月／宇田川庫吉 談「グラビア1/2世紀」『印刷新報』印刷出版研究所、六七年九月～一二月）

*10 **大阪城** 大阪市内を南北に走る上町《うえまち》台地の北端に位置する。豊臣秀吉が石山本願寺の旧地に一五八三年（天正一一）より築城。八五年には天守、本丸御殿以下が竣工。一六一五年（慶長二〇）大坂夏の陣で焼失後、徳川幕府は大阪を直轄地とした。二〇年（元和六）から城を再築し、二六年（寛永三）には本丸の天守が完成した。だが六五年（寛文五）に雷火で天守を失い、以後天守閣の再建は一九三一年（昭和六）まで待たねばならない。

*11 **天守閣** 前註《大阪城》に記したように、正子が大阪城を訪れた際、天守閣は存在していなかったし、明治以降、城址は陸軍の管理下にあり、公共の公園のように自由に散策ができる場所は限られていた。とはいえ大手門から本丸に至る通路は市民に観覧が許されており、天守台石垣上まで登れば海抜《かいばつ》四六・三メートルあり、眼下には大阪の街が見渡せた。

現 天守閣再建前の大阪城。入母屋造の大屋根（紀州御殿）上方に見えるのが天守台／絵葉書「大阪城ノ全景」（「上空撮影 大大阪」）

*12 **造幣局鋳造場** 貨幣の製造を業務とする大蔵省付属の官営工場。創業は一八七一年（明治三）、施設の設計監督は英人土木技師のウォートルスが当たった。洋式の機械設備によりわが国の貨幣製造を長年担った。一九一八年（大正七）一〇月、造幣局では一銭銅貨三、四〇〇万枚（三四万円）の本年度中の鋳造命令（一四日付）を受けフル稼動していた（『大阪毎日』大正七年一〇月一八日夕刊）。二八年（昭和三）、工場は老朽化に伴い解体されたが正面玄関の石造列柱などは保存。現在は旧桜宮公会堂の入口に往時の面影を留めている。

*13 **時代祭《じだいまつり》** 平安神宮の神幸祭《しんこうさい》（神体を神輿に載せて巡行する祭祀）として毎年一〇月二二日に行われる。平安時代から明治維新までの時代風俗行列が神幸列に先行して市中を練《ね》り歩く。一八九五年（明治二八）に始まる。

*14 **平安京遷都** 七八四年（延暦三）桓武天皇は平城京を長岡京に遷《うつ》したが、事業が捗《はかど》らず、造営半ばにして、七九四年一〇月辛酉《かのととり》の日（二二日）を選んで平安京へ遷都した。

*15 **平安神宮** 左京区に鎮座する桓武天皇と孝明《こうめい》天皇を祀る神社。平安京遷都千百年記念祭に際して一八九五年に創建。

大喜びである。

十月二十四日　木曜日　天気　晴一時曇　温度六十九度
［20・5℃］　起床六時二十分　就眠九時半

午後帰宅して小宮さん達と弟の運動会を見に行ったらもうお終で校長先生がお話していらした所だったので残念ながら見る事が出来なかった。弟はなぜもっと早く来てくれなかったとおこっていた。

母は私の運動会は一遍もかかした事はなかったが今日は澁谷の兄さんが来られたので行かれなかったと話していられた。　かき方美し［教師朱記］

十月二十五日　金曜日　天気　晴　温度七十二度［22・2℃］
起床五時半　就眠九時半

今朝三時間目の授業の時校長先生から一年全体が正座法[18]を教えていただいた。

その仕方は下腹に力を入れ目をつぶって息を吐く時は静に吐くのである。

先生は之れを実行してもらいたいとおっしゃった。

早速昼の時間にして見たら後から精神がひきしまるように思う。

ほんとによい事を教えていただいた。

十月二十六日[19]　土曜日　天気　晴　温度七十度［21・1℃］
起床六時　就眠九時半

運動会も近付いて来たので運動場の砂を生徒が奇麗にのけたりはいたりした。

朝中島先生の告別式［転任、退官、退職などのために別れを告げる儀式］があった。中島先生は私の組の修身の先生で大変面白い先生で私は大好である。その先生が今度一商［第一商業高校。現 市立西京高等学校］へお越しになる事になって市立高女をお出になるのですが大層おしい事である。けれども新しい高橋先生と云う方が中島先生の変りに私達を教えて下さる事になった。先生は前大阪の学校におこしになり又京都の大学へお入りになって御勉強して居られた。

上の親類の大き〔い［教師朱筆］〕兄さんは尾辺先生と高橋先生とをよく知っていられて何時も［教師による朱線］先生に行かれましたかと聞いていられた。

十月二十七日　日曜日　天気　晴　温度［空白］度　起床七時前　就眠九時四十分

今朝本家の寺村さんへお茶のおけいこに行きました。

寺町の寺村さんのお喜久さんもお美代さんも御病気でお休みになって私と清子さんとがした。

夜は女物本裁《ほんだち》単衣を縫った。

（山崎）［朱印］

＊16 **お茶のおけいこ**　正子は日曜や休日に、河原町四条上ルの寺村家へお茶の稽古へ通っていた（平日、土曜に行く日もあった）。寺村家は、江戸時代より続く徳正寺の代々の檀家《だんか》（寺院に属した信徒の家）で、河原町の本家（糸物商）と、寺町に寺村牡丹堂《ぼたんどう》（地図g-4）の屋号でタオル商を営む別家とがあった。日記では「本家の寺村さん」、「寺町の寺村さん」とそれぞれ呼ばれており（大正七年一〇月二七日）、正子が頻繁に往来していたのは「寺町さん」（大正八年一月五日）で、一緒にお茶のお稽古をするお美代さん、お喜久さんは、牡丹堂の当主寺村直三郎（*1871-1921*／Ⅴ-＊45）の娘である。お喜久さんと正子は市立高女の同窓で、終生親交を結んでいた。ちなみに河原町本家の初代寺村三右衛門《さんうえもん》（*1749-1835*）は、百池《ひゃくち》と号して、与謝蕪村《よさぶそん》（*1716-83*／Ⅳ-＊37）の高弟であり、晩年の蕪村を支えた後援者でもあった。

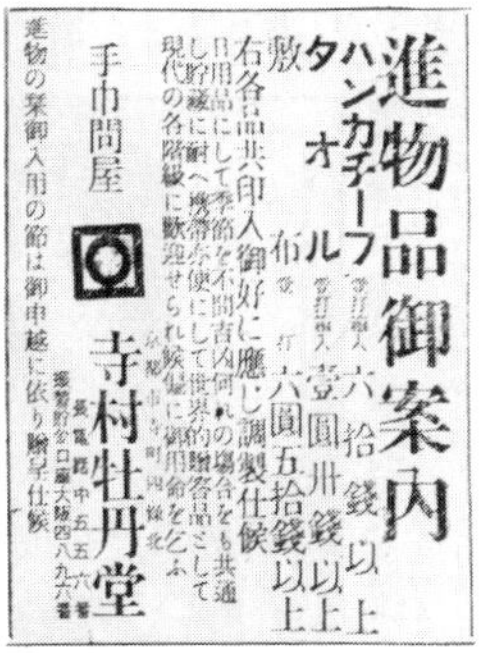

「寺村牡丹堂」の広告（『大阪朝日新聞京都附録』大正7年5月7日）

＊17 **いやな風**　一九一八年九月頃からスパニッシュ・インフルエンザの第二波が襲来しており、一〇月に入ると近畿一円でも感染者が急増している。京都の地方紙『京都日出新聞』の紙面に〈流行性感冒（感冒、流感、インフルエンザ）〉の文字が踊り出すのは一五日以降。一五日の夕刊で滋賀県の小学校三校の休業が報じられた。記事によると、滋賀県栗太郡《くりた》（現 栗東市《りっとう》）の小学校で二五〇名の感染者が発生したため、一四日より五日間の休校となった。野洲郡（現 野洲市）の二校は同三日間の休校。一七日夕刊では徳正寺から二キロと離れていない皆山《かいざん》小学校（現 渉成《しょうせい》小学校）で「本月《ほんげつ》十二日以来十六日迄《まで》に九十名のインフルエンザ患者を出して休校するに至りたる」と記される。同記事の真下にも西陣の内職の一家四人が高熱を出して病床にあることが報じられている。一八日夕刊で京都府衛生課長松王防疫官は「（流感の）伝染は呼吸より起る空気伝染」で距離一・二～一・五メートルの「唾液の飛沫又は微滴の作用にて伝染する」ので「学校の如き多くの児童が密集せる場所にては其の感染の度も一層甚だしきものある」と述べて、家庭における自衛的予防を呼びかけている。

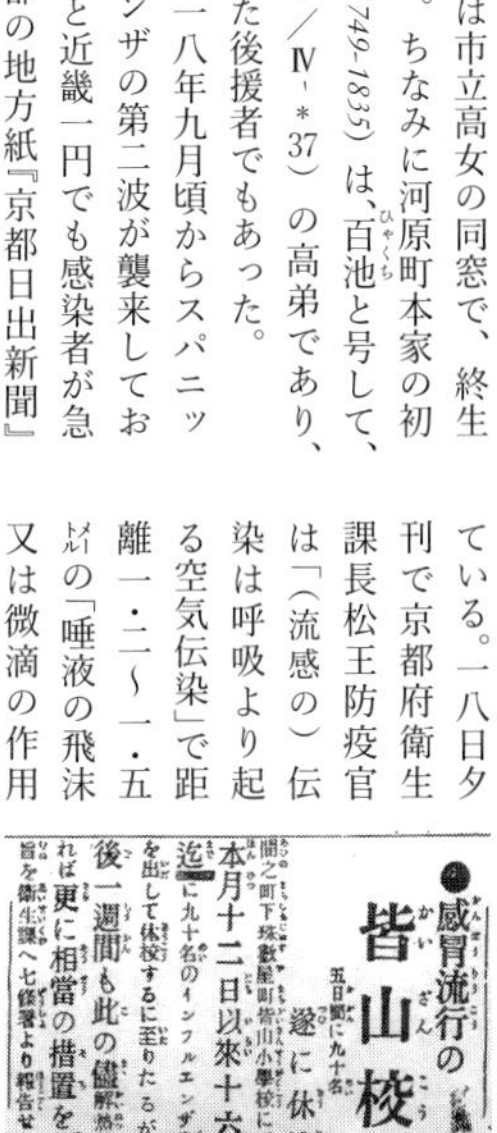

流感による小学校休校（『日出新聞』大正7年10月17日夕刊）

＊18 **正座法**（静坐法）「静かに正座して、呼吸を調整し、腹式呼吸で下腹部を緊張させ、横隔膜の活動をよくし、無念無想の境地で心身の健康をはかる方法」（『日本国語大辞典 第二版』）。明治末、岡田虎二郎により創始された岡田式静坐法として普及。大正～昭和初期に流行。

＊19 京都市内は二〇日頃より厳寒で、京都測候所によれば二六日払暁《ふつぎょう》、「初霜と同時に稀薄なる結氷」を観測。（『日出新聞』一〇月二六日夕刊）

十月二十八日　月曜日　天気［空白］　温度五十八度［14・4℃］　起床六時　就眠九時

今日五時間目の修身の時、中島先生のかわりに初めて野田先生に教えていただいた。
先生は私等の様な小さい子供を教えるのは十年ぶりだとおっしゃった。
そして色々の事をお話して下さった。

十月二十九日　火曜日　天気晴　温度五十六度［13・3℃］
起床六時半　就眠十時

夜、広島の祖父［桑門志道／1-＊18］が来られるとの電報《でんぽう》[20]が来た。
明日を楽しんで寝た。

十月三十日　水曜日　天気晴　温度五十四度［12・2℃］
起床六時　就眠十時

午後弟と祖父を迎えに行った。
夜楽しく御飯を食べた。弟は祖父と一緒に寝ると云っていた。

十月三十一日　木曜日　天気［空白］　温度［空白］度　起床六時　就眠九時半

今日は天長節《てんちょうせつ》［天皇誕生日の旧称］祝日である。朝学校で式があった。
午後お茶のおけいこに行った。
今日は盧《ママ》〔爐《ろ》＝炉〕でむつかしかった。

十一月一日　金曜日　天気晴　温度［空白］　起床六時二十分　就眠九時半

今朝裁縫の試験があった。
別にむつかしくなかったが私は間違えた。
明日横町の先生の花会が内にあるので三上さん等が来て花を生けていられた。

十一月二日　土曜日　天気雨　温度［空白］度　起床七時　就眠九時半

このごろ大層風［風邪］が流行《はや》るから学校は今日から四日間お休みになった。学校は二百六十四人程の欠席者があった。[21]
今朝弟は姉ちゃんはよいなお休みだからとうらやま

＊20 **電報**　二九日夜、正子の祖父から徳正寺に電報が届いた。おそらく祖父は着信の二時間前、広島の電信局へ赴いて「アスイク《明日行》」との報せを十五字内で電報文に作成し、徳正寺宛に発信を依頼した。住所氏名を指定するのは郵便と少し似ている。違うのは送信方法。通信局員が電報文を即座に電信機符号に信号化して送信。電気信号は有線の電信回線で瞬時に京都の電信局で受信。信号(電信機符号)は京都の局員が電報文に復元、電報送達紙に手書きしたものを配達員が徳正寺へ速達した。

即日で市外へ遠距離通信をする場合、電話より電報の方が確実かつ安価で、二〇年(大正九)の電報料金は市外通信が十五字内で三〇銭。一文字あたり二銭。当時の郵便葉書の値段は一銭五厘(一円＝一〇〇銭＝一〇〇〇厘)。それを現在(二〇二一年)の普通葉書の価格六三円でレート変換すると一銭は四二円となる。三〇銭の電報では一通一、二六〇円に相当。

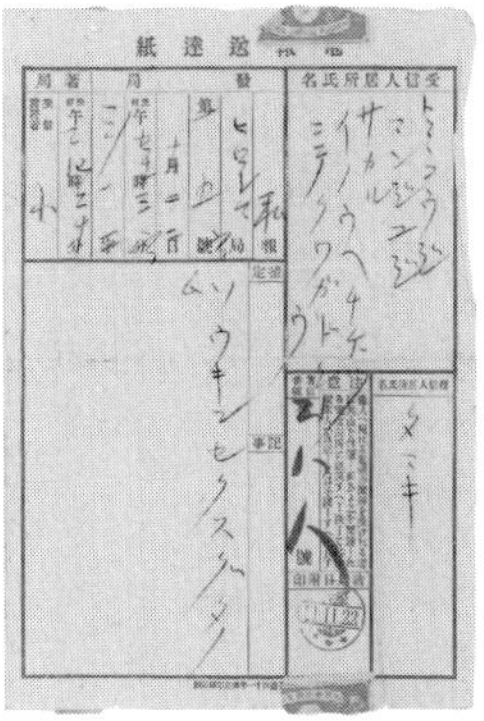

電報送達紙(明治 41 年 11 月 22 日 広島 11:32 発信 - 京都 12:20 着信)

上掲電報は、〇八年(明治四一)の通信だが、広島‐京都間の発信から着信まで、二時間弱で完了している。電話回線がまだ一部家庭にしか普及していない時代、電報は即日の確実な通信手段として久しく市民の間で重宝された。

＊21 **学校の休校**　一〇月後半に差し掛かり、スパニッシュ・インフルエンザの猛威はいよいよ京都市中で猖獗《しょうけつ》(良くないものが蔓延《はびこ》って盛んな様)を極めた。『日出新聞』(大正七年一〇月二六日夕刊)に「中立売《なかだちうり》署の感冒調査　幷《ならびに》注意書配布」という記事がある。その中で中立売署(二〇〇七〈平成一九〉年廃止)が感冒の流行に伴い、署管内の各中等学校以下の児童数と罹病《りびょう》者実数を調査し発表している(下表)。

一一月になり、学校の休校が相次ぐ中、正子の通う市立高等女学校も、「二日より九日迄《まで》一週間休校の事に決したり」(『日出新聞』一一月二日夕刊)と報じられている(正子は「今日から四日間お休み」〈一一月二日 土曜〉と書くが、翌週九日土曜まで休んだと思われる)。だが、感冒が猛威を振るったのは学校だけに留まらず、西陣(京都市上京区堀川通以西/地図2-6)の機業地では、「死亡者四三名」が報じられている。「大工場並に織屋《はたや》等多数使用人のある所」での蔓延が指摘され、工業地は突出して深刻な状況に置かれていた。(『日出新聞』十月二六日朝刊)

「目下流行性感冒世界至る処猛烈に猖獗」(「独軍の感冒猖獗」『日出新聞』十月二七日朝刊)と言われたニュースが、今や対岸の火事などではなく、「何処の家庭でも感冒の仲間入をせねば人間外《はず》れがする」(『日出新聞』十一月二日朝刊)というほど身近な脅威となっていた。

學校名	兒童總數	罹病者實數
柳池校	六二四名	四九六名
城巽校	七八〇名	三名
第一高等小學校	一、〇六〇名	四五名
中立校	六四八名	三五名
高等女子手藝校	三五五名	一名
竹間校	六二〇名	六〇名
滋野校	八二四名	五一名
梅屋校	五三八名	五三名
平安女學院	一四八名	二八名
盲啞院	八三名	六名
龍池校	五一〇名	六名
府立第一高女校	八九二名	四〇名
小川校	七一五名	四七名
女子技藝校	一九〇名	一名
京極校	九〇四名	二四名
立命館中學	四四二名	三三名
富有校	四八〇名	六八名
	内職員二名を含む	
商業實習校	七〇二名	〇
春日校	五三二名	一二〇名
銅駝校	七八三名	六五名
室町校	九五〇名	一〇八名
出雲路校	一二三名	〇
染織學校	一五〇名	一六名

中立売署管内の各中等学校以下の児童数と罹病者実数
(『日出新聞』大正 7 年 10 月 26 日夕刊)

京都府立京都図書館（『近代建築画譜』同刊行会、1936年）

しそうに学校へ行った。
正午帰って来て姉ちゃん姉ちゃん僕とこ一週間休みえ、とうれしそうにしていた。

十一月三日　日曜日　天気　晴　温度［空白］　起床六時半過　就眠九時

朝岡崎の図書館[*22]［地図 f-3］へ行き地理をしらべた。
今日は一日祖父の小間使《こまづかい》［身の回りの雑用］をした。

十一月四日　月曜日　天気　晴　温度［空白］　起床六時半
就眠九時

かわりなし

十一月五日　火曜日　天気　晴　温度［空白］　起床七時
就眠九時半

祖父様は明日の朝五時に帰られる。［午前五時三五分京都発下関行急行に乗車の予定カ］

夜上の小兄さんが来られた。
祖父様に買っていただいたピンポンで遊んだ。
父は相変らずおしゃもじすくいで面白い。
母は大変お上手である。弟が一番下手である。

十一月六日　水曜日　天気［空白］　温度［空白］　起床六時
就眠九時

朝目を覚したら祖父様のお床はからっぽになっていた。
母は送って行ったとおっしゃった。
祖父様がいられないとほんとに淋しい。

十一月七日　木曜日　天気　晴　温度［空白］　起床七時前
就眠九時

今日はお茶のおけいこ日だった。

十一月八日　金曜日　天気［空白］　温度［空白］　起床六時
就眠九時半過

男物本裁単衣に掛《かか》った。
来月七日までと云う予定だから一生懸命おくれない

様にしよう。

十一月九日 土曜日 天気 晴 温度［空白］ 起床六時半
就眠十時

母は昨日から手が痛い痛いとおっしゃっていられたが、今日お医者さんに見てもらわれたらかるいリョウマチ［リウマチ］だとおっしゃった。何も出来ないでしんきくさいと云っていられる。

十一月十日 日曜日 天気 晴 温度［空白］度 起床七時 就眠九時半

お茶のおけいこに行った、今日からお美代さんもお喜久さんもおいでになった。

十一月十一日 月曜日 天気 晴 温度［空白］度
起床六時半 就眠九時

夜父は広島へおこしになった。今晩から少しこわくなる。

十一月十二日 火曜日 天気 晴 温度五十五度［12・7℃］
起床六時 就眠九時

このごろ新聞を見ると黒わくの広告が沢山ついてい

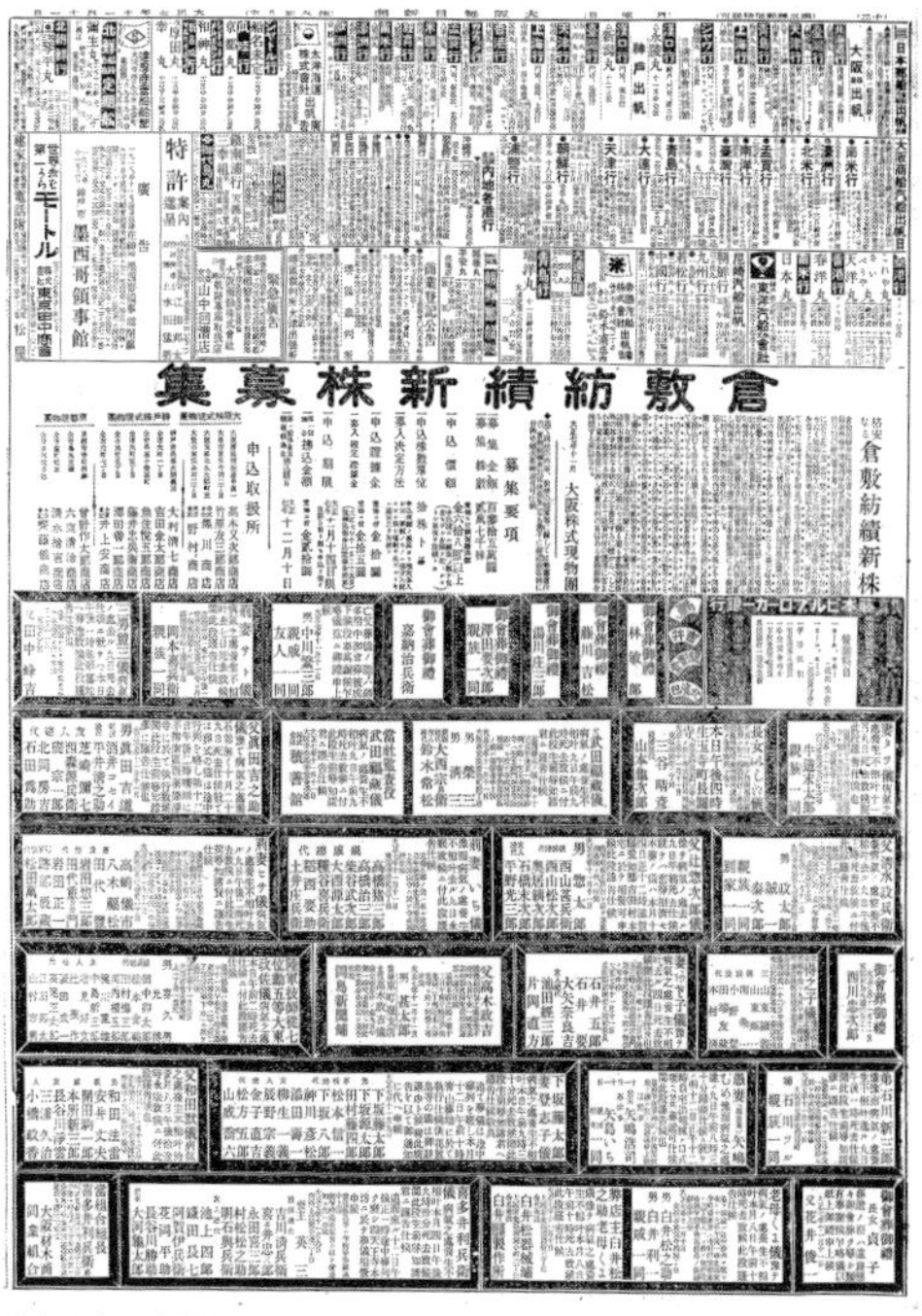
倉敷紡績新株募集
募集要項
申込取扱所

『大阪毎日新聞』（大正7年11月10日朝刊）

＊22 **岡崎の図書館** 京都御苑内にあった京都府立図書館（一八九八年開設）を岡崎公園に新築移転して一九〇九年（明治四二）開館。設計は当時、京都高等工芸学校（現 京都工芸繊維大学）教授・京都府技師の武田五一《ごいち》（1872-1938）。セセッション様式に影響を受けた最先端のデザインを取り入れている。三階の陳列室では、一八年（大正七）中、〈竹久夢二抒情画展覧会〉（四月）、〈第八回白樺《しらかば》社展〉（一一月）などが開催された。

る。
お友達の重田さんのお母さんも八日になくなられたそうで今日山崎先生と世良さんと私とで生徒総代になっておくやみに行った。
ほんと重田さんはお気の毒である。

十一月十三日　水曜日　天気　晴　温度五十六度［13・3℃］
起床六時　就眠九時半
今日一年のハ、ニの二組は川島先生に算術の早く出来るのを教えていただいた。家に帰りて寄算《よせざん》［足し算］の競争をして早く出来たのでうれしかった。

十一月十四日　木曜日　天気　晴　温度五十四度［12・2℃］
起床六時半　就眠十時
夜提灯行列があった。
五年間長く続いた、欧洲［ママ］大戦争が休戦条約*23が結ばれた。
多くの国を相手にして戦ったから独国の負けたのも当然である。それでその祝賀の為に提灯行列［多くの人が提灯を持ち祝意を示して集まった］があったのである。

十一月十五日　金曜日　天気　晴　温度五十六度［13・3℃］
起床六時　就眠九時
今朝父が広島か〈ら［教師朱筆］〉帰られた。
地理の試験があった。一番が間違えて残念だった。

十一月十六日　土曜日　天気　晴　温度五十四度［12・2℃］
起床六時半　就眠九時
かわりなし。

十一月十七日　日曜日　天気　晴　温度五十五度［12・7℃］
起床七時　就眠九時
今朝寺村さんへお茶のおけいこに行った。
お昼をいただいて午後三時頃に帰った。
それから直ぐ若山さんへお薬をもらいに行った。
夜明日の英語をしらべた。
（山崎）［朱印］

十一月十八日　月曜日　天気　晴時雨アリ　温度五十四度［12・2℃］　起床六時　就眠十時前
今日英語の試験があると思って習《さら》えて行ったが明日

にのびた。

夜遅くまでお裁縫をしていて母は再三早く寝よ寝よとおっしゃった。

十一月十九日 火曜日 天気 晴時雨あり 温度［空白］度
起床六時半 就眠九時半
この頃はよく時雨《しぐれ》がある。今日も学校の帰りに日が照っているのに雨が降ったらよその小さな六つばかりの男の子が狐の嫁入りだと大きな声で云っていられた。大層可愛らしかった。
朝英語の試験があった。難しい問題だった。
放課後ガラスふきがあったので帰宅したらもう五時二十五分ばかり前だった。
金曜日に梅宮《うめのみや》［梅宮大社（右京区）］と松尾神社［松尾大社（西京区《にしきょう》）］と嵐山と広隆寺［地図 e-8］と妙心寺［地図 e-7］へ遠足[*24]に行く事になった。うれしくてうれしくてたまらない。弟に話したら大へん羨やましがっていた。

十一月二十日 水曜日 天気 晴 温度五十三度［11・6℃］
起床六時半 就眠九時
塩見先生は永い間お休みになっていられたが今日はおこしになっていられて私の好きなお作法を教えて下さった。
午後澁谷の姉さまが来ていられた。

---

*23 **欧洲大戦の休戦条約** 一九一八年（大正七）一一月、ドイツは皇帝の亡命と共に帝国が解体。同月一一日、パリ郊外の連合軍総司令部で、ドイツ代表が休戦条約に調印、四年三ヶ月に及んだ第一次世界大戦は終結した。

発端は一四年六月二八日、サラエボでセルビア人の一青年が、オーストリア皇太子夫妻を暗殺した事件に始まる。七月二八日、オーストリアがセルビアに宣戦布告をすると、セルビアを後援するロシアは、オーストリアやドイツを牽制しようと総動員令を下す。だがドイツは先手を打ちロシアに対して宣戦を布告（八月一日）。翌二日、ドイツとフランスが開戦。同四日、ドイツがベルギーに侵入したことを理由にイギリスが参戦。局地戦争が連鎖反応を起こし、ドイツ、オーストリアを陣営とする同盟国と、ロシア、イギリス、フランスの連合国が衝突、ここに第一次世界大戦が勃発した。

ドイツは英仏と西部戦線、ロシアと東部戦線で対峙、激戦を繰り返すも戦線は拡大し膠着した。戦争の長期化は銃後の社会にも深刻な影響を与え、参戦した欧州諸国を疲弊させた上、毒ガス、戦車、飛行機など新兵器の使用もあって、いたずらに死者・負傷者を増やした。

第一次世界大戦は、主戦場となった欧州だけにとどまらず、日本やアメリカなど非ヨーロッパの新興国をはじめ、全世界を巻き込む史上初の総力戦となった。また革命によるソヴィエト政権の誕生（一七年一一月）、大戦後ヨーロッパに敷かれたベルサイユ体制など、国際秩序の版図《はんと》を大きく塗り替える出来事であった。

十一月二十一日 木曜日 天気 晴 温度五十四度［12・2℃］
起床六時 就眠八時半
音楽は試験だった。西村テル様の美音には恐れ入る。放課後明日の遠足についてのお話があった。夜新聞の天気予報[*25]には〝曇多少雨あり〟とあったのでがっかりした。けれども用意をちゃんとして寐《ね》〔寝〕に就いた。

『大阪毎日』(大正7年11月21日夕刊)

十一月二十二日 金曜日 天気 雨 温度五十度［10・0℃］

起床六時前 就眠九時
朝少し曇ってはいたが大丈夫と出発した。美しい黄色の波をうっている田んぼに出た。向方《むこう》の山の方は真白な霧が降りてあたりはぼんやりしている。何と云うよい気持のする景色だろう。私達は楽しそうに歩んでいた。

と、誰かが雨が降って来たわとおっしゃる。ほんとにほんとにぽつりぽつりと顔にあたる。驚いて傘をさしてああとうどうふった困った困ったと皆空を眺める。

けれどこの頃の時雨だから直ぐ止むだろうと足を早めた。

すると「さんじょうぐち［三条口。嵐電《らんでん》（京福嵐山本線）の停留所〈西大路三条駅〉の旧称／地図 f-7］」と云う所を過ぎて少し行くと急に先生が廻れ右とおっしゃる。私達は、あっ帰るのだと顔を見合わせ残念がった。しかしその時はよっぽどきつく降っていて足袋はどろだらけだった。それから又てくてく後戻りだった。ほんとに馬鹿くさかった。

帰宅したら母も今朝から少しお腹のぐ合の悪い弟も私の遠足にはよく雨が降ると笑われた。昨夜買っておいたお寿司は嵐山で食べるはずを家でいただいた。

午後弟の世話をする。

十一月二十三日 土曜日 天気 曇後晴 温度［空白］度
起床八時 就眠九時半

弟は今日は起きて家の中で遊んだ。
新嘗祭《にいなめさい》〔天皇が新穀を神々に供える祭祀。現 勤労感謝の日〕でお休みだから明日と今日で二日もお休みが続くうれしい事だ。朝から手芸や算術をした。夜弟とピンポンをする。私が勝つと泣くので何時も負けると喜んでいる。

十一月二十四日 日曜日 天気 晴 温度〔空白〕度 起床七時 就眠十時
朝お茶のおけいこに行き、午後上の和ちゃんがいらっしゃったので隣のお美代さん等とピンポンや本を読んで面白く遊びました。
夜和ちゃんを迎えに兄さんがおいでになって歌がるたを母や私等としたが私の組はさんざん負けてしまった。
（山崎）〔朱印〕

十一月二十五日 月曜日 天気 晴 温度〔空白〕度 起床六時 就眠九時半
朝体操の試験があった。
午後学校から帰宅したら澁谷の姉さんが来ていられた。
夜裁縫をした。

十一月二十六日 火曜日 天気 晴 温度〔空白〕度 起床六時半 就眠九時
今日やっと手芸の袋が出来ました。次は手袋をする。来年のお正月に新しい自分でこしらえた手袋をはめて行きたいものだ。
夜書方のおけいこをした。

十一月二十七日 水曜日 天気〔空白〕 温度〔空白〕度 起床六時半 就眠九時半

*24 **遠足** 自然とのふれあい、身心の鍛錬、集団規律を目的に教師主導のもと行われる校外学習。明治後半から学校行事として定着。当時は、〈遠足〉という名の通り目的地までの往復を徒歩にて行った。

*25 **新聞の天気予報** 正子の家では『大阪毎日新聞』を購読していた。明日の天気予報は夕刊第一面の欄外下方に置かれ、大正七年一一月二一日夕刊の「二二日 京都」の予報は「東の風 曇 多少雨あり」と、日記と一致する。欄外天気予報の右横は新聞小説の枠で、この日、芥川龍之介の「邪宗門」の第十五回が掲載。正子は長じて芥川の小説を愛読していたといい（姪 井上章子氏の証言）、この連載が正子の視界に入っていたことは確か。

明日は歴史の試験があるので夜晩くまで勉強した。

十一月二十八日　木曜日　天気　晴　温度［空白］度　起床六時　就眠九時過

ああ今日はなんと云う悲しい日だろう……私の一生の思い出となる日である。

午後何時になく早く帰宅した。台所へ行くと女中が独りしょぼんと座っていて、私の顔を見ると沈んだ色をして大変なことが出来ました。びっくりなさいますなと前置して広島の祖父様がおかくれなさいました[*26]からお母様は早々今朝お立ちになりましたと申しました。私はほんとに驚いてほんととは思われなかった。

終《つ》いこの間、京都へ来られて私とピンポンをしたりして遊んだのに、と思うと一層悲みを増すのだった。そしてお茶のおけいこに行くのも忘れて泣いて泣いて泣き尽しました。

夜父にほんとですかと聞きますと誰がそんなうそをとおっしゃった。私はもうもう悲しくてたまりませんでした。

明日は父も弟も広島へ行かれるので上の親類へ泊るので夜晩く行った。

十一月二十九日　金曜日　天気　晴　温度［空白］度　起床六時半　就眠九時半

今朝は親類から電車で学校へ行った。

午後小兄さんに英語を教えていただいた。

●桑門志道氏示寂

大谷派本願寺耆宿桑門志道氏は久しく中風性にて臥床中の處急行性[illegible]にかゝり遂に昨二十八日朝廣島市なる自坊常念寺にて示寂せり享年六十九歳四十年來本山に在りて功績多かりし人なりしが惜むべし、京都よりは阿部寺務總長の令弟にして桑門氏の聟たる當市四條徳正寺住職井上智月氏廣島に向け急行したるが葬儀その他については尚ほ未定なりと。

『中外日報』（大正7年11月29日）

十一月三十日　土曜日　天気　晴　温度［空白］度　起床六時半　就眠九時

午後和子さんと文展[*27]［第二勧業館／地図 f-3］へ行き、美しく赤緑黄と巧に画かれた絵画を見て来た。玉舎さん［同じクラスの級友］のお父さん［玉舎春輝《たまやしゅんき》（*1880-1947*）］がお書《ママ》きになった《収穫》と云うのも見た。帰りに沢山沢山絵葉書を買った。

鏑木清方「ためさるゝ日（左幅）」（第12回文展絵葉書／140×92mm）

文展で一番善《よ》かったのは「ためさるゝ《る》日」[*28]と云う清方さん[*29]［鏑《かぶら》木《き》清方《きよかた》］のだった。
松園さん［上村松園（1875-1949）］の《焔《ほのお》》もよかったが玉葉さん［栗原《くりはら》玉葉《ぎょくよう》（1883-1922）］や成園さん［島《しま》成園《せいえん》（1892-1970）］や千種女氏［木《き》谷《たに》千種《ちぐさ》（1895-1947）］のも美しかった。

十二月一日 日曜日 天気 晴 温度［空白］度 起床八時 就眠十時
朝から弟や従姉等に文展の絵葉書を送った。
和ちゃんは明日理科の試験で一

*26 **桑門志道の他界** 桑門志道は折から流行するインフルエンザにより二八日朝、自坊常念寺にて命終《みょうじゅう》。享年六十八歳。詳細はコラム「「正子日記」に見える病の姿」を参照（P.178）。

*27 **文展** 文部省美術展覧会（文展）は、美術界の振興を目的に文部省の肝入りで、一九〇七年（明治四〇）一〇月、上野公園「東京（勧業）博覧会美術館のあと」（黒田鵬心「文展十二年史」誠文堂書店、一九二〇年）で第一回展が開催された。文展は政府主宰の初めての美術展覧会とあって大変な盛況で、美術鑑賞の大衆化を促した。〈美術の秋〉という言い回しは、文展（一九年より帝展）の開催が秋で、多くの美術展覧会がこの時期に集中するようになったから。
一八年（大正七）第十二回文部省美術展覧会は、東京展（於 上野竹之台陳列館）が一〇月一四日〜一一月二〇日、京都展（於 岡崎公園第二勧業館）は一一月二七日〜一二月一二日の会期で催された。この第十二回は、〈文展〉と称した最後の展覧会で、翌一九年、組織の改組を経て帝国美術院展（帝展）に継承された。

生懸命勉強していられる。
このごろはよく試験があるから忙しくてしょうがない。
うっかりしないでよく習《さら》えよう。
（尾崎）［朱印］

十二月二日　月曜日　天気　晴後雨　温度五十四度［12・2℃］
起床六時　就眠九時半
朝音楽の試験があった。
午後お茶のおけいこにいった。夜晩く女中さんに送られて帰った。
八時頃上の親類へ女中と行って泊った。

十二月三日　火曜日　天気　晴　温度四十七度［8・3℃］
起床六時半　就眠十時
庭は一杯の紅葉で真赤になっている。小姉さんは手箒で美しくはいていられた。
夜和子さんと机をならべて習字をけいこした。

十二月四日　水曜日　天気　晴　温度四十七度［8・3℃］
起床六時　就眠九時半
今朝少し早く起き真白な霜の上をさくさくと靴を歩ませて公会堂の前に行った。今朝は学校全体文展へ行く事になっていたのである。
二へん目であるが何度見ても美しい。
十一時半頃学校に帰り後三時間勉強があった。
明日歴史と算術の試験がある。心配でならない。和子さんも数学の試験があると一生懸命習えていられた。

十二月五日　木曜日　天気　晴　温度四十六度［7・7℃］
起床六時半　就眠十時
珠算《しゅざん》［そろばん］の試験があった。掛算は位取りを間違えていけなかった。
今朝父母が帰られた。*30 夜親類でつとめ事［法要］があったので父母はおこしになって私も一緒に帰った。
親類では死なれた祖父様が小さな地図にものっていない島*31に生れ、色々苦労したあげく

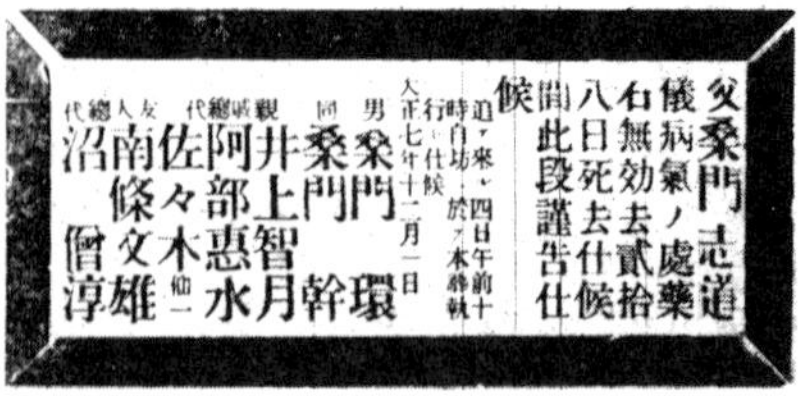
父桑門志道儀病氣ノ處藥石無効去貳拾八日死去仕候間此段謹告仕候
追テ來ル四日午前十時自坊ニ於テ本葬執行仕候
大正七年十二月一日
男　桑門環
同　桑門幹
親戚總代　井上智月
阿部惠水
佐々木仙一
友人總代　南條文雄
沼僧淳

桑門志道葬儀広告（『中外日報』大正7年12月3日）

とうどうりっぱな功績を上げられたまでのお話、伯父さまや伯母さまが父母と一緒にお話していられた。私もそばに居てほんとに涙がこぼれた。

十二月六日　金曜日　天気　晴　温度四十六度［7・7℃］
起床六時半過　就眠九時
別に記すような事はなかった。

十二月七日　土曜日　天気　曇　温度［空白］度　起床七時前　就眠十時

十一月八日からかかった男物の仕立上予定期日は今日である。私は未だお袖を付けた所だからとうとう又おくれた。
残念で残念でたまらない。

十二月八日　日曜日　天気　晴　温度［空白］度　起床八時
就眠九時
この間まで美しかった楓の木は今はもう骨のみになっている。
お正月も段々近づいて来る。

*28 **ためさるゝ日**　第十二回文展に出品された本作は、長崎の遊女が踏絵をするところを画題にした。作者は「女の足が銅板に触るる冷たい感じを現そうと二尺五寸（約七五・八センチ）に六尺四寸（約一九四センチ）の枠張り（額装）だが両幅《りょうふく》とも出来したが左幅の絵踏の女だけで十分私の意を悉《つく》していますから右幅は見合せた」（『大阪毎日新聞』大正七年一〇月一〇日朝刊）と述べている。出展されなかった右幅には、華やかな衣装をまとった踏絵を待つ遊女達が描かれた。現在、右幅は鏑木清方記念美術館に所蔵され、左幅は個人蔵となっている。

*29 **鏑木清方**（*1878-1972*）　東京都神田生まれ。父は戯作者で、『東京日日新聞』『やまと新聞』の創刊者條野《じょうの》採菊《さいぎく》。絵師 水野年方の門に入り、一七歳の頃から新聞挿絵を描いて、紅葉、鏡花らに親しんだ。一九〇一年、大野静方、山中古洞らと烏合《うごう》会を結成、本格的に日本画制作に乗りだす。〇二年《一様女史の墓》を発表。文展時代を経て、第一回帝展から審査員となる。《築地明石町》（二七年）、《三遊亭円朝像》（三〇年）、《一葉》（三〇年）など、作品の背景には文芸があり、明治の江戸下町の情趣を漂わせる。

*30 **父母の帰り**　一二月四日午前一〇時より広島市大手町六丁目の大谷派本願寺別院常念寺（現 真宗大谷派常念寺）にて桑門志道の葬儀が執行された。常念寺は志道が住職を務めた寺で、広島別院の常輪番《じょうりんばん》（番守役）を司《つかさど》った。志道が他界した一一月二八日の翌二九日、正子の父 智月と弟 彰淳、母 美年子は広島へ向かった。父母と弟の三人は四日の葬儀を終えてから広島を発ち、夜行列車で翌日朝に帰京したと思われる。父母弟の不在の六日間、正子は伯父阿部恵水（I・*15）の等観寺で過ごした。

*31 **地図にものっていない島**　鹿老渡《かろうと》（広島県呉市倉橋町）。鹿老渡は芸予《げいよ》諸島の倉橋島の最南端に接する陸繋島《りくけいとう》（砂州の発達によって形成された島）。詳細はコラム「小さな地図にものっていない島」（P. 133）。

羽子板を出したら鼠がかじっておし絵がだいなしになっていた。
弟は先だって伯父さんに三輪車を買っていただいたから今度は私が羽子板を買っていただかな損だから早速お葉書を出した。

十二月九日　月曜日　天気　晴　温度［空白］度　起床七時　就眠八時半

今日片山先生が土曜日英語の試験をしますとおっしゃったので夜一生懸命単語帳をねき［傍《そば》］に置いてしらべた。

十二月十日　火曜日　天気　晴　温度［空白］度　起床六時半　就眠九時過

今朝教育御沙汰書《おさたがき》*32をお下しになった日だのでその式があった。

十二月十一日　水曜日　天気　雪アリキ　温度［空白］度　起床六時半　就眠九時半

朝起きて庭を見ると白いものが降っている。雪にしては早過ぎると思って外に出たら雪だったので驚いた。急に寒くなった。
国語の試験があった。大抵はおうた［合った（京都弁）］のでうれしかった。
習字の先生が御病気でお休みになったので之からは事務の方の原先生が私等に字を教えて下さる事になった。
午後親類の大兄さん［阿部現亮（*1894-1974*）阿部恵水長男］が来ていられた。尾辺先生はもう直《じき》、市立《いちりつ》をお出になってよその中学校の先生になられるとおっしゃっていられた。

十二月十二日　木曜日　天気　晴　温度［空白］度　起床七時　就眠九時半

地理と歴史の試験があったが両方共別にむつかしくなかったので出来た。

十二月十三日　金曜日　天気　晴　温度［空白］度　起床六時半過　就眠十時

朝は寒のでもう少しもう少しとよく朝寝をするので

母に何時も起されてから目を覚す。十五日に日曜遠足がある。雲ヶ畑《くもがはた》〔鴨川（賀茂川）源流となる雲ヶ畑川の流域〕とか云う所へ行くのである。私は一度も行った事はないから行こうと思っている。

十二月十四日　土曜日　天気　晴　温度〔空白〕度　起床七時　就眠九時

午後学校から帰って直ぐお茶のおけいこに行った。明日は遠足だからお風呂に入って早く寝た。

十二月十五日　日曜日　天気　晴　温度〔空白〕度　起床六時　就眠〔空白〕時

遠足に行ったら又雨が降ったので雲ヶ畑の方へ行かないで神光院《じんこういん》と上鴨《かみがも》〔上賀茂〕と下鴨《しもがも》両神社にお参りして出町橋で別れて帰った。母は子供は風ノ子と云うがお前は雨ノ子だと笑っていられた〔朱の破線〕。〔山崎〕〔朱印〕

十二月十六日　月曜日　天気　晴　温度四十六度〔7・7℃〕　起床六時半　就眠九時

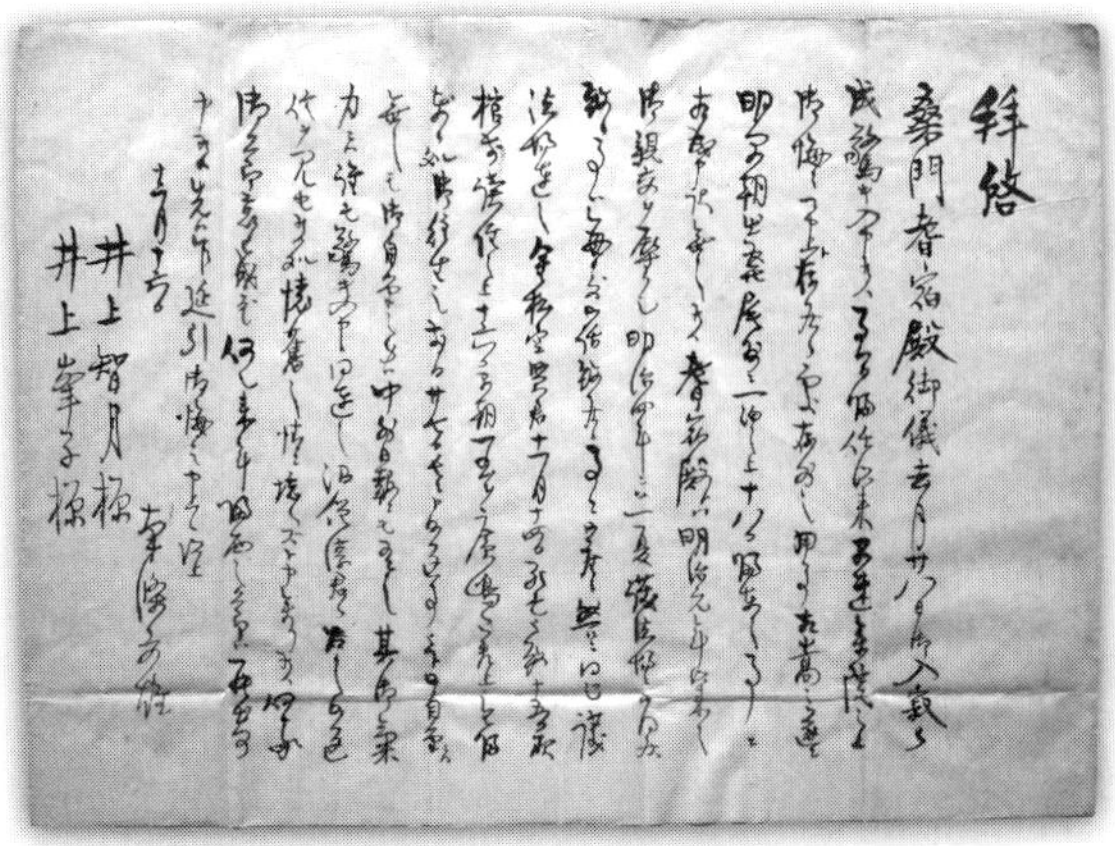

南條文雄書簡 ＊33（故 桑門志道への悔やみ状／井上智月 美年子宛 大正7年12月16日）南條と桑門志道は1868年（明治1）親交を結び、護法場（東本願寺がキリスト教研究を主たる目的で開設した）で71年の夏を寮友として過ごした。おなじく寮友の金松空賢（かねまつくうけん）は志道死去の二週間前に他界。空賢は闡彰院空覚（せんしょういんくうかく／*1804-71*）の息（大谷派の宗政改革に尽力した闡彰院は、71年10月守旧派により暗殺）。手紙では、臨終近い志道から南條宛の返書が死の前日届いたと伝える。

＊32 **教育御沙汰書**　一九一五年（大正四）一二月一〇日、文部省発令の《教育振興に関する御沙汰》。大正天皇は、文部大臣 高田早苗《さなえ》を宮中に徴召《ちょうしょう》（呼び出し）し、大戦勃発後の欧米列強が生産力伸張に努めるなか、日本も国力を培養するため教育振興の徹底を御沙汰書（天皇の訓示）として全国の学校に発した。

＊33 **南條文雄《なんじょうぶんゆう》書簡**　一一月二八日死去の桑門志道と南條文雄（*1849-1927*／1・＊8）は高倉学寮（大谷大学の前身）以来の友人だった。本状は志道の娘婿 智月・美年子（志道長女）夫妻に宛て、志道との長年の親交が綴られている。

午後修身の答案を返していただいた。点は英語で書いてあった。私はas［as］とあった。お友達のはz［z］の人もあれば、s、an、a［s・an・a］の人があった。どれがよいのかちっともわからないので困って居る。

夜図画を書いた。

十二月十七日　火曜日　天気　曇　温度四十四度［6・6℃］
起床六時半　就眠九時半

午後お茶のお稽古に行った。お夕飯をいただいて夜七時頃帰宅した。明日は習字のお清書だからそのお習や国語の下しらべをして寝に就いた。

十二月十八日　水曜日　天気　雨　温度四十六度［7・7℃］
起床六時半過　就眠九時半

お作法の時座ぶとんの持ち方と敷き方とを教わった。初めお客様が五人おいでになって玄関で待っていられると、その間にお座敷へお座ぶとんを敷く。そしてそこの主人がどうぞお通り下さいと云うて席に着く。帰る時はさよなら失礼いたしますと云って帰る。まま事［玩具を使って炊事、食事など家庭生活のまねごとをする遊び］の様なので面白かった。

十二月十九日　木曜日　天気　曇　温度［空白］度　起床七時　就眠十時

歴史の答案を返していただいた。三べん試験をなさってその中二つ甲であったら成績表には甲と付けるとおっしゃった。私は甲になれるので大喜だった。

夜父母弟と年《とし》の市《いち》［年末に、新年の飾り物・食品・台所用品などを売る市］へ行った中々の賑いだった。ほしい物が沢山沢山あった。

十二月二十日　金曜日　天気　曇　温度［空白］度　起床六時半　就眠九時半

今朝山崎先生お休みになったので大層心配した。御病気じゃないかと思ったが午後おいでになったので皆安心をした。

学校から帰って澁谷へお使に行った。京ちゃんが井上《ゐ(い)のの》［幼児の発音をふりがなで表記カ］のお姉ちゃんお姉ちゃんとおひざの上に乗ったりオルガンを弾いたりして私が帰ると云うときっと玩具を持って来て遊びましょう遊びましょうと云って帰らない様にします。

十二月二十一日　土曜日　天気　曇　温度［空白］度　起床七時　就眠九時半

かわりなし。

十二月二十二日　日曜日　天気　曇　温度［空白］度　起床七時半　就眠九時半

正午からお茶の御稽古に行った。大正七年の稽古終いであるから丁寧にお習《さら》いをした。

明日一日学校で授業したらもうお終であるがちっともそんな気がしない。私は暮でも急がしくない。やっぱり女学生と云っても子供だと思った。

（山崎）［朱印］

十二月二十三日　月曜日　天気　晴　温度［空白］度　起床七時　就眠九時半

大正七年の最後の授業日であるから、充分によく心をこめて勉強した。夜明日の成績の事を気にしながら休んだ。

十二月二十四日　火曜日　天気　晴　温度［空白］度　起床七時　就眠九時半

朝お友達と心配しながら学校へ行った。式が始まった。校長先生の一ヶ年間の大なる出来事をお話して下さった。

終業式が終ると直ぐ尾辺先生の送別式があった。先生は私等が自ら進んで何事も為す様にとおっしゃった。

各々教室へ入った時には胸がどくどくした。山崎先生から色々のお話のあった後成績表をいただいた。

見て成績が悪いと悲しいから見ずに家へ持って帰ろうと思って風呂敷に入れたがやっぱり見たくなって一寸とのぞくと思いがけなく修身が甲。おやと思って開いて見た時の心持何と云おうかほんとにうれしかった。

大方よい点になっていた。私は飛ぶ様にして家に帰った。

父に見せたら大変喜ばれた。母はどうだったどうだったと二階から走り降りてまあほんとに善かった事どんなに心配したろうと共に喜んで下さった。そして三学期はもう一つよくするようにおっしゃった。私も父母の様子を見てこの次はもうっともうっと喜んでいただく様にしようと思った。

十二月二十五日　水曜日　天気　晴　温度［空白］度　起床七時半　就眠九時半

今日は弟の成績表をいただく日である。朝いそいそと学校へ行った。私は他所へお使に行って帰宅して二階で一寸と休んでいたら大きな声で「ばあーんざーい」と云ってばたばたと弟が帰って来た。

直ぐ玄関へ行ったら「姉ちゃん僕十点四つえ」と云って自慢そうに見せて奥へ行ってしまった。

夜母に御褒美をいただいて大喜び。

十二月二十六日　木曜日　天気　晴　温度［空白］度　起床七時　就眠九時半

午前中学科の復習をする。午後方々へ御使に行った。

昨日八重歯になっている歯を抜いていただいたらそこから沢山血が出て夜中におふとんや顔が血で真赤になっていた。今朝弟がふっと目を覚して私の顔を見てびっくりしてお枕を持ってこわいこわいと母のお床の中にもぐりこんでしまった。お医者さんは風呂に入った加げんだとおっしゃった。

十二月二十七日　金曜日　天気　雨　温度［空白］度　起床七時　就眠一時

昨夜一時頃、あんまり又血が出るのでお医者に来ていただいた。そして何だかお薬をつけて焼こてをじーじーと歯にあてられた。[*34] 一寸痛かったが辛抱していた。それからちっとも出なくなった。先生はこんな事はあまりない事だとおっしゃった。

今朝弟、私の顔を見て「姉ちゃんもう鬼になってへんな」とさもさも安心した様に云ったので大笑いだった。

今日は餅つきだので朝から用意をして待っていたのにちんつき屋[*35]が中々来てくれなかったので遅く遅く十時頃に来た。

臼取り［餅つきの時、水に浸した手で餅をひっくり返す役］するんがけがをしたので遅くなったと非常にあやまっていた。それからにぎやかに餅つきをした。寝に就いたのは一時だった。

十二月二十八日　土曜日　天気　曇　温度［空白］度　起床九時半　就眠八時

午前中あちこちに御歳暮を持っていった。

夜上の小兄さんがおいでになって明日はどうぞ餅つきの手伝に来て下さいと頼みにいらっしゃった。楽しみにして休んだ。

十二月二十九日　日曜日　天気　晴　温度［空白］度　起床七時三十分前　就眠九時

朝弟と親類へ行く。そして色々とお手伝をした。

午後和ちゃんと追《おい》羽根［羽根つき］をする。和ちゃんは明日小兄さんと加賀へ帰られるので荷物のお手伝もした。

夜父が迎に来て下さった。

十二月三十日　月曜日　天気　晴　温度［空白］度　起床七時　就眠九時半

今朝、満洲の伯父様［安東県のおじさん／1・*2］が来られた。

午前は子供部屋の大掃除をした。午後おにしめ［お煮しめ］のお手伝をした。にんじんをむくのと、こんにゃくを切ってねじったり色々とした。

夜伯父にけふゑや［京絵屋《きょうえや》カ］へ行き羽子板を買っていただき、山本で父にかたかけを買っていただいた。枕元に並べて寝た。

十二月三十一日　火曜日　天気　晴　温度［空白］度　起床六時半　就眠十一時

大正七年も今日でお終だと思うと何だか変な様に思う。

＊34 **焼こてを歯にあてられた**　焼灼《しょうしゃく》止血法。ギリシャやアラビアでは古代から行われていた外科治療法。傷口を焼きごてで焼灼（患部組織を焼く）して止血する。一〇～一一世紀のアラビア外科医アブー・アル＝カーシムの著した『解剖の書』には、正子が受けた歯科治療と同様の焼灼法がすでに確立している。（川上為次郎『歯科医学史』金原商店、一九三六年）

＊35 **賃搗屋《ちんつき》**　労賃を取って、餅つきの代行をする稼業。臼、杵、釜、蒸籠《せいろう》を用意して市中の求めに応じた。「あぶなさに涕《なみだ》かんで来た賃搗や」（『雑俳・塵手水』一八二二年）

一年間を懐古して見ると、私は今までにない悲しい出来事とうれしい出来事にあっている。

二月の初めから沢山の本を前に置いて一生懸命夜は晩《おそ》く寝、朝は夙《はや》く御勉強した甲斐《かい》ありて四月の初に市立女学校へ入学が出来たのである。ほんとにあの時程うれしかった事はない。入学式の時に紫紺《しこん》の袴《はかま》をはいていそいそと母と共に行った事は忘れられない。

その喜《よろこび》を祖父母様にも伝えて共々に喜んだのも少しの間で四月の二十日に「祖母キトクスグ来イ」との電報を受けて母は驚いて広島へかけつけた。暫《しばら》くして祖母も大変よくなったので母も安心して帰京した。私も弟も心を安めていたがああ忘れもしない、五月四日の夜「バヽ《バ》今ヒケタ」の電報が着いた。私はもう寝てしらなかったが真夜中に母に起されて初めて知った。けれどもその時はほんとにしなかった。父が後に葬式に行く時に連れてって下さいと頼んだが私が行くと家に女中や書生だけになるから連れて下さらなかった。その時私は非常に泣いたほんとに泣いた。…………

……その悲みの涙がかわかぬ間に祖父が大変に弱ってとうどう十一月の二十八日に黄泉《よみ》の客となられた。私は一年に祖父母を失なってしまったのである。何んと云う悲しい年であっただろう。

涙もろい人になられた母と今も一緒に泣いた。何かにつけて祖父母を思い出す。あゝゝゝ………

もうペンが持てないからこれでやめよう。

［大正七年 了］

大正八年〔上欄／一九一九年〕

正月元日　水曜日　天気　雨　温度〔空白〕度　起床五時
就眠九時

朝早く起きて晴着を着て父母・叔父・弟と一緒にめでたく御雑煮を祝って小宮様と学校に行って先生や皆様とおめでとうの御会〔ママ〕さつ〔挨拶〕をした。式も終って帰宅する時に曇って居た空が一層黒くなって雨がぽつりぽつりと降って来たので電車で帰った。

せっかくの羽子つきをしようと思っていたのに、雨がにくらしくなった。お友達から年始状が沢山来ていた。私も直ぐに書いた。

夜上の大兄さんが御年始においでになった。伯父様もおこしになった。

正月二日　木曜日　天気　雨　温度〔空白〕度　起床五時
就眠九時

昨日の様に御雑煮を祝った。又雨降りで何も出来ないから家でお美代さんやおまきさんとピンポンをして遊んだ。

夜女中等とかるたをした。

正月三日　金曜日　天気　晴　温度〔空白〕度　起床五時
就眠九時半

今日はめずらしく日本晴の快晴だったから叔父様と弟と三人で毘《び》沙《しゃ》門《もん》さん*36〔山科《やましな》（山科区）の毘沙門堂／地図 g-2〕へお参りに行った。ほんとは昨日が初寅《はつとら》だそうだが今日も中々賑わっていた。

大聖観音《だいしょうかんのん》〔山科四《し》ノ宮《みや》十禅寺カ〕の所へも行った。又東西別院*37〔山科御坊／地図 b-2〕へも参拝した。十一時頃帰宅した。

今日の様な時にうんと遊ぼうと思って追羽根したり弟の鳳〔凧カ〕を上げて見た。夜又弟等とかるたをした。

*36 **毘沙門さん**　毘沙門堂。山科の安祥寺《あんしょうじ》山と柳《やなぎ》山に挟まれた谷奥に位置。天台宗延暦寺派の寺院。正月の初寅詣では参詣人で賑う。

*37 **東西別院**　浄土真宗の本願寺八世 蓮如上《れんにょしょう》人《にん》が一四七八年（文明一〇）に開創した山科本願寺の故地に、東西本願寺が江戸時代半ば（享保年間）各々に別院（本山《ほんざん》に準じて別の場所に建てられた寺院）を建立した。西本願寺別院の西方には蓮如上人の墓所がある。

一月四日 土曜日 天気 晴 温度四十度［4・4℃］ 起床六時 就眠九時半

祖母の初命日であるから母に代って女中と大谷さん［大谷祖廟／地図 g-3］へ参詣をした。お墓の前に立って泣いた。帰りに他所の祖母さまが小さい孫に連れられて楽しそうに歩いて行かれるを見てたまらなく悲しかった。

午後学科の復習をした。

一月五日 日曜日 天気 晴 温度四十二度［5・5℃］ 起床六時半 就眠九時

朝の間に学科の復習をする。

午後母の代りに方々に年始に行った。車の中[38]に居ても大変寒かった。

本家の寺村さんへも寺町さんへも行った。

夜ほどき物［着物の糸を解きはなすこと］や足袋継ぎ［足袋の破れに布切れをあてた補修］をした。

弟は今日寺村の小母さんからタンク[39]の玩具をいただいて大層喜んでいた。

一月六日 月曜日 天気 晴 温度五十二度［11・1℃］ 起床六時半 就眠十時

午後平太郎《へいたろう》伝記[40]のつとめ事があり、夜家中でかるた、ピンポン等をして面白く遊んだ。

一月七日 火曜日 天気 晴 温度五十度［10・0℃］ 起床六時 就眠九時半

朝七草かゆ［春の七草を入れた粥《かゆ》］を祝った。午前従姉がかるた会［百人一首の歌がるた取り］を姉さんがなさるからいらっしゃいと迎えに来て下さったので弟と一緒に行った。午後沢山のお友達とトランプや家族合せ[41]やかるたをして面白く遊んだ。

私が今年は少し上の句を読んで戴《いただ》いて直ぐ取れる様になったので一層面白く楽しかった。

家族合せの札（大正時代カ）

一月八日 水曜日 天気 晴 温度四十八度［8・8℃］ 起

床七時　就眠九時半
今日は始業式だった。皆さんはにこにこして年始状のお礼を云っていられた。午後弟の復習をして夜習字の練習をした。

一月九日　木曜日　天気雨　温度五十一度［10・5℃］起

＊38 **車の中**　一九一〇年代（明治四三～大正八）、〈くるま〉と言えばまだ人力車を指した。しかし、座席に雨や日差しを除ける幌《ほろ》はあっても、「車の中」と言えるような車室を構える人力車は寡聞《かぶん》にして知らない。たとえ製造されたとしても一般的に普及することはなかっただろう。当時の新聞に貸自動車（タクシー）の広告（左図）が見つかる。一時間の利用料金三円で客席四人の車が運転手付きで借りることができた。三円は現在の一二、六〇〇円相当。因《ちな》みに日本でのタクシー営業は、東京で一二年（明治四五）に始まったのが最初（『外来語の語源』角川書店、一九七九年）。
正子は年始廻りに、当時まだ珍しかった貸自動車＝タクシーを利用したのかもしれない。

「正子日記」では、英国皇太子や久邇宮《くにのみや》家の智子《さとこ》女王といった高貴な人物の乗り物として、たびたび〈自動（働）車〉が登場する。また二二年（大正一一）七月一七日の条で、葬儀のあと、霊柩車《れいきゅう》に従って自動車に乗って斎場（火葬場）へ向かったことなどが記される。

＊39 **タンク**　戦車のこと。近代兵器としての戦車が最初に戦場で使用されたのは第一次世界大戦中、一六年（大正五）九月一五日のこと（イギリス軍のマークI型戦車）。それを見たドイツ、フランス軍も戦車製造に力を入れた。日本で国産戦車が試作されるのは遅れて二七年（昭和二）。〈タンク〉と呼ばれるのは、イギリスで初めて作られた戦車が水槽《タンク》と似ていたからという。（『平凡社大百科事典8』）

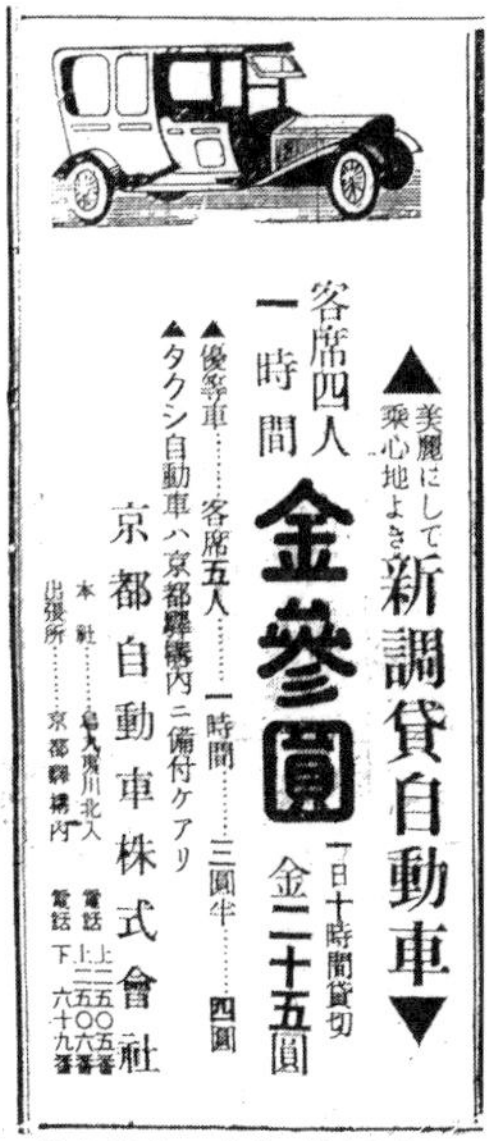

貸自動車の広告（『大阪朝日新聞京都附録』大正7年5月7日）

＊40 **平太郎伝記**　毎年一月六日（旧暦では節分）に行われていた徳正寺の年中行事。平太郎とは、浄土真宗を開いた親鸞聖人《しんらん》（1173-1262）の弟子で常陸《ひたち》国（茨城県北部）那珂《なか》大部《おおぶ》の庶民。親鸞が関東に教化の拠点を置いていた時、浄土真宗の教えを受けて弟子となった。後に出家して真仏《しんぶつ》と号す。親鸞聖人の一代記『御伝鈔《ごでんしょう》』（親鸞の曽《そう》孫覚如《そんかくにょ》の著）に登場する人物として知られる。
　徳正寺の平太郎伝記では、平太郎の肖像を奉掛《ほうかい》し、『眞佛坊平太郎伝記』（寛保三年〈一七四三〉年書写）一巻を、「毎年節分の初夜」（『拾遺都名所図絵』一七八〇年）に講読すると伝えるが、現代では途絶えている。本日記から大正年代まで行われていたことが知れる。

　平太郎の伝承は、平太郎が京都に戻った親鸞を関東から訪ね、役務を負ってこれより熊野権現《ごんげん》に参詣する事の如何《いかん》を伺った。他力（人間がすくわれていることを言いあらわす「南無阿弥陀仏」に身をゆだねること）の教えに全てまかしているのであれば否定はしないと参詣の許しを得た平太郎は熊野で霊告を受ける。

＊41 **家族合せ**　明治末に流行った合せ物カルタの一つ。一家族五人ずつ十家族分五十枚の札を配り、順番にもらい合って家族の構成員のそろった札をもっとも持っている者が勝者。

床六時半　就眠九時半

弟は今日から学校が始まったので何時になく早く起きた。

午後は親類で初釜〔新年はじめての茶の湯。初茶会〕がかかったので行かれた。

一月十日　金曜日　天気　雨　温度四十七度〔8・3℃〕　起床七時　就眠九時

午後お茶のおけいこに初めに行った。寺村の小父さんもおこしになられた。

御夕飯を皆様と一緒におよばれした。

一月十一日　土曜日　天気　晴後雨　温度四十六度〔7・7℃〕

起床七時前　就眠九時

夜大江の姉さんがいらっしゃった。母は早速しぼりをして裁《さば》く切《きれ》や縫《ぬい》をしてもらう帯《おび》などを出して来られた。私も古い羽子板におし絵をして戴《いただ》く様とおたのみした。そして一緒に岡崎の小堀さんまで行って泊った。

一月十二日　日曜日　天気　雨　温度〔空白〕度　起床七時半　就眠九時半

お茶のおけいこ日だったけれども今日だけ休んだ。

午後明日試験があるから英語のみ何べんも復習した。

一月十三日　月曜日　天気　晴時々雨が降った　温度四十八度〔8・8℃〕　起床六時半　就眠九時

体操の時ロ組と一緒にした。競争遊戯〔綱引きや障害物競走など学校運動会で行う団体遊戯や陸上競技〕をして負けて残念でたまらなかった。

夜婦人会の新年宴会があった。色々の余興があって面白かった。

一月十四日　火曜日　天気　晴　温度四十六度〔7・7℃〕

起床七時　就眠九時

別に記す様な事もありません。

一月十五日　水曜日　天気　晴　温度四十八度〔8・8℃〕

起床六時半　就眠九時半

午後講堂で校長先生が自彊《じきょう》〔彊《きょう》〕会[*42]と云う物を設け

たいが皆さんはどう思うと云う様な事をお話になった。尋常［尋常小学校］であった自治会と同じ様なのであると思った。

昨日門衛が死なれたそうである。金曜日から病いについてとうとう死なれたのである。ほんとにお気毒な事である。生徒全体から少しばかりの御香［香奠《こうでん》］を差上げた。

一月十六日　木曜日　天気　晴　温度五十二度［11・1℃］

起床七時　就眠九時

弟が十三日から少し病気になったが今日は大分よくなったとお医者がおっしゃった。夜弟の枕元でお話やら御本を読んで上げた。

一月十七日　金曜日　天気　晴　温度五十度［10・0℃］　起床七時二十分前　就眠九時半

自疆［ママ］〈彊〉会［〈疆〉に朱筆訂正があるが字（字義）を改めるものではない。以下、訂正して〈自彊会〉と表記］の選挙があった。五十人の中で四人委員になれるのである。当直が黒板にかかれる白墨［チョーク］の後の後をじっと見ていると三人目に私の名前を書いて下さった。私はどんなにうれしかったか知れない。委員のお仲間に入れていただくとは思いもよらなかった。早く父母に知らせようと思って電車で帰った。

---

*42 **自《じ》彊《きょう》会《かい》**　正子が誤って記した〈疆《きょう》〉の字は〈境、隔てる〉などの字義。正しくは〈自《じ》彊《きょう》〉と記す。〈彊〉の字義は〈強〉と同じ。〈自彊〉とは「自ら努め行なうこと」（『日本国語大辞典 第二版』小学館）の意。

第一次世界大戦以来、国家の将来は国民教育にかかっており、国威《こくい》を高める上でも教育の振興が重視され、学制改革が進められた。そうした中、一九一七年（大正六）九月、文部大臣 岡田良平の舵取りのもと臨時教育会議が内閣直属の諮問《しもん》機関として設けられ、学校企画の具体案を提出させ、一挙にこれを実施するところまで進められるようになった。同十月一日、臨時教育会議の開会にあたり、総理大臣寺内正毅《まさたけ》は次のような所信を述べる。「学制ノ革新ヲ図リ以テ自彊ノ策ヲ講シツツアリ我帝国ハ（中略）一層教育ヲ盛ンニシテ国体ノ精華ヲ宣揚シ堅実ノ志操ヲ涵養《かんよう》シテ自彊ノ方策ヲ確立シ（中略）国家ノ将来ニ稽《かんが》ヘ教育制度ヲ審議シテ多年ノ懸案《けんあん》ヲ解決シ以テ学界ノ振興ヲ図リ給ハムトスル」「国民教育ノ要ハ（中略）護国ノ精神ニ富メル忠良ナル臣民《しんみん》ヲ育成スルニ在リ（傍点‐引用者）」（「臨時教育会議ニ関スル寺内内閣総理大臣演示」）

当時の自彊会設立の背景には、女子教育においてこそ、銃後（戦場の後方、国内）を守る国民の育成に直結し、国家の将来を担うという期待が込められていた。なお自彊会の活動は、現在でも校友会や生徒会などに名を変え、学生による自治会制度に受け継がれてもいる。

父母は大変に喜んで下さった。弟も床の中からわけもわからずにこにこしていた。

一月十八日　土曜日　天気　晴　温度五十四度〔12・2℃〕起床六時半　就眠九時半

午後自彊会〔の委員会〔朱筆挿入〕〕があった。自彊会規則書の改正の事や朝会には静かにする様にと云う事が定《き》まった。

夜弟に算術の問題を出して上げた。

一月十九日　日曜日　天気　雨　温度五十度〔10・0℃〕起床七時半　就眠九時半

午前部屋の掃除をする。

午後隠居の祖母様〔德正寺十三世願祐妻すま（1857-1928）〕が風呂敷に絵を書《〔ママ〕》いて下されとおっしゃったのでさざんかを書《〔ママ〕》いた。[*43]

夕暮に母の手伝に洋食をこしらえた。

正子の描いた山茶花（?）の絵（年代不詳）

（山崎）〔朱印〕

一月二十日　月曜日　晴嵐　温度〔空白〕度　起床七時　就眠九時前

寒のしるし[*44]に今日は格別寒い。朝お友達と冷い冷いと云いながら学校へ行った。真赤になった手を早速ストーブにあてた。裁縫室の火鉢を囲んでいる人等が今日はほんまに寒いえなとかたをすぼめてお話していられた。

夜弟とお炬燵にあたって綴方《つづりかた》〔作文のこと〕の書合《かきあい》をした。

一月二十一日　火曜日　晴　温度〔空白〕度　起床六時半過　就眠八時半

朝水道の鉄管[*45]が凍って女中と難儀して水を出したが手がつけられないのでお湯で顔を洗った。こんなに寒いのにやはり父は冷水摩擦〔冷水に浸して絞ったタオルなどで皮膚を摩擦する健康法〕をしていられた。

算術の試験があったがそんなに難くなかった。

昨夜骨正月《ほねしょうがつ》[*46]のしるしにお雑煮《ぞうに》をしていただいたが今夜も又お餅を食べたからよくふとるであろう。

一月二十二日　水曜日　晴　温度〔空白〕度　起床七時前
就眠九時半

午後お茶のおけいこがあった。六時間授業で帰りが晩《おそ》くなったので一度しかしなかった。

夜算術の宿題をした。

一月二十三日　木曜日　天気　晴　温度四十八度〔8・8℃〕
起床七時　就眠九時

今朝北海道の伯父さんがお出でになった。

午後帰宅したら弟はちゃんとお土産を貰って喜んでいた。

夜伯父さんに他所へ連れてっていただいた。

一月二十四日　金曜日　天気　晴後雨　温度四十六度
〔7・7℃〕　起床六時　就眠十時前

夜北海道の伯父さんが帰られた。

明日英語の試験があるからうんと勉強した。

夜足袋継ぎをした。たった一足より出来なかった。

一月二十五日　土曜日　天気　曇　温度四十四度〔6・6℃〕
起床六時半　就眠九時半

今度の紀元節〔神武天皇即位の日（二月一一日）を定めた祝日。現在の建国記念の日〕に学校で音楽会が開かれる事になっているから午後その練習をした。

夜一ツ身袷を縫い始めた。

＊43 **さざんかの絵**　正子は絵を習っていたことがあり、日記帳が発見された徳正寺六角堂の地下（納骨室）にあった長櫃《ながびつ》（長方体の蓋のついた匣《はこ》）から「正子の会（絵）」と付箋した画帳が見つかっている（二〇二一年二月）。花鳥風月の画題を、先生の絵（「先生の御筆」と題した画帳も一緒にあった）を手本に描いたようである。本日記で正子が画塾に通うという記述はないので、絵を習っていたのは尋常小学校に通っていた頃かと思われる。

＊44 **寒のしるし**　二十四節気《にじゅうしせっき》の一つ〈大寒《だいかん》〉を指す。「陰暦十二月の中で、小寒の後十五日。陽暦一月二十一日頃にあたる。最も寒気烈しい時」（『俳句歳時記 冬』平凡社、一九五九年）

＊45 **水道の鉄管**　琵琶湖と京都を結ぶ運河 琵琶《びわ》湖疎水《こそすい》（第二疎水）の開通により、一九一二年（明治四五）四月、京都市の水道は蹴上《けあげ》浄水場より給水を開始した。給水開始当時の京都市人口は約五〇万人で、このうち給水人口は約四万人、一日の最大給水量は約三万立方メートルだった。現在も京都市の水源として、一日の最大給水量は約五六万～七三万立方メートルに達する。（京都市上下水道局ホームページ「琵琶湖疏水の歴史」）

＊46 **骨正月**　西日本で正月二〇日をいう。正月の祝いに用意した塩鰤《ぶり》などを骨とともに粕汁にして食べたことから。

一月二十六日　日曜日　天気 曇後晴　温度四十五度
［7・2℃］　起床六時半　就眠九時半過
朝頭が痛んで熱が少しあったからお医者へ行ったら
どうもないとおっしゃった。
午後お茶のお稽古に行った。夕方母と観世様の別会
うたい会を見に行った。

一月二十七日　月曜日　天気　晴　温度四十五度［7・2℃］
起床六時半　就眠九時半
英語の時先日買った英和中辞典[*47]と云う辞書で英語を
引いた。詳しく書いてあったので大層わかり易かっ
た。夜裁縫をした。

一月二十八日　火曜日　天気　晴　温度四十八度［8・8℃］
起床六時半　就眠九時
阿部の従姉さん［阿部行子《ゆきこ》（1901-??）阿部恵水 長女］が四月
から女子大学[*48]へ行かれる。けなりくて［うらやましく
て（京都弁）］仕方がない。
父母は私がよく勉強し、身体が丈夫だったら入学さ
して上るとおっしゃった。

一月二十九日　水曜日　天気　晴　温度四十六度［7・7℃］
起床六時半　就眠十時
夜弟が作文[*49]を作ったのを見てやった。《梅と節分》
と云うのを作った。大層上手に書いてあった。

一月三十日　木曜日　天気　晴　温度四十四度［6・6℃］
起床六時半　就眠九時半
日暮《ひぐらし》の小児さんが先達《せんだっ》てから大層悪くて毎日熱が
四十度位で苦んでいられるそうだ。昨日賀家《か（が）け》博士
にも見ていただかれたが病名がわからないとの事だ。
早くなおられる様に祈っている。

一月三十一日　金曜日　天気　晴　温度四十四度［6・6℃］
起床七時　就眠九時半
今日は旧［旧暦］の大晦《おおみそか》である。昔は忙しかっただ
ろうと思う。

二月一日　土曜日　天気　晴　温度四十六度［7・7℃］　起

床六時半　就眠十時
午後音楽の練習があったので帰りが遅かった。
夜日暮の伯父さんがいらっしゃった。
明日は愛宕《あたご》山［I‐＊27］へ雪中登山に行くので嬉しくてたまらない。

二月二日　日曜日　天気　晴　温度四十六度［7・7℃］　起床六時　就眠九時
寒いのにお弁当持って愛宕山へ行った。山を登る時は夏の様に暑かった。頂上に近い所は雪が五六寸［約15‐18センチ］積っていた。お友達と何度もねぶって［なめて］見た。途中であまりお腹がへったので西村さんや林崎さんと三人でおむすびをほおばった。あんなおいしい事はなかった。

降りしなは走っておりた。雪の上で幾度もあおむけにひっくり返った。

帰宅したら五時がなった。

父母に何からお話云ってよいかわからなかった。弟

＊47 **英和中辞典**　当時（一九一九年〈大正八〉）既刊の『英和〝中〟辞典』として、齋藤秀三郎著『熟語本位英和中辞典』（日英社、大正四年七月第一版）、井上十吉《じゅうきち》著『井上英和中辞典』（至誠堂、大正五年九月）の二種が知られる。前者齋藤版は、一七年八月に改訂版、一九年十月再訂版を出し、のち三〇年（昭和五）には再訂版が三百刷に達するベストセラーだった。一方、後者井上版は、二六年（大正一五／昭和元）に刊行十年で一四九版（井上辞典刊行会）を重ねた。（国立国会図書館ホームページ、CiNii〈NII学術情報ナビゲータ［サイニィ］〉参照）
　正子がいずれの〈英和中辞典〉を女学校の英語授業で用いたかは不明だが、著者の齋藤、井上ともに高等学校の教壇に立ち、英語教科書や教則に関する著述を持つなど英語教育に携わる教育者であった。なお学習から研究まで幅広く需要のあった齋藤版『熟語本位英和中辞典』はその後も版を重ね、二〇一六年（平成二八）には刊行百年を機して、新版（岩波書店）が刊行されて、英和辞書の金字塔と称賛された。

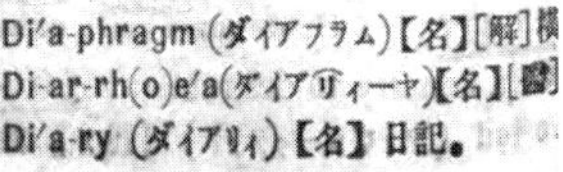
Di'a-phragm (ダイアフラム)【名】[解]横
Di-ar-rh(o)e'a (ダイアリィーヤ)【名】[醫]
Di'a-ry (ダイアリィ)【名】日記。

『熟語本位英和中辞典』P.280 部分
（日英社、大正８年改訂版）

＊48 **女子大学**　大正八年四月七日条に「行姉さんが今度、東京の女子大学へ行かれる」、三年後の大正一一年九月八日条に「来年の四月は目白出のパリパリ」とあることから、正子の従姉阿部行子は目白の日本女子大学に入学した。一九〇一年（明治三四）開校の日本女子大は〈大学〉の名を持つ最初の女子高等教育機関。〈女子大学〉は、当時他に一八年（大正七）創立の東京女子大があるのみ（翌一九年に神戸女学院が大学部を設置）。京都では、京都高等女学校・裁縫女学校を運営する浄土真宗本願寺派の仏教婦人会連合本部が、一二年（明治四五）以来女子大学設立を目指したものの、一九年の時点で認可が降りず、結果翌二〇年、〈京都女子高等専門学校〉として開校。同校が京都女子大学を開学したのは四九年（昭和二四）、戦後のこと。

＊49 **作文**　当時、旧制小学校では〈作文〉を〈綴《つづ》り方《かた》〉と呼んだが、一九〇〇年（明治三三）以前は学制上〈作文〉と呼称していた。

は僕も今度の日曜に行くのだと云っていた。私が氷すべりをしたと云うと羨《うら》やましそうな顔をしていた。

（山崎）［朱印］

二月三日　月曜日　天気　曇　温度五十二度［11・1℃］　起床六時半　就眠九時半

昨日の疲に今朝はよく眠っていたので母に幾度か起していただいた。

よう子《じ》［楊子、歯磨き楊枝。歯ブラシのこと］を持ったまま外へ出て見ると昨夜から降った雪が二三寸積って諸々の木は時ならぬ花が咲いた。弟と雪を少しばかりつかんで雪投げをした。

歯磨き楊枝（「ライオン歯磨」広告より）
『日出新聞』大正8年1月15日朝刊

午後修身の時間野田先生が祖父母は老《おい》さきが短いから親切に肩をもみ足腰をさすって慰めてあげなければいかぬとおっしゃった時、私は胸が一っぱいになった。

二月四日　火曜日　天気　晴　温度四十九度［9・4℃］　起床六時半　就眠九時

節分である。学校帰の途中色々な面白い髪をゆった人にあった。

夜父母と豆を食べた。弟は早く大きくなる様と沢山食べた。

「やっこはらひませう」[*50]［「」内は旧仮名遣い］と云う人が今外を通った。

二月五日　水曜日　天気　曇　温度四十四度［6・6℃］　起床七時　就眠九時半過

今朝も雪が少し積っていた。弟は日記に「今日は朝早く起きました。そ［ママ］〔さ〕うすると雪が沢山積つてゐました。丸山［ママ］〔円山〕［円山公園／地図9-3］へ行~~ッタラ~~つたら綺麗~~ダセウ~~でせう僕は見なかつたから知りません」［「」内は旧仮名遣い］と書いていた。

二月六日　木曜日　天気　晴　温度四十六度［7・7℃］　起床六時半　就眠九時半

記す様な事はありません。

二月七日　金曜日　天気　晴後雨　温度四十六度［7・7℃］

起床七時前　就眠九時半過

学校へ市長（安藤[*51]）が参観においでになった。長らくご病気でお休であった鈴鹿先生が今日からおこしになった。何時も血色のよいお顔であったのに大変青い色で私等に教えて下さるのにお気の毒だった。

二月八日　土曜日　天気　曇雪あり　温度四十七度［8・3℃］
起床六時過　就眠九時
午後音楽の練習があったので帰りが遅かった。夜日暮の伯父さんがおこしになった。一ツ身の袷が今とうとう仕上った。今度弟のを縫うのだと云ったら僕のは上手に縫わないと着ないとえらそうに云った。

二月九日　日曜日　天気　晴　温度［空白］度　起床七時半
就眠九時
今朝お茶のお稽古に行った。おこい茶[*52]で中々難しかった。午後弟の竹馬に乗ってひっくりかえって二度と乗るまいと思った。夜父母にお話したらお茶を習っている人がと笑われた。［朱の破線］
（山崎）［朱印］

二月十日　月曜日　天気　晴　温度四十八度［8・8℃］　起床六時半　就眠九時
体操の時に宇南山先生に散々叱られた。私等が未だ習わないダンスを「ニ組は一寸も覚えていない」とおっしゃって一時間体操に立たされた。

二月十一日　火曜日　天気　晴　温度四十五度［7・2℃］
起床六時　就眠九時半
紀元節である。家の国旗は今日のよきめでたき日を祝う様にひらひらと風にゆられている。
午前八時から講堂に於いて厳かな式が行われた。後自彊会発表があり、終に紀元節・自彊会を祝う為の音楽会が開かれた、女の先生や高橋先生がお歌い

＊50 **やっこはらひませう**　京都・奈良では節分の夜に厄払《やくはら》いに町を流す芸人が見られた。「やっこはらいまひょ」と声を立てて家々で厄払いした。

＊51 **市長（安藤）**　安藤謙介（*1854-1924*）。第六代京都市長。土佐藩（高知県）出身の官僚、政治家。勝海舟《かつかいしゅう》の斡旋で外務省に勤務、ロシア公使館に書記官として赴任。帰国後、司法省の検事を経て富山・千葉・愛媛・長崎・新潟各県知事を歴任。横浜・京都の市長に就く。

＊52 **おこい茶**　濃茶《こいちゃ》。抹茶の分量を多くして茶を点てること。またその作法。一碗《わん》を回し飲む。

なされたので一層賑だった。
夜父母に今日の事をお話して寝に就いた。

二月十二日　水曜日　天気　晴　温度四十六度［7・7℃］
起床六時過　就眠九時半過
弟はこの頃竹馬に一生懸命である。母が「あぶないからお止め」とおっしゃっても聞かないので私が竹馬をかくしたらおこって私をたたきに来た。
夜母と弟と三人で京極へ行って、弟は雑記帳［ノートブック。自由帳］、私は櫛《くし》を買っていただいた。

二月十三日　木曜日　天気　晴　温度五十六度［13・3℃］
起床六時半　就眠十時
明日は地理の試験だので勉強をした。夜お向の武夫様が算術を聞きにいらっしゃったので教えて上げた。
母は澁谷の姉さんが流感［流行性感冒＝スペイン風邪］で寝ていられるのでお手伝に行かれた。女中もかぜで郷里へ帰ったので兄さんが困っていらしゃったそうだ。午後東京へお電話を［ママ］おかけたから明日春ちゃんが来られることになった。

二月十四日　金曜日　天気　晴　温度四十五度［7・2℃］
起床七時前　就眠九時半
地理は首尾よく出来た。午後又澁谷へ母が行かれたら伯父さんも伯母さんも来ていられて姉さんは段々とよくなって行くとの事だ。京ちゃんはお母さんが病気だから困っているだろう。

二月十五日　土曜日　天気　晴　温度五十度［10・0℃］　起床六時半　就眠九時
午後講談*53部*54小会があった。色々の有益なお話や面白いお話を聞いて半日を面白く過した。
夜早速弟等に鏡のお話や賊捨丸《ぞくすてまる》［講談「名刀捨丸の由来」で知られる］とウイリアム［〈ウィリアム・テル〉カ］とネルソン［ネルソン提督］の忍耐のお話を聞かせたら大変喜んでいた。

二月十六日　日曜日　天気　晴　温度五十度［10・0℃］　起床八時　就眠八時
午後お茶のお稽古に行った。帰宅したら大変頭が痛んだので熱を量《ママ》〔測〕ったら六度八分だった。勉強もせずお炬燵に半日は入っていた。
今は大分痛が引いたので日記をつけた。
（山崎）［朱印］

二月十七日 月曜日 天気 晴 温度五十二度［11・1℃］
起床六時半 就眠九時半過
この頃は大分ぽかぽかと暖く春らしくなって来た。
東京の伯父様が午後いらっしゃった。
明日は私の誕生日だが死なれた姉さんの十七年［早逝《そうせい》の姉 知恵の十七回忌］になるから今日にくり上げて小豆《あずき》の御飯や外色々の御馳走をしていただいた。
弟は「姉ちゃんおめでとう。僕の時にももっともっとおいしい御馳走をこしらえて貰うよ」とうれしそうな顔をしていた。

二月十八日 火曜日 天気 晴 温度四十八度［8・8℃］
起床六時半 就眠九時
今日鈴鹿先生の御全快祝のお饅［饅頭《まんじゅう》］を皆に戴いた。
家に帰って弟と半分ずつしておいしくいただいた。
夜親類の伯父さんや兄さんがおこしになって姉のおたい夜［〈逮夜《たいや》〉忌日の前夜に行う法要］をつとめて下さった。［この日、正子は満十三歳の誕生日を迎えた］

二月十九日 水曜日 天気 晴 温度四十六度［7・7℃］
起床七時 就眠八時
別に記す様な事はなかった。夜少しのどと頭が痛かったから早く寝た。

二月二十日 木曜日 天気 晴 温度四十八度［8・8℃］

＊53 **講談** 御家騒動・政談・軍記・偉人譚《たん》・武勇伝・かたき討《うち》などをおもしろおかしく読んで聞かせるもの。寄席《よせ》演芸の一つ。

＊54 **講談部** 市立高女では盛んに講談会が開催され、それを中心になって主催したのが講談部だった。正子は講談部に属し、講談会の模様を記している（大正九年一〇月二日条）。一、二年生は「可愛いお伽話しや、又は時間と成功とか母とか云うかたいお話」を、「最上級の四年補習」は「将来の婦人のことゝか現代の社会にやかましく云われる思想問題に触れた様なところもあり、随分高尚なお話」をした。当時、〈講談〉は学校教育の一環でもあり、〈教育講談〉と呼ばれるジャンルがあった（『教育講談第一輯《しゅう》』大江書房、一九一九年）。
また学校主催の講談会として、京都大学理工科の青柳榮司教授の「有益なお話」（大正一〇年二月二三日）や、佐伯医院の佐伯義雄医師の「洋行談」（大正一〇年五月七日）などが不定期に催された。こうした学校での〈講談会〉は、現在でいう〈講演会〉に相当しよう。

起床七時半　就眠［空白］時
今朝大変のどが痛かったので父が学校を休めとおっしゃったが強いて行った。
体操の時間欠課してお医者へ行った。
歴史の試験があった。歴史はあまり間違いはないのに今日に限って大変違った。
そんなに難しい題でもなかったのに……
帰宅して熱を計ったら少しあったので直ぐ寝た。

二月二十一日　金曜日　天気［空白］　温度［空白］度　起床九時半　就眠［空白］時
病気で学校を休み一日寝ていた。

二月二十二日　土曜日　天気［空白］　温度［空白］度　起床［空白］　就眠［空白］
昨日の通り。（林崎さんと仲北さんからのお見舞状が来た）

二月二十三日　日曜日　天気［空白］　温度［空白］度　起床［空白］　就眠［空白］
病気（お返事を書いた）

二月二十四日　月曜日　天気［空白］　温度［空白］度　起床［空白］　就眠［空白］
病気（林崎さん等が見舞に来て下さった）

二月二十~~四~~五日　火曜日　天気［空白］　温度［空白］度　起床［空白］　就眠［空白］
病気（林崎さんからお手紙が来た。）

二月二十~~五~~六日　水曜日　天気［空白］　温度［空白］度　起床［空白］　就眠［空白］
病気（熱の高さは朝六度八分　昼は七度二三分　夜は七度五分）

二月二十七日　木曜日　天気［空白］　温度［空白］度　起床［空白］　就眠［空白］
病気（熱は毎日同じ高さで上り下りもしない）

二月二十八日　金曜日　天気［空白］　温度［空白］度　起

床［空白］ 就眠［空白］

病気（大分気分はよいが熱はやはり同じである）

三月一日 土曜日 天気［空白］ 温度［空白］度 起床［空白］ 就眠［空白］

病気

三月二日 日曜日

病気

三月三日 月曜日

病気（朝鮮の国王李太王殿下[*55]がおかくれになって三日が国葬であったから学校はお休だった）

*55 **李《り》太王《たいおう》殿下** 高宗《コジョン》（*1852-1919*／在位 *1863-1907*）。李氏朝鮮二十六代の王。諱《いなみ》（本名）は熙《き》。王妃である閔妃《ミンビ》（*1851-95*）は、一族閔氏が政権に台頭して政争を繰り返したが、日清戦争後の一八九五年（明治二八）、日本側の謀略で殺害された。九七年、国号を大韓帝国と改め、皇帝と号した。日韓併合後、徳寿宮李太王と称され、日本の皇族の待遇を受けた。一九一九年（大正八）一月二一日に死去、三月三日に国葬が営まれた。その葬儀を機に、朝鮮人民による三・一独立運動が勃発、全国に波及し独立回復の闘争に発展した。

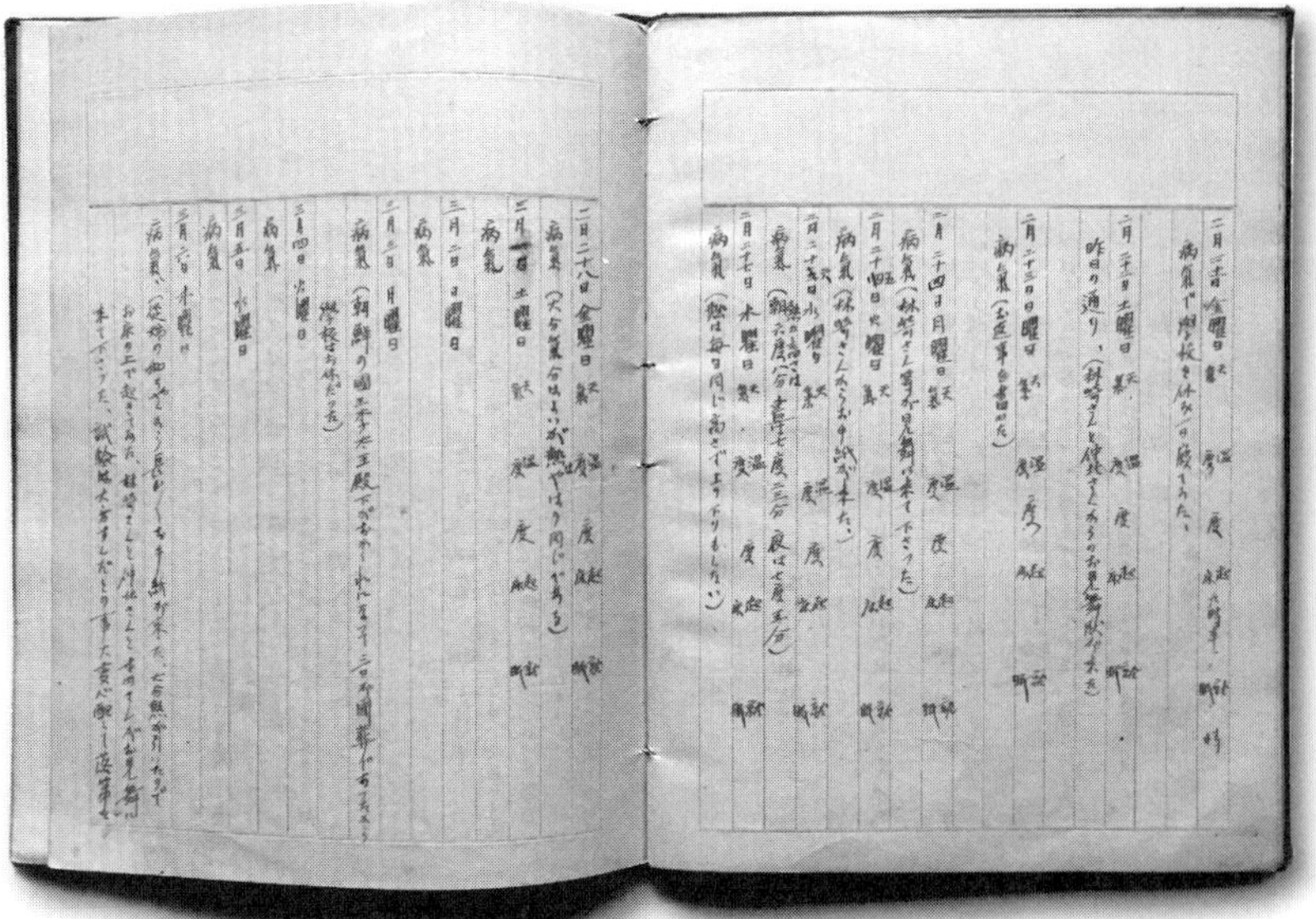

大正8年2月21日 - 3月6日の日記

三月四日　火曜日
病気

三月五日　水曜日
病気

三月六日　木曜日
病気（従姉の和ちゃんから長い長いお手紙が来た。大分熱が引いたのでお床の上で起きていた。林崎さんと仲北さんと本田さんがお見舞に来て下さった。試験は大方すんだとの事。大変心配して落第をするだろうかと母に云ったら「落第したらもう一年行ったらよいだろう」とおっしゃった。お床の衿《えり》に顔をうずめて長い間泣いて母に叱られた。夜祖父の百ヶ日［死後百日目にあたる日］のたい夜［逮夜］がつとまった。）

三月七日　金曜日
病気（今日は熱は七度以上にならなかった。お医者様は月曜から学校へ行ってもかまわないとおっしゃったので大変嬉しかった。）

三月八日　土曜日　天気 晴・小雨　温度［空白］度　起床八時半　就眠九時
病気も大変よくなったから起きて月曜日の予習をした。父母は「又あまり勉強すると熱が上るから一生懸命にしない様に」とおっしゃった。私はつくづく自分の身体の弱いのをなげいた。夜仲北さん所へ明日鮒《ふな》のかいぼう［解剖］の事に付き教えに来て下さいとお頼状《たのみじょう》を書いた。

三月九日　日曜日　天気 晴　温度［空白］度　起床九時　就眠九時半
昨夜床につくのは早かったが色々試験の受けなかった事や自分は落第したらどうしようと考えたら少しも眠れないで十二時を聞いてから漸く眠ったので今朝大変遅くなってから起きた。
お医者さんの所へ行った。帰宅したら従姉の和ちゃんが小兄さんと遊びに来ていらっしゃった。午後一時頃仲北さんが来て下さったので鮒の事についてお話を承けたまわった。暫く従姉と私と三人で遊んでいられたが四時頃にお帰りになった。和ちゃんは夜小兄さんがお迎えになるまで学校の事やお友達のお噂をして遊んだ。

三月十日　月曜日　天気　晴　温度［空白］度　起床七時前
就眠八時半

久しぶりに学校の門をくぐった。先生にお会いしてこんなに長い間休んだら落第になりますかとお尋ねしようと思っていたが何だか云い難かった。
お友達から試験のお話、聞けば聞く程心配が増した。すんでしまった事、今更くよくよ思うって私はほんとに馬鹿だと自分で知っていながらも落第するかしらと云う思いは念頭から少しも離れなかった。弟の無邪気に遊んでいる姿をぼんやり見ては、私もあの様な快活な心になってこのくだらない心配を心から取りたいと独り苦しむのである。
こんな事書くと頭が痛くなるし又悲しくなるからもうここらで筆を止めて寝ましょう。

三月十一日　火曜日　天気　晴　温度［空白］度　起床六時半　就眠十時

四年生以上の方は今日から五日泊りで東京へ修学旅行に行かれた。三年以下も各々《おのおの》明日遠足するのである。一年生は山科の醍醐《だいご》寺［地図ノ-2］へ行く事になった。私は病気あがり［病《や》みあがり］だから父母は行かない方がよいだろうとおっしゃった。大変残念だけれども仕方ない。母も明日は坊守《ぼうもり》見学団［坊守・浄土真宗僧侶の妻］に行かれるのである。遠足に行かれる様に喜んでいらっしゃる。

三月十二日　水曜日　天気　雨　温度［空白］度　起床六時
就眠九時半

今日目を覚して女中に「天気」はと尋ねたら「雨でございます」と云ったので「そんな馬鹿な筈はない昨日はあんなよい天気であったのに」とがばとはね起き中庭の方を眺めるとほんとに大変な雨だったので驚いた。母は「ほんとに楽しみでいたのに」といかにも残念そうにしていられた。私の学校は遠足と云うと雨だ。

明日は私達の理科の口答試験である。午後大きな声で二階で稽古した。

夜私は長い事休んでいたのでお裁縫が遅れているから一生懸命縫った。

三月十三日 木曜日 天気 晴 温度49度［ママ］［9・4℃］ 起床六時半 就眠十時

音楽と理科の試験があった。理科はあまりむつかしくなかったから皆出来た。大変嬉しかった。母は今日見学に行かれた。西本願寺［地図 b-6］、京都女学校［京都高等女学校・裁縫女学校／II-＊48］、中外《ちゅうがい》日報［一八九七年（明治三〇）創刊の宗教専門紙］、女子技芸学校［一九〇二年（明治三五）設立の京都女子和洋技芸学校／現 京都カトリック信愛幼稚園］、真宗中学校［真宗京都中学／現 大谷中学高等学校］とを見て来られた。

午後五時半頃、帰っていらっしゃって色々とお話して下さった。

夜裁縫をした。

三月十四日 金曜日 天気 晴後雨 温度五十度［10・0℃］
起床六時十分過 就眠九時

麗かな天気を幸に皆さんは勇んで山科に行かれたであろうと、その楽しい仲間に加われなかった私達は学校で淋しくこんな事をお話しながら御留守番をしていた。山科の醍醐寺《だいごじ》［地図 f-2］と云えば真言《しんごん》宗で名高い本山《ほんざん》だそうだ。そして桜も美しく昔豊臣秀吉がお花見＊56なされたとかで一層名がひびいているそうだ。その美しい処へ行かれるのだから皆さんは嬉しいだろう。

私は愉快そうなお顔や活発そうなお姿を思いうかべて裁縫や手芸をした。午後学校から帰って宿題となっている図画を書いた。

三月十五日 土曜日 天気 雨 温度四十八度［8・8℃］
起床六時半 就眠十時

国語時間は「三月一日は比叡山＊57［地図 c-2］へ行かれた」、その時の作文を作ったのを皆に読まされる事であった。その時書いて来るのを忘れた方が沢山あった。

尾崎先生は忘れた人は二点ずつ点を引くとおっ

しゃった。
私は三月一日も又その時の作文を作られる時間も病気で休んでいたからそんな事はなさらないと思ったのに私のも下げる様におっしゃった。私は大変悲しくてそれからどんなに病気をしても試験のある時は少しも休まない様にと思った。
夜弟の勉強するのを見た。

三月十六日　日曜日　天気　晴　温度［空白］度　起床八時
就眠九時
この頃はぽかぽかと暖く長閑《のどか》になった上、今日は日曜と来ているから朝は大層晩く起きた。洗面所へ行ったら弟が「やあい姉ちゃんの寝ぼけ」と云ったので辱《はず》かしかった。御飯はたった独りで食べた。あまりよい心地はしなかった。
午後仲井さんの赤ちゃんをだかしていただいた。私は一生懸命子守歌を歌ったら、可愛い顔してすやすや眠られた。ほんとに赤ちゃんはかわいいものである。家にもあんな赤ちゃんが一人でよいからほしいと思った。
母はしぼり［絞《しぼ》り染め］を習いに行かれた。
（山崎）［朱印］

三月十七日　月曜日　天気［空白］　温度［空白］度　起床
六時半五分前　就眠九時
私は今日から当直になった。当直とは組の為に色々と責任を負うて尽《つく》す人なのである。それだからよく気のつく又何事も敏捷にする人でなければいかぬ。
母は「お前の様なおのろさんが当直なんて出来ますか」とお笑いになった。
夜弟の引出しを整理して後、私の尋常一年からの成績物を出して弟のと合して見た。私の上手のや弟のよいのやら色々あった。

三月十八日　火曜日　天気　晴　温度52度［11・1℃］　起床
六時半　就眠九時半
午後仲北さんと二人で色々組の用事をして四時に帰宅した。
夜日暮の叔父さんがおいでになった。

＊56 **豊臣秀吉がお花見**　醍醐の花見。一五九八年（慶長三）三月一五日、豊臣秀吉が醍醐寺の三宝院で催した豪華な花見の宴。

＊57 **比叡山《ひえいざん》**　京都市北東方、京都府・滋賀県の県境にそびえる。山頂は八四八㍍（大比叡）。天台宗総本山延暦《えんりゃく》寺がある。

三月十九日　水曜日　天気晴　温度58度［14・4℃］　起床六時半　就眠九時

二十六日送別会があるのでその時に色々の余興をなさる。私等の組も対話をする事になったのであるがどんなのをして好いのかさっぱりわからないので大変困っている。私も夜ありったけの本を並べて探して見たが思う様なのがなかった。自分で作って母に見せるとこれはあまり面白くないとおっしゃるしほんとにどうする事も出来ない。私は当直だから一層困っている。

三月二十日　木曜日　天気晴　温度60度［15・5℃］　起床六時半　就眠十時

午後林崎さんと仲北さんがいらっしゃって対話の事について御相談した。

お隣の松井まき子さんの所から《少女画報》[*58]を貸していただいた。そして三人でしらべたら面白い人違[*59]と云うのがあったので之がよいよいと大喜した。

後明日は地理の試験だから一緒にしらべた。

三月二十一日　金曜日　天気晴　温度61度［16・1℃］　起床六時半　就眠九時半

地理の試験はそんなに難しくなかったので嬉しかった。

午後余興は対話は難しいからお琴にしようと云う事になった。それで昨日林崎さんや仲北さんとしらべたのは結句無駄骨になった。

三人は後で「馬鹿くさかったね」と大笑した。

ガラス掃《はき》［〈掃除〉カ／大正七年五月六日、一一月一九日条に「ガラスふき」］があったのでその後始末やら色々の事で帰りが遅くなった。

夜母に二年の教科書正価表をお見せして買って下さいと云ったら母はほほ笑みをされながら「お前は病気後落第する落第すると心配していたのに及第《きゅうだい》［試験に合格して進級］できるのか」とおっしゃったので私は病後何時も心配していたのに、それをすっかり忘れて二年の教科書を買って下さいと云うたと思うと、私は自分でおかしくなって大笑いした。

けれども及第はさして下さるだろうと思った。

三月二十二日 土曜日　天気　晴　温度64度［17・7℃］ 起床七時二十五分　就眠九時

お彼岸の御中日《おちゅうにち》［春の彼岸七日間のまんなかの日。春分の日］である。かねてから待っていた日であるし、その上よいお天気だから何処かよい処に連れて下さるだろうと楽しんでいたのに御用が出来て行く事が出来なかったのは残念だった。

夜母に教えていただいて絞《しぼ》りをした。

三月二十三日 日曜日　天気　晴　温度66度［18・8℃］ 起床七時　就眠九時半

午前家事の手伝をした。

午後昨夜教えていただいた絞を応用して算盤《そろばん》の袋をこしらへた。

母に明日染めていただく御約束をした。

夜学科の復習をした。

（山崎）［朱印］

三月二十四日 月曜日　天気　晴　温度［空白］度　起床六時　就眠九時半

朝小宮さんと今日は又大層寒いねと云いながら学校へ行った。

体操の時間ふっと皆さんが、成績表を見るのが心配ねとお話していられたのを聞いて「え！ 今日成績表いただくの？」と吃驚《びっくり》してお尋ねしたら、林崎さんが「あゝ」と気のない返事をしられた［せられた／〈しゝらる〉尊敬の意を表わす］。

放課後先生が「今度はニ組に通約〈約分〉のこと。〈オール甲〉を意味するヵ］甲の方がいられます」とおっしゃった。私は大変組にそんなよい方がいらっしゃるのを嬉しく思った。しかし心の中では私は悲しく「今度はお前が丙が沢山あるぞよ」と云う声が耳元

＊58『**少女画報**』一九一一年（明治四四）一月創刊の少女雑誌（‐四二年〈昭和一七〉）。東京社発行。幼年誌『コドモノクニ』と婦人誌『婦人画報』をつなぐ女性雑誌路線の一環として編集された。口絵に栗原玉葉、渡邊（亀高）文子、桐谷天香ら女性画家が起用され、女性による少女小説の執筆陣も充実。〈女学生のバイブル〉と呼ばれた吉屋《よしや》信子《のぶこ》の「花物語」の連載も本誌だった（一六～二四年）。正子は二〇年（大正九）一一月一七日条でも本誌を手にして、西條八十の少女詩「自働［ママ］車の中の花束」（二〇年九月号）を引き写している。

＊59 **面白い人違**　『少女画報』（大正八年三月号）の目次に清水町子「人違ひ（少女対話）」というタイトルが見える。

で号《さけ》ぶ様な気がした。

先生から成績表を受けた時、乙の沢山なのに驚いた。じっと見ていると、目がうるんで少ししかない甲や沢山の乙がぼうとかすんで来る。私はたまらなく悲しかった。下くちびるを噛《か》みしめてこらえた。

先生が御用をお云いになった時、私は先生のお顔を見てものを云おうとしたら今までこらえにこらえていた涙が一時にあふれ出た。私は先生のお机を持ってしかも先生の前で小さな声を立てて泣いた。私は自分が泣いているのがおかしく半笑いに半泣いていた。ああ今思い出しても何故あんなに見苦しく泣いたであろう。さぞ先生が後で笑っていらっしっただろうと思う。

けれどもこんなに私が泣いたりくやしんだりするのは皆私のこのいやな身体の為だと思うと今更自分の身体や気の弱いのを悲しむのである。

しかし私は今日の様な情《なさけ》ない点を取って来るとこんな事も思う。「死んでよいなら立派な点数を取る。何んなに身体が強くとも学問が出きなけりゃ駄目」と！

こんな点を校長先生の前でどうして開けよう。先生は屹度《きっと》正子は小学校では優等で女学校では一番終《しまい》で二年に進級するとはほんとの実力はないのだとお笑いになるかと思えば、

弱い身体に生んで下さった父をうらむ〳〵

［日記II　了］

コラム2

小さな地図にものっていない島
ある遺骨の道案内

大正七年（一九一八）一二月五日の日記に正子は、「死なれた祖父様が小さな地図にものっていない島に生まれ、色々苦労したあげくとうどうりっぱな功跡を上げられたまでのお話」を親類から聞いたと記している。その一週間前の一一月二八日、スペイン風邪で急逝した祖父 桑門《くわかど》志道《しどう》の葬儀が広島の大谷派本願寺広島別院（現 真宗大谷派常念寺）で執《と》り行われ（一二月四日）、徳正寺からは正子の両親と弟が参列した。正子は学校があるため京都に留《とど》まった。正子も同行した一二月五日の親類の「つとめ事［法要・筆者註］」は、伯父 阿部恵水《えすい》の等観寺で営まれ、そこでも話題は祖父のことに集まった。葬儀に参列した身近な人のあいだで交わされた祖父の回想など、広島へ一緒に行けなかった正子は熱心に耳を傾けたことだろう。祖父の出生地について、正子は母（井上美年子《みねこ》）から聞いて知っていたかもしれない。あるいは祖父の口から、子どもの頃の思い出を聞くなどしたことも想像に難《かた》くない。「小さな地図にものっていない島」という言い回しは、祖父の出生地を表わすのによく使われたのではないか。果たして、その島がどこにあるのか、母（筆者の。正子の姪 井上章子）に尋ねても、そうした話は聞いたことがないという。小さな島は、いつしか私たち家族の記憶からもこぼれ落ちてしまったのか。

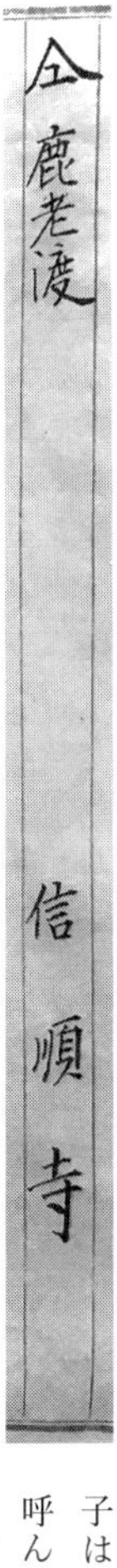

「広島別院崇敬部下末寺」中の「仝［同］鹿老渡 信順寺」（桑門志道筆）

「正子日記」を見つけた六角堂（納骨堂）の同じ須弥壇下の収納から、煤《すす》けたような遺骨を納める、骨箱にしては大きめの木箱が出てきた。この木箱もまた、日記と同様、家の記憶を呼び覚ます発見だった。木箱の蓋には「昭和廿年八月六日亡／東本願寺広島別院／住職 桑門幹白骨」と記される。日付と地名にはっと驚いたのは言うまでもない。

桑門 幹《もとき》は、日記にもたびたび登場する正子の叔父（正子の母 美年子の弟。P.186に写真）である。その父 志道の没後、常念寺住職を嗣《つ》ぎ、広島別院明信院*で常輪番《りんばん》（別院を統轄する役職）を務めた。幹は広島に帰るまで北海道に長くいて、正子は「北海道の叔父さん」と呼んでいた（広島に戻ってからは「広島の叔父」となる）。幹の長兄に環《たまき》がいる。『中外日報』（大正七年一二月三日）掲載の「桑門志道葬儀広告」（P.102）では、桑門環の名が筆頭にあるが、別院の後嗣《こうし》が、長兄ではなく弟になったのは、環は日記の中で「安東県《あんとうけん》の伯父さん」と呼ばれているように、当時、満洲にあった真宗大谷派の安東布教所に在勤しており、外地での事業（国策で東本願寺が主導）に携わっていた。だから、別院は弟の幹に任せる形になったのだろう。

一九四五年（昭和二〇）八月六日午前八時一五分、アメリカによる原子爆弾の投下によって広島の街は、十万を越す人命が奪われる潰滅的《かいめつてき》な被害を受けた。広島別院があったのは広島市大手町《おおてまち》六丁目（現 三丁目）、ここは爆心地（細工《さいく》町《まち》〈現 大手町一丁目〉から、南にわずか八〇〇メートルほどの地点である。核爆発による爆風と熱線は、二キロメートル以内の建造物を破壊し焼き払ったと言われる。木造建築だった本堂や庫裡などはひとたまりもない。幹さんは自坊におられたのだろう、倒壊した建物の下敷きとなったのか、たとえ助かったとしても、爆心地近くでの初期放射線による被爆は致命的だった。

桑門幹の遺骨は、おそらく幹の姉 美年子が戦後まもなく預かったものだと思われる。近親者として、戦災にほとんど遭わなかった京都にいたことから、混乱を避けての一時的保管だったのか。混乱が収束すれば、いずれ遺骨は広島へ帰る予定だったのかも知れない。

本来なら、幹さんの遺骨は家族のもとに届けられるべきだった。だが、罹災《りさい》して家族もまた不明となってしまったのだろうか。長兄の環さんは、すでに満洲（安東県）で一九二九年に亡くなっており、子息はあったが早逝している。

そうしたミッシングリングを埋めるように、幹さんの骨が多くのことを語り始めた。「小さな地図にものっていない島」の手がかりを掴んだのも、この遺骨がきっかけになった。SNS（ソーシャルネットワーキングサービス）に、遺骨を納めた木箱の蓋の写真に次の文を添えて投稿したことがある。日付は二〇一七年（平成二九）四月一〇日。

《曾祖母の遺品の横に骨箱が置かれていた。／「（中略）桑門幹白骨」と箱書きされ（中略）母に聞くと「もとき」さんと言って曾祖母美年子の弟だという。原爆で亡くなった。モトキさんの飄逸《ひょういつ》な人柄が曾祖母、祖母、母により伝えられている（中略）／私にとっては大大叔父さんということか。箱書には「白骨」とあるが、骨は煤けている。母から原爆で亡くなった大叔父がいたと

仄聞《そくぶん》していたが、こうして骨箱を目の前にすると感慨がおこる。飄逸な人柄、もう少し知りたい。》

Instagram@tobiranorabbit-10 Apr, 2017

桑門幹の飄逸な人柄は、「日記Ⅵ」の一九二二年（大正一一）八月三日の条を読むと窺える。正子の人物描写も光る。飄逸というより剽軽《ひょうきん》と言ったほうが良いのかも知れない。

さて、この投稿にほどなくコメントが届いた。常念寺の現住職 桑門真昭《まさあき》さんからだった。常念寺は、長く広島別院を担ってきた一ヶ寺で、戦後、幾多の困難を乗り越え、元からの場所（大手町三丁目）に再建復興していた。戦後は別院という格式が失われたが、常念寺の桑門姓を継承する御住職であり、徳正寺の親戚筋ということになる。SNSに「初めまして、桑門さん。お会いできるといいですね。いつか広島を訪ねたいと思います」と返事をして、約三年後の二〇二〇年九月初旬、わたしは広島を訪ねた。

訪問にあたり、桑門住職とSNS上でメッセージを交わし問い合わせたことがある。「志道さんが生まれた「小さな地図にものつていない島」はどこなのか、また亡くなられた日は（日記から）分かるのですが、何歳で亡くなられたのか、生年月日もいまだに知れません。そのような手がかりを、広島の桑門真昭さまに尋ねたら、何か消息を得られるのではないかと思った次第です」（2020/07/12）と、すでに「正子日記」の編集に取り掛かったばかりのわたしは、前のめりになって住職に尋ねた。桑門住職から折り返し丁寧な返答があり、予想はしていたが、「志道さんのこと、資料等、確かに原爆でホボ失われています」とあった。しかし、「志道さんの出身のお寺はハッキリ分ります」と続いた。思わず身を乗りだして住職の返事を読むと、「たしかに「地図にない」ような島ですが」と断ってから、「呉《くれ》の南、音《おん》戸《ど》の瀬戸から橋で渡った倉橋島《くらはしじま》のさらに南端、島と道続き（道路の下に幅は狭いが陸を分断している海がある）に接した島が、「鹿老渡（かろうと）」という所です。志道さんはその小さな島の信順寺《しんじゅんじ》というお寺の出ですよ」と、大略こうおっしゃったのだ。

わたしは瀬戸内の地図を拡げた。広島市の西南、広島か

＊**広島別院明信院** 本願寺十二世教如（*1558-1614*）を開基とする真宗大谷派の別院。かつて広島市大手町《おおてまち》六丁目（現 三丁目）にあった（現在は宝町に移転）。一五八一年（天正九）頃、教如が近江慈敬寺の証智・教智父子を従えて安芸《あき》（広島県西部）に滞在した時、毛利輝元（*1553-1625*）が一寺を教如に寄与した。教如の帰京に際し教智が同寺を託され、九五年（文禄四）には寺基を広島戒善町に移す。一六四四年（正保元）大手町に移転し、四七年本山の掛所《かけしょ》（別院）となり明信院《みょうしんいん》と号す。常念寺は別院の常輪番と定められていた（第二次大戦後は解消）。（岡村周薩 編『真宗大辞典』参照）

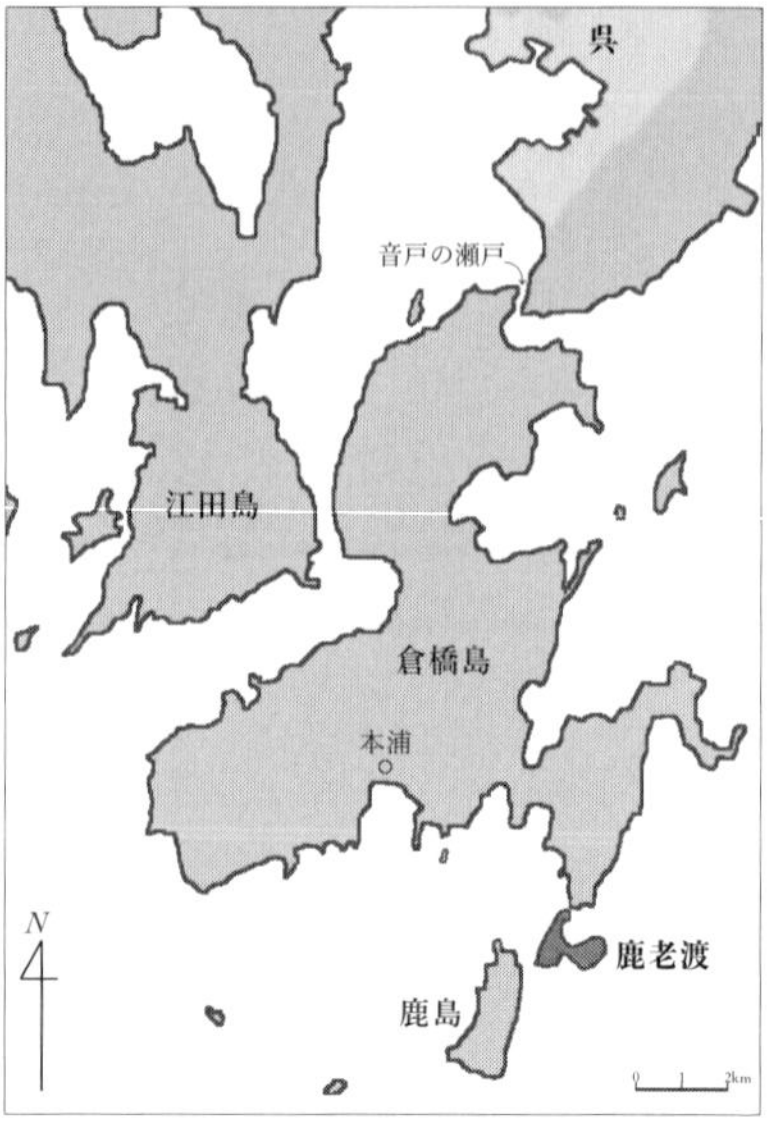

ら呉線で一時間弱の呉の位置を確かめた。かつては軍港として栄え、戦艦大和を建造した海軍工廠《こうしょう》があったことでも知られる。現在でも海上自衛隊の呉基地が所在する。わたしは呉には何度か訪ねたことはあるのだが、呉の町以外は知らない。

　倉橋島は、呉から南に瀬戸内海へ突きだす半島の先に接して、沿岸にいくつも入江を擁した大きな島である。倉橋島の西には、さらに複雑な地形の江田島《えたじま》があり、これらの島々は、安芸群島《あきぐんとう》と呼ばれ、芸予諸島《げいよしょとう》の西端の一角を形成している。

倉橋島の南端にひしゃげた前方後円墳みたいな小さな島がぶらさがっている。その小島が〈鹿老渡《かろうと》〉だ。「鹿が老いて渡る」と記して、島なのに〈島〉と称さない島。なんと詩的な響きを持つ地名、そこが高祖父（祖父母の祖父）桑門志道の出身地かと、遠い故郷を思い浮かべるように胸が鳴った。

　わたしは、さっそく広島‐鹿老渡への旅を企てた。三年前（二〇二〇年）の九月初旬というのは、最初の緊急事態宣言（四月七日、七都府県に対し）が解除（五月二五日）されて三ヶ月余りが経ち、コロナの感染者数も比較的に落ち着いていたころだった。不要不急でなければ県を跨《また》いでの移動も可能に思えた（ワクチンもまだ開発途上だったのに）。おりしも政府主導で〝GoTo トラベル〟のキャンペーンが始まり（七月二二日から宿泊代の割引を開始）、旅行へのハードルが強引に引き下げられた。キャンペーンに便乗したつもりはないのだが、わたしにとってこの旅は、「正子日記」の編纂上、火急のものだと、自分にも家族にも言い聞かせていた。

　旅は二泊三日（九月三日～五日）となった。その時のSNSの投稿を足がかりに旅を思い出してみよう。

《新神戸通過／大伯母の日記の取材旅行で広島へ》《姫

路通過。ビルの谷間に姫路城が見えたがとても小さくて模型のように見える（後略）》《福山通過。はや広島県》《11時過ぎ広島着。駅からテクテクと荒神橋《こうじんばし》を渡り、稲荷町、銀山町《かなやまちょう》、紙屋町《かみやちょう》を抜けて原爆ドームの方へ（後略）》

Instagram@tobiranorabbit-3 Sep, 2020

わたしは久々に広島平和記念資料館を訪れ、原爆ドームの破壊前の写真を見ていると、正子は六歳の時（一九一二年〈大正元〉）から毎年広島を訪れていたので、原爆ドームが広島県物産陳列館として、元安川《もとやすがわ》に面して竣工《しゅんこう》（一九一五年）した往時の姿を目のあたりにしていただろうと確信した。二〇一九年にリニューアルをした資料館では、かつて広島の中心地として賑わった猿楽町界隈の戦前の様子なども展示され、広島別院のあった大手町六丁目方面まで町続きに想像ができるようだった。これらの一帯（爆心地から一キロメートル圏内）は、核爆発で一瞬にして灰燼《かいじん》に帰した。

常念寺は資料館から歩いて十分弱。彫刻家のイサムノグチがデザインした欄干を持つ平和大橋（一九五二年）を渡りながら、何時《いつ》しか百年前の過去へとさかのぼっていた。そして今ではビルに囲まれた都会の寺、塀越しに鉄筋コンクリートで建てられた常念寺の本堂が見えた。

桑門真昭住職は、わたしの訪問を歓迎してくださった。初対面の挨拶を交わしながら、時を超えて結ばれた仏縁《ぶつえん》の不思議さを語りあった。

挨拶もほどほどに、わたしは境内の墓所を案内された。桑門志道の墓があると言うのだ。徳正寺にのこされた古いアルバムに、桑門志道の墓前法要を写した記念写真があった。そこには志道長女の美年子（正子の母）が参列している。

桑門志道の墓 前列右端に腰掛けるのが井上美年子（大正期カ）

ひと抱えもある花崗岩の自然石に「眞篤院《しんとくいん》釋《しゃく》 志道《しどう》」と法《ほう》名《みょう》が彫られる立派な墓が、墓地のいちばん奥に立っていた。モノクロの写真では決して判らない墓石の色は、鉄分を含むためか錆色がかっている。墓石が乗る立派な石台は、禁門の変（一八六四年）による大火で焼失した本山《ほんざん》東本願寺の御堂《みどう》を支えた礎石を用いているそうだ。それは、明治期を通して進められた本山の再興、とくに両堂（御影堂《ごえいどう》・阿弥陀堂《あみだどう》）の新たな造営に、桑門志道の並ならぬ尽力があったことの証しであった。

住職によれば、志道さんの墓は、原爆の爆風で堂塔もろとも木端微塵《こっぱみじん》に吹き飛ばされてしまったのだが、戦後時間をかけて今の境内地《けいだいち》に復していったそうだ。三世代を隔てて高祖父の墓参りが叶ったのは、住職はじめ、こうして常念寺を陰日向に支えてきた御門徒衆のおかげだと、わたしは掌《て》を合わせた。

一九六一年（昭和三六）生まれの桑門住職は、幼いころ徳正寺に来られたことがあるという。そのときもらって口にした、「ミルキーの味」が忘れられないとおっしゃった。不二家のミルキーを真昭さんに差しだしたのは曾祖母 美年子だったのではないかと思う。一九七〇年に美年子が他界し、おそらくそれを境にして、広島の桑門家との縁故は久しく絶えてしまった。決して埋まりはしない、埋めようのない戦後の長い時間が、彼我《ひが》に横たわることをわたしは確かめるでもなく感じていた。

二〇二〇年九月四日の朝、わたしは呉線で呉に向かった。〈呉駅前〉九時二〇分発の〈呉倉橋島線〉路線バスに乗り一時間余り、倉橋島の南岸の港町〈本浦《ほんうら》〉に到着したのは一〇時二六分。ここから鹿老渡まで〈倉橋地区生活バス〉の〈鹿《か》島《しま》・宮ノ口行き〉に乗り継ぐのだが、宿を本浦に取っていたこともあり、バスを一本遅らせ、この陽当たりの良い港町を散策してみようと思った。次のバスまで二時間もある。

入江を抱くように小高い山が取り囲んで、小さな町の背後に、巨石がごろごろ積まれたような頂《いただき》を見せる山が、ことのほか奇観だった。〈火山〉と書いて〈ひやま〉と呼ぶそうだ。かつてはこの山頂で火を焚き、灯台の役目を果たしたという。倉橋島は瀬戸内海にひらけた海運航路の要衝で、本浦は船舶の寄港地であった。中世には海賊衆が本拠地としていた。また古くから造船が盛んで、遣唐使船や豊臣秀吉の軍船もこの地で建造されたと伝えられている。「江戸時代には、中四国、九州一円、近畿、東海、北陸の広い範囲から商用の大小の船舶及び各藩のお召船《めしぶね》、関船《せきぶね》などの注文」が相次ぎ、「本浦の浜辺いっぱいが造船場となり、イロハの47文字を書いた納屋」が立ちならんで栄えたと、立ち寄った〈長門の造船歴史館〉の展示解説にあった。

島の浜辺を歩いていると、一八五〇年（嘉永三）生まれの桑門志道が幼少期を送った瀬戸内の海域は、決して僻地《へきち》などではない、むしろ世界に開かれた場所だったように見えてきた。彼が生涯にわたり、全国各地を飛び廻っていたのが首肯《しゅこう》できる。

本浦に図書館(呉倉橋図書館)を見つけたので、バスの時間まで鹿老渡のことを調べることにした。

> 風待ち、潮待ちの場として諸国の船に利用されていた鹿老渡の地に定住への試みがなされたのは享保十五年(一七三〇)以降の事になる。(中略)海越《かいごし》[倉橋島の最南端]に属していた鹿老渡の地は、北に日浦《ひのうら》(上浦《かみうら》)、南に下浦《しもうら》と呼ばれる小さな入江をもち、日浦は南西風を防ぎ、下浦は北東風を防いで、避難港や待機港としての好条件を持っていた。(中略)集落の中央、ほぼ北西から南東に(中略)幹道が一本走り(中略)集落の北西の山すそに信順寺、(中略)享保十八年(一七三三)に信順寺が現在の場所に建立されたとのいきさつ(後略)

『倉橋町史 海と人々のくらし』(倉橋町編・発行、二〇〇〇年)による鹿老渡の「港町の成立」を抜粋した。同書によると、この小さな島にさまざまな職種の人々が住み、また行き交う、とても栄えた港だったことがわかる。明治一一年(一八七八)の戸籍では、集落に一二五戸もあった。街区は東西

一二〇、南北五〇メートルほどの規模である。造船業に携わるものが多く、船乗り、漁師、渡世人が多くを占めた。豆腐屋や茶屋、あんま、医者、湯屋(風呂屋)が三戸もあった。小さな港町の賑わいの一角には、遊女屋があったという。

同町史の『通史編』(二〇〇一年)によると、宝暦一四年(一七六四)正月六日(二月七日)、朝鮮通信使の一行が、悪天候を避けて鹿老渡に寄港したことが記されている。

町史のコピーを取り終えるとバスの時間だった。小さなコミュニティーバスに揺られて二十分。島と道続きに、幅は狭いが陸を分断した海に架かる橋を渡って、わたしは鹿老渡に降り立った。目の前の入江(日浦)は、風待ちの港と言われるだけ、穏やかな海が青くひろがっていた。日陰に座った、麦藁帽子《むぎわらぼうし》に広島東洋カープのシャツを着たおじさんに、信順寺への道を尋ねると、すぐそこだと道を指さされた。右手に脇道があり、奥に石段が見え、その上に見仰ぐほどの大きな銀杏《いちょう》が聳《そび》えていた。門柱に「真宗大谷派 金剛山信順寺」と刻される。高祖父桑門志道の生まれた寺である。

信順寺住職は「遠いところ、お疲れでしょう」と、わたしの突然の訪問を歓迎してくれた。わたしとほぼ同世代の住職で、出発前にあらかじめ電話したときは、年齢がわからず、わたしも住職もお互いを老齢な人のように思ってい

た。だから顔を見て、ホッとしたというのか、たちまち打ちとけた心地がして、「遠い親戚になりますね」とわたしは切りだした。住職は「ええ」と頷いてから、「志道さんのものは何もないんです。でも強いて言えば、わたしの名が志道です。祖父がつけてくれた名前でして」とおっしゃった。住職の名は、日野志道と言った。もちろんそのことは、前もって調べがついて知っていることだったのだが、こうして対座して志道さんと話していると、それがもう一人の志道、桑門志道と重なりあって思えるのだった。

　志道さんは、「ほら目の前が海でしょう。だから家から水着を着て海に泳ぎに行くのですよ」と、子どものころの話をされた。志道少年もそうしただろうか。本堂の前の大きな銀杏の木は、きっとそれを知っている。秋になると銀杏は、見事に黄葉して、たくさんの実をつけるという。

　穏やかな午後を志道さんに案内されて島を歩いた。すべての道を歩きつくし、一巡りしても一時間とかからない、小さな地図にものっていない島。

　夕方、門前の坂道にテントが張られて、バーベキューが始まった。わたしを迎えて、志道さんと友人のマァちゃんが準備してくれたのだ。宴が始まると、通りがかる漁師のおじいちゃんが腰掛けてビールジョッキを片手に今夜の野球の予想をし、おばあちゃんが獲ってきた蛸を手にぶら下げて差し入れてくれた。おじいちゃんもおばあちゃんも信順寺の御門徒で、志道さんが、わたしを「親戚」と言って紹介してくれた。その一言だけで、御門徒も「そうか、よく来た」と喜んでくださった。

　坂の下にさっきまで見えていた海は、いつしか暮れて、波音も聞こえず真っ暗な闇に覆われていた。

（井上 迅）

信順寺の本堂（本堂は平成に再建された）

信順寺の境内には大銀杏のほかに、蘇鉄《そてつ》、躑躅《つつじ》の植え込みがあり、この庭木の構成は、かつて鹿老渡の各戸にも見られたもので、宝暦14年（1764）正月の朝鮮通信使の正使 趙済谷が記した「海槎日記《かいさにっき》」では、「（蘇鉄を見て）日本には冬がないのか」と訝《いぶか》ったことが記されている。
（『倉橋町史 通史編』倉橋町、2001年）

広島別院明信院で撮られた記念写真
正子は 6歳の時（大正元年〈1912〉）初めて広島を訪れている。中列 -左から三人目 桑門志道、四人目 みす（志道 妻） 前列 -左から四人目 井上正子

正子のサイン（『日記Ⅲ（大正8年4月1日 - 7月5日）』見返し）

日記

Ⅲ

一九一九年（大正八）四月一日〜七月五日

［表紙見返しにローマ字で「*Masako, Inoue*」と記名／P.142に図版］

［扉ページ「休業日／日誌記入項目」（日記Iに同じ）］

四月一日　火曜日　天気 晴　温度六十八度［20・0℃］　起床六時過　就眠九時半

午前早く起きて部屋の掃除をすまして二年の習字と読方と算術と作法を少しずつしらべた。この様に予習をしていると自分は今更の様に二年になったと思うのである。そしてもっともっと勉強して立派な成績を上げ先生や父母に喜んでいただかねばならぬと云う念が頭に一っぱいになるのである。午後林崎さんの所のお雛祭りに寄せていただいた。中北〔仲北〕さんや林崎さんのお友達と沢山で御馳走を戴き後色々な面白い事をして夜晩くお暇《いとま》した。帰宅して母に楽しかったお話をしながら母に習った私の大好きな紋をしていたら父が二十七日［三月二十七日］から名古屋へ行っていらしったので今日お帰りなった。急に賑やかになって嬉しかった。

四月二日　水曜日　天気 晴　温度六十六度［18・8℃］　起床七時半　就眠十時

目を覚して枕元の時計を見たら七時半でそら大変、今日学校へ行くお約束がしてあるのだと大急で用意して電車で行ったら何の事だ、林崎さんも仲北さんもかんじんの方が一人も来ていらっしゃらなかった。暫くテニスをして遊んでいたら来られた。三人で入学試験を受けに来ていられる人々＊1の心配そうなお顔を見ながら去年も自分等はああであったとお話し合った。

思い返せば私は算術が一題違ったからと入学出来ないと云って母が「国語は皆出来たし作文もかなりだから入学出来るからそんな事は止めなさい」とおっしゃったのも聞かず、三日の日、＊2一日御飯を食べずにどうぞ入学出来る様と一生懸命祈ったものである。その願が届いたのか今日の様に入学出来たのである。そして今では貞と淑とを表わした紫紺の袴《はかま》をはき一かどの女学生顔をして歩いているのである。

チンくくくくと時計が十時をつげた。私はほっと息をついてペンを置いた。

四月三日　木曜日　天気晴　温度六十八度［20・0℃］　起床六時半　就眠九時半

ぽかぽかと暖くて家にじっとすっこんでいられなくなって、午後父に連れられて宇治《うじ》［京都府南部の町、現宇治市。茶の名産地／地図 m-2］へ行った。長い間電車［奈良線（現JR）］にゆられて向うへ着いた。私のこの美しい姿を見て下さいと云った様に力一杯咲いている桜の下をくぐりぬけくぐりぬけして歩んだ。右の方に大きな宇治川[*3]が勢よく流れていた。賀茂川［鴨川］より大きい川はない様に思っていた弟は驚きの目を見はっていた。私は宇治の戦陣[*4]の事を思い浮かべてそぞろに懐かしく思った。興聖寺《こうしょうじ》［道元開創の曹洞宗の寺／地図 m-2］と云う立派なお寺を見た。あちらこちらに赤い椿が落ちていた。「ぽたり土の上に……」と云う歌[*5]を口ずさみながら椿や桜の花弁を拾った。そこを出て渡舟《わたしぶね》に乗った。何んとも云えぬよい心持になりながら冷い宇治川に手をつけた。東も西を見ても美しく、右も左も眺めてもよい景色にうっとりとした。父にあれが行基《ぎょうき》ぼさつが作られた石塔[*6]でそれが長年川に埋れていたのを十年程前に上げられたのだと聞き、昔の事を思いながら弟と何べんもぐるりを回った。花堤《はなつつみ》を通り名高い平等院を見た。中でも鳳凰堂《ほうおうどう》[*7]の立派なのに目を大きくした。家で雛祭《ひなまつり》をするから早く帰った。夜弟と二人でお雛

＊1 **入学試験を受けに来ていられる人々**　前月（三月）末に入学試験を受けた人たちの合格発表がこの日にあったと思われる。

＊2 **三日の日**　前年度（大正七〈一九一八〉年度）の、正子自身の合格発表があった日を指すか（大正七年四月三日水曜日ヵ）。

＊3 **宇治川**　琵琶湖を水源とし、宇治から京都盆地南部に流れ出す河川。上流は瀬田川と称し、宇治市に入って宇治川と名を改める。

＊4 **宇治の戦陣**　一一八四年（寿永三）一月、宇治で源義経と木曾義仲（源義仲）の間で行われた戦。不利に立つ義仲は宇治川の橋を落としたが、義経の渡河作戦により敗退。義仲は近江国粟津付近で討たれた。

＊5 **「ぽたり土の上に……」と云う歌**　新作唱歌《落椿》（吉丸一昌作詞、ウェーバー作曲、一九一三年作）。吉丸一昌作『新作唱歌　第四集』（敬文館、一九一三年）所収。

＊6 **行基ぼさつが作られた石塔**　宇治川の川中島に立つ浮島十三重塔。奈良時代の僧 行基（行基菩薩）が造塔したというのは誤りで、奈良 西大寺を再興した鎌倉時代の僧 叡尊《えいそん》（興正菩薩）が一二八六年（弘安九）に造立《ぞうりゅう》。日記の記述通り宇治川の氾濫で倒伏《とうふく》、長年川底に埋もれていた。発掘して、一九〇八年（明治四一）、同地に復元された。

＊7 **平等院鳳凰堂**　藤原頼通《ふじわらのよりみち》が一〇五二年（永承七）に完成した阿弥陀堂。建物が鳳凰の翼を広げた形に似ているので鳳凰堂と呼ばれる。

平等院鳳凰堂（『日本美術略史』帝室博物館）

様のお下りをいただいた。白酒《しろざけ》を二杯も飲んで顔が真赤になった。今日はほんとに楽しく愉快だった。

四月四日　金曜日　天気 晴　温度六十六度［18・8℃］　起床六時半　就眠九時

午前子供部屋と父の部屋を掃除して後、勉強した。午後も少しお習へ［教師による朱傍線］〈おさらい〈お浚い〉〉をして私の袋をこしらえ様と思って絞をした。この間算盤の袋と銭入をしたが変な出来損なったから、今度は上手に仕上げようと思っている。

四月五日　土曜日　天気 晴　温度六十八度［20・0℃］　起床七時　就眠十一時

林崎さんの処へお手紙を出した。午後、弟と写真を写した。夕方から父母に連れられて二月二十七日におかくれになった故 政様*8［大谷政子］の追悼音楽会がある公会堂［岡崎公会堂／地図 f-3］へ行った。伯母様やお兄さん、智姉さん、小姉さん和ちゃんと一緒に真中の前の方に座った。暫くしたら佐藤先生と増見先生・塩見先生・奥村先生とが私達の横におかけになった。私は吃驚して直《す》ぐおじぎした。先生の傍ではれがましかったが、後、伯父様が前の席が沢山あいているからお姉様等と前へ行けとおっしゃったので前の方へ出た。

正面には清楚たるフリジア［フリージア］の花にも似たる優雅と純真の短き生涯を儚《はか》なく卒《お》え給《たま》いし政様の御写真がかかげられ、右側に政様のお好きなフリジアが置かれてあった。プログラムも招待券もフリジアの図案であった。

七時半開会せられた。ショルツ氏（独逸人）［パウル・ショルツ 東京音楽学校のピアノ教師］や松島彝子《つねこ》*9女史・素様［政子の長妹 大谷素子（基子）］・忠様［同次妹 大谷忠子］のピアノの独奏と永井郁子嬢［（1893-1983）ソプラノ歌手］の独唱があった。各々出演者に対し治子様の可愛いお手より夫々花たばを贈られた。

第二部の御法主《ほっす》*10［政子の父 大谷光演］のお作りなった《崩るる蕾《つぼみ》》［大谷句仏（光演）作歌、松島彝子作曲］は永井郁子嬢が独唱なされたが、「都の春は来つれども晴れぬ心の淋しさを」の時には母は胸がせまったとお話なされた。御法主も何べんもハンカチを目にあてられていられたのを見た。
十時に閉会になって帰宅したのは十一時少し前だった。家では弟がおとなしく留守居をしていた。

四月六日 日曜日　天気　晴後雨　温度七十度［21・1℃］
起床七時　就眠九時
午前部屋の掃除するのに弟に手伝わせてした。午後弟と向の綾子様と円山の公園［地図 g-3］へ行った。夜桜は大方散っていたが、天気はよいし日曜でもあったから人出は夥《おびただ》しかった。真葛原《まくずがはら》［知恩院付近より円山公園をはさみ双林寺付近までの地名／地図 g-3］で鬼事《おにごっこ》や草つみをして遊んだ。

帰りしなに雨がふり雷が鳴って驚いたので耳に手をあて一散に走って帰った。家には入るなりぴかぴかと光り、ごろごろと大きな雷が鳴ったので弟と私は玄関にうつぶいたなり暫く顔を上げ得なかった。夕暮にはもう雨も小雨になった。
夜絞をした。

四月七日 月曜日　天気　晴　温度六十八度［20・0℃］　起床七時半　就眠九時半
夕方から父母弟と日暮《ひぐらし》の阿部へ行った。行姉《ゆきねえ》さん［阿部行子《ゆきこ》(*1901-??*)］が今度、東京の女子大学［日本女子大学／II・*48］へ行かれるから、その送別会があった

*8 **故政様**　大谷政子(*1898-1919*)。大谷光演《こうえん》(*10)の長女。一九一六年(大正五)、学習院女学部を卒業、同院で松島彝子(*9)にピアノを習った。政子は前年(一八年)一二月下旬に流行性感冒(スペイン風邪)に罹患《りかん》し、元来虚弱であったところ肺炎に変じ、明けて一月中旬に黄疸《おうだん》を併発。治療の甲斐なく一九年二月二七日、数え二十二歳で逝去《せいきょ》(『日出新聞』二月二七日夕刊)。四月五日、岡崎の公会堂で「故大谷政子姫 追悼演奏会」が催された。

*9 **松島彝子**　松島彝(*1890-1985*)。作曲家、ピアノ奏者、教育者。東京音楽学校予科に進学。同校研究科でハインリヒ・ヴェルクマイスターに師事し作曲学を学ぶ。卒後、学習院女子部(女子学習院、現 学習院女子大学)の教官に赴任。西洋音楽一辺倒の音楽教育を、日本を含めた東洋の音楽に目を開いて教育・教材に取り入れた。戦後は仏教音楽の研究と作曲に専念。

*10 **法主**　〈法主〉(読みは〈ほうしゅ／ほっす／ほっしゅ〉)とは一宗派の首長を指し、ここでは東本願寺の管主にあたる東本願寺第二十三世法主《ほっす》 彰如《しょうにょ》(大谷光演)のことを指す。
彰如、大谷光演(*1875-1943*)は二十二世大谷光瑩《こうえい》(現如)の次男。号は愚峰、俳号を句仏と称した。一九〇〇年(明治三三)仏骨奉迎正使としてシャム(現タイ)に赴き、〇八年二十三世となる。二五年(大正一四)財政再建をはかったが、鉱山事業などに失敗した責を負い引退。退後は俳句に専念。
俳句には早くからなじみ、『ホトトギス』により正岡子規《しき》に私淑、高浜虚子《きょし》、河東碧《かわひがしへき》梧桐《ごとう》に兄事した。句誌『懸葵《かけあおい》』を主宰。
長男は二十四世 大谷光暢《こうちょう》(*1903-93*)／闡如《せんにょ》。

のだ。御馳走を沢山戴き、後姉さんのお琴を聞かしていただいた。九時頃帰宅した。

四月八日 火曜日　天気　晴　温度七十二度［22・2℃］　起床七時　就眠九時

今日から学校が始まるから行った。見なれぬ人が沢山来ていられるから何処《どこ》の方か知らんと思っていたら新しく入学なされた一年の方々だった。

お姉様顔して色々と学校の事などお話していたら。りん〳〵〳〵と鈴がなったので講堂へ集って始業式が行われた。校長先生より今年度の御希望を承わって後新入生との御昭会［教師朱傍線］〈紹介〉していただいた。私達の組は今度尾崎先生と石田先生との主任に変った。帰宅したら母は澁谷に赤ちゃんが生れたので行かれたと女中が云っていた。男の子［澁谷博／I‐＊32］が生れたと云ってにこにこして帰っていらっしゃった。

今日父の誕生日であるし、又おしゃか様［お釈迦様］の御降誕日［生まれた日］であるから夜あずき［小豆］の御飯をいただいた。

四月九日 水曜日　天気　晴　温度七十三度［22・7℃］　起床六時半　就眠九時

二年になってから始めての授業を受けた。二年になってからはよく勉強しなければならぬと云う予定だから一生懸命になった。

午後家に帰っても机にのみ寄りそって復習予習をした。

四月十日 木曜日　天気　雨　温度七十度［21・1℃］　起床七時前　就眠十時

今日始めて家事と云う学科を習った。自分はまだ子供の様な気がしているのは、家事など習うと私はもう大人かしらと考えて変な気持になる。

午後帰宅したら母は婦人法話会大会[*11]でお留守だった。夕方沢山のお土産を持って帰って来て下さった。

夜父母に今日家事を習いましたとお話していたら、弟がはたで聞いていて〝姉ちゃん火事にする事ならったの、女学校はこわいもの教えられるのだね〟と吃驚《びっくり》した様な顔をしていた。

四月十一日 金曜日 天気 晴雨 温度六十八度［20・0℃］

起床六時 就眠九時半

畏《かしこ》くも今年は昭憲皇太后がおかくれになってより五年に当るから今日、桃山［昭憲皇太后陵／地図(-3,4)］にて五年祭を行わせられた。我等も午後参拝した。

途中雨が降ったり降らなかったりしたので困った。

往復共歩んだ。ずい分苦しかった。あまり疲れたから夜早く寝た。

四月十二日 土曜日 天気 晴 温度七十二度［22・2℃］

起床六時半 就眠十時

今日は自彊会の委員を選挙をした。私は林崎さんと同点になってくじを引いて負けた。大層残念に思った。又悲しくも思った。家に帰って勉強していても涙が出て目が曇り中々しにくかった。父母は「この前選挙されたのだからもうそんなにくよくよ思ってはいけない」とおっしゃった。私は数が少なくてなれないのなら何ともないが、同点でくじに負けたのだから何んだか思い切れなかった。

けれども皆私の運が悪いとあきらめるより外はないと思った。

［以下教師朱記］お気の毒ですけど、委員でなくてもどうか自彊会のためにつくしてください。

四月十三日 日曜日 天気 晴 温度□十□度 起床七時

就眠九時半

午後婦人法話会のバザー［種々の品物を扱う慈善市］に行った。そして色々なものを買った。

夜仕舞を二つ三つさらえた。ちっとも稽古しないから大抵は忘れていた。

外に記す様な事はなかった。

（石田）［朱印］

四月十四日 月曜日 天気 曇 温度七十四度［23・3℃］

起床六時半 就眠九時

午後宿題の算術を考えて居たら、父がお呼びになっ

＊11 **婦人法話会** 大谷派婦人法話会。一八九〇年（明治二三）創設の女性を中心とした会員組織。東本願寺ほか末寺で行われる法話会を通して、女性に聞法《もんぼう》の場を広く提供することにより、大谷派教団の基盤強化と女性による社会貢献、婦徳（婦人の守るべき道徳）の涵養を図ることを目的に組織された。四月一三日の記述に見るとおり、バザーを開くなど慈善事業にも力を入れた。東本願寺に本部を置き、全国に支部を配置、一六年（大正五）には十二万余の会員数を有したという。（佐賀枝夏文「大谷派婦人法話会『婦徳』総目次」）

たのでお書斎へ行ったら御用をお云いつけになったからこれも家事の復習の一つだと思って一生懸命にした。夜、母と二人で明るい電気の元でお裁縫をした。この頃は合羽を増見先生に習っている。何んだか、やはり一年に始めて教えていただいた故か山崎先生がお懐かしく感ぜられる。

四月十五日 火曜日 天気 晴 温度七十度［21・1℃］ 起床六時 就眠九時半

四時間目の修身の時、小酒井先生が宿題として自分の長所短所を書いて来る様にとおっしゃった。一寸《ちょっと》考えると短所のみ頭に浮び長所は中々思い出せなかった。

夜写真を出して来て見た。色々沢山あるから面白い。父の小さい小さい時のがあった。洋服を始めて買って貰った時だと云っていられた。物珍らしそうにポケットの中に手を入れていられる。父にもやはりこんな無邪気な幼ない時があったかと思うとおかしい様な気がする。

四月十六日 水曜日 天気 晴 温度七十三度［22・7℃］

起床六時 就眠九時半

午後帰宅したら阿部の伯母さんのお土産が机の上に置いてあった。レターペーパと下げどめ［お下げ留。髪型を〈お下げ髪〉にする留め具/Ⅲ-＊39に図］だった。早速下げどめをして弟と澁谷の赤ちゃんを見に行った。一月《ひとつき》程早く生れたから大層やせていた様に思った。博と云う名だそうだ。京子ちゃまは四つでちゃんとお姉様になった。ほんとに可愛いお姉様だ。夕御飯もいただき、きぬやに送って貰って帰った。

四月十七日 木曜日 天気 晴 温度七十三度［22・7℃］

起床六時 就眠十時

理科の時、鶏のかいぼう［解剖］したのを見せていただいた。此処《ここ》が砂嚢《さのう》［鳥類の胃の後半部。砂肝《すなぎも》］とかあすこが嗉《そ》ぶくろ［嗉嚢《そのう》鳥類の食道の後端にある袋状部］とか色々とおしえていただいた。女中は〝女学校はよろしいねほんとに色々なよい事を教えて下さるから〟と大層羨しがっていた。

夜父母と四条通へ散歩に行った。

四月十八日　金曜日　天気　晴　温度七十度［21・1℃］　起床六時　就眠九時

母は今日、坊守見学団の見学に行かれた。女学校と尼衆学校*12と青年会館*13や感化保護院*14等を見て行らっしゃった。

夕方お帰りになって色々お話して下さった。

（石田）［朱印］

四月十九日　土曜日　天気　雨　温度六十八度［20・0℃］

起床六時　就眠九時半

夜澁谷の伯母様がいらっしゃったので都踊《みやこをどり》*15を見に行った。今年は平和踊と云うのがあって大きな太鼓をどんどんたたいて「ヒヤルガヒー*16」と大きな声で云う、面白いのであった。その他は何時もと同じ様なものだった。

四月二十日　日曜日　天気　晴　温度七十二度［22・2℃］

起床六時半　就眠九時

今朝母は今度久□《に》〈邇〉宮からこちらの新法主《ほっす》の奥方になられる智宮様《さとのみや》*17がおこしになったのでその御道具を拝見に行かれた。

父母はまだ十四才［数え年。このとき智宮は満十二歳］でいらせられるのに御父母様のお側《そば》をはなれておいでになったではないか、お前ももっとしっかりなさい

---

*12 **尼衆学校**　一九一九年（大正八）四月、開校したばかりの日蓮宗の尼僧養成学校。現 日蓮宗尼衆宗学林。

*13 **青年会館**　三条通柳馬場東南角の三条基督教青年会館。現 京都ＹＭＣＡ三条本館。

*14 **感化保護院**　出獄などして身寄りがない者の更生保護の施設として、一八八九年（明治二二）六角獄舎の跡地（中京区六角通神泉苑西入ル）に設立。東西本願寺が寄付・支援をした。

*15 **都踊**　都をどり。京都祇園の甲部歌舞会が毎年四月の一ヶ月間、祇園花見小路の歌舞練場で催す舞踊公演。一八七二年（明治五）、第二回京都博覧会に際して創始。

*16 **ヒヤルガヒー**　平和踊は「琉球風の太鼓踊」（『日出新聞』四月一日夕刊）で、琉球方言の「ひやるがへい」（「さあ」「せーの」といった囃子詞《はやしことば》）に通じる。

*17 **智宮様**　智子女王（大谷智子《さとこ》／1906-89）久《く》邇宮邦彦《にのみやくにひこ》王の第三王女として東京に生まれる。学習院初等科を卒業。東本願寺法主《ほっす》 大谷光演の長男大谷光暢《こうちょう》（1903-93／闡如《せんにょ》）との婚約に伴い、一九一九年（大正八）十二歳で京都へ移る。京都府立第一高等女学校（現 京都府立鴨沂高等学校）を卒後、二四年五月三日、大谷家に降嫁《こうか》。翌二五年、光暢が二十四世法主に就任するとともに〈裏方《うらかた》（法主夫人）〉となる。

三九年（昭和一四）、仏教精神に基づく女子教育を願い光華女子学園を創設し、総裁に就任（阿部恵水は学園理事）。ほかに大谷婦人会会長や全日本仏教婦人連盟初代会長を務めた。

とおっしゃった。

四月二十一日　月曜日　天気　晴　温度［空白］度　起床六時半　就眠九時半

かわりなし。

四月二十二日　火曜日　天気　雨　温度［空白］度　起床六時　就眠九時

午後婦人会の大会があった。文学博士南條［文雄／Ⅰ-*8］先生のお話と中外日報の婦人記者 梅田まし枝［〈植田まし枝〉の誤り］の演説とあり、後、関西音楽のバイオリンがあった。
私は林崎さんと仲北さんとをお呼びした。おそばやおだんごを後で沢山いただいた。六時頃にすんだ。
夜別府さんのおばさんやみち子様がいらっしゃった。みち子様は五つではぎり［歯切れ］のよい東京弁で色々とお話をなすった。今度京都を発つのだとおっしゃっていられた。

四月二十三日　水曜日　天気　晴　温度［空白］度　起床六時半　就眠十時

英語の試験があったが別に難しくなかった。学校から帰宅の途、林崎さんと八文字屋へ造花の材料を買いに行った。二年になってから造花をする様になった。一番初めはすみれである。奇麗な花が出来るのが楽しみである。夜北海道の叔父様と父母弟と他所へ行った。

四月二十四日　木曜日　天気　晴　温度七十四度［23・3℃］　起床六時半　就眠九時

放課後、菊の植換《うえかえ》を手伝った。今までに行ったこともない学校の裏で「くわ［鍬］」で土を掘ってこしてバケツに一ぱい汲《く》んで花園へ運ぶのをした。お百姓だとか、土方《どかた》だとか、わいわい云って掘ったり、こしたり運んだりして面白かった。その土を鉢に入れて菊のさし木にして水をやった。帰宅したら四時を過ぎていた。

四月二十五日　金曜日　天気　晴　温度七十二度［22・2℃］　起床六時　就眠九時

午後校友会の予算会議があって帰りが少し遅くなって四時頃だった。

袴を畳んで英語をしらべていたら、父の書斎から火事だ火事だと云うお声が聞こえたので驚いて火見《ひのみ》へ上るとつい目の前に真赤な火がえんえんとうずを巻いている。弟も私も泣声になってうろうろしていると、父が風が南風だから安心せよとおっしゃって、ほっとした。三十分ばかり焼けていた。六時半頃までは見舞の客が引きも切らず来た。私等は取るものも取りあえずうろうろとしていた。けれども一番幸だったのは風が西風でなかった為、火の粉が飛んで来なかった事である。ああほんとに火事は恐ろしい物である。

（石田）［朱印］

四月二十六日　土曜日　天気晴　温度六十九度［20・5℃］

起床六時半　就眠九時半

午後母は高島や[*18]へ私が今度縫う女物~~単衣~~袷［あわせ］を買いに行かれた。弟は大将人形［端午の節句の武者人形］を飾って貰い大層喜んでいた。夜裁縫をした。

四月二十七日　日曜日　天気晴　温度七十度［21・1℃］

起床七時半　就眠九時

午前子供部屋の掃除をし、宿題の作文清書に取りかかった。午後、父と弟は博覧会[*19]へ行かれた。私も行こうと思ったが水曜英語の試験があるから行かれなかった。母も藤木さんの所へ病気見舞に行かれたから、私と女中と二人きりで留守をした。

四月二十八日　月曜日　天気晴　温度七十二度［22・2℃］

起床六時半　就眠九時

放課後体格検査があった。脊《せ》が横に曲っていると云われたので悲しかった。

帰宅して父母と又博覧会へ行った。染色の博覧会だから機《はた》を織る処やら染物を見て来た。神代《じんだい》時代[*20]や色々の時代の風俗をした人形が飾ってあった。大層

＊18 **高島や**　烏丸高辻［地図 g-5］にあった高島屋呉服店（一九四八年〈昭和二三〉四条河原町に移転した現 高島屋京都店）。四条の大丸呉服店と並ぶ京都の老舗百貨店。

＊19 **博覧会**　四月一日より岡崎の第二勧業館では、〈染織工業博覧会〉が始まった。他に〈陶銅漆器展覧会〉、〈特産品陳列会〉も同時開催。

＊20 **神代時代**　日本で、神武天皇即位以前の神々が支配した神話の時代。

美しかった。

四月二十九日　火曜日　天気　晴　温度七十四度［23・3℃］

起床六時　就眠九時半

弟は菊やを連れて真中［真宗京都中学］の運動会を見に行った。私は学校の帰りも遅いし明日試験もあるから止めにした。夜母の側で手芸のすみれをしていたら、無器用な手つきに笑われて辱《はず》かしかった。裁縫したから寝に就くのが何時《いつ》もより遅かった。

四月三十日　水曜日　天気　雨　温度［空白］度　起床六時過　就眠十時

昨日は皇太子殿下*21の御降誕日で御成年式を行わせらるはずだったが、竹田宮恒久親王《たけだのみやつねひさママ》*22［恒久王］がおかくれになった為に七日に延びた。今日は竹田宮の御葬儀が東京に行われた。昌子内親王《まさこないしんのう》殿下［恒久王の妃。明治天皇の第六皇女］が大層お悲みになり、いたく目は紅に重くはれていたと新聞にも出ていた。*23　又竹田宮は北白川宮良久《ママ》親王［能久親王《よしひさ》］の御子息であると云う事である。おかくれになったとは真に歎《なげ》かわしき事である。

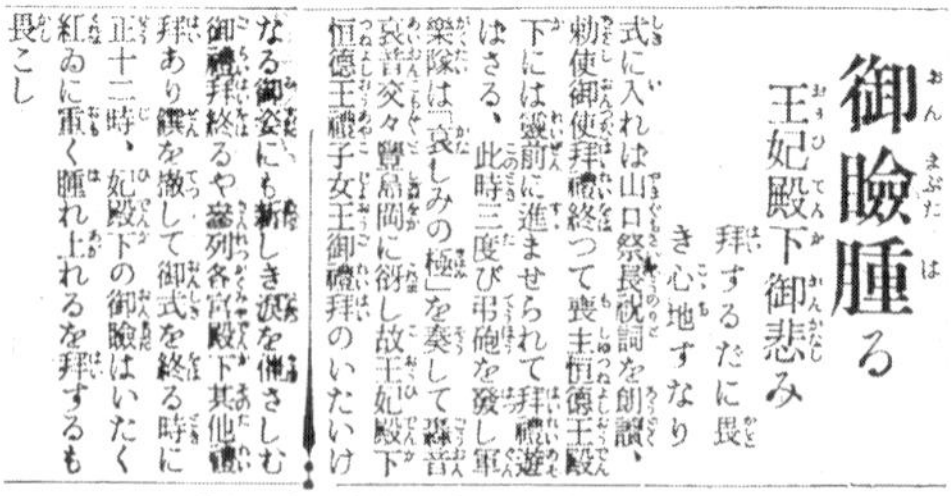
御瞼《おんまぶた》腫《は》る
王妃殿下《おうひでんか》御悲《おんかな》み
拝《はい》するだに畏《かしこ》き心地《こゝち》すなり
式《しき》に入《い》れば山口祭長祝詞を朗讀、勅使御使拜禮を終つて喪主恒徳王殿下には靈前に進ませられて拜禮遊ばさる、此時三度び弔砲を發し軍樂隊は「哀しみの極」を奏して哀音交々豐島岡に谺し故王妃殿下恒徳王禮子女王御禮拜のいたいけなる御姿にも新しき涙を催さしむ御禮拜終るや參列各宮殿下其他禮拜あり饌を撤して御式を終る時に正十二時、妃殿下の御瞼はいたく紅ゐに重く腫れ上れるを拜するも畏こし

『大阪毎日新聞』（大正9年4月30日夕刊第6面）

五月一日　木曜日　天気　曇　温度［空白］度　起床六時　就眠九時半

国語と算術の試験がふいにあったがちっとも難しくはなかった。放課後三日の宇治行の事に就いてお話があった。夜弟の五月節句をした。大きな鯉をふりまわして面白く遊んだ。

五月二日　金曜日　天気　雨　温度［空白］度　起床六時前　就眠九時半過

学校で多年昆虫の研究をなさっていられる岐阜の名和《なわ》先生*24がおこしになり、家庭の昆虫学の面白い有益なお話が二時間余あった。校長先生が、もと名和先生に博物をお習いになっていたとの事で大変お話がお上手で、色々の事をおっしゃって私達を笑わせて下さった。どんな昆虫でも卵・幼虫・蛹《さなぎ》・成虫を経て立派な虫となるのだと詳しくお話して下さった。二時間の時間が僅《わずか》三十分位に思った。私は昨日から当直になったからしっかりしなくちゃならない。

夜母に、今日名和先生がおこしになったと云ったら、あああの方か、あの方は誰でも知らぬ人はない、どんな人だって名和さんて云えば、〝あああの昆虫の先生〟と云うよとおっしゃった。

（石田）［朱印］

五月三日　土曜日　天気　晴　温度［空白］度　起床六時

就眠十一時半

＊21 **皇太子殿下**　迪宮《みちのみや》裕仁《ひろひと》、後の昭和天皇（*1901-89*）。皇太子明宮《はるのみや》嘉仁《よしひと》（後の大正天皇）の第一王子。一九〇八年（明治四一）、学習院初等科に入学。卒業後は東宮御学問所を経て、二一年（大正一〇）三月、ヨーロッパを視察、英国王室と親交を結ぶ。帰国直後の一一月、大正天皇病気のため摂政となる。二四年一月、久邇宮《くにのみや》良子《ながこ》（大谷智子は次妹／Ⅲ‐＊17）と結婚。二六年一二月二五日、大正天皇の死去で第一二四代天皇に即位。元号は昭和と改まった。天皇は大日本帝国憲法下の統治権・統帥権（軍隊の最高指揮権）の総攬者（政治・人事を掌握する者）となった。

しかし、昭和の始まりは、陸軍の膨張政策のまま、三一年（昭和六）には満洲事変で日本の中国大陸への侵略が深まっていく。四一年、東条英機内閣の成立を同意。四五年八月、米国の原爆投下、ソ連の参戦で、天皇はポツダム宣言受諾を主張する外相らを支持。八月一五日、玉音放送で戦争終結を国民に伝えた。

米国の占領下、四六年元日、〈人間〉宣言を行う。四七年五月三日、日本国憲法の発布で天皇は新たに〈国民統合の象徴〉と位置づけられる。講和条約発効（五一年）まで、戦争責任を退位というかたちで表したい意志をもらしたが、側近の忠告で取りやめている。戦後は皇室外交に専念した。八九年一月七日、薨去《こうきょ》。

＊22 **竹田宮恒久親王**　竹田宮恒久王（*1882-1919*）。北白川宮能久親王の第一王子。妃は明治天皇の第六皇女昌子内親王。竹田宮は一九〇六年（明治三九）に恒久王が創始（〈宮《みや》〉号は一家を立てた皇族が賜る家名）。一九年（大正八）四月二三日、スペイン風邪により死去。三十六歳。

＊23 **新聞にも出ていた**　『大阪毎日新聞』大正九年四月三〇日夕刊第六面、「故竹田宮恒久王殿下御斂葬《れんそう》」の記事中に日記と同様の文面が見え、このことから当時、徳正寺では『大阪毎日新聞』を購読していたと断定できる。日記「昌子内親王殿下が大層お悲みになり、いたく目は紅に重くはれていた」新聞記事「妃殿下の御瞼《おんまぶた》はいたく紅ゐに重く腫れ上れるを拝するも畏こし」

＊24 **名和先生**　名和靖《やすし》（*1857-1926*）。昆虫学者。美濃（岐阜県）の生まれ。一八八三年（明治一六）、岐阜県郡上《ぐじょう》郡祖師野《そしの》村（現　下呂市金山町祖師野）に新種のチョウを発見、ギフチョウと命名する。九六年（明治二九）、名和昆虫研究所を岐阜市に設立、農作物害虫の駆除・予防を研究。翌九七年から月刊誌「昆虫世界」を発刊（～一九四六年）。著「貝殻虫図説」「名和日本昆虫図説」など。

午後帰宅したら親類から音楽を一緒に行こうと電話がかかって来たので直《すぐ》に行った。六時半頃、市の公会堂へ行った。七時から開会せられた。東京の音楽学校［東京音楽学校。現 東京芸術大学］の教授小倉末子《おぐらすえこ》様[*25]のピアノやら、もう二三人、音楽学校の先生のバイオリン・ピアノ等があった。一部は和楽で琴・三味線・尺八などあった。始めのうちは従姉と二階の女学生席にいたが、後下の母や伯母さんのこられる所へいった。お友達の堀江さんや峯さんも行っていらしった。帰宅したら十時半過だった。

五月四日　日曜日　天気 晴　温度［空白］度　起床六時　就眠九時半

午前小学校の同窓会の遠足に行った。汽車に乗って向日町《むこうまち》［東海道本線 向日町駅］で下車し、それからぶらぶら歩きながら長岡［京都市の南西。現 長岡京市］の天神様［長岡天満宮］へ行った。幼《おさな》なじみの竹馬《ちくば》の友とも云う友どち［友だち］と楽しく歌を歌いながら美しく咲き乱れている、れんげ・たんぽぽを競うて摘み、手に持ち切れなかった。あまり走ったり、小路を下りたりしたから、今朝買い立ての下駄が、歯がとれ鼻緒が切れて難儀した。道に会う人々に問えばもう五、六町［一町は一〇九㍍］とか、少して又聞くとまだ七、八町とか、前より多くなったとがっかりしたり、一行から離れた、私と高木さんとは足をひきずりながらあるいた。折角摘んだ花はあわれなるかな、しおれてぐにゃりと私の身体の様になっていた。

暫くして美しく澄んだ池に青々とした若葉が蔭を落としていて、向うの方には赤い木が無数に並んでいる所へ来た。貞子様と「此処《ここ》どこでしょう」「ここが長岡でしょう」

かくして私達はやっと目的地へ達したのである。躑躅《つつじ》のトンネルと云おうか？何とも形容のし難い所を通り抜けてやっと沢山のお友達と会った。

梅の紋のついた扉の前で丁寧におじぎをして、おいしくおいしく御飯をすました。

帰りは又草を摘みながら楽しくステーションまで歩み、汽車に乗って京都に着いた。

夜は疲《くた》びれた足をのばしてぐっすりと寝た。

五月五日　月曜日　天気晴　温度［空白］　起床六時　就眠九時

明日から家で絞の講習があるから、その用意で中々忙しかった。

夜裁縫をした。この頃はゆっくりしているので大変。

二組は遅いので升見［増見］先生に何時もお小言をいただく。

五月六日　火曜日　気象　晴　温度［空白］　起床六時　就眠九時半

午後帰宅したら三十人ばかりの方が一生懸命色々の物を絞っていられた。

今日は潮染《うしおぞめ》*26とか云って青い色を染めていられた。

五月七日　水曜日　気象　晴　温度［空白］　起床六時半　就眠九時

皇太子殿下の御成年式［天皇および皇族が成年に達した時に行う儀式］の当日である［四月二九日の予定が竹田宮恒久王の葬儀で延期になっていた］。軒の国旗がひらひらとあだかも［あたかも］今日のおめでたい日を祝う様になびいていた。我《わが》ヶ校でも午前八時より講堂で厳《おごそ》かな式が行われた。

後、級別の写真を写した。早く出来る様に大変楽しみである。

午後お茶のお稽古に行った。今度はお若い先生が来ていられた。

夜弟に英語を教えてやった。

五月八日　木曜日　気象　晴　温度［空白］　起床六時　就眠九時半

今日で絞の講習はお終である。午後学校から帰った

*25 **小倉末子**（*1891-1944*）　ピアニスト。幼い頃からドイツ人の義姉よりピアノの手ほどきを受け、一九〇五年（明治三八）、神戸女学院に音楽特科生として入学。一一～一二年、東京音楽学校で学ぶ。一二年、ドイツへ留学、ベルリン王立高等音楽学校でハインリヒ・バルトに師事。一四年（大正三）、大戦勃発に伴い渡米。ニューヨークで演奏活動（カーネギー・ホールで演奏した記録が残る）、後シカゴで教授を務めた。一六年に帰国。一七年、東京音楽学校教授となり、多数の演奏会を開催した。

*26 **潮染**《うしおぞめ》　ゆかた地などに、型紙を用いて防染の糊《のり》を置き、化学染料（インダンスレン染料）の紫がかった鮮やかな青色で染めたもの。明治三五、三六年（一九〇二、〇三）頃流行した。

ら奇麗に赤や黄・紫と色まぜた帯などが沢山出来ていた。母もむら雲染［絞染の一種。布全体に雲型模様をあしらう］で私のへこ帯［兵児帯。子供のしごき帯］をして下さった。白のろの所へ、この頃やかましい、平和のグリーン色で中に千鳥が飛んでいる。大変美しいのだって嬉しくて嬉しくてたまらなかった。

五月九日　金曜日　気象　晴　温度［空白］　起床六時前　就眠十時

大変むし暑くなった。父は明日は雨かなといわれた。私は吃驚して「そんな事なら大変、明日こそお天気であって欲しい。この前の土曜は曇っていて行かれなかった。あしたは近江《おうみ》八景［琵琶湖南部の八つの景勝地］の一つなる石山へ行くのだから」と私の顔の方が空よりも曇って来た。しかし、二階の窓を開けると、きらきらと星が輝いていたのでまずまず安心した。

用意をして寝に就いた。弟は羨しそうにしていた。

五月十日　土曜日　気象　晴　温度［空白］　起床六時前　就眠九時

朝早くから家を出て暖かい日光の光を受けながら三条大橋［東海道の西の起点となる橋／地図 f-4］へ行った。京津《けいしん》電車[*27]に我先と押し合って乗り、電車が動くと大きな声で唱歌を歌ったり、色々のお話をして大津に着いた。

白いパラソルをくるくる回しながら長閑な朝の光を受けたあぜ道をぶらぶら歩みながら、第一番に義仲《ぎちゅう》寺《じ》［大津市馬場にある寺院］に行った。義仲［源義仲《みなもとのよしなか》／Ⅲ-＊4参照］と芭蕉［松尾芭蕉］の墓があった。そぞろに昔の英雄の有様を懐かしく思い、これが名高い俳句の松尾先生の墓かと思うと独り頭が下がった。義仲の一代記を読む間もなく、又々列を作って進みだした。かねて粟津の松原は一度見たいと思っていたら、石山へ行く道にあると聞き、まだかまだかと思いつつ歩んだ。眼前に粟津の松原が見えた時、私は非常に嬉しかった。歴史の事を頭に浮かべながら、ここで勇士が血を流して戦った事[*28]は何度あろう。私は今、その勇士の踏んだ土を踏みつつあるのだと考えると、大変懐かしい感じが起った。

重い足をひきずり、目的地に達した時は十二時過だった。早速お弁当を開きいただいた時は御むすびが飛びこんでのどに入った。

湖面に近い藤の棚の下で弟と従姉に絵葉書を送った。

大きな岩の下をくぐり通ったり、青葉のトンネルを抜けたりして石山寺で楽しく遊んだ。ほんとにほんとに愉快だった。

帰は美しく澄んだ琵琶湖の上を汽船に乗った。船の中で外国人とお話してキャラメルをいただいた。

大津を後にして京都に向った時はまだ三時半にはなっていなかっただろう。

夜弟に石のお菓子を分けて上げた。そして今日の楽しかったお話をして上げた。

五月十一日　日曜日　気象　雨　温度［空白］　起床六時半

就眠九時

午前小堀の小母さんと母と私は慈善会の音楽会に行った。

お琴と三味線と八雲［八雲琴。二《に》弦琴《げんきん》の一種］ばかりであった。私はあまりお琴は好かないから早く帰った。

五月十二日　月曜日　気象　晴　温度［空白］　起床六時

就眠九時半

午後お茶のお稽古に行った。おこい茶であったからすっかり忘れていたので恥ずかしかった。お夕飯をいただき、女中さんにおくっていただいて帰った。

五月十三日　火曜日　気象　晴　温度［空白］　起床六時

就眠九時

今朝安東県の伯父さんと北海道の叔父さんとが来られた。

夜お土産をいただいた。久しぶりで伯父さん等に

＊27 **京津電車**　一九一二年（大正元）開通の三条大橋‐札《ふだ》ノ辻《つじ》（大津市）間を結ぶ京津電気軌道の鉄道。京都・大津の街路区間は路面電車となる。のち京阪電気鉄道の支線となり、九七年（平成九）、京都市営地下鉄東西線の開通にともない、京津三条‐御陵《みささぎ》間を廃止し、現在は御陵駅からびわ湖浜大津駅までを結ぶ路線となった。

＊28 **ここで勇士が血を流して戦った事**　一一八四年（寿永三）一月二〇日、宇治川の戦い（Ⅲ‐＊4）で敗走した源（木曾）義仲は、僅かとなった配下を従え北陸へと落ちる途上、近江粟津の地で源頼朝の派した東国諸将により討死した。「粟津の松原」の木曾義仲の最期は、「平家物語」の中でも白眉の場面として知られる。

会ったので嬉しかった。
夜皇后陛下〔貞明皇后／Ⅲ-＊53〕がおこしになるので奉迎に行った。

五月十四日　水曜日　気象　晴　温度〔空白〕　起床六時
就眠九時
午後日暮のお祭が明日だが、明日は生憎《あいにく》お精進だから今日、父母・伯父・弟と行った。そして夜色々と御馳走になった。私と弟は泊めていただいた。
兄さんは明日は葵祭、今宮祭、稲荷祭と三つもお祭があるのに、昨日から試験で一生懸命勉強していられた。お気の毒に思った。明日はお休みではないそうだ。

五月十五日　木曜日　気象　晴　温度〔空白〕　起床七時前
就眠九時半
午前平野〔京都市北西部／地図e-6〕の百合子さんの所へ行き蓄音機を聞いたり、本を読んだりした。
午後お祭〔今宮神社の還幸祭〕を見に行ったら、沢山の人出だった。〝ぺんぺこぺんぺこ〟けんぼこ〔〈剣鉾〈差し〉〉棹先に剣をつけた祭具。〈ぺんぺこ〉は棹に当たる鈴《りん》の音ヵ〕が勢よく行った後、お御輿《みこし》が〝わいしょいわいしょい〟と勇ましいかけ声と共に賑かに通った。
私等は、いやになって途中で帰った。
夜、北海道の叔父さんが迎えに来て下さったので帰った。

御霊祭の剣鉾
『拾遺都名所図会』より

五月十六日　金曜日　気象　晴　温度〔空白〕　起床六時前
就眠九時
午後学校を欠課して祖父様の納骨に行った。あの丈夫そうな優しい気立の、よく私を可愛いがって下さった祖父様が死なれたとは何んだか〔か〕夢を見ている様だった。お骨が墓に埋められる時、何んだか悲しく悲しくてたまらなかった。母はと見ると、母も悲しそうに涙をふいていられた。
私には親身の祖父様も祖母様もなくなったと思うと、とめどもなく涙が出て、止まなかった。けれども何時まで泣いていても限がないのでやっと気を取りなおして、左阿彌《さあみ》〔円山公園内の料亭。かつて安養寺の塔頭《たっちゅう》六阿弥坊の一〕へ行った。そして御夕飯を食べて夜帰った。

私は今日は大変悲しかった。

五月十七日 土曜日 気象 晴後曇 温度［空白］ 起床 六時 就眠九時半

午後テニス会があった。この度のは三年以上の方の会であった。私は夢中になってお茶のお稽古日の事を忘れてしまって、大分遅くなって思い出し、家へ飛んで帰った。私が行ったら、もう皆さんのお稽古は済んでいた。

今日父母と叔父は桃山御陵に参拝せられた。

五月十八日 日曜日 気象 晴 温度［空白］ 起床七時半 就眠十時

午後学校へ地理を検べに行った。夕方叔父父母と澁谷へお祭に行った。

御霊《ごりょう》神社［下御霊神社の還幸祭／地図 *f-4*］のお祭で御輿が室町［通］を沢山通った。

夜大変御馳走になった。食後、蓄音機を聞いたり、オルガン鳴らしたり、花火線香［線香花火］をして楽しく遊んだ。夜遅く帰った。

北海道の叔父様は広島へ行かれた。

五月十九日 月曜日 気象 晴 温度［空白］ 起床六時前 就眠九時

地理の時、次は試験しますとおっしゃって私等はあ！何うでしょう、こんなに沢山な処をと心配していたら、又次の時間、理科の試験をしますとおっしゃって再び、私等は吃驚して胸がドクドクした。帰宅しても二つも試験があると思うとうんざりして、勉強が嫌になった。

夜叔父様は明日、帰るとおっしゃった。

五月二十日 火曜日 気象 晴れ 温度［空白］ 起床六時 就眠九時

叔父様御二人がお帰りになって急に淋しくなった。やっとで女物合羽が仕上げられた。今日から本裁女物給に取りかかった。

今度こそ美しく早くしなければならぬ。

五月二十一日 水曜日 気象［空白］ 温度［空白］ 起床六

時前　就眠十時
今日手芸が二時間もあったから、すみれの花が出来た。嬉しくて嬉しくて仕方がない。明日皇太子殿下を五時間目の時、奉迎に行くのである。それで理科の試験がぬけると、お友達と非常に喜んだ。

五月二十二日　木曜日　気象　晴　温度［空白］　起床六時
就眠九時
朝、五時間目の理科は一時間目になりますと云う通知が来た。皆吃驚して大急ぎで本を読む人やら、ぶつぶつつぶやいたりして理科室に入った。先生は試験はしません。お蚕《かいこ》*29をしますとおっしゃった。私達のその時の喜び様、何に譬《たと》える事が出来よう。一人でに「嬉し」と云う言葉が出た。
午後皇太子殿下を奉迎して帰宅してから、お茶のお稽古に行った。

五月二十三日　金曜日　気象　晴　温度［空白］　起床三時
就眠九時半
「今日校長先生の告別式よ」「あっほんと、私ちっとも知らなかった。あんなよい先生がお去りになるってほんとに惜しいわ」などと云うささやきがあちらにもこちらにも聞えて、何かしら、校内がしめっている様に思った。
放課後、皆講堂へ集った。校長先生のお告別の辞があった時、私は大変悲しかった。胸が一っぱいになってしまった。色々と悲しき厳かな式も終った。又一しきり、すすり泣きが聞えた。
今日はほんとに悲しかった。実に別れと云うものは悲しいものである。

五月二十四日　土曜日　気候　晴　起床五時前　就眠九時
［この日より〈温度〉の記録が消える］
今朝早く皇后陛下を奉送に行った。
午前九時から高等蚕業学校*30［京都蚕業講習所（同校の前身）／地図e-7］に行った。お蚕に桑をやる所や、真綿・絲《いと》を作ってる所など、又、まむし［ママ］*31のこしらえる機械、蚕の病気等を見た。この間皇后御陛下がおこしになったので奇麗だった。
陛下はまむしをしたる処を御覧になり、これは音のしない機械でよろしいねとおっしゃったそうだ。そこに居合わせた人々は恐れ多くて、拝顔も出来なかったとの事だった。昼食をすまし、一杯咲き乱れているクローバの花で花輪を造ったりして暫く遊んだ。帰は北野で解散した。

五月二十五日 日曜日 気象 晴 起床五時半前 就眠七時半

今日は日曜でもあるし、お父様に御用事がないから家中で奈良へつれていって貰った。父も弟も私も幾度も来たが、母は初めてである。

鹿が沢山居た。お煎［鹿煎餅］を持っていると五匹も六匹も傍へ寄って来て顔も出したのでこわかった時もあった。大仏の大きいのには何時もながら驚く。昼少しすんだ時 奈良を出て生駒山聖天《いこまさんしょうてん》様[*32]に参詣した。

アブト［ママ］式[*33]によって電車［一九一八年（大正七）開業の生駒鋼索鉄道。現 近鉄生駒鋼索線］が徐々と急な坂を登った。私達は初めて見たので珍しかった。車内は大勢の人で一ぱいだった。

帰りに大阪の三越[*34]［I‐*51］へ行った。私は三越も初めてだったから、その大きい立派な建築に驚いた。

三越大阪支店（『近代建築画譜』同刊行会、1936 年）

*29 **お蚕** 一ヶ月から一ヶ月半程度でその一生（卵・幼虫・蛹・成虫の完全変態）を観察できるカイコは、大正時代から理科教材として用いられた。（海後宗臣 等編『日本教科書大系・近代編 第23巻』）

*30 **高等蚕業学校** 京都高等蚕業学校。現在の京都工芸繊維大学の前身校の一つ。衣笠大将軍から花園に校地があった。

*31 **まむし** 〈蔟（まぶし）〉と呼ばれる蚕具《さんぐ》の一種。糸を吐くようになった蚕を移し入れて繭《まゆ》を作らせるための用具。蚕のすだれ。

*32 **生駒山聖天** 大阪府・奈良県にまたがる生駒山々腹にある宝山寺のこと。修験道の霊場。

*33 **アブト式** アブト式鉄道 *Abt-system railway* 瑞西《スイス》人アプトが開発した急勾配を登降するためのラック・レールを設置した鉄道システム。

*34 **大阪の三越** 正子が訪れた大阪三越には東館と西館があり、東館（右写真）はまだ工事中で、翌一九二〇年（大正九）に竣工した。

私達の欲しい物が沢山あった。
午後五時頃に帰宅した。疲れてしまったので早く寝た。

五月二十六日　月曜日　気象 晴　起床五時半　就眠九時

校長先生［清水儀六《ぎろく》（*1874-1927*）。市立高女創立時からの校長］が故郷の岐阜にお帰りになるので午前、お送りに行った。お名残惜しくて涙が出そうになったが一生懸命に堪えて、強いて笑顔をしてお送りした。私達は汽車が見えなくなるまで、じっとしていた。後には黒い煙が残って、先生のお姿は見られなくなった。

五月二十七日　火曜日　気象 晴　起床六時前　就眠九時

今日母は見学団で平安徳義会[*35]やその他三つほどの孤児院を見て来られた。午後四時頃お帰りになって可哀そうであちらへ行っては泣き、こちらでは泣きして来たとの事笑いながらお話して下さった。ほんとに私等は両親共揃《そろ》って何不足なく暮しているのは実に幸福な事である。

五月二十八日　水曜日　気象 晴　起床六時　就眠九時

お二階を掃除したら幼稚園の時の可愛らしい写真が出て来た。國井様も本田様も前川様も私も、沢山の人が紋付着てお手々をかわいくお膝の上にのせて無邪気な姿はほんとに愛らしくて長い事と見ていた。豊園《ほうえん》校の幼稚園[*36]でお友達だった方が十人ほど市立に来ていられる。幼友どちと云うものはよいものである。

五月二十九日　木曜日　気象 晴　起床五時半　就眠九時半

午後澁谷の姉さんと京ちゃんが遊びに来られて、弟と長い事遊んでいられた。そして私の帰るのを待っていられたが生憎《あいにく》用があって遅かったので、又今度来ますと帰られたそうだ。夜直ぐ近くで火事がいって恐しかった。
その外別記す様な事はなかった。

五月三十日　金曜日　気象 晴　起床五時半　就眠十時

午後弟は女中等を連れて動物園[*37]［地図f-3］や知恩院、祇園様へ行って来た。動物園には新らしい色々の動物がふえたとの事だ。私は長い間行かないから何にも知らない。女中は知恩院の仏様が大きいと感心していた。大きな鐘がつきたかったと話していた。弟は一かど主人ぶって歩いていたかと思うとおかしい。

弟の誕生日であるが父が今夜は留守だからお祝いは明日に延した。

絵葉書「京都市立紀念動物園正門」（大正期）

五月三十一日　土曜日　気象 晴風強し　起床五時　就眠九時

放課後四年の学年会があった。対話やら仕舞などがあって面白かった。夜弟の誕生日祝をした。隠居の祖母様にも来ていただいたので一層楽しかった。

六月一日　日曜日　気象 晴　起床五時半　就眠十時

今日は日暮の種ちゃんの初節句をなさるから、弟と二人で遊びに行った。河内《かわち》［大阪府南東部］の栄ちゃんやみち子様や四郎さんが来られて、トランプしたり投球盤*38で遊んだりした。平野の百合子さんもい

闘球（投球）盤 函ラベル（明治38年発売、大一商店製）

＊35 **平安徳義会**　岡崎最勝寺町にあった一八九〇年（明治二三）創設の孤児院で、田中泰輔《たいすけ》（1865-1934）により主導。「孤児若くは之に類似する貧児を救養し智徳を修め教育技芸を授け以て将来自活の道を与ふる」（同会孤児院規則）を目的とする。現在は社会福祉法人平安徳義会として児童福祉施設を運営する。（林俊光「明治期における平安徳義会の児童保護活動」）

＊36 **豊園校の幼稚園**　一八八八年（明治二一）、豊園小学校（現 洛央小学校）内に設立された豊園幼稚園のこと。一九九二年（平成四）に閉園。

＊37 **動物園**　京都市立紀念動物園（現 京都市動物園）。一九〇三年（明治三六）、大正天皇の御成婚を記念して、日本で二番目に開園した。

＊38 **投球盤**　闘球盤とも。四角い盤の中心に穴があり、周縁から丸く扁平な木製の球を指先ではじいて穴を狙って競いあう盤上ゲーム。滋賀県湖東ではカロムという名で継承される。

らっしゃってお昼御飯をいただき可愛い種ちゃんをだっこしたりあやしたりして面白かった。

三時頃から河内の御兄弟と大きい兄さんと伯母さんと弟とが動物園へ行かれて、栄ちゃん等は河内に帰られた。私は和ちゃんが頭が痛いと云って寝られたから、枕元で本を読んでいた。

夜池澤が迎に来たので直ぐ帰宅した。

六月二日　月曜日　気象［空白］　起床五時　就眠九時

かわりなし。

六月三日　火曜日　気象晴後雨　起床五時半　就眠十時

午後帰宅したら北海道の叔父様が来ていられた。夕方京極へ行き、中ざし[*39]を買っていただいた。この間いただいたのは落してしまったから、今度はけっして落さぬ様にとお約束して私の好んで前から欲しいと思ってたのを買って貰った。

母はお召の単衣をこしらえていただき帯を買って貰ったりして〝よい事ずくめだね〟と笑っていられた。

六月四日　水曜日　気象晴小雨　起床六時　就眠九時半

父母は種ちゃんの初節句のお祝においでになった。

今日は弟も私もお留守居をした。夜お土産をどっさり持って帰って来《き》さった［助動詞「さる」／親愛の意を添える］。

六月五日　木曜日　気象雨後晴　起床六時前　就眠九時半過

此の頃は大変暑くなってむし〳〵して身体がだらけて困る。

午後澁谷の小父さんがいらっしゃって色々東京のお話をして下さった。弟と二人でお土産をいたゞき早速貯金した。

明日は歴史の試験があるから心配だ。

六月六日　金曜日　気象晴　起床五時半　就眠十一時半

歴史は難しくなかった。

午後林崎さん、仲北さん、堀江さん、峯さん、二村さんと公会堂へ少女歌劇［宝塚少女歌劇／Ⅰ-*53］を見に行った。

大勢の人で押されて押されて入ったが私達は早くから

行ったのでよい場所に入れた。《千手《せんじゅ》の前》[*40]と云うのは穏和《おとな》しい静な美しいのだった。《家庭教師》[*41]は面白くて面白くてお腹がよれてお友達と笑いころげた。《かなえ法師》[*42]は興味あるよいのだった。就中《なかんずく》、黙連と恵宗［《かなえ法師》の登場人物］の踊は活発［〈活潑〉の書き換え］でよかった。流石《さすが》は瀧川壽榮子[*43]と小倉みゆき[*44]だと思った。篠原浅茅[*45]のいい声は何時もながらに感心する。雲井浪子[*46]の《啞《おし》女房》も中々よかった。何もかもすんだのは十時半頃だったと思う。西村俊子様にも会った。

六月七日 土曜日 気象 晴 起床六時 就眠九時前

昨夜寝るのが遅かったので今日は大変眠かったのでお茶の時難儀した。寺村さんのお美代さんも清子様も少女歌劇へ行ったと話していられた。夜二階で勉強していたら、半鐘《はんしょう》［火災を警報する小型の釣鐘］が聞えたので父母を呼んで大急ぎで火の見に上ったら大分遠くに火事があった。遠かったので先ず安心して寝に就いたがこの頃はよく続けて火事があるのでこわくてたまらない。

六月八日 日曜日 気象 晴後雨 起床七時半 就眠九時半

午前弟の勉強を復習《さら》えてやった。午後雷が鳴って夕立がしたので雷の大きらいな弟はこわいこわいと云っていた。父が〝恐ろしかる人の処へ落ちるよ〟

＊39 **中ざし** 中挿。女性の髻《もとどり》（髪をまとめて頭の上で束ねた部分）の中央に横へ挿す笄《こうがい》（髷に挿す飾り）や簪《かんざし》の類（簪には前挿、後挿がある）。

『滑稽新聞 第162号』（滑稽新聞社、明治41年〈1908〉5月5日）

＊40 **《千手の前》** 「平家物語」に登場する白拍子（遊女）の名。能の演目に題材を取った歌劇。

＊41 **《家庭教師》** 久松一聲《いっせい》作。新任の家庭教師が、廃兵の薬売、女髪結《かみゆい》、魚屋の勝ちゃん、牛乳配達など多彩な登場人物に困らせられるという喜歌劇。（藤波楽斎『歌劇と歌劇俳優』一九年）

＊42 **《かなえ法師》** 「徒然草」五十三段、仁和寺の法師が酔余に鼎《かなえ》を冠って踊った話を歌劇化。

＊43 **瀧川壽榮子《すえこ》** （*1901-??*） 宝塚少女歌劇団の主演男役として演技力に定評があった。草創期団員では一九三一年（昭和六）までと長く在籍。

＊44 **小倉みゆき** （*1901-82*） 少女歌劇団の主演を張り、表情豊かで西洋ものを巧みにこなした。

＊45 **篠原浅茅《あさじ》** （*1898-19??*） 主演娘役。声量豊かな歌の名手であり、雲井浪子と共に「宝塚四天王」の一として人気を分けた。

＊46 **雲井浪子** （*1901-2003*） 少女歌劇団の主演娘役・男役。長身で舞踊に秀でた。一九年、結婚を機に退団。夫は演劇評論家の坪内士行《しこう》。

とおっしゃると一生懸命我慢して何ともない何ともないと半泣声で云ってたのも可愛いかった。

夜雨は上ったが、雲行が怪しいので明日のお天気が怪しまれる。

六月九日　月曜日　気象 曇後雨　起床四時半　就眠七時半過

朝早く起きたが、そして色々と用意をして家を出で停車場に向った。今日はあんまりよいお天気ではない。汽車に三時間も乗るのだと楽しみにしていた。六時に京都駅を発した。

薄い柔かい静な朝の光を受けた、田や畑は夢の間に過ぎ、ピーと警笛を鳴らして真暗なトンネルの中には入ってしまう。ほんとに何んと形容してよいか、廻灯籠の様に目の前をくるくる回《めぐ》る。

三時間の汽車の中、これが私共の須磨［神戸市西郊の海岸地］へ行くよりも何より一番楽しみにしていた事である。

九時頃に向うに着いた。ステーションより、静に澄んだ、海の面に、白帆が三つ四つ、浮んでいた。山国に生れ山国に育った私等、このはてしの無い大海原を見て様々な感じを起したのである。

つつじやかきつ［〈かきつばた〉の略］に美しく色どられた公園の様な処を過ぎ、遠い昔の歴史をこめている須磨寺に行った。あの名高き平氏の公達《きんだち》敦盛《あつもり》*47の〈青葉の笛〉とかが此処《ここ》の宝物になっているとやら。

少し小高き岡の上に敦盛の首塚があった。

そこより一の谷［一ノ谷］へと向った。一方は海に面した、草のぼうぼうはえた処で皆は先生のお指図で立ちどまった。ここ何処でしょうとお友達同士話合っていた。歴史の先生より、一の谷ですとおっしゃった時私達は、直に義経の事を思い出すのであった。そこから熊谷直実《くまがいなおざね》はその

絵葉書「須磨海浜の眺望（須磨名所）」（大正 - 昭和初期）

辺から来たのですと教えて下さった。おつれ同士、直実が敦盛呼んだの此処だわねと、明石行の電車《ママ》軌道[*48]に立って見たりした。ここにも敦盛の墓があった。
それより塩屋に行き、海岸の砂路でお弁当を開いた。後、岸辺の浅い処へは入って見た。冷いほんとに気持のよい水が膝の処までつかった。

The Sea Shore of Ichinoteni
絵葉書「（須磨名所）一の谷海浜汽車の進行」（大正 - 昭和初期）

舞子へ着いたのは彼此《かれこ》れ三時近くだったろう。不思議なかっこうにうねりうねった沢山の松の木の下で遊んだ。此処でも海に入った。くらげが二匹もいたので吃驚した。又々汽車に乗って楽しく遊んだ舞子や須磨にさよならをして帰京した。帰に雨が降ったが、遠足中は降らず、照らずでほんとに幸福だった。

~~五~~六〔〈六〉と訂正あり。以下同〕**月十日** 火曜日 気象 晴 起床六時 就眠八時
西村俊子様が御病気でこの頃はお休みだから、今度十五日の創立記念の時にする修身のお話が、俊子さんがお休だと出来ないから、私が変ってする事になった。布下様と対話の様な事をするのである。私

*47 **平氏の公達敦盛** 平《たいらの》 敦盛《あつもり》（*1169-84*）。平清盛《きよもり》の弟 平経盛《つねもり》の子。笛の名手だったと言われる。日記にも記された「青葉の笛」は鳥羽院（鳥羽天皇）より敦盛の祖父に贈られたものと伝わる。一ノ谷の戦いで討死。数え十七歳。
一一八四年（寿永三）三月二〇日、一ノ谷の戦いで平家一門は海上に敗走した。舟を追って海に入った敦盛は、源氏の熊谷直実に呼び止められ、一騎討ちに敗れた。組み伏した敦盛の首をかき切ろうとした直実は、敦盛の若さに戸惑うが泣く泣く討ち取る。その後、直実は発心し、法然《ほうねん》のもとで念仏者となり蓮《れん》生《しょう》と名告《なの》った。「平家物語」の巻第九「敦盛《あつもり》最期《さいご》」で知られ、能や幸若舞の「敦盛」の主題として後世に伝えられる。但し直実の出家の直接の動機とされるのは史実と異なる。

*48 **明石行の電車軌道** 右上図の絵葉書「一の谷海浜汽車の進行」では、一ノ谷は海岸線に沿って山陽本線が走っており、柵も踏切も見えず誰でも線路上へ立ち入りができるような状態だった。「電車」は〈汽車〉の誤り。

は生来早口だから、難しくて仕方がない。題は奢侈《しゃし》の戒と云うのである。

六月十一日　水曜日　気象　曇　起床五時半　就眠九時半
もうそろそろ梅雨になる。何んだかあたりがじみじみして来た様に感じる。又つゆになるとしめっぽく陰気になる。ほんとに梅雨はいやなものだ。

六月十二日　木曜日　気象　雨　起床五時半　就眠九時
今日は少しおなかが痛かったので早く学校から帰った。

六月十三日　金曜日　気象　曇後雨　起床五時半　就眠十時
放課後残って修身のお話のお稽古をした。

帰宅してからも修身のみ習［朱傍線］えた。

夜父上の地［地謡《じうたい》の略。能、狂言でうたう謡《うたい》のこと］で久しぶりで仕舞をして見た。長い事しないからすっかり忘れたていた。

（石田）［朱印］

六月十四日　土曜日　気象　晴　起床五時半　就眠九時半
三時間目の時は自習だった。今度私達の組では投書箱をこしらえ、組で悪い事があれば、紙に書いてその箱の中に入れる事とした。それで丁度自習を幸に、クラス会を開こうと云ってその投書を読まれた。木分終の方へ来た時、［正子による打ち消し線］組で私の気付かない悪い所やその他を力《つと》めてよくする様にと、書いてあった。

残の紙も少ししかなくなった時分に、布下さんと私の修身に出る事に付きて、ちょっとした事ではあるが書いてあった。私は初めの方は私の為に書いて下さったのだからと、何とも気にもとめずに笑っていたが、お終いの処に、私にとっては悲しい悲しい事が書いてあった。泣いてはいけまいと口びる噛みしめて、あふれ出る涙をおさえていたが、たまらなくなって机にうつぶして声をしのんで泣いた。

午後帰宅して父母に云ったら、無名投書と云えば皆そんな事書くものだ。

そんな事で怒ったり、泣いたりしたら限《きり》がないとおっしゃった。

でも私は何故か悲しかった。

六月十五日 日曜日 気象 晴後小雨 起床六時 就眠九時半

午前八時半より第十一回目の創立記念式が行われた。始に君ヶ代［Ⅳ‐＊25］を歌い、野田先生より我ヶ校の歴史[*49]のお話ありて後、安藤市長［Ⅱ‐＊51］の演説があって、開校記念の歌を歌って式はすんだ。そして九時半より、学芸会を開かれた。私達の修身のお話は四番目であった。壇上に上る時は胸がどくどくしたが、お話をしかけると何んともなかった。後に母が、少し早過ぎた様だとおっしゃった。今日は保護者の方も同窓の方々も見えていられたので、一層気が張って早口になったのだろう。

午後四時頃に家に帰りて、母と色々と評した。母は二年のイ組の西村さんの松下禅尼[*50]が一番よかったと云っていられた。私もそう思った。

六月十六日 月曜日 気象［空白］ 起床五時 就眠九時

記す様な事はありません。

六月十七日 火曜日 気象 雨 起床五時半 就眠十時半

午後お茶のお稽古に行った。弟は夕方から父と人語を解する馬[*51]とか、怪力の兄弟と云うのが来ているのでそれを見にいって、夜遅く帰って来た。四ツと八

＊49 **我ヶ校の歴史** 京都市立高等女学校は一九〇八年（明治四一）二月、文部大臣の認可を受け、四月一五日入学式を挙げて開校した。所在地は京都市上京区堀川通錦小路北入ル（移転した市立商業学校の跡地を利用／地図9-5）。創立当初は一、二学年のみの設置で、修業年限は本科四年（二〇年、学制が年限を五年に改正）とされた。一〇年九月二九日、皇太子（後の大正天皇）の台臨《たいりん》を受け、この日を記念日とする。一三年（大正二）新校舎落成。毎年、六月一五日（一〇年同日、校旗が完成したことから）に創立記念式を挙行。

＊50 **松下禅尼《まつしたぜんに》** 鎌倉中期、北条時頼の母。時氏の妻。「徒然草」百八十四段で、障子を切り張りして時頼に倹約を教えた逸話が知られる。

＊51 **人語を解する馬** 新京極の歌舞伎座［現京都松竹阪井座ビル］で六月一二日から興行の〈CM歌舞演芸団（チャーレス・マーグリス・コンサート・カンパニー）〉の呼び物の一つ。CM歌舞演芸団は、団長チャーレス・マーグリス（Charles Margulis と綴るヵ）率いるアメリカからやって来た旅廻りの一座で、「舞踏あり独唱あり力芸《りきげい》ありの外《ほか》活動写真もあれば人語《じんご》を解する馬迄《まで》現はれるといふ斯《か》う色々なものが網羅されたのが此《この》一座の特色」（『日出新聞』大正八年六月一三日夕刊）だと新聞で紹介された。花形はアーミー・メーナルド嬢がフラ・ダンス等で観客を美貌、肉体美で惹《ひ》きつける一方、怪力兄弟は「体量二十二貫以上もあらうといふ弟ヘンリーを椅子《いす》に乗せたまゝ其《その》椅子を兄ベルンが口に銜《くわ》へて差上げ両手でマンドリンを奏《かな》づる獰猛《どうもう》な離れ業」を演じて見せたという。弟 彰淳の驚きもむべなるかな。

ツとかになる可愛い馬がオルガンで君ヶ代をひいたり米国の国歌をひいたそうだ。又、算術もするし、世界各国の旗が置いてあって、どこの国の旗を取って来いと云うと間違えずに取って来るそうだ。その他色々の面白い芸をしたと話していた。それから、三十一貫〔一一六・二五㌔〕と二十八貫〔一〇五㌔〕の兄弟が種々の事を見せて皆を吃驚さしたそうだ。

六月十八日　水曜日　気象雨　起床六時　就眠九時半

この頃は私の前に何時もお教室で並んでいられる、西村さんがお休みだから淋しくて仕方がない。俊子さんは腎臓で身体を少しも動かすといけないそうでお見舞状でも見せてないって俊子さんのお母様が云っていられた。ほんとにお気の毒な事である。

六月十九日　木曜日　気象〔空白〕　起床五時半　就眠十時

今日家事の時、先生が今度の時、試験しますとおっしゃって吃驚した。

家事の試験ってどんな事するのだろう、心配でならない。

六月二十日　金曜日　気象〔空白〕　起床五時半　就眠九時半

明日地理が試験である。立派な点を取らなくてはならぬ。

六月二十一日　土曜日　気象晴　起床六時　就眠九時半

試験は格別難題と云うほどではなかった。

夜日暮の阿部から明日久□〔邇〕宮様のお屋敷へ行くと云う電話が係〔ママ〕って来た。

六月二十二日　日曜日　気象晴後雨　起床七時　就眠九時半

午後日暮の伯母様と和ちゃんとが来られて、御一緒に久《く》邇宮《にのみや》様に行った〔久邇宮新邸は東山妙法院前に所在／地図b-4〕。丁度宮様〔智子女王／Ⅲ-＊17〕がお風呂に召していられた。高松の伯母さん（家庭教師）は、今まで宮様やお花さんとつかまえ〔つかまえ鬼。鬼ごっこのこと〕やかくれんぼをしていて、今、宮様がお風呂にお入りになった所だとお話していられた。暫くしてお上りになったので、宮様のお部屋でおじぎをした。お部屋には、お人形が奇麗に並べてあった。次の間には浅黄法師《あさぎ》[*52]と云う名の青いんこがいて、時々珍ゆちん［狆《ちん》］の鳴声や、かっぽれ［幕末から明治にかけて流行した俗謡］を歌ったり、「はなしはな」と宮様の真似をしたりした。後お二階でトランプをした。宮様に色々なのを教えていただいた。宮様は可愛らしいお口元をなすって、時々にっこりとお笑みなさった。夕暮近くなった時おいとまして帰宅してから父母にお話をした。

京都府立第一高等女学校を見学する智子女王
(『大阪朝日新聞京都附録』大正8年4月22日)

六月二十三日 月曜日 気象［空白］ 起床六時前 就眠九時半

別に記す様な事はなかった。

六月二十四日 火曜日 気象［空白］ 起床五時半 就眠九時

明日は地久節《ちきゅうせつ》［皇后の誕生日を祝う日］で学校がお休みである。弟は、〝私は明日授業なしだ〟と云ったら羨《うらやま》しそうな顔をして、〝小学校でも皇后陛下の御誕生日をお祝せないけない〟とぶつぶつ云っていた。

六月二十五日 水曜日 気象晴 起床六時 就眠九時

午前八時から講堂に於て地久節の祝賀式が行われた。野田先生より皇后陛下[*53]の御壮健なお話や、御高徳のお話を聞き、我々人民が御立派な国母《こくも》陛下［天皇の母、

＊52 **浅黄法師** 青インコの呼び名か品種名なのかは不明。〈浅黄〉は薄い黄色だが、わずかに緑色を帯びた薄い青の〈浅葱《あさぎ》〉とも同じ。

＊53 **皇后陛下** 貞明《ていめい》皇后（*1884-1951*）大正天皇の皇后。東京都神田生まれ。五摂家《せっけ》のひとつ九条道孝《みちたか》の四女。名前は節子《さだこ》。生後一ヶ月から四歳まで東京高円寺村（当時）の農家に里子として育てられる。華族女学校中学部卒。一九〇〇年（明治三三）五月、一五歳で皇太子の大正天皇と結婚。昭和天皇（〇一年）、秩父宮（〇二年）、高松宮（〇五年）、三笠宮（一五年）、の四人の男児を出産し、宮中における一夫一婦制を築いたとされる（「貞明皇后」『朝日人物辞典』）。この日、地久節で祝賀された皇后は、三十五歳にして国母陛下と称賛された。

皇太后、もしくは皇后」を戴き奉まつれるのは、真に幸福な事であると思った。
又新聞に依ると独逸《ドイツ》が講和条約の調印を承諾[54]したとの事で多分六月二十五日に調印される筈だと書いてあった。世界の大戦乱がここに於て終を遂げた事は世界国民の皆々歓とする所である。何たる今日はめでたい日であろうか。

六月二十六日　木曜日　気象 晴　起床六時　就眠九時半
家事の試験が二番は難しくなかったが、一番は私にはさっぱりわからなくって困った。題は一、京都市中の借家にて改良すべき点[55]は如何《いかん》、二、理想の台所、と云うのであった。
午後帰宅して母にお話したら、何《いく》らでもあるじゃないの、軒が低いとか、こう子［格子］が塗《ぬり》にしてあって暗いとか、沢山あるじゃないか、とおっしゃった。お母さんには沢山あるけれども、私はちっともわからない。ほんとに残念だった。
又来週の木曜は理科の試験である。

六月二十七日　金曜日　気象 晴　起床六時十分　就眠十時
明後日の日曜日に自由遠足をなさる。又清滝《きよたき》［愛宕山の東南側山麓］からで、愛宕山には行かないが、空《くう》也《や》の瀧《たき》［空也が修業したと伝えられる。滝行がなされる修験《しゅげん》の滝］へ行くとの事である。この頃はどちらを見ても試験ばかりで行くのは一寸心配だが、しかし、気晴しに一つ行ってみようと思った。空也の瀧と云う所は行って見た事はないから、行けば一つ学問するのだからとお加代さんや、お八重さんとお約束をした。
明日は地理の試験があるか知らん。

六月二十八日　土曜日　気象 晴　起床六時　就眠九時半
地理の試験は無かったが今度の時になさるそうだ。
かわりなし。

六月二十九日　日曜日　気象 晴　起床六時半　就眠九時
朝曇っていたので心配したが暫くしたらよいお天気になった。
午前八時より嵐山電車[56]で嵐山の五台山［嵯峨《さが》清凉寺《せいりょうじ》。五台山は山号］まで行った。そこで暫く休んでそして清滝の方に向かった。愛宕山へは二度も行ったから清滝もよく知っている。

清滝に着いたのが、十一時だったけれども、そこでお弁当を戴き、清らかな流れの清滝川で暫く遊び、空也に行った。私達三人は路も知らないくせに一番に向うに到着したさに先頭になって歩みだした。熱い日光は眘を焼く様である。扇とハンカチの使通しで、美しい木々も目にとまらない。ざざっと大変な水の音がしたので走って行くと、右手の谷の流れでがっかりした。私達は又とっとことっとこ歩み出して行くと、道が三つに分れて、指の印で真中と左の方とをさしている。さあどっちへ行ってよいかわからない。〝先生をお待ちしようか〟と云うと一人が、〝まあ何でもよい、行って来て間違ったら戻ったらよい〟と云って、大膽《〔ママ〕》〔大胆《だいたん》〕に又山路の真中の路を取って歩き出した。この川の上が滝かも知れないと、左手の川に沿うて登った。中々けわしい山路で困難である。行手は屛風の様な大岩があったので吃驚して山賊の住家《すみか》だろうと、急に先の路へ走って戻った事もあった。

そうこうする中、あたりがひーやりして涼しくなって来たので〝滝に近づいたのでしょう〟と耳をすますと、案の定、滝の様なひびきがしているので、今度こそはと一生懸命走って走って行くと、ますます

＊54 **独逸が講和条約の調印を承諾**　一九一八年（大正七）一一月一一日、ドイツの降伏（Ⅱ‐＊23）を受けて、戦勝した連合国により、約六ヶ月に及ぶパリ講和会議が持たれ（一九年一月～六月）、六月二八日、ドイツと連合国は講和条約を締結した。これにより第一次世界大戦は終結。ベルサイユ宮殿で調印されたことに因んで〈ベルサイユ条約〉と呼ばれる。
この条約でドイツは、海外植民地を失い、アルザス、ロレーヌをフランスに譲渡。また厳しい軍備制限と多額の賠償金が課せられた。また ベルサイユ体制と呼ばれる、一連の講和条約で形成された国際体制は、平和維持のための機構組織として国際連盟を創設したものの、体制の内実は連合国でも実質英米仏だけに主導され、理念は等閑《なおざり》に利害関係に拘泥《こうでい》し、フランスの対独報復主義が色濃く反映された。結果敗戦国ドイツを徹底的に痛めつけるものとなり、国際秩序を平和裡に保つための勢力均衡《パワー・バランス》は、戦後、絶え間なく不安要因を孕《はら》んで、後々ナチスの台頭を誘引した。

＊55 **京都市中の借家にて改良すべき点**　大正期以降、伝統的住宅の洋風化を進め、より合理的で文化的な生活を、住まいの改良から目指した〈住宅改良運動〉が盛んになっていた。また都市部では、電気・水道が普及し、とりわけ京都市では早くから上水道（Ⅱ‐＊45参照）が整備され、台所・風呂場・便所など水回りの衛生的な改善が進められていた。

＊56 **嵐山電車**　現在の京福《けいふく》電気鉄道嵐山本線。〈嵐電《らんでん》〉の名で親しまれる。一九一〇年（明治四三）三月、嵐山電車軌道により、京都駅（現四条大宮駅）‐嵐山駅間が開業。

あたりは涼しくなって来るし水の音は近くなるので嬉しくて嬉しくてたまらず、今までの暑さ、恐しさも忘れてしまった。そして行手に、大きな大きな空也の瀧を見つけた時は私達三人は嬉しさ、誇《ほこ》らしさとで飛びまわった。そしてその清い清い真白な滝の落ちる側で顔を洗ったり水を飲んだりした。暫くして又、お友達が一人二人と来られた。私達は中島先生にもお友達にも一番で来たと自慢した。そこで夏の暑さを忘れて遊んだ。

山を下りしなも一番に下りた。そして、又五台山へ行き嵐山電車で帰った。

今日の遠足は今までに無い楽しさだった。

六月三十日　月曜日　気象 晴　起床六時半　就眠九時

明日は平和祝賀式を催おされ、お話があるとの事だ。

夜早く寝た。

七月一日　火曜日　気象 曇後雨　起床六時　就眠九時

前後五年間に渡る大戦乱も慶《よろこ》ばしく終をとげ、世界は平和にみちみちて居る。この平和を祝う為に我ヶ校にても祝賀式を上げさせられた。そして小酒井先生よりこの戦争の原因、戦の有様、講和条約の事までお話していただいた。この戦にて死んだ人、負傷した人[*57]は驚べき数に達している。

かくの如く、世界の大方の国が、皆集って戦った事は古今に無い事であるようだ。私達はそのお話を聞いてほんとに恐ろしい事だと思った。それと同時に、この平和になった事をほんとに喜ぶのであった。明日は国旗を持って平安神宮［地図 e-3／II-＊15］に行き、万歳を唱えるのである。

~~六~~七月二日［「七」と訂正あり］　水曜日　気象 雨　起床五時半　就眠九時

雨が降ったので旗行列は中止になった。

歴史の試験があった。明日は理科の試験があるから一生懸命勉強した。夜四条通を踊が通っていると云って女中等は見に行った。私も行きたかったが一生懸命辛抱して理科を検《しら》べた。

六[ママ]月四《三》日　木曜日　気象　雨　起床六時　就眠十時

午前曇っていて怪しい空であったが旗行列に行った。平安神宮に沢山の学校が集った。智宮《さとのみや》様も高松の小母様と向うの方にいらっしゃった。安藤市長様の万歳で私共も国旗を思い切り高く上げて万歳を三唱した。

帰りにはぼつぼつ雨が降っていた。一まず学校に行って又控え所で野田先生のおあいず［合図］で万歳を三唱して解散した。

帰宅した時は雨はじゃじゃ降りだった。午後は少し小やみになった。母と弟は日暮へ行かれた。

六[ママ]月四日　金曜日　気象　雨　起床五時半　就眠九時半

午前、野田先生が新に我ヶ校の校長先生におなりなさった式があった。

前清水先生の台湾におこしなされて［清水儀六前校長は台南高等女学校々長を歴任］、私共は大変淋しく思っていました処が、今度国語・漢文の先生をなさっていらっしゃる野田先生を校長として戴く事は、私等一同は喜びとする次第である。

午後修身の試験があった。明日は地理と文法の試験がある。

毎日試験ばっかりである。

（石田）［朱印］

六[ママ]月五日　土曜日　気象　雨　起床五時半　就眠九時

地理の試験があった。私のお稽古したのばかりだったから嬉しかった。

明後日は又、理科の試験がある。今日文法の試験があるだろうと思っていたらなかったから、月曜日に又あるだろう。

夜お腹の工合が悪かったので早く寝に就いた。

［裏表紙見返しに「二ノ二／井上正子」と記名］

［日記Ⅲ了］

＊57 **この戦にて死んだ人、負傷した人**　『日出新聞』（大正八年六月七日朝刊）のコラム「京都市民と衛生」によると、第一次世界大戦の「交戦国全体の死傷者の数」は、行方不明者を含めて二千六百万人に達すると記される。記事は「戦争の惨禍が人類に加ふる殺人力の如何《いか》に偉大であるかは、略《おおよそ》想像が出来よう」と続く。しかしこれは戦没者（戦死・戦傷死・戦病死者）の数で、先の記事から離れるが、ここに民間人の犠牲者を含めると総計三千七百万人が記録されている。因みに第二次世界大戦の犠牲者数は総計五千万〜八千万人とも言われる。

コラム3

「正子日記」に見える病《やまい》の姿　感染症を中心に

COVID-19（新型コロナウィルス感染症）

二〇二〇年三月一日、野田正子（旧姓 井上）の二十三回忌法要が、正子が結婚をして半生を送った、滋賀県蒲生《がもう》郡日野の真宗大谷派本誓寺《ほんせいじ》で予定されていた。しかし、新型コロナウィルスの感染が国内でも拡大し、直前になって法要は延期、三月五日から、筆者の息子たちが通う京都市内の小学校は一斉休校となった。そのような時期である。ほんの少し前まで国内外からの観光客であふれかえっていた京都の市中は、緊急事態宣言の発令直後などゴーストタウン（徳正寺は繁華な四条通の近隣に位置）のように思えた。日々刻々と状況が変わるなかで、新型コロナウィルスのパンデミックが、おおよそ百年前に人類を襲ったスペイン風邪（スパニッシュ・インフルエンザ）の流行と類似するのでは、という話をメディアなどで聞くようになった。歴史家の藤原辰史《ふじはらたつし》氏が、岩波書店のウェブサイトに緊急寄稿した「パンデミックを生きる指針——歴史研究のアプローチ」（四月二日）の中で、スパニッシュ・インフルエンザが人間社会に与えた諸事象が、いま我々が新型コロナウィルスのパンデミックによって投げ込まれた情況とさまざまな点で共通し、百年前の社会が経験した過去を掘り起こすことが、「現在を生きる私たちに対して教訓を提示している」と語られているのを知った。「スパニッシュ・インフルエンザは、第一次世界大戦の死者数よりも多くの死者を出したにもかかわらず、後年の歴史叙述からも、人びとの記憶からも消えてしまったこと」を指摘する。また別の場所で藤原氏が、当時のスペイン風邪に関する記録や史料が、第一次世界大戦というビッグイベントの影に隠れて、容易には見つからない旨を述べられるのを聞き、「正子日記」の記述にスペイン風邪の流行が生々しく刻まれているのを見つけたことは、これまでに幾度か記している（扉野良人「十二歳のスペイン風邪 大叔母の百年前日記 野田正子日記抄」〈『河口からⅥ』二〇二〇年五月〉ほか）。

「正子日記」の再発見（日記そのものの発見は二〇一七年）が、新型コロナウィルスのパンデミックにうながされた、約百年前のスペイン風邪の流行との比較と検証にあったので、本コラムでは、両者のあいだに何が共通し、何が違っていたのか、またなぜ記録や史料にその事実の残ることが少なかったか、「正子日記」に現れた〝病の姿〟をとらえて、当時の人が日々の暮らしのなかで、どのように病気や怪我などに医療的なことも含めて対処していたのかを見てみたい。（本コラムでは字数・紙幅の制限から、正しく〈スパニッシュ・インフルエンザ〉と表記せず、概して〈スペイン風邪〉と記す）

スパニッシュ・インフルエンザ

春の先触れ（第1波）
一八年（大正七）春〜夏

記録されたスペイン風邪の最初の流行は、第一次世界大戦中の一九一八年（大正七）三月四日、米国《アメリカ》カンザス州の陸軍ファンストン基地で、百人以上の兵士がインフルエンザに感染したことだとされている（ファンストン基地では春の間に四十八名の死者を出した）。同年五月には、スペインで奇病が大規模に感染爆発するニュースが世界を駆けめぐった。早くもアメリカを震源地とした、未知の病原体*が、欧州戦線へヒトとモノの大量輸送に乗じて一気に拡大したのである。スペインは中立国だったため、戦局に関わる情報統制がなされなかった。結果、本来なら濡衣《ぬれぎぬ》となる不名誉な〈スパニッシュ・インフルエンザ（スペイン風邪）〉という名称が、世界史に刻まれることになったのだ。

日本で記録に確認できるスペイン風邪の流行は、速水《はやみ》融《あきら》『日本を襲ったスペイン・インフルエンザ』（藤原書店、二〇〇六年）によれば、一八年（大正七）四月、日本の統治下にあった台湾で巡業中の大相撲の力士たちが次々と病に倒れ、人気力士を含む三名が命を落とし、なお入院者が相次いだという事例である。速水氏は、確たる証拠があるわけではないが、新しいインフルエンザによる可能性を示唆する。

〈春の先触れ〉と呼ばれる、世界各地で発生・蔓延したインフルエンザは、秋以降の本格的流行に比べると死亡者が少ない。病状が肺炎に近く、若い成人に感染が多かった。感染力は非常に強いが、死に至るほどの病患ではなかった。そして七月ごろまでに一旦は消えてしまう。

「正子日記」に〈スペイン風邪〉と見られる病名が初めて現れるのは、一九一八年（大正七）六月二九日、「弟が大へん九度も熱が上りましたので心配いたしてすぐ若山医師を迎えましたら別に大した事なくこの頃流行している成金風と云うものだと云われて帰られました」とある、〈成金風〉［〈成金風〉については註（I‐＊19）に説明］である。同年六月九日、『大阪朝日新聞』に「奈良歩兵第三十三連隊」で六月一日以来、〝流行性感冒〟の罹患者が続出、三百名に達したと報じられ（I‐＊13）、すでに関西

＊**未知の病原体**　〈スパニッシュ・インフルエンザ〉の病原体である〈ウィルス〉は、当時の技術では分離できず未解明だった。

圏でインフルエンザの感染拡大の兆しが確認できる。日記に若山医師が「別に大した事はない」と診断している通り、〈成金風〉は、いわゆる〈春の先触れ〉に属した疾患だったのだろうと思われる。医師の口振りから見ると、まだ一般に畏《おそ》れるほどの病気ではなかった。

弟が高熱を出した翌々月、今度は正子自身が高熱で寝込んでいる。八月一〇日土曜日、午前中で授業を終えて帰宅した正子は、「頭が（学校で－引用者）お話聞いている頃から痛うございましたので直ぐお医者へ行きました。熱が少しあるだけで別に大した事ではないとおっしゃいまして安心いたしました」と、大事をとって床につく。八月一一日〜一四日の四日間、正子は日記をつけていない。

チフス

五日後、八月一五日木曜日の日記。

今日やっとお床の上で起きられました。昨日や一昨日はその前の日などは九度以上に熱が上り、二つも氷袋でひやし母は〝夜通しした〟と云っていられました。母のおかげで熱もさめたので大へんうれしゅうございます。今日もう一日熱が高かったらチビスと定めるとお医者は云っていられたそうです。今日お医者が来てもう明日から起きてもかまわないとおっしゃったのでうれしゅうございました。

医師は、「チビス（チフス）」ではないと言った。

〈チフス〉とは、〈腸チフス／パラチフス〉のことで、チフス菌もしくはパラチフスA菌の経口感染による感染症である。〈腸チフス〉と〈パラチフス〉の感染者数の割合は10：1ほど（『日出新聞』大正七年一一月一六日朝刊）、ともに類似した症状を示した（一般に〈パラチフス〉の方が軽症とされる）。一〜二週間の潜伏期ののち発病、特有の熱型を示し、発熱・下痢・脾腫（脾臓が大きくなった状態）・薔薇《ばら》疹《しん》などの症状を呈するという。現在では上下水道の整備により、国内での感染はほとんど見られなくなったが、海外の衛生環境の整わない地域では未だ一般的な感染症である。

ここでもし、医師が正子を「チビス」と診断していたなら、〈チフス〉は〈ジフテリア〉〈赤痢〉〈コレラ〉〈痘瘡《とうそう》（天然痘）〉などと共に「伝染病予防法」（一八九七年〈明治三〇〉制定）で〈法定伝染病〉に指定されていたので、感染者および同居者は周囲近隣から隔離の上、住居は部外者の出入りが禁じられ、消毒が隈なく実施されることになっただろう。また新聞では、管轄の地域で〈法定伝染病〉の発生が知れると、プライバシーも考慮せず感染者の住所氏名を紙面に開示する場合があった。感染症に罹《かか》ることは、病気の恐ろしさ以上に、世間の目に晒《さら》される脅威を伴ったのだ。

正子は幸いにも〈チフス〉でなかったようだが、ではいったい何の病に罹っていたのだろう。〈チフス〉と〈スペイン風邪〉は、その発熱の症状がよく似ているとの指摘が当時の新聞記事に見つかる（『日出新聞』一一月一三日夕刊）。〈スペイン風邪〉の第2波が猛威を振るうなか、腸チフスの患者数が俄《にわ》かに減じており、「その発熱の模様等が両者相似寄《あいによ》つたものであるから、一般の医者に誤診混淆《こんこう》されて居るのではあるまいか」と報じている。このことは、八月一一日～一四日の高熱を伴った正子の病患が、場合によって〈スペイン風邪〉だった可能性を示唆している。しかし、前後の日記で正子の家族が〈インフルエンザ〉の症状を呈した様子は見られず、あくまでも仮定の域を出ない。

スパニッシュ・インフルエンザ　第2波　一八年（大正七）一〇月～一二月

〈スペイン風邪〉の本格的流行となる第2波が日本に襲来したのは、前出速水氏の著書によると、一八年（大正七）九月末から一〇月初頭と推定している。「正子日記」に第2波と見られる記述が最初に現れるのは一〇月二二日火曜である。

今朝は寺村さんへお美代さんやお喜久さんとお茶のおけいこに行った。清子さんは御病気だったのでなさらなかった。／この頃は大変いやな風〔風邪〕が流行するので先生も父母も私に気を付けよとおっしゃる。

同月一七日『京都日出新聞』夕刊で、徳正寺から南に二キロと離れていない皆山《かいざん》小学校（現　渉成《しょうせい》小学校）で「本月十二日以来十六日迄《まで》に九十名のインフルエンザ患者を出して休校するに至りたる」と記されている。すでに京都では「いやな風」が身近に迫る様子が窺える。そして日を追うごとに、〈スペイン風邪〉の流行を示す日記が目立つ。

このごろ大層風が流行るから学校は今日から四日間お休みになった。学校は二百六十四人程の欠席者があった。／今朝弟は姉ちゃんはよいなお休みだからとうらやましそうに学校へ行った。／正午帰って来て姉ちゃん姉ちゃん僕とこ一週間休みえ、とうれしそうにしていた。（一一月二日土曜日）

このごろ新聞を見ると黒わくの広告が沢山ついている。／お友達の重田さんのお母さんも八日になくなられたそうで今日山崎先生と世良さんと私とで生徒総代になっておくやみに行った。／ほんと重田さんはお気の毒である。（一一月一二日火曜日）

一一月三日『日出新聞』朝刊の「感冒彙報《かんぼういほう》（流行性感冒《インフルエンザ》に関する行政報告）」では、京都府下及び同市中の学校が「続々休校の止むなきに至り」、正子の通う市立高等女学校も「二日より九日迄《まで》一週間休校の事に決したり」（日記では「四日間」の休校）と記される。また同彙報では、下京区《しもぎょうく》（徳正寺の住所も下京区）の七条警察署部内の九つある学区別（前述皆山小学校を含む）罹患者数と死亡者数を計上している。それによると、流行が始まって以来一〇月三一日まで七条署に報告のあった総罹患者数は二、六六一名（学生八八四名／一般住民一、七七七名）、そのうち三二名の〈一般住民〉が死亡した。〈学生〉に死者が一人も出ていないのは、学齢期の青少年に死亡者が少なかったことを窺わせる（後述）。死亡率が突出していたのは崇仁《すうじん》学区（現 下京区／I‐＊43）で、罹患者二五三名（学生一三六名／一般住民一一七名）のうち一一名の死亡が数えられ、罹病者に対する死亡者の割合は43．5‰（パーミール、千分率）にも上る（七条署部内全体では12‰）。崇仁学区は、この年八月に米騒動（I‐＊37）が発生した柳原町を含み、貧困層の集住する被差別部落を包摂していた。『日出新聞』一一月六日夕刊では、「感冒で死ぬ人／…／廿代丗代の者が多い」との見出しで、一一月一日から四日までの上京区《かみぎょうく》・下京区（当時の京都市は上京・下京の二区のみ）のスペイン風邪による年齢別死亡者数を伝える。下京区に限ると（一八年の下京区の人口は約三三万人）、四日間に下京区役所へ届出のあった死亡者数は二九二名、うちインフルエンザに起因すると考えられる人数は一七九名。さらにそのうち年齢の判明した一一七名の死亡者で、二〇〜四〇歳で亡くなったのは九四名に達した。

流感に起因する年齢別死亡者数（下京区）
1918年(大正7) 11月1日 - 4日

15 - 20歳	15名 (14, 1)
20 - 25歳	30名 (20, 10)
25 - 30歳	32名 (16, 16)
30 - 35歳	22名 (16, 6)
35 - 40歳	10名 (6, 4)
40 - 45歳	8名 (5, 3)
計	117名 (77, 40)

※（）は男女別

『日出新聞』11月6日朝刊

内務省衛生局編『流行性感冒』（一九二二年）を見ると、一八年秋以降に悪性化した〈スペイン風邪〉は、従来のインフルエンザのように、発症すると悪寒、急激な熱の上昇をともない、四、五日後に肺炎・肋膜炎・気管支炎などの肺合併症を来して重症化に至る場合も少なくはなかったようだが、強毒性が顕著なこれまでにない特徴として、健康な二〇〜四〇歳の青年・壮年が突発的に高熱を生じ、急性窒息・血痰・チアノーゼ（血中酸素が減少し、皮膚・粘膜が青紫色を帯びる）の症状を呈して、急激に衰弱して数時間もしくは三日ほどで死亡する〈肺炎敗血症〉の症例が多く報告されている。またその症状は幼年と老年には少なかった。

一一月二八日、正子の外祖父 桑門志道（I‐＊18）が〈スペイン風邪〉により広島で命終する。祖父の死は、『中外日報』（一八九七年創刊の宗教専門紙）に大きく報じられた。「桑門志道氏は久しく中風《ちゅうふう》性にて臥床中の処流行性感冒にかかり遂に昨二十八日朝広島市なる自坊常念寺にて示寂《じじゃく》せり。享年六十九歳」（大正七年一一月二九日）。直接の死因は流行性感冒《インフルエンザ》だが、「久しく中風性（脳出血・脳梗塞による運動機能障害）にて臥床中」とあるのはどうしたことなのか。中風と流感の因果関係がはっきりとしない。日記では、六月末に十日間ほど、死の一ヶ月前の一〇月三〇日〜一一月六日にも徳正寺に逗留し、祖父に病臥する様子は見えないからだ。しかし、数年前に大病をしていて、「最近二三年こそ病気して全く活動を失うたけれど」（『中外日報』一一月三〇日）とあり、病気を機に公務を退いたと見える。日記中に見える祖父は矍鑠《かくしゃく》とし、広島・京都を往来できるほど快癒していたのだろう。それだけに、祖父が広島へ帰ってから五日後の一一月一一日、「夜父は広島へおこしになった。／今晩から少しこわくなる」と正子は記す。この時、祖父の身に何かが起こったことを、正子はうすうす察しているようだ。

＊約三年間にわたる〈スパニッシュ・インフルエンザ〉の流行期間は、内務省衛生局編『流行性感冒』（一九二二年）では三回の期間に分割され、一回目（一八年〈大正七〉八月〜一九年七月）、二回目（一九年九月〜二〇年七月）、三回目（二〇年八月〜二一年七月）と感染流行の波があったことが報らされる。本コラムでは〈春の先触れ〉を〈第1波〉とし、一回目の流行期間（一八年八月〜一九年七月）を〈第2波〉〈第3波〉の二つの時期区分に分けて示した。

スパニッシュ・インフルエンザ　第3波＊　一九年（大正八）一月下旬〜七月

正子の祖父の命を奪った〈スペイン風邪〉の第2波は、都市部では一一月下旬になると感染者・死亡者数は減少に転じ、人々は愁眉をひらいた。しかし、一九一九年（大正八）を迎えると、一月下旬になって流行が再発する。

正子の周辺にも罹患者が出る。まず従兄が、「先達《せんだっ》てから大層悪くて毎日熱が四十度位」（一月三〇日）で苦しんでいると記す。二月一四日には、親戚の家族が〈流行性感冒〉で寝込んで、母が看病の手伝いに行った。その二日後、正子自身が「帰宅したら大変頭が痛んだので熱を測ったら六度八分だった」（二月一六日）と風邪の兆候が現われる。二月一九日の夜、「少しのどと頭が痛かったから早く寝た」と記して、その翌日から十六日間も寝込んでしまうのだ。

病気中も簡潔に体調を記し、病状がSNSのタイムラインのように読むことが出来る。〈スペイン風邪〉の第3波は、第2波よりもウィルスが変異してさらに強毒化したと言われるのだが、「熱の高さは朝六度八分　昼は七度二三分　夜は七度五分」（二月二六日）、「熱は毎日同じ高さで上り下りもしない」（二月二七日）と微熱程度で済んでいるのは、前年八月に高熱を出したのが〈スペイン風邪〉だった可能性がある。正子の体内には既に免疫が出来ていたのかもしれない。しかし、二週間余りも病床にあったのだから、ただのインフルエンザでなかったことは確かだ。

肺結核《はいけっかく》

正子は親友を〈肺結核〉と思われる病で喪《うしな》っている。親友の名は仲北八重（八重子ヵ）。日記では「仲北さん」、親しくなってからは「お八重さん」と正子は呼んだ。

八重と正子は女学校の一年生のとき（12～13歳）、同じ組だったことから、先述した正子が〈スペイン風邪（第3波）〉で二週間、学校を病欠したとき、八重からお見舞状をもらったり（一九年〈大正八〉二月二二日）、やはり同じクラスの林崎さんとともに訪問を受けて（三月六日）、互いに親交を深めていったことが窺える。二年生になると（一九年四月～）、正子と八重と林崎（加代子ヵ）さんの三人は、学内外でも常日頃から交友し、互いの家を訪ねあうほど仲良しとなった。二年生一学期の六月末の日曜日、「お八重さん」と「お加代さん（林崎さん）」と正子の三人は、愛宕山《あたごやま》の麓《ふもと》にある「空也の瀧」まで駈けあがるようにして登っている。

> 大きな大きな空也の瀧を見つけた時は私達三人は嬉しさ、誇《ほこ》らしさとで飛びまわった。（大正八年六月二九日）

しかし、元気な八重の姿はこの日を限りに途絶えた。健やかな八重との蜜月が記された『日記Ⅲ』と、『日記Ⅳ』との間には約一年以上の空白（一九年〈大正八〉七月六日～二〇年〈大正九〉九月六日）があり、この間に分量にして二冊分の日記が存在したはずだ。そこには仲北八重の身体に病魔が襲ったことが記されていたに違いない。

日記に八重の名が再び現れるのは二〇年（大正九）九月八日。三年生の二学期、八重の姿は教室にはなかった。

> 八重さまはまだお身体のぐあいが悪くて、お医者さまも当分は休めとおっしゃったそうである。御自分は皆と離れてたった一人田舎で養生するなんてとても私には出来ないことだから、ちっとも学校を去りたくないと云ってらっしゃるのである。（二〇年九月八日）

二学期の始まる前、正子は八重の訪問を受けて、一緒に円山公園へ行って休学の相談をされた。正子は「登校しつつ元気を出して自分で気を付けて養生」すれば良いと勧めてはみるが、八重は「一年間は学校を去り、暫く養生して立派な体格になる」ことを決心している（九月八日）。

日記の中で正子が八重と最後に会ったのは、二〇年九月二八日、岡崎の公会堂へ少女歌劇を見に出かけた時である。「お八重さんは以前と同じ様に美しい眼・房々した髪、にこやかな笑《えみ》の主として私に接して下すった」（九月二八日）

病気療養をしていたとはいえ、小康を得て外出が叶ったのだろう。正子にとっても、希望の光が射した日であった。しかし、この日以降、正子は八重との文通を続けるものの、日記では二度と相見《あいまみ》えた形跡はない。正子が仲北八重の訃報に接するのは二一年（大正一〇）六月一九日。

ああ私はまた愛する人の死に出会わなくちゃならなかった。／私は人の世を呪う。私は人の世を悲しむ。どうして人の世はこんなに悲哀が多いのだろう。／私は私のお八重さんを失った。お八重さんは私を残してどこかへ行ってしまった。私はお八重さんが唯一人の親友だったのだ。（二一年六月一九日）

仲北八重をこの世から奪った病の名を正子は記していないが、病状から〈肺結核〉が可能性として考えられる。

〈肺結核〉は、結核菌によって起こる慢性の肺の感染症で、感染の初期は無自覚だが、病巣が拡がると、咳・喀痰・喀血・呼吸促進・胸痛などの症状に進み、さらに羸痩《るいそう》（極度に痩せる）・倦怠・微熱・発汗・食欲不振・脈拍増加などの一般症状を呈し、やがて衰弱する。抗生物質による〈結核化学療法〉のない時代、〈肺結核〉の予後（病気の経過）は悪く、結核菌保有患者は二年間で1／2が死亡、1／4が慢性化し、1／4が自然に治癒した。

日本では、〈結核〉による年間死亡数が最も多かったのは一九一八年。同年の〈スペイン風邪〉の流行を凌いで死因の第一位だった。資本主義成立期と一致し、農村から都市に人口が流入し、特に過酷な労働を不衛生な環境で強いられた繊維業の工女たちに罹病者・死亡者が激増したという。

八重は、空気の澄んだ「田舎」に転地療養をすることで、滋養を摂って体力を恢復《かいふく》し、自然に病気が治るよう懸命に試みた。が、しかし予後が芳しくなかったのだろう、「お八重さんはほんとに若くて死んでしまった。」（六月二三日）

死よ。あまりに悲しい定めよ。（九月二三日）

「正子日記」に現われた〈病の姿〉とは、時に人の命を奪うあまりにも身近で残酷な〈非日常〉であった。それと同時、人の命の儚《はかな》さと尊さと、その意味を教える当然の〈日常〉として、瑞々《みずみず》しく透徹した感性で記しとめられる。（扉野良人）

広島別院明信院で撮られた写真 1920年（大正９）の夏ヵ
後列右が正子（満14歳の時ヵ）。「日記 Ⅳ」大正９年９月13日条で広島の叔父桑門幹（前列中央）に「色々夏休みの間のお世話になった」と記している。この写真はその訪問時に撮影された可能性が高い。前列左は正子の弟 彰淳（淳丸／満９歳ヵ）。

日記Ⅳ

一九二〇年（大正九）九月七日〜二一年（大正一〇）三月一五日

［表紙見返しに「三ろ（三年ろ組）／井上正子」と記名／P.186に図版］

九月七日　火曜日　気象 晴　起床六時前　就眠九時半

勉強にも運動にもよきシーズンが来た。私等はこれから勉強しなくてはならない。運動しなくてはならない。丁度お米の収穫時も此《こ》の時である。私等の学問も体力の収穫も此のシーズンである。どうしてどうして油断出来よう。一層奮わないでは人々に遅れる。私の心は、励《はげ》め！と叫んでいる。そうだ励んで立派な点を得る……。私は心が奮い立ってるのを止められない。

私の前には美しく光り輝く一道がある。私はこのたった一つの道をまっすぐに歩んで行けばよいのだ。この道の終りには非常に非常に美しい宮殿があるのだ。私はここまで達して、その宮殿の王様に立派な偉大な月桂冠［月桂樹の枝葉で作った冠］を貰わなくては私は駄目なのだ。おー横道に行かずにしなければならないのだ。横にどんなに美しい道があってもその道は終には恐ろしい淵に落ちねばならないもの。ああ思っても恐ろしいことである。真直に進めよ一直線に進めよ！我!!!

九月八日　水曜日　気象 晴　起床六時　就眠九時半

私はこの頃学校へ行っても淋しくて淋しくてたまらない。何故ならば私の一等愛する八重さまがいらっしゃらないためである。八重さまはまだお身体のぐあいが悪くて、お医者さまも当分は休めとおっしゃったそうである。御自分は皆と離れてたった一人田舎で養生するなんてとても私には出来ないことだから、ちっとも学校を去りたくないと云ってらっしゃるのである。

私だとて、八重さまとお別れするのは、実際悲しいことである。先日も八重さまがわざわざいらっしゃって、二人で円山［円山公園／地図g-3］へ行き、そのことに付き御相談したのである。私は初めはとてもお別れするにはしのびない、それより、登校しつつ元気を出して自分で気を付けて養生して行ったらいいでしょうと云った。八重さまもそれに賛成をなすったが、又思い返して見るとやっぱりここ一個《いっか》年はみっちりと養生する方が一生の幸福かもしれないとも考えられるのである。で、今日その意味を詳しく書きお手紙を差上げた。父上も母上も（八重さまの）一年間は学校を去り、暫く養生して立派な体格になるのがどれだけ徳〔〈得〉の同義も含む〕かわからないのであるから、休校せよとおっしゃるのだから、八重さまも私の手紙をみて決心なさるだろう。しかし別れたら、と思うと、胸がかきむしられる様な悲しさにとらわれるのである。

九月九日　木曜日　気象　晴　起床六時　就眠十時

別に記すべき事柄もなき様に思わる。

九月十日　金曜日　気象　晴　起床六時　就眠十時

午後帰宅して一心に勉強した。ややもすれば最初の日の決心も鈍って来て勉強をおろそかにした日もあった。夏休みに怠けたためその悪癖をなおすには中々骨が折れるのである。

九月十一日　土曜日　気象　晴　起床六時　就眠十時

夕方ミシン台[*1]が来た。早速私等の部屋においていただき、珍しき故に、父上も母上も弟も私も代る代る台の前に坐り、足をふむ稽古や、切のまわし工合を考えたりして中々面白かった。あまり調子に乗ってしたために針を何本も折ってしまった。女中の割烹《かっぽう》

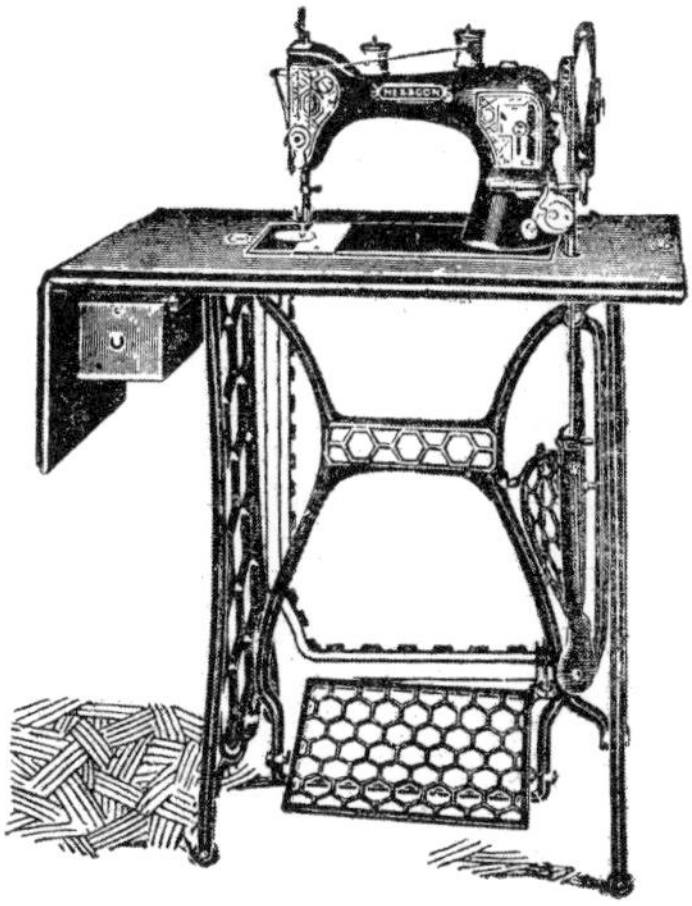

1920年代の家庭用足踏ミシン。図は英ヘキサゴン社製のものだが、シンガー社製ミシンと酷似する。（『HARMSWORTH'S CHLDREN'S DRESS』1922年6月号, Fleetway House, London）

*1 **ミシン台**　米シンガー社製のミシン。当時、日本のミシンは輸入品のみで、国産ミシンはまだ開発途上だった。I・M・シンガーが今日のミシンの基本的構造を開発し、多くの特許を取得した。シンガー社は一九一〇年代、世界各国に工場を作るなど、市場を独占する。日本では、〇六年（明治三九）、東京有楽町に、ミシン裁縫による洋裁教育を目的としたシンガーミシン裁縫女学院が設立される。正子が受けた裁縫の授業は和裁がまだ中心だったが、市立高女ではミシンを用いた洋裁の講習も始まっていた。（大正一一年七月二三日条）

服を縫うと約束した。

弟の学校行きの雑巾も縫う約束した。先約は大変多いが実際出来るか随分危ない話である。

九月十二日　日曜日　気象 晴　起床六時半　就眠九時

午後久しぶりでお茶のお稽古があった。お茶は手がきまっているためかお琴ほどには忘れていなかった。帰途小川先生の帯を結んで四条通りを歩いていらっしゃるのにお目にかかった。

九月十三日　月曜日　気象 晴　起床六時半　就眠十時

学校よりかえったら広島の叔父上様*2が来ていらっしゃった。色々夏休みの間のお世話になったこと*3をお礼を云った。夜京極へ散歩に行き私の大好きなものを沢山買っていただいた。

（山川）［朱印］

九月十四日　火曜日　気象 晴　起床六時　就眠十時

高橋先生今日より御出校なすった。この間からずっと御欠席だった様な様子であった。

午後ミシンをして、又針を折り母上よりお目玉頂戴した。触《さわ》れば針を折るからこれから飾って見てなくてはならない様になった。

九月十五日　水曜日　気象 晴雨　起床六時　就眠十時

今朝目を覚むれば烈しき雨の音が聞こえた。庭に面した縁側に暫く硝子《ガラス》戸に身を寄せて見ていると、敷石に穴をもあけよとはげしく降り、南天は前にしなっと意気地《いくじ》なくおじぎをしている。あまり長く見つめていると雨がぼんやりして何にも前は見えなくなってしまうのだった。七時に足袋もぬぎ高下駄を穿《うが》ち［履《は》き］大きな裁縫包みと重い荷物で左の手は折れてしまうかと思った。右の手には傘をと、妙ないでたちで家を出る。こんなに大きな荷物を持ってるのだから雨もちっとは許して来れたらと雨をうらんだが、何の効果もなく雨は銀箭《ぎんせん》［銀の矢］の如くようしゃなく降るのだった。大勢つめこんだ電車を幾台かやり過し、やっと乗ればそれも沢山の人。私は大きな荷物をかかえ、人と人の間にはさまれ動きも取れない様になった。しかし人のおかげでこけもしないのである。切符を出そうと紙入《かみいれ》［財布］を出すと同時に上の包みは手からばさっと他処《よそ》の方の膝の上に落ちて真赤になってあやまるやらさんざんな目に会わされとうどう学校に行った。はてさて雨の日の電車はつらいと思うのであった。
母上、時候の激変のためにより、足にリウマチスが起り、今朝より休んでいらっしゃる。夜明日の英語をしらべる。

九月十六日　木曜日　気象 晴　起床六時　就眠九時半

《女学世界》[*4] [第二〇巻一〇号、大正九年一〇月号] が午後来た。口絵の《ハルピンの娘》[伊原宇三郎 画] が非常に気に入った。夢二さん[*5]の相変らず美しい詩 [「忘

『女学世界』(第20巻10号、大正9年10月号)
表紙：浅井愛子「北支那の秋」
本誌奥付の発行日は大正9年10月1日。印刷納本は9月27日。正子は、それより早い9月26日に入手している。

---

*2 **広島の叔父上様**　正子の母 井上美年子の弟桑門 幹《もとき》(187?-1945)。『日記Ⅰ-Ⅲ』で「北海道の叔父(伯父)」と呼ばれていた幹は、一九一九(大正七)一一月二八日に永逝《えいせい》した桑門志道の広島別院明信院の常輪番を継嗣《けいし》し、北海道から広島に戻った。以後、幹は同別院の住職(輪番《りんばん》)を勤める。四五年八月六日、別院一帯は原子爆弾の爆風により壊滅。幹も落命した。遺骨は現在、徳正寺六角堂に納められる。

*3 **夏休みの間のお世話になったこと**　『日記Ⅲ』と『日記Ⅳ』との間に約一年以上の空白がある。〈Ⅲ〉は二年生時の大正八年(一九一九)七月五日に終わり、〈Ⅳ〉は三年生の大正九年九月七日に始まる。この年の夏の出来事は、日記が空白の期間となり、正子は夏休みを利用して広島に滞在したのだと思われる。
高女の一年生から日課に欠かさずつけていた日記を、正子がこの間だけつけていなかったとは考えられない。分量にして二冊分の日記帳の所在が不明となっているのだろう。

*4 **女学世界**　一九〇一年(明治三四)四月創刊、博文館発行の女子教養雑誌。創刊時は「知徳あわせ持つ女子を作ることを目的」(『日本近代文学大事典 五巻』)としたが、年四回の臨時増刊は投稿特集とし、投稿雑誌の性格が次第に増した。読者同士の交流も活潑化、全国にネットワークを拡げて誌面に読者空間を形成するに至った(嵯峨景子「『女学世界』にみる読者共同体の成立過程とその変容」)。一七年(大正六)、編集主任が松原岩五郎から岡村千秋へと代わり、群立する女性誌と競合する中で、読者対象を女学生や若い職業婦人に照準する誌面にリニューアルした。二五年(大正一四)六月終刊。

*5 **夢二さん**　竹久夢二(1884-1934)画家、詩人、デザイナー。一九〇九年(明治四二)『夢二画集』が大きな反響を呼び、雑誌、新聞などに挿絵や詩を寄せ、夢二式と呼ばれる美人画で一世を風靡《ふうび》。画《え》の本質は、「(一市井人《しせい》としての)素朴な感情の表出」(恩地孝四郎)にあった。

れた唄」」がのっていた。渡邊たみ子さんの文*6が大変心をひきつけた。実際美しい文章だった。その他《生ける魂》〔白石實三の長編小説〕、《輝ける日〔輝く日〕》〔中村星湖の長編小説〕も読んだ。まだまだ読むところは残っているが今日はこれだけ読んだ。

九月十七日　金曜日　気象　晴　起床六時半　就眠九時

午後校長先生より国勢《こくせい》調査*7のお話を伺った。

国勢調査とは十月一日午前零時に行われるものであり我ヶ国では最初の事業である。その目的は国家社会の組織と国民の生活の如何なるかを調べるのである。この大なる事業は十八世紀にスェーデン〔スウェーデン〕が行ったのが世界の最初であると云う。我ヶ国にとっては空前の大事業である。

故に私等小国民〔V-*52〕にてもこの国調、即ち文明的国家事業に対し充分に熱心なる力を注がねば国民たる責任を全うすることが出来ぬわけである。国調のお話を聞いて感じたことの一つを記したのである。

九月十八日　土曜日　気象　晴　起床六時半　就眠十時

今日は宇广谷〔宇麼谷《うまや》カ〕さんが、帰っていらっしゃった。夜小兄さまと御一緒にいらっしゃったので盛にかるたをして面白かった。私はお二人共に勝たして貰った。小兄さまはわざと私に勝たして下すって上手だ上手だなんておいっ〔ママ〕しゃるのでくすぐったいような馬鹿馬鹿しい気がしました。

九月十九日　日曜日　気象　晴　起床六時　就眠十時

うららかな天気と日曜を幸にと出かける人々にて四条通りは大変な人であった。午後お茶のお稽古に行く。寺村さまはお休みだったので淋しかった。夕方より日暮《ひぐら》しに行き夜まで面白く遊んだ。家の建築も行く毎に美しく立派になっている。

九月二十日　月曜日　気象　晴　起床六時　就眠十時

彼岸の入りの日なるため例年の通り彼岸会がいとなまれた。何時より大勢の参詣人にて本堂はあふれるばかりだった。

お供養を出すために大騒ぎしていられた。私はただうろうろするばかりだった。

夜八重子さまにお便りしたたむ。

九月二十一日 火曜日 気象 晴 起床六時 就眠十時

トルストイ翁の言行録*8と云う本を読む。トルストイは非常に人物の変った人である。所謂変物人と云うのである。一やくして世界的の立派な人物になったのである。彼の人の三大小説は「□□□□〔三、四字分の空白。《戦争と平和》〕」「アンナカレンナ〔アンナ＝カレーニナ〕」「復活」である。これはあらゆる国にて訳されているそうである。全部は読み終れなかったが大体は知ることが出来た。小兄さまに貸していただいた夢二さんの《小夜曲》〔一九一五年（大正四）新潮社刊〕も少し読んだ。分らないのもあるが随分いいと思ったのもあった。

＊6 **渡邊たみ子さんの文** 『女学世界』（大正九年一〇月号）掲載の渡邊たみ子「同性の愛」。

これは、奈良女子高等師範の生徒二人が、「音楽の先生を時間外に訪問した」ことで退学を命じられた問題が、「同性の愛」事件として衆目に晒《さら》されていたことで、女性の視点から女性間の同性愛について見解を述べたもの。

筆者は、「所謂《いわゆる》女性同志の同性の愛と云ふのは純粋な霊的のもの」で、「男子間に行はれる同性の愛と云ふものとは全然異つたもの」だと言う。それは「純然たる霊的のもの」であり、「世の男子方が自分たちの経験から想像する様な語る事の出来ぬ秘密などはあるものではないと思ひます」と述べて、セクシャルな社会的偏見を頑《かたく》なにしりぞけ、女性同志による同性愛の精神的至高性を強く述べている。

「花の精とも云つた様な霊と、霊との交はりが、恋に似たとて何の悪い事が御座いませう。御義理、実利主義、方便の為の交際と云つた様な中年老年の人々の間柄と比較すれば地上と天界の差があると思ひます」と、未だ封建的な考えが支配する社会を前に、筆者は敢然とした態度で個々の恋愛感情を擁護した。

「私は彼の処女時代の友情のやうな純粋な美しい情と情に結ばれた人間同志のみのグループに住む事が出来るならば、ほんたうに生き甲斐がある」という文で結ばれた渡邊たみ子のオピニオンは、正子が「私の真の理想の人」（大正九年九月二八日）と呼んだお八重さんとの友情を、どれほど勇気づけたことだろう。

＊7 **国勢調査** 政府が全国民について行う人口に関する調査。日本に居住するすべての人を対象に、年齢・世帯・就業・住宅など人口の基礎的属性を調べ統計化する。第一回調査は一九二〇年（大正九）一〇月一日。四五年（昭和二〇）を除いて五年ごとに実施されてきた。

＊8 **トルストイ翁の言行録** 中里介山『トルストイ言行録』（内外出版協会、一九〇六年）のことだろう。中里介山（*1885-1944*／未完の大河小説『大菩薩峠』の作者）は自序で、「余は此の書を都会の書生に読ましめんことを目的とせずして、農家の青年の伴侶たらしめんことを希望す」と述べて、「基督《キリスト》以来の大人格」に比するトルストイ（*1828-1910*）を、その作品をつらぬくヒューマニズムを通して言行録に抽出し、大文豪の人となりを伝える。とりわけ些末なエピソードまで集めた「杜翁《とおう》雑話」は出色。

正子のペンが、折にふれて最愛の人との愛別離苦《あいべつりく》を記す行間に、一種のトルストイ的人生観が影を落としているのも、こうした正子の読書の傾向から読み取ることができる。

夜弟の図画を見てやる。

（山川）［朱印］

九月二十二日　水曜日　気象 晴　起床六時　就眠十時

午後二学期の最初の自彊会《じきょう》［II・＊42］の委員会がもよおされた。

村上先生より「すべて今までの自彊会はその目的を失っていた。自彊会とは皆様方が相談し、各々の意見を云ってお互いを直すのがまず第一の目的なのであるに、今日までのこの会は、顧問がその本に立っていたようなものである。そしてその意見は学校の道具に対する願とか何とかで、一つもお互いの欠点を云い合う折が少なかった。これからの女はもっと積極的に活動しなければならぬ時代である故に、みなさま方は今からその気持をもっていなければならぬ」と云う意味のお話をなすった。私は別にそれに対しての思いもなく、ただ御もっとものことですと感じただけのことである。

九月二十三日　木曜日　気象 晴　起床六時　就眠十時

秋季皇霊祭にて学校はお休みである。先日久保田の兄さまより招待状をいただいたボートレース[＊9]に叔父様につれていただいた。

ボートレース！　それは私はいまだかって見たことのないレースなのである。で、是が非でも叔父上に御一緒につれていっていただくお約束を以前よりしておったのである。非常にうららかな天気であった。私は大きな面白いものであるとの期待をいだきて行ったのである。

叔父上と小兄さま、和子さま、私、弟、千恵子さま、公ちんと一行七人と云う大勢で午前十時五十五分京都駅を立ち石山へと向った。

石山駅に着いた。ぞろぞろと小さな駅から出る人の常には人の気も少ない駅は、今日は多いこと多いこと。私等もその一人となって、快活に雲飛のように野道を通って急いだのであった。

観月楼にて中食《ちゅうじき》［空腹を満たす間食］をなし小兄さまに記念写真を撮っていただき午後三時頃瀬田川の向う側に渡る。午後五時頃、花火の聞えると暫くすると美しい八人の選手の手にてオールは一斉に浪をけたてて進んで来た。

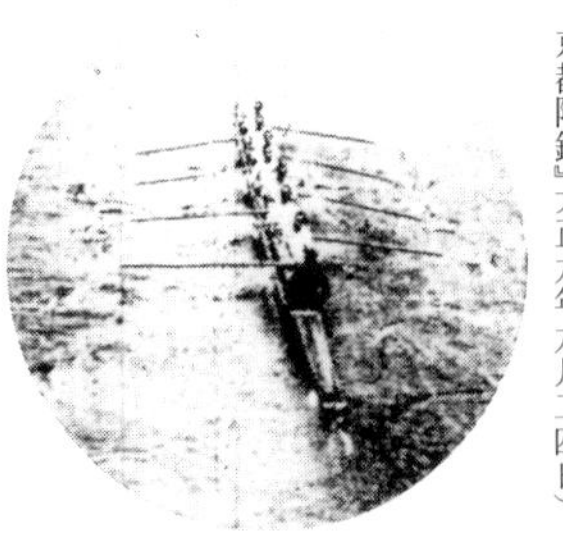
タイムレース（『大阪朝日新聞京都附録』大正九年九月二四日）

「ああ美しい」としか言葉も出でぬ程よかった。しかし京大のボートはちっとも見えなんだ。ボートに故障が出来たとのこと、後より人に聞いた。帰宅したのはもう九時頃だった。

九月二十四日　金曜日　気象 晴　起床六時　就眠十時

午後追悼会が営まれた。

死!!!　それ程人生に於て悲しむべきことは外にないだろう。死はすべての美しいものも、すべてのみにくきものも深くほうむってしまうものであるのだと私は思う。未だ先多き前途を哀れ〔み〕早くも埋ってしまった人々はただ一年の間に二十幾人か〔ママ〕をの多きを数えねばならぬとは何と云う悲さん〔悲惨〕なことであろう。私は静かに目をとじで〔ママ〕死せる人々の冥福を祈るのだった。

九月二十五日　土曜日　気象〔空白〕　起床六時　就眠十時

高橋先生の近代文学と云うお話が午後あった。お茶も休みにしていただき、謹《つつし》んで崇拝する先生のお話を聞いたのである。

芸術あるいは科学、とか美・美の鑑賞とかそう云う種類の御説明であった。私等にはっきりと分る様に、……………最後に《オルレアンの少女》[*10]の脚本を抜き読みしながらお話して下すった。神秘的な悲劇！

かつては色々の人にそのお話は聞いていた■〔筈カ〕が、今日は高橋先生の御説明もあって非常によくヨ

＊9 **ボートレース**　九月二三日、東西両大学対抗端艇競漕《ボートきょうそう》戦（主催 京大国際漕艇《そうてい》倶楽部）が琵琶湖南端の瀬田川で開催された。二哩《マイル》（約三・二キロ）のコースを十校以上のチームが競漕。同大会は、英オックスフォード対ケンブリッジ両大学がテムズ川で競う伝統のレースにも比せられ、溢れるほど観客が石山へ殺到した。

＊10 **オルレアンの少女**　ドイツの詩人、劇作家シラー（*Friedrich von Schiller*／*1759-1805*）の戯曲。百年戦争時代にフランスで救国の聖少女といわれたジャンヌ・ダルク（*Jeanne d'Arc*／*1411,12-31*）を題材とした。ヨハンナはジャンヌ（*Jeanne*）のドイツ語読み。藤沢古雪訳『オルレアンの少女』（冨山房、一九〇三年）、花園緑人訳『ジャンダーク 一名オルレアンの少女 世界文藝叢書』（鍾美堂書店、一九一四年）があり、刊行年から読み取れるように、日露戦争前後（*1904-05*）から第一次世界大戦時（*1914-18*）にかけて、救国に殉教した聖女ジャンヌ・ダルクの物語は、洋の東西を問わず愛国美談として雑誌などで広く紹介された。

ハンナの心理が分った様に思った。

九月二十六日　日曜日　気象［空白］　起床六時　就眠十時半

午前は私等の部屋を美しくした。書斎と云うものはその主人公の頭脳の反射であるのだとある本に書いてあった。故に私は今日は思い切り美しくして、その中で気持よい心で、静かに勉強した。私はつくづく今日は思った。純潔で整頓された書斎でこそ真の勉強がなし得られるのであると。

九月二十七日　月曜日　気象［空白］　起床六時　就眠十時

仲北さまにお手紙を書く。明日の少女歌劇にきっときっと御一緒に参りましょう——と。他に変ったことはなかった。

九月二十八日　火曜日　気象 晴　起床六時　就眠十一時

小兄様等と、少女歌劇を見に行った。久しぶりで仲北さんに会って嬉しかった。少女歌劇もよかったが、お八重さんに会えたのが、嬉しさは、はるか勝っている。お八重さんは以前と同じ様に美しい眼・房々した髪、にこやかな笑《えみ》の主として私に接して下すった。私のお友達の中に、お八重さんより以上の美しい親しみ深き心を持ちし人は、私はまだ、見出さない。お八重さんは私の真の理想の人である。私はお八重さんの様子、清い、美しい、白百合のような、人を得てどんなに、幸福者であろう。私はお八重さんとお友達にして下れたものに対して、実際感謝せずにおられない。

少女歌劇は、《乱菊姫［乱菊草紙］》、《夢若丸》［柳原白《びゃく》蓮《れん》作］は床しく美しく、情趣あるものだった。《八犬伝》［赤とんぼ作］はその芸はうまかったが、訳がはっきり分らなかった。《正直者》［岸田辰彌《たつや》（岸田劉生弟）作］は別にいいとも悪いとも感じなかった。唯ありふれたものとしかうつらなかった。

和子さまは、風邪引いていらっしゃった故か元気がなかった。

九月二十九日　水曜日　気象 晴　起床六時　就眠十時

午前東宮《とうぐう》殿下行啓《ぎょうけい》紀念式［Ⅲ-＊49］が例年の通り行わる。今上《きんじょう》陛下［大正天皇］が東宮殿下［皇太子］の頃におわします故、本校も創立日浅く先生のお話聞きても、その頃の不完全さが想像出来るのである。それを思えば現在の市立《いちりつ》[*11]は何と云う発展さだろう。府立の第一［京都府立第一高等女学校（現 府立鴨沂《おうき》高校）］第二［京都府立第二高等女学校（現 府立朱雀《すざく》高校）］と鼎立《ていりつ》［三者が並び立つ］して世上の人々よりも認められ、又その程度の高く成ったこともどこの女学校に対しても少しもはずかしくない位置にある。私等は其の女学校に学ぶことの出来るは何と云う幸福さだろう。

九月三十日 木曜日 気象 晴 起床六時 就眠十時

八重さまの事を思いて作る

我が友は ひとりはなれし かりがねよ 月を望みて
なげける秋

コスモスは 今年もやさしく 咲きにけり されど親
しき 友が上には

十月一日 金曜日 気象 晴 起床六時 就眠十時

今日お割烹《かっぽう》[*12]のお寿《す》しは非常においしかった。私の「はも」[*13]の皮を黒焼[*14]にしたことは大失敗だった。先生に「はも」の皮の黒焼は〝お薬りにもなりませんが〟と笑いながらおっしゃったのには顔が真赤になって恥ずかしく思った。

十月二日 土曜日 気象 晴 起床六時 就眠十時

午後講談部［Ⅱ - *54］のお話があった。一年二年の無邪気さ、三年四年のゆったりしたお話ぶりにはすっかり感じがした。

一年の方や二年の人は可愛いお伽話しや、又は時間と成功とか母とか云うかたいお話も快活な無邪気さのあふれるような態度には、ついついこちらもにこやかに笑顔をせずにはおられなかった。

もう既に三年級は上級生と云われるだけ中々にしっかりしたお話つきであった。最上級の四年補習にはさすがに落ちつきがあり、将来の婦人のこととか現代の社会にやかましく云われる思想問題に触れた様

*11 **市立** 正子が通った京都市立高等女学校（現 市立堀川高校）は〈市立（いちりつ）〉と呼ばれた（湯浅芳子『狼いまだ老いず』一九七三年）。京都府立第一高等女学校の通称は〈府一《ふいち》〉。

*12 **お割烹** 料理。主に日本料理。市立高女では萬亀楼 小西嘉一郎が指導した。

*13 **はも** 鱧。ウナギ目ハモ科の海水魚。小骨が多く骨切りして調理する。

*14 **黒焼** 〈黒焦げ〉を薬用の〈黒焼〉に譬《たと》えた。

なところもあり、随分高尚なお話もあった。三井先生のお話はもう最後であった故か、下級生でやかましく云う方があり、聞き取れにくき点もあったが、先生も我々女学生にも知るべき必要のあるお話をして下すった。我が講談部も一年一年と成功に近づいて行くのであるは嬉しき極《きわみ》である。

十月三日　日曜日　気象晴　起床六時　就眠十時

小兄さまが午後乗馬スタイルでお来しになる。慶応型の帽子[*15]に花色の服、鶯色《うぐいすいろ》のパンツ、真黒なよく光る長靴、すべてがしっくりと小兄さまに合い細いむちを持っていらっしゃるお姿は絵で見るような小説でも読むような、勇しき美しき騎士《ナイト》の如き感じのするナイススタイルである。きくやの華族［爵位を授けられた者と、その家族］の若様の様ですと云った言葉、宜《むべ》なるかな思われたのであった。

十月四日　月曜日　気象晴　起床六時　就眠十時

小川先生!!　と云えば私等はあの若く、しとやかな、円満な先生を思出すのである。先生には遠く満州［中国東北部の呼称。〈満洲〉と同じ／Ⅰ‐＊54］の地におこしになるとの事である。思えば短きながら先生は私等に常に慈み深く、笑顔を以てお導き下すったことは忘れられぬ事である。先生をお慕いする我等生徒はどんなにお別れするのを悲しんだであろう。

私は唯先生の御健康を祈りながら、先生の御成功の早かれと思うのだった。

十月五日　火曜日　気象晴　起床六時　就眠十時

小川先生の後任としておこしになったのは元府立第2の荒木先生である。小川先生の時と変りなく一心に勉めねばならぬ。

十月六日　水曜日　気象晴　起床六時　就眠十時

月清く星はやさしく出でたのに何故に我心かく
　悲みつる

十月七日　木曜日　気象晴　起床六時　就眠十時

八重さまよりお手紙来る。感傷的な文が書いてあった。

独りさびしく学舎を離れ、よしやそれが体のためとは云いながらどんなにやるせなく悲しいおもいをしていらっしゃるだろう。私はそれを思うとほんとに自分自身まで悲しい胸思が胸にせまるのである。

十月八日　金曜日　気象 晴　起床六時　就眠十時

運動会も段々近くなって行く。私達も決濯《〔ママ〕》〔決択ヵ〔決め択《えら》ぶこと〕〕しているシーズンを逃さぬ様にテニスにバスケットボールにと、運動にそれぞれのおてんばぶりを発揮している。今日も弓術の稽古のために晩くまで学校に居たのである。

十月九日　土曜日　気象 晴　起床六時　就眠十時

今日は嬉しき日！　比叡〔地図②-2〕登山日である。けれども残念なことには私は、家庭の事情のために惜しくも楽しき登山日を失わなければならなかった。午前より今まで味い得ぬ淋しき感じに打たれ登校したのであった。たった三時間の課業がどれだけ長く思われたであろう。

十月十日　日曜日　気象 晴　起床六時　就眠十時

午後和子さまがおこしになった。和子さまと私は幼い時から、すべての周囲の人々より御神酒《おみき》徳利《どっくり》〔いつも一緒にいる仲良し〕だと云われた程仲が善かったが自然に大きくなるに従い、二人は互の天性を表わし、和子さまは光り輝く文才の道を、私はただ真面目一方の平凡な道をと、二つに別れて歩む様になり、現在では、私は和子さまと深濃な思想のお話すら出来なくなってしまったのである。しかしまた、将来は如何に変るか分らない。私はとても和子さまの様にはなれないが、現在よりもっともっと高尚な思想問題が解せられるような頭を造らねばならぬことを痛切に感じている。

十月十一日　月曜日　気象 晴　起床六時　就眠十時

---

*15 **慶応型の帽子**　慶應義塾では、一九一八年（大正七）頃、和服での登校が目立つ大学部本科の学生に対し、詰襟・角帽の制服への統一が図られた。しかし、仰々しい角帽は不人気で、「庇がまっすぐで、上部が波打っている独特の丸帽」が塾生の間で流行するようになった。以後、丸帽（「あんぱん帽」）が塾生のスタイルとなる。（慶應義塾公式ウェブサイト＞服事情「歴史篇 塾生ファッションの変遷と学生服」）

記すべき事故はなし。
（山川）［朱印］

十月十二日　火曜日　気象 晴　起床六時　就眠十時

こほろぎの やさしき~~音をば~~声の ひゞく時 我が友よりの 便り来る

十月十三日　水曜日　気象 晴　起床六時三十分　就眠十時

午前、勅語《ちょくご》奉答《ほうとう》式*16があった。

午後弓術《きゅうじゅつ》のお稽古をする。随分下手なのでみなさまに対してはずかしくてたまらない。いよいよ運動会も近づいて来ると云うのに心配なことである。

十月十四日　木曜日　気象 晴　起床六時半　就眠十時半

毎夜必らず今頃に、庭の隅に可愛い虫が泣いている。今日もやっぱり同じ様に泣いている。その悲しそうな声の調べを聞いていると、秋の悲哀が身にしむる様に感ぜらるのである。

しかし彼の虫も毎夜毎夜ああして泣きながら一歩一歩死に向いつつあるのである。否！ 虫のみでない。私等もその通りなのだ。ああ思えば、人生ははかなきものかな。蓋《けだ》し人生をただはかなきものとのみ歎きつつと日を送ることは、ほんとに馬鹿な話なのだ。ああ私はほんとに勉強しなければならない。そして立派な成績を上げねば私ではないのだ……と思うのである。

人に信用される程よいことはないのであると私はつくづく考えた。私は現在認められていない人があるのだ。私はまだ認められる力がないのである。私はもっともっとTさまやSさまやTさまより力のある人間にならなくては、私は人として生れて来た甲斐がないのだ。かつてはすべての人々より信用され認められた時もあったのだもの。力のな

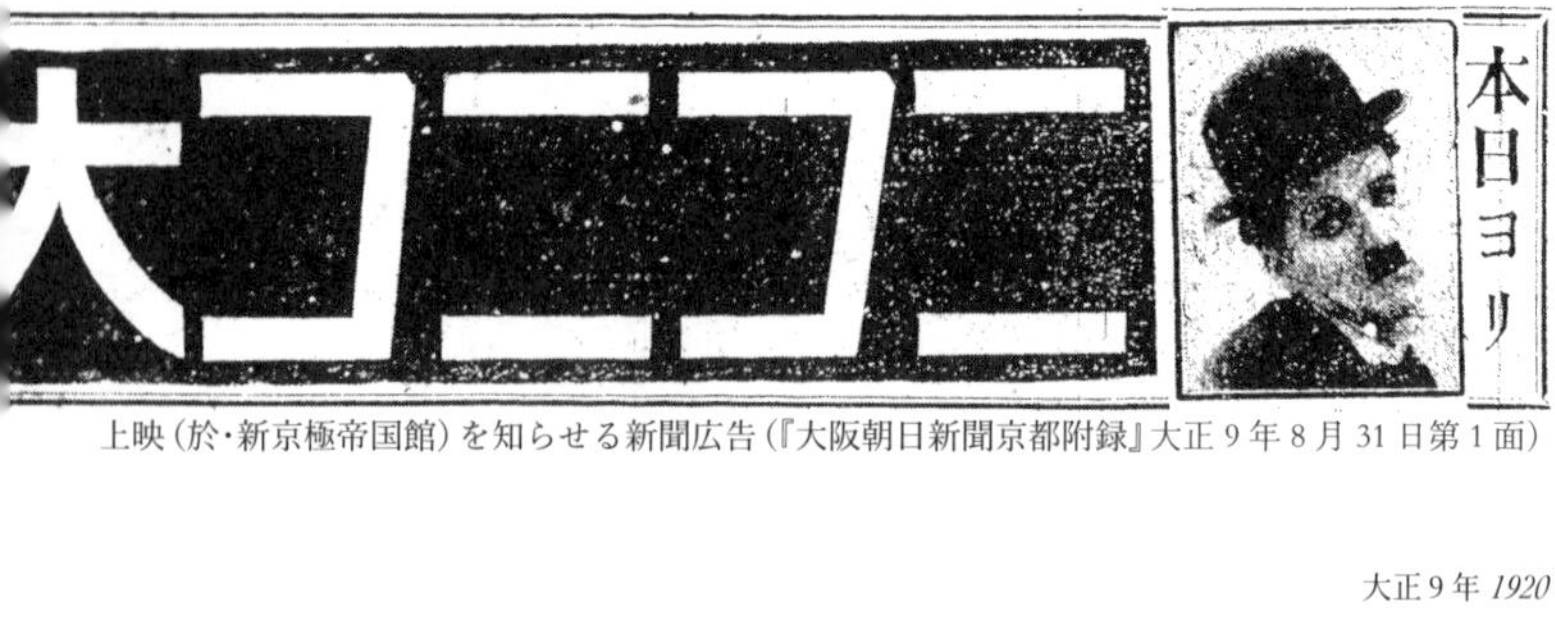

上映（於・新京極帝国館）を知らせる新聞広告（『大阪朝日新聞京都附録』大正9年8月31日第1面）

いことはないのだ。ただその力を磨かずに捨ててい
るのである。
ああ私は愚かなものだった。目覚めてほんとの力を出さねばいけないのだ。私の荷は重いようで軽いものだぞ。しっかりせよ我よ!!!

十月十五日　金曜日　気象 晴　起床六時　就眠十時

午後弓術の稽古をして帰宅したら私の一等愛する伯父さま［桑門環《たまき》／Ⅰ - ＊2］が来ていらっしった。以前に変らぬやさしき私の理想の伯父さまであった。でっぷりとよく肥えて顎《あご》の二重になっているところがデブ君[*17]そっくりであるし、そのお話しなさることは高尚にて現在の新しいお話ぶりであるのには実際私の伯父さまと尊敬すべき方だと思う。

十月十六日　土曜日　気象 晴
起床六時　就眠十時

夷講《えびすこう》［蛭子講／Ⅱ - ＊2］にてこの頃の四条通りの賑やかさ、赤い幕を張り、赤い鉢巻できばっている商売人の多いこと。又、買物を持ち切れぬ程かかえて帰る人の沢山なこと。伯父さまもこれも安い、あれも廉《やす》いとて見るものを片ぱしから買われるのでその持役の私の迷惑如何《いか》ばかりだろう。けれどやっぱり愛する伯父さま

デブ君ことロスコー・アーバックル、チャップリンの喜劇映画の

＊16 **勅語奉答式**　〈戊申詔書奉読式《ぼしんしょうしょほうどくしき》〉のこと。（『京都市立高等女学校一覧 大正二年度』所収「学校暦」）。〈戊申詔書〉は、一九〇八年（明治四一／戊申《つちのえさる》）一〇月一三日、第二次桂太郎内閣の要請を受け、明治天皇が国民教化のために発布した。日露戦争後、「国民が一致協力して国運の発展に尽力すべきことを諭した」（『日本歴史大事典』小学館）もので、以後、旧憲法下で国民道徳の基準として、毎年その奉読式が学校教育の一環で挙行された。

＊17 **デブ君**　ハリウッドの喜劇俳優ロスコー・〝ファッティー〟・アーバックル（Roscoe "Fatty" Arbuckle／*1887-1933*）の愛称。カンザス出身のアーバックルは、巡業一座の芸人から映画業界に入り、一九一三年、セネット＝キーストン社に所属。一二〇㌔の巨体に似合わぬ軽快な演技とダンスで主演を張り、同期チャップリンとも共演して世界中の人気者となった。バスター・キートンを映画界に誘い、サイレント・コメディーは黄金時代を迎える。二一年、人気の絶頂期、ヴァージニア・ラップの強殺事件の嫌疑に晒され映画界を永久追放となる。友人たちの計らいで監督の仕事についたが、三三年、心臓麻痺で急死（四六歳）。

のためと、後生大事に持っているのである。おかげで私にも好きなものを沢山買って下すったので嬉しくてたまらなかった。

十月十七日　日曜日　気象 晴　起床八時　就眠十時三十分

午前お茶のお稽古に行った。

午後は伯父さまに満州のお話をしていただいた。

来年から悦ちゃん［桑門 環三女 桑門悦子］が家へ来るかも分らない。そしたらどんなに嬉しいだろう。私の好きな悦ちゃんだもの随分可愛がってあげる。早くいらっしゃる時機が来ればよいと思っている。

十月十八日　月曜日　気象 晴　起床六時　就眠十時

午後リレーの練習があった。私の組が一等でほんとに嬉しかった。

夜伯父さまと家中で四条へ行き、その帰途私の今度縫う羽織を寺町の二条のめいせんや［銘仙を売る反物屋。銘仙は平織りの絹織物］で又靴を安達で買っていただいて、実際嬉しかった。靴もめいせんも寝床の枕下において寝に就いた。

（山川）［朱印］

十月十九日　火曜日　気象 晴　起床六時三十分　就眠十時

新しい靴で登校した。キュッキュッと鳴るのがたまらなく気持がよかった。

放課後、鯛釣り競争の練習をした。中々鯛が釣れないので非常に困った。運動会の時には必ず一等を取らねばならぬ。

風邪をひいたので困っている。

十月二十日　水曜日　気象 晴　起床六時三十分　就眠十時

夕暮より雨が降り出して来た。何と云う憎いものだろう。明日が楽しい運動会と云うのに。可愛いテルテル坊主をこしらえて庭の樹にくくりつけて居いた。どうやら今度のテルテルさんは云うことを聞いて下れないらしい。困ったものだ。

十月二十一日　木曜日　気象 雨　起床六時　就眠十時

案に違わず雨は今朝から烈しく軒をうつのだった。テルテル坊さんはうかめて顔［取り澄ました顔］して私の故ではございませんと云う様にしている。

折角のグラウンドに又水たまりが出来た。

十月二十二日　金曜日　気象　晴　起床六時　就眠十時

時代祭り［Ⅱ-＊13］で本来なら今日は休みであるけれど、何かの都合［天候不順のため中止（『日出新聞』大正九年一〇月二二日）前日の大雨が影響した］で時代祭が明日に延びたと云うことが新聞で出ていたから、もう晩いとは思ったが、早速に学校へ飛んでいったらお友達も七八人に《ママ》［がヵ］来ておられた。時間は始業時間より過ぎたけれど、来る人は私等の組でも十人は越えなかった。じゃ勉強はどうするのかしらと心配していたら、校長先生より今日は先生の御出席も生徒の出席も少いから授業はなしにしますとおっしゃった。私は帰宅してから明日の運動会の用意をした。勿論その中にはテルテル坊主をこしらえることを忘れなかった。

十月二十三日　土曜日　気象　晴　起床六時半　就眠十時

小春日和、それは運動会に最もふさわしいお天気である。今日は丁度その美しい天気だった。美しい乙女は溌剌《はつらつ》たる気分で嬉々と今日の嬉しい日を過ごしたのである。

リレーあるいは生徒側で考案した遊戯、または可愛いダンス。次から次へと今日のあたえられた日を十分に楽しく味わうと努力して、熱心に運動をしたのだった。保護者・卒業生等は若き血潮の燃ゆる如き乙女等の活発なる競技を楽しいそうに見ていて下さるのだった。私はこのありさまをみて何と云う美しいシーンだろう、どんなに楽しい場面だろうと、何とも云われぬうれしき感に打たれるのだった。しかし私は、この楽しき日に一つ！　たった一つ嫌な嫌なことを見たのだった。それは、私が人にとっては当然だと思う人もあるだろうが、私にとっては非常に不愉快なことであった。昼食の時、私がふっと門の側を通って門の方を見ると、さっと名状しがたき不快な念が頭にうつったのである。喜ばしき運動会には〝さあ皆さんお入りなさい〟とにこにこして、手を広げて来る人々を歓迎すべきものであると私は思う。それに今日は何と云うことだ。本門はピンと閉ざされてあるのだ。丁度牢ごくの様に。そして外には幼き子供が、一心に見せて下れと頼んでいるのだった。
そして、彼の門衛は冷然として、これを見ているのみなのだ。
この不快なありさまを、よく私等の友達はだまって見ていることが出来るのだろう？　いやしかし友とてやっぱり美しい情を持っている人々だもの。そうは思ってるものの女は弱いものだもの。実際駄目だ。私はよっぽど門衛に云おうかと思った。しかし、私は彼の門衛と人々の前で争う気になれなかった。悲しいことながら黙って不快を胸にしずめて通り過ぎた。
すべての人々はこれをどう思ってるかしら？

十月二十四日　日曜日　気象 晴　起床六時　就眠十時
事故なし。
（山川）［朱印］

十月二十五日　月曜日　気象 晴　起床六時半　就眠十時
この頃ちっともずぼら［すべきことをせず、だらしがないこと］して練習して行かない習字の清書がどうしたことか張り出して貰い嬉しかった。

十月二十六日　火曜日　気象 晴　起床六時半　就眠十時
我が生立《おいたち》と云う作文を作った。今更ながら我が過去に就きて如何に幸福であったかを思い浮べつつ十分の満足を感じながら、静かにペンを走らせて、五枚の原稿用紙を使ってしまった。

十月二十七日　水曜日　気象 晴　起床六時半　就眠十時
学校より帰宅したら、まだ今日はお帰りにならないと思っていた父上母上が、にこやかに私の帰りを待っていて下すった。いろいろと広島のお話を伺って面白かった。おとなしくお留守居をしたお駄賃にお土産をいただいて嬉しかった。

十月二十八日　木曜日　気象 晴　起床六時　就眠十時
明日は招魂祭《しょうこんさい》*18が岡崎にて行われる。故に授業はお休みである。但し雨天なれば〈授業あり〉と云うしらせが来た時、クラスの人は一同に天気になることを祈るのだった。何故なれば明日は英語の試験がある為である。私等のクラスにも随分賢明なる方がいらっしゃる。しかし、その賢明なる方より我々愚鈍のものまで何と云う訳もなしに試験ののびることが実際嬉しいのである。

またたく間に校庭のポプラには可愛いテルテル坊主が三つ明日の晴を祈っていた。

十月二十九日　金曜日　気象 晴　起床六時　就眠十時

我々の心天に通じたと云うべきか、今日はお天道様がにこにこしていらっしゃった。

例年の如く岡崎のグラウンドには、亡き勇しき人々の魂を慰むべき祭壇が設けられてあった。一同最敬礼をすまし各々帰途につきしは最早や昼に近き頃だった。

午後明日の稽古に弓術をしに行った。大勢の人がみな熱心にテニス、弓の練習をした。私はテニスの補欠である。おてんば娘は色々のものに手を出すので母上に笑われた。

十月三十日　土曜日　気象 晴　起床六時　就眠十時

教育勅語《ちょくご》発布三十年紀念[*19]の式あり。後にテニスと弓の試合があった。今にも泣き出しそうな空を気にしながらするのだった。しかし結果は哀れなるかな、白は敗ぼくの憂目を見た。テニスは全勝にて辛うじて面目を保った。

午後和子さまや弟と「真中」［真宗京都中学／現 大谷中学高等学校］の運動会を見に行った。その頃は空はよく晴れ、好日和だった。我ヶ校には見られない色々の面白い競技があった。又ここでは見られぬ美しさが、

*18 **招魂祭《しょうこんさい》**　明治維新前後から、国事に殉じた人士の霊を祀った招魂場（社）が各地に創始され、殉死者の魂を招き寄せてとむらう招魂祭の儀式が行われた。現在では東京九段の靖国神社（一八六九年〈明治二〉招魂社として創建）で行われる春季大祭（四月二一〜二三日）、秋季大祭（一〇月一七〜一九日）をさして言う。この日、岡崎公園の祭場では、佐賀の乱（七四年）以来の京都出身の殉難者の英霊《えいれい》が祀られた。

*19 **教育勅語発布三十年紀念**　《教育に関する勅語（教育勅語）》の発布は一八九〇年（明治二三）一〇月三〇日。発布三十年を記念する式典は全国の学校で遺漏《いろう》なく開催された。
明治天皇の名で発せられた《教育勅語》は、国民の徳育を目的とした教育理念を提示した。発布以来、全国の学校で祝祭日の儀式などで奉読され、御真影（天皇・皇后の肖像写真）の拝礼、国歌《君が代》の斉唱とともに、忠君愛国の徳義を国民に教唆・浸透させる装置としてはたらき、一九四五年（昭和二〇）八月の敗戦に至るまで長きに亙って効力をもった。

我ヶ校には、ここで見られる長所よりも沢山あるのである。

十月三十一日　日曜日　気象 晴　起床六時　就眠十時

午前学校にて天長節祝日[*20]の式があった。空は清く晴れ、家々の軒にはひらひらと国旗が今日の日を祝す如く風にゆらめくを見れば自ずと謹重［〈緊張〉または〈緊張〉カ］した気分になるのだった。

十一月一日　月曜日　気象 晴雨　起床六時　就眠十時半

明治天皇の御聖徳を仰ぎ常に有難く思っている我等人民らの計画により、今の度《タビ》東京の代々木に明治神宮[*21]が竣工し出来上った。そのめでたき紀念日に当る故に今日は学校にても御生前の天皇の御盛徳をしのび、その式が行われた。式の後御所まで行く予定なりしが雨のため中止となり、我が校より東に向いて、□〈遥〉拝式[*22]が行われたのであった。

（山川）［朱印］

十〔一〕月二日　火曜日　気象 晴　起床六時　就眠十時

明治神宮の祝いのために夜四条通に出て見ると、真赤な提灯《ちょうちん》持って唱歌をうたって行く団体も少くなかった。しかし御大典《ごたいてん》[*23]の時の様な賑やかさはとても見られなかった。もしか昨日雨が降らなかったら、どんなに騒いだことであろうと思われる。

十一月三日　水曜日　気象 晴　起床六時　就眠十時

明後日は英語の試験である。今宵は中々忙しい。

十一月四日　木曜日　気象 晴　起床六時　就眠十時

英語の試験が満足に出来る様にそれのみ祈っている。

十一月五日　金曜日　気象 晴　起床六時　就眠十時

今日の試験はさして難しくなかった。けれども時々単語が分らない所があって心配したが結局分らずにしまったのは、一つになって嬉しかった。明日は又化学の試験である。私があまり試験試験とやかましく云うので小兄さま等が笑われる。しかし笑われても試験を平気でいられる所まで修養は積んでいないから仕方がない。

十一月六日　土曜日　気象晴　起床六時　就眠十時

化学の試験は私の組が一等難しかった。先生もたしかにそうおっしゃった。難しゅう方がいいか、安い方がいいかどちらかしっかり分らぬが、採点には難しい方が損だと思う。しかしこんなことを考える人は間違ったか、あるいはあまり頭のよくない人が云うことだと思う。

十一月七日　日曜日　気象晴　起床六時　就眠十時半

午後靴下のお洗濯をした。靴下を初めて私が洗ったので女中のきくまでが明日雨が降らねばよろしゅうございますね……とひやかすのだった。しかし洗濯した後の気持は非常によかった。

十一月八日　月曜日　気象晴　起床六時　就眠十時半

十四日に展覧会がある為に今私の縫っている羽織を出さねばならぬので大忙《ママ》〔急〕ぎで縫った。まだ少ししか出来ていないがどうしても仕上げずにはおかない覚悟である。

十一月九日　火曜日　気象晴　起床六時　就眠十時半

又二つ試験をする日が来た。明日は歴史である。もう一つは来週の今日地理である。又こんなことを云うと小兄さま等に笑われる。

十一月十日　水曜日　気象晴　起床六時　就眠十時

歴史もつつがなく終った。今日からは展覧会の準備に忙しい。展覧会は十三・十四日の二日である。

十四日は皇后陛下行啓紀念式〔一九一七（大正六）一一月

＊20 **天長節祝日**　天長節は天皇誕生日に定められた祝日。大正天皇の誕生日は本来八月三一日だが、盛暑期で各種式典の斎行が困難なことから、一〇月三一日を天長節祝日とした。

＊21 **明治神宮**　東京都渋谷区に鎮座する神社。明治天皇（*1852-1912*）と昭憲皇太后（*1850-1914*）の霊を祭神とする。一九二〇年（大正九）一一月一日、鎮座祭が行われ創建された。約七〇万㎡の境内地（内苑）は、延べ十万人余りの青年団の勤労奉仕により整備され、全国各地からの約十七万本の献木が植えられた。

＊22 **遥拝式**《ようはいしき》　遠く離れた所から、天皇などの祭神、あるいは神仏を遥《はる》かに拝むときの儀式。

＊23 **御大典**　一九一五年（大正四）に京都で行われた大正天皇即位大礼を御大典（重大な儀式）と称した。大正天皇は同年一一月一〇日、京都御所で即位の礼を挙げ、同月一四日に大嘗祭《だいじょうさい》（即位後最初の新嘗祭《しんじょうさい》）を行った。御大典を奉祝する《大典記念京都博覧会》が岡崎で開催されるなど、京都市中は祝祭ムードに包まれた。このとき正子は満九歳だった。

一四日、市立高女に貞明皇后（Ⅲ‐＊53）の行啓があった」と尚歯《しょうし》会[*24]とがある。尚歯会の学芸会に私等の組は福田さんと冨田さんと私と三人が平家物語の一節を朗読することになった。

十一月十一日　木曜日　気象晴　起床六時　就眠弐時半

お羽織もとうどうし上った。けれどもおかげで二時半まで起きていた。ほんとに疲《くた》びれた。

十一月十二日　金曜日　気象晴　起床六時　就眠十時

あまりの疲労に記すべき力なし。

十一月十三日　土曜日　気象晴　起床六時半　就眠十時半

第一日の展覧会は盛に終った。

一室・二室・三室・四室の裁縫は皆それぞれ適当に奇麗に出来ていた様に私は思った。

一年の人が縫った木綿物と補習科の美しい縮緬だとかお召しだとか、裾《すそ》模様の縫ってあるのを見た時に、人間の修養のどれだけ立派なものかがつくづく思わるのだった。又同じ三年生でも非常に美しいのと非常によくないのとを比較した時には、同じ人間でありながらと云う皮肉な感じが起ったのであった。保護者の方も沢山いらっしゃった。私の母上もその一人であった。皆、一様に熱心に我々の裁縫を見て下すった。次に五室・六室の図画習字の教室を見た時にも前と同じ感じがした。

どれもこれもすべてが我々の努力の塊であるのである。この様に年に一度なりとも互の成績物を見るはどんなに善いことかと思うのである。

十一月十四日　日曜日　気象晴　起床六時　就眠十時半

満三年目の皇后陛下行啓紀念式も尚歯会もとどこおりなくすんだ。紀念式は厳粛に、尚歯会は愉快に終りを結んだ。

やさしそうににこにこしていられるお翁〔ママ〕〔爺ヵ〕さんやお婆さんは始終嬉しそうに孫の私等のする熱心な学芸会を見て下さるのだった。

国語や音楽や数学、教育等の色々の課目の演技があり、余課には琴・生花・謡曲・仕舞は勿論のこと、一年生の筑前琵琶[*25]があったのは目をひいた。何れにしても皆が熱心にするので聞いていらっしゃるお翁、女〔ママ〕〔〈媼《おうな》〉カ〕さまも御満足なすったろうと察す。又展覧会は昨日より大勢の人が来て下すった。午後四時にはすべてが終った。非常に満足してそれぞれ帰途についた。

十一月十五日　月曜日　気象　晴　起床六時　就眠十時

明日地理の試験であった所が、展覧会のため十分に予習がしてないと云うので皆の希望により来週の木曜日に延びた。

（山川）〔朱印〕

十一月十六日　火曜日　気象　晴　起床六時　就眠十時

今宵風呂屋[*26]へ行くと小さな赤坊おぶった子守が白い切〔布切れ〕に絲《いと》を結んで下れ[*27]と、来る人来る人に頼んでいた。何のためかと聞くと〝兵隊さんに上げるのどす〟って云う。よく昔にこう云う事があったと母上に聞き及んでいるが、現在これを見ると一寸面白い感じがした。

十一月十七日　水曜日　気象　晴後雨　起床六時　就眠十時

お友達から貸していただいた《少女画報》〔Ⅱ-＊58〕を読む。

その中で《自動車のなかの花束》[*28]と云うのが非常に気に入った。それは詩である。他にもっといいのがある。然しそれ等は私にはあまりに難しかった。

＊24 **尚歯会**　もともと中国の風習で、老人を尊敬し、その高齢を祝うために、老人を請じて詩歌を作り遊楽を催す宴のこと。転じて、高齢者を慰安する集まりを言った。敬老会。

＊25 **筑前琵琶《ちくぜんびわ》**　楽琵琶や薩摩琵琶より小さく桐胴《きりどう》で、五弦五柱が主流。博多の吉田竹子（*1871-1923*〈Ⅴ-＊16〉）、橘智定《たちばなちじょう》（*1848-1919*）らが、明治二〇年代後半に筑前盲僧《もうそう》琵琶に薩摩琵琶と三味線音楽とを融合して創始した。宗教色を脱した優雅な旋律でうたう新様式の型で流行、平家物語を題材とする平曲も奏した。

＊26 **風呂屋**　銭湯、公衆浴場。湯屋《ゆや》とも称した。一九二〇年（大正九）時、京都には三〇一戸の銭湯があった。人口の密集に比例して軒数が増え、職工の多い西陣署管内だけで六五軒があった。当時、内湯のある家庭はごく限られたので、公衆浴場の利用者が圧倒数を占めた。湯銭《せん》（入浴料）は大人三銭五厘～四銭、小人二～三銭だった（区域によって差額があった）。一銭＝四二円のレート（Ⅱ-＊20）で換算すると大人一四七～一六八円、小人八四円～一二六円（『京都の湯屋』一九二三年）。ちなみに正子の住まいには、小さいながら（約一㎡）風呂場があり、日記でもしばしば触れられている。

＊27 **白い切に絲を結んで下れ**　千人結び、千人針のこと。一片の白い布に一人一針ずつ、千人の女性に頼み、千個の縫い玉を作り、出征兵に贈って武運長久と無事を祈った。日清戦争の頃始まった風習で、昭和期に広く普及した。日記の時はシベリア出兵が続行していた。

その詩をここに記しておこう。

花束よ　自動車の中の花束よ　紫のクッションの
　上につゝましく
美しい主の帰りを佗びてゐる　マアガレットの花
　束よ
午後の砂路に車とめて　手をつないで海へ去つた
おまへのいたづらな主じたちは　いま真青な水の
　中にひたつてる
赤い房帽に黒髪を包んで　彼等は白鳥の様に楽し
　く泳ぎまはつてる
あゝ、あの華やかな笑ひ声　それは渚をどよもす
　様に
こゝまで響いて来るではないか
けれどお前一人は寂しからう　まめやかに不在を
　まもつてる花束よ
そしてしみ〴〵暑からう　うなだれたおまへの白
　い頸あしに
この海の日の照りかへし

九月号であるために今の時候とは調和しないがいつ見ても気持のいい詩だと思うのである。

十一月十八日　木曜日　気象 晴　起床六時　就眠十時

記すべき事もなかった様に思う。

十〔一〕月十九日　金曜日　気象 晴　起床六時　就眠十時

長い間お休みであったお割烹があって嬉しかった。鯖としみじ［茸《きのこ》の〈しめじ〉ヵ。しめじの旬は秋］のお汁は時節柄非常においしく思った。白味噌のかけた焼魚[*29]は大変珍しく美味なものであった。二週間に一度しか廻って来ないこのお割烹はどんなに私等を待たすことであろう。お休みでこの日が抜けると私等はがっかりするのである。

十一月二十日　土曜日　気象 晴後雨　起床六時　就眠十時

昨夜お味［ママ］〔蜜〕柑［この時期のものは早生《わせ》みかん］があまり珍しくおいしかったので調子にのって一度に二つも食べたので、夜中から今朝にかけてのお中［腹］の痛みは大変なものだった。今日は遠足だので昨夜から楽しみにしていたのであったがあまりのつらさに遠足は行かないでおこうと思っていると、お友達

からお電話で今日は授業があることを知らして下すった。では今日一日学校をお休みしてはと思ったが、三年になってから一度も欠席しないから、初めて休むことは非常に悲しいことだので、無理に登校したところがお腹の痛みはますます加わるのだった。二時間目の裁縫の時はたまらなくなって救急室に入った。そして少しばかりあげてしまった。然しあげると大変楽になった。暫く休んでいたが、その中《うち》にすっかりよくなったので、少しばかり後の時間を勉強した。
その後は少しも痛まなかったので嬉しかった。

十一月二十一日　日曜日　気象 晴　起床六時　就眠十時

母校［開智尋常小学校］の同窓会の秋季大会のために午後から母校を訪れた。同窓の方とては市立に来ていらっしゃる方ばかしかいらっしゃらなかったので張合がなかった。
然し今度は大変盛にして下すったため愉快に半日を過すことが出来た。
孝子儀兵衛のお話[*30]はあまりに通俗的で一寸下品な様な感じがした。余興の《オペラ俳優募集[*31]》は面白かった。おすしやおぜんざいをおいしくいただき福引きの品を持って各々家に急いだは夕暮の街から夜の街へ移ろうとする時であった。

十一月二十二日　月曜日　気象 晴　起床六時　就眠十時

*28 **《自動車のなかの花束》**　『少女画報』（一九二〇年九月号）所載の西條八十《さいじょうやそ》の「少女詩 自動車の中の花束」のこと。〈少女詩〉とは、少女向きに書かれた詩歌で、〈少女小説〉と共に大正期の少女雑誌に現れた文芸ジャンルだった。
詩人 西條八十（*1892-1970*）は、童謡「かなりや」（*1919*／*1918*『赤い鳥』初出）の作者として広く知られたが、後には大衆歌謡・軍歌の作詞家として名を成した。〈少女詩〉でもそうだが、西條が〈詩〉の言葉を人口に膾炙《かいしゃ》するものに生み変えるだけの異能は、彼が〈芸術派〉に属する文学者・知識人であると同時、市井人として人情・非人情を十二分に知っていたことが一詩人の中に同居していたことがある。作詞に「東京行進曲」（*1929*）、「蘇州夜曲」（*1940*）、「青い山脈」（*1949*）、「王将」（*1961*）他。詩集に『砂金』（*1919*）、『美しき喪失』（*1929*）など多数。

*29 **白味噌のかけた焼魚**　西京《さいきょう》焼のこと。酒や味醂でのばした西京味噌（白味噌）に漬けた魚の切身を焼いたもの。

*30 **孝子儀兵衛のお話**　儀兵衛（*1724-79*）は、四条堀川の紙屋に生まれ、川島村（現 西京区川島玉頭町）の農家の養子となった。貧しい家計をよく助け、養父母に尽くしたことが、布施松翁『西岡孝子儀兵衛行状聞書』で知られるようになり、一九一八年（大正七）の尋常小学校の修身教科書に取上げられた。

*31 **オペラ俳優募集**　澁澤青花（*1889-93*）のお伽歌劇「歌劇俳優募集」カ。『ジャンケン國お伽歌劇集』（實業之日本社、一九二〇年）所収。

待ちに待ちし府立第一［京都府立第一高等女学校］との弓術試合は愈々明日になった。どうぞ我が選手よ、明日は必ず勝利を占めて下さいよと呼ばずにはいられない様な気がする。

十一月二十三日　火曜日　気象 雨　起床八時　就眠十時

雨は降っていたけれど、午後から武徳殿[*32]［地図e-3］へ行った。

惜むべきかな我が校は少しの差によって、敗《まけ》の憂目を見たのであった。敗はたしかに敗であったが、然し実はそんなに小さくならなくてもよいと思う。何故ならば我が校は第一に劣らぬだけの立派な姿勢を具えている人が多いもの……と私は思うのであった。

十一月二十四日　水曜日　気象 晴　起床六時半　就眠十時

歴史の試験も済んだ。格別難しいとも思わずに答案を書いた。

十一月二十五日　木曜日　気象 曇　起床六時　就眠十時

英語は今日、おうむの所を習った。最後の一句の「たといおうむは利口であってもそしてよく暗記するけれども其の云う言葉の意味を了解しておりません。このクラスにおうむの様な人はありませんか」と云うのが非常に面白く感じた。

十一月二十六日　金曜日　気象 曇　起床六時半　就眠十時

祖父様の帳面から

人は深切［親切］を求めずして復讐を求む　-----

英国俚諺《りげん》［民間で言いならわされてきたことわざ］

朋友は朋友の弱点を耐えざるべからず　シエクスピーア［W・シェークスピア(1564-1616)。イギリスの劇作家］

至徳は至徳を以て達するを得べきのみ　苟《いやしく》も高きに達せんと欲せば必らず高きに就かざるべからず

ユーゴー［V・M・ユゴー(1802-85)フランスの作家］

十一月二十七日　土曜日　気象 晴　起床六時　就眠十時

月曜日に修身の試験あるため一日その予習をなせり。

十一月二十八日　日曜日　気象 晴　起床六時半　就眠九時

午前お茶のお稽古に行った。午後子供部屋の掃除や洗濯をした。
なつかしき祖父様の祥月《しょうつき》命日［故人の死去した当月当日］に当る。私は何時も祖父様が居て下さればどんなにいいだろう。私がこんなに大きくなったのを見て下さったら如何《どんな》に嬉しいだろう。又祖父様はどれだけ喜んで下さることだろう。けれどそれも皆一つの空想に過ぎない。私は永久に愛する祖父様の顔が見ることが出来ないのだ。だが祖父様にしても祖母様にしてもどこことも知れぬ人間の見えぬところから、私の成人するのを見ていて下さるのだ。祖父様、祖母様、正子は必度《きっと》〳〵[*33]立派な女子になってみますよ。そしてお二人に御安心していただきます。

十一月二十九日　月曜日　気象　晴　起床六時半　就眠十時
修身の試験問題は道徳の修養の切要なる所以と誠実の意義とが出た。自分の思うところでは満足に出来たと思うのであった。

十一月卅［三十］**日**　火曜日　気象　晴　起床六時半　就眠十時半
思えば月日は実に早いものだ。私の十五の年も後一月で終らせてしまうのだ。[*34]十五になったら、十五になったらと云っていた年も又其の十五の年も過去になるのだ。私は人生があまりにあわただしきものの様に感ぜらる。

十二月壹［一］**日**　水曜日　気象　晴　起床六時　就眠十時半
十二月！　何と云う忙しいことだろう。もう十二月だ。しっかりしなくてはならない。おお私のこのゆるんでる心にもっともっと痛いむちをあてなくちゃならない。

＊32 **武徳殿**　一八九九年（明治三二）、平安神宮（Ⅱ‐＊15）の西に創設した大日本武徳会の演武場。松室重光が手がけた近代和風建築。

＊33 **必度**《きっと》　通常、〈屹度〉〈急度〉と字をあてるが、〈必度〉と記す例もまれに見られる。「何者で何故《なんで》此処へ来たのか必度《きっと》嗅ぎ出してやらう」（「めぐりあひ」二葉亭四迷 訳）

＊34 **十五の年も後一月で終らせてしまうのだ**　数え年の年齢では、生まれた年を一歳とし、以後正月になると一歳を加えて数える。正子は、数え十六歳となって迎えた誕生日（一九二一年二月一八日）では、「満十五年にもなった」と、「母上のお心づくしのおいしい御馳走」で祝われた。五〇年（昭和二五）以降、満年齢によるべきことが法律によって推奨された。

十二月二日　木曜日　気象 晴　起床六時　就眠十時

英語の試験もすんだ。

十二月三日　金曜日　気象 曇　起床六時　就眠十時半

今日教わりし秋冬の句より

白露や無分別なるおきどころ　宗因[35]

あか〱と日はつれなくも秋の暮〈風〉　芭蕉[36]

木枯や炭売りひとり渡舟　蕪村[37]

応々《おうおう》と云へどたゝくや雪の門　去来[38]

餅搗《もちつき》の臼往来す京の町　把栗[39]

十二月四日　土曜日　気象 晴　起床六時　就眠十時

午後より帝展[40]に行く。別にそれに対する感じを持たず。

ただ何時もの如く可愛いのやべたべたといやなのや、裸体画[41]の非常に多かったことを記しておく。

午後一日より七日までひきつづきてある祖父母の年回の親類にて行われつつある[42]のに行く。木の香新らしき新築の家にて厳そかな仏事が行われた。夜は私と弟と二人で泊る。

十二月五日　日曜日　気象 晴　起床六時　就眠十一時

午後お兄様に盛装せしをうつしていただく。［写真撮影をしてもらった］

仏事の終えて帰宅せしは早や夜の十一時頃であった。

十二月六日　月曜日　気象 晴　起床六時　就眠十時

明日試験あるため今日は親類へ行かなかった。

十二月七日　火曜日　気象 雨　起床六時　就眠十時

地理も数学の試験もよく出来て嬉しかった。

十二月八日　水曜日　気象 晴　起床六時　就眠十時

今日も歴史の試験があった。毎日毎日引きつづき試験があるので随分忙しいことである。

十二月九日　木曜日　気象 晴　起床六時　就眠十時

私はこの頃ほんとに怠けものになった。〝時間は一度去りて再び帰らず瞬時を失うものは永久を失うものなり〃とのジョンソン[*43]の諺《ことわざ》を思出してははっと思うが又直に怠けるので困ってしまう。

十二月十日 金曜日 気象 晴 起床六時 就眠十時

変りなし。

＊35 **宗因** 西山宗因《そういん》（*1605-82*）江戸前期の連《れん》歌師《がし》・俳人。談林派（俳諧の一派。軽妙な口語使用と滑稽味をもつ）の祖。連歌を里村昌琢《しょうたく》に学び、後に俳諧に転じ、門下には、西鶴をはじめ多数の俳人を輩出した。

＊36 **芭蕉** 松尾芭蕉（*1644-94*）江戸前期の俳人。伊賀上野の生まれ。別号、桃青《とうせい》・泊船堂・風羅坊など。藤堂良精《とうどうよしきよ》の子良忠（俳号、蟬吟《せんぎん》）の近習となり俳諧に志した。京都で北村季吟《きぎん》に師事。後江戸に下り俳壇内に地盤を形成。深川の芭蕉庵に移った頃から独自の蕉風《しょうふう》を確立。各地を旅して多くの名句と紀行文を残し、難波の旅舎に没す。主な紀行・日記に「野ざらし紀行」「おくのほそ道」「嵯峨日記」など。「あか〳〵と日は難面《つれなく》も秋の風」《おくのほそ道》

＊37 **蕪村** 与謝蕪村《よさぶそん》（*1716-83*）江戸中期の俳人・画家。摂津の人。本姓は谷口。別号、宰鳥《さいちょう》・夜半亭《やはんてい》・謝寅《しゃいん》など。幼時から絵画に長じ、文人画で大成する一方、早野巴人《はじん》に俳諧を学び、正風《しょうふう》（芭蕉の俳風）の中興を唱えた。四二歳の頃、京都に居を構え、与謝を名告る。著に「新花つみ」「たまも集」など。ちなみに晩年の蕪村を後援した高弟百池《ひゃくち》寺村三右衛門（*1749-1835*／Ⅱ-＊16）は德正寺の有力な檀家であった。「こがらしや炭売《すみうり》ひとりわたし舟」（遺草 年次不詳／藤田真一・清登典子編『蕪村全句集』）

＊38 **去来** 向井去来《きょらい》（*1651-1704*）江戸中期の俳人。別号、落柿舎《らくししゃ》など。蕉門十哲の一人。長崎生まれ。京都に住み、嵯峨《さが》に落柿舎《らくししゃ》を営んで芭蕉を招き、凡兆《ぼんちょう》と共に「猿蓑《さるみの》」を撰。俳論「旅寝論」「去来抄」等。「応々といへどたゝくや雪の門」《句兄弟》

＊39 **把栗** 福田把栗《はりつ》（*1865-1944*）僧侶、漢詩人、俳人。和歌山県新宮生まれ。名は世耕、詩に静處、絵に古道人の名がある。漢詩人として早く名を成し、一八八九年（明治二二）、子規門に入り俳句を始める。「餅搗の臼往来す京の町」という、臼・杵・釜などを背負って市中の求めに応じて餅つきを請け負う賃搗屋《ちんつき》（Ⅱ-＊35）は「正子日記」にも描かれている（大正七年一二月二七日）。

＊40 **帝展** 帝国美術院展覧会。官展として一九一八年（大正七）まで十二回続いた〈文展〉（Ⅱ-＊27）の組織改組により開設された帝国美術院主催の展覧会。三七年（昭和一二）帝国芸術院が創設されるとともに新文展と改称。四六年以降、日展に継承される。この年（二〇年）の帝展は第二回の開催で、中村彝「エロシェンコ氏の像」、鏑木清方「妖魚」などが出展。

＊41 **裸体画** 人間あるいは人間の姿をとった神などの裸像（ヌード）を描いた主に西洋絵画。裸体画は明治二八～四〇年代（一八九五～一九一二）、西洋美術の普遍的な〈美〉か猥褻《わいせつ》な〈性表現〉かで、〈裸体画論争〉として、学界と官憲を巻き込む形で繰り広げられた。

＊42 **親類で行われた祖父母の年回** ここでの親類は、正子の父 井上智月《ちげつ》の兄、阿部恵水《えすい》の寺等觀寺を指した。従って〈祖父母〉とは、恵水・智月（智月は德正寺に養子として入寺）の両親 阿部慧行《えぎょう》（*1820-88*）と壽満子《すまこ》（*1842-1908*）のこと。一九二〇年（大正九）は、先代住職慧行の三十三回忌と坊守《ぼうもり》（住職の妻）壽満子の十三回忌の年回（年忌）にあたり法要が営まれた。

＊43 **ジョンソン** サミュエル・ジョンソン（*1709-84*）のことヵ。英国の詩人・批評家・文学博士。「英語辞典」（一七五五年）の編纂で知られる。機知に富んだ名言を数多く残した。

十二月十一日　土曜日　気象 晴　起床六時　就眠十時

裁縫の試験があったが稽古をして行かなかったため随分とんまなことを書いた。

十二月十二日　日曜日　気象 晴　起床六時　就眠十時

午前お茶のお稽古に行く。午後は水曜日の化学を見る。

十二月十三日　月曜日　気象 晴　起床六時　就眠十時

〝人は艱難《かんなん》なる真理を捨てて幸福なる誤謬《ごびゅう》を採り易し。〟　テーラー

私は実にこれは穿《うが》ちたる〔道理のとおった〕云い方だと思う。丁度私等が試験の勉強するのが面倒で、早く早く遊びたいと思う時がある。それだと思う。私等は勉めて艱難に進んで行く勇気がなくてはならない。

十二月十四日　火曜日　気象 晴　起床六時　就眠十一時

夜小兄さま等がいらっしゃったために勉強が出来ないで困った。明日はもう白紙でだすつもりでいる。

十二月十五日　水曜日　気象 晴　起床六時　就眠十時

白紙で出すつもりの答案が黒紙で出せたことは喜べきことである。

十二月十六日　木曜日　気象 晴　起床六時　就眠十時

午後帰宅したら安東県の伯父さま〔桑門環《たまき》〕と悦ちゃん〔環三女 桑門悦子〕が来ていられた。悦ちゃんは十三才〔満十二歳、学齢は小学六年生〕と云うに随分小さい。でも以前と少しも変らず可愛いところがある。安東には女学校がないので、京都の市立〔正子の通う市立高女〕へ入るつもりで来られた。これからは私の妹としていくのである。私も可愛い妹がふえてうれしい。

十二月十七日　金曜日　気象 晴　起床六時半　就眠十時

夜伯父様と悦ちゃんと三人で京極の方へ行った。年の市にて随分夜の京都は賑わしい。

十二月十八日　土曜日　気象 晴　起床六時　就眠十時

近頃は日短きため学校より帰宅して少しゆっくりしていると直にばたばたと日は西におちる。何もしないで空しく過す日も少くない。

十二月十九日　日曜日　気象 晴　起床六時　就眠十時

今年のお茶の稽古日もいよいよ今日でお終いであった。午後伯父さまと母上様の買物なさるのに一緒に行った。

沢山の不格好な荷物を私も悦ちゃんも持たされて悲感［ママ］〔観〕してしまった。でも私等のためと思えば辛抱も出来た。

十二月二十日　月曜日　気象 晴　起床六時　就眠十時

悦ちゃんが今日より開智校に通われることになった。帰宅後私にアップルの様なほうべたをふりながら、〝今日ね 先生がこの方は広島に生れて満洲へ行っていらっしった とおっしゃったら、皆がホーって云ってたよ〟と可愛いく告げていた。

十二月二十一日　火曜日　気象 晴　起床六時　就眠十時

夜新年の絵葉書を買いに兄妹みんなで行ってキューピーさん〔Ⅰ‐＊36〕の可愛いのを沢山買って来た。

（山川）［朱印］

十二月二十二日　水曜日　気象 晴　起床六時　就眠十時

自彊会の委員会があった。この頃の委員会も中々盛になって意義のある会になったのは非常に喜ばしいことであると思う。

今日なんか随分はげしい議論があって面白かった。

十二月二十三日　木曜日　気象 晴　起床六時　就眠十時

伯父様と夜散歩に行く。人の波の中をツッツッと抜けて私と悦ちゃんが歩くものだから、直ぐに伯父様を追いこしてしまう。

伯父様におねだりして封筒を買っていただいた。

十二月二十四日　金曜日　気象 晴　起床六時　就眠十時

大正九年最後の登校日である。

終業式は高橋先生のピアノに依って始まった。

野田校長先生は一年間を省みての御感想と休暇中の

御注意とがあった。先生が細かい御注意と堂々たるお話ぶりは何時もながら恐れ入ることである。成績は悪くはなかった。しかし非常、道理に合わぬ不満なる点があった。先生におたずねに行こうと思ったが其の暇がなかった。
午後友達と小学校の先生に見ていただきに行った。褒めていただいて嬉しかったが不満なる点があるのが実際悲しい。

十二月二十五日　土曜日　気象 晴　起床六時　就眠十時

弟は今日成績表を持って帰って来た。乙が二つとかで大変喜んでいた。

十二月二十六日　日曜日　気象 晴　起床六時　就眠十時

お友達に出すための年賀郵便を書いた。随分沢山あった。元日はわざわざ顔を見る友達に書く必要がないと思う。虚礼廃止の声の高い世であるから止めたらいいと思う。そして出さなくてはならぬ旧師・親類・知己に出す方がどれだけよいか分らないと思う。

十二月二十七日　月曜日　気象 晴　起床六時　就眠十時

一日お茶の宗匠のお宅やら色々のところへお歳暮くばりをして随分疲《くた》びれた。

十二月二十八日　火曜日　気象 晴　起床六時　就眠十時

祖父様〔桑門志道〕の最後の御命日であるから、午後墓参をした。
夜日暮《ひぐらし》〔等覲寺〕へ行った。

十二月二十九日　水曜日　気象 晴　起床六時　就眠十時

今日は粉雪のちらちらと降る日だった。餅つきには実際ふさわしいものだと思った。餅つきがすむと最早正月が来た様な気が急にするものである。

十二月三十日　木曜日　気象 晴　起床六時　就眠十時

二階の子供部屋を畳をふいたり、花を生れ《ママ》〔け〕たり、額を代えたり十分に美しくした。三つの机に二つのたんすに大小の本箱に手だんすは奇麗にきちっと六畳の間におかれた。

父上にも母上にも見ていただいて、うんと褒めて貰った。

十二月三十一日　金曜日　気象 晴　起床六時　就眠十時

なつかしき平和であった大正九年は過ぎて行く。

おおさらば大正九年よ。休らかにねむれ。

私はお前のこの一ヶ年間を平和におくらしてくれたことを厚く感謝する。ありがとう。思出多き大正九年よ。それではさよなら。美しく清くお去りなさい。

大正九年よーー

［大正九年 了］

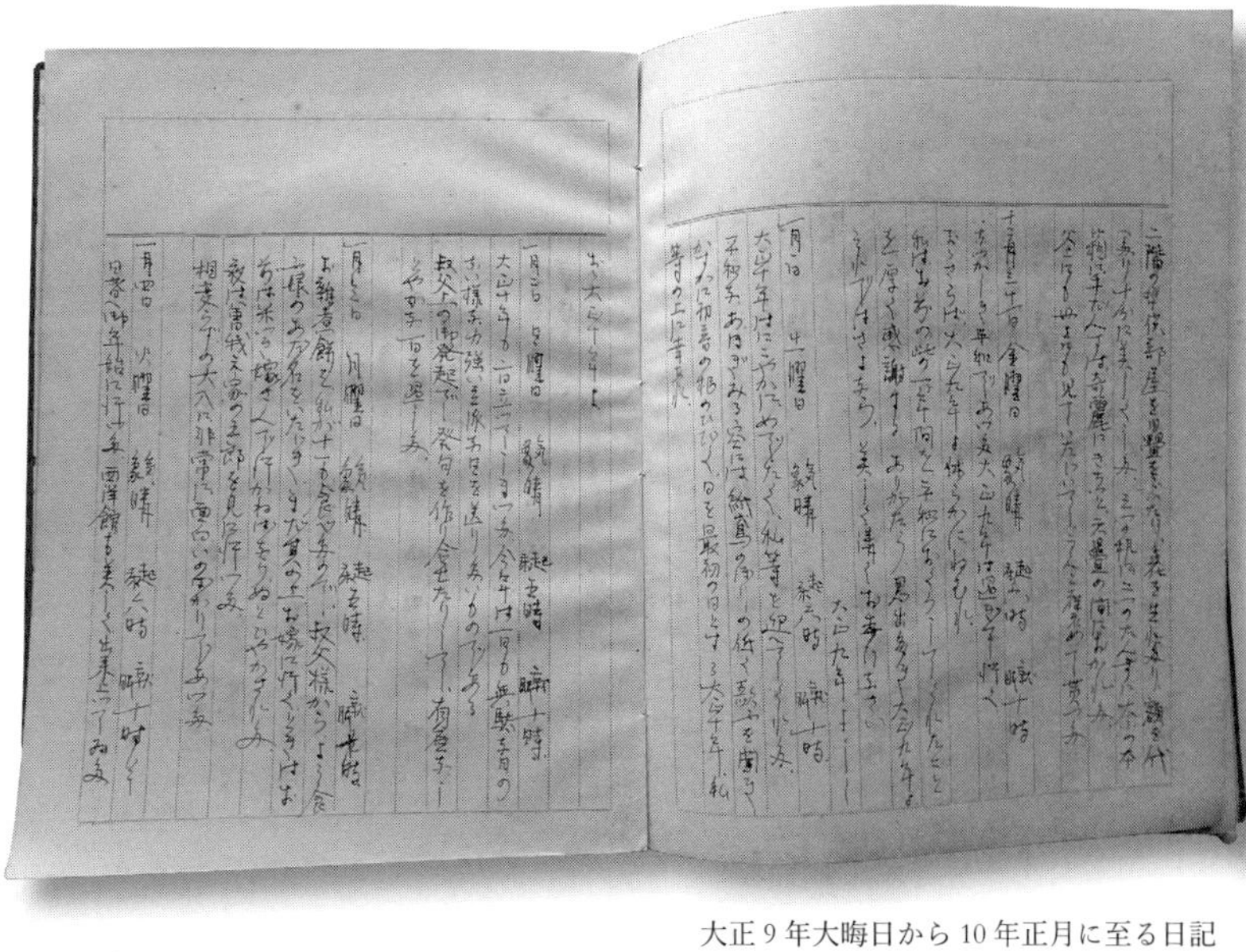

大正９年大晦日から10年正月に至る日記

［大正一〇年／西暦一九二一年］

一月一日　土曜日　気象 晴　起床六時　就眠十時

大正十年はにこやかにめでたく私等を迎えてくれた。平和なあおぎみる空には紙鳶《いか》のぼり［凧《たこ》のこと］の低く歌うを聞き、かすかに初音《はつね》*44の根《ね》〔音〕のひびく日を最初の日とする大正十年、私等の上に幸あれ

おお大正十年よ

一月二日　日曜日　気象 晴　起床五時　就眠十時

大正十年も二日経ってしまった。今年は一日も無駄な日のない様な力強い立派な日を送りたいものである。

叔父上の御発起で発句を作り合せたりして有益なしとやかな一日を過ごした。

一月三日　月曜日　気象 晴　起床五時　就眠十時

お雑煮餅を私が十一も食べたので伯父様から、よう食う娘のあだ名をいただき、まだその上お嫁に行くときはお前は米つき嫁さんで行かねばならぬとひやかされた。

夜は曾我之家《そがのや》の五郎*45を見に行った。

相変らず大入に非常に面白いのばかりであった。

一月四日　火曜日　気象 晴　起床六時　就眠十時半

日暮へ御年始に行った。西洋館も美しく出来上っていた。

お兄様、和子様とおもしろく愉快に追羽根［羽根つき］やトランプをして遊んだ。

一月五日　水曜日　気象 晴　起床六時　就眠十一時

午後クラブのお友達や従兄姉たちとかるた会や色々のことをして楽しく楽しく半日を過した。

今日、和子さまが非常にあっさりして下すった*46ので大変嬉しかった。吉川さまの美しいお声には皆がチャーム［人を引きつけること］せられる様な気がしたのであった。

一月六日　木曜日　気象 晴　起床六時　就眠十時

平太郎伝忌［II-*40］があった。別に其の他にはお

もしろしき［形〈おもしろ・し〉のシク活用］事実もなかった。

一月七日　金曜日　気象 晴　起床六時　就眠十時

七草正月も過ぎてしまった。

私はこの日が好きでたまらない。何だか床しき風流な古《いにし》えを思い出される様な気がするのである。

一月八日　土曜日　気象 晴　起床六時　就眠十時

第三学期の始業式も終った。

勉強して立派な点を取りましょう。そして愛する父上母上に存分喜んでいただきましょう。きっときっと私は覚悟しました。

一月九日　日曜日　気象 晴　起床六時　就眠十時

武者小路《むしゃのこうじ》さんの《小さき世界》*47を読んだ。私は非常に面白く思った。武者小路さんの様な力強い文章は私は大好きだ。

（山川）［朱印］

一月十日　月曜日　気象 晴　起床六時　就眠十時

初めての授業日であるが別にそんな感じもなしに過した。そして又それを惜しくも思わない様なのんき者になった。

*44 **初音**　鳥獣・虫類などが、その年、その季節に初めて鳴く声。ここでは鶯《うぐいす》が年初に鳴く声。

*45 **曾我之家の五郎**　曾我廼家五郎《そがのやごろう》（*1877-1948*）喜劇俳優、劇作家。堺市生まれ。一八九四年（明治二七）、中村珊瑚郎の門下となり中村珊瑚之助を名乗り、浪速座《なにわざ》で初舞台。鶴谷團十郎のニワカ（俄狂言《にわかきょうげん》。即興の滑稽寸劇）を見て曾我廼家十郎と一九〇三年、〈新喜劇〉の一座を結成し、喜劇という新しい分野の演劇を開拓する。〇四年、浪速座で日露開戦に取材した《無筆の号外》で曾我廼家兄弟一座を旗揚げ。曾我廼家劇は、日本人の人情をくすぐる現在の松竹新喜劇のルーツとなっている。

*46 **あっさりして**　ここでは〈気さくに〉という意。〈あっさり〉は「色・味・性格などが淡白でしつこくないさま」を言う。

*47 **武者小路さんの《小さき世界》**　武者小路《むしゃのこうじ》実篤《さねあつ》『小さき世界』（新潮社、一九一六年）。七つの戯曲と小説を収録した小型本。武者小路実篤（*1885-1976*）は小説家・劇作家・詩人。一〇年（明治四三）、志賀直哉らと『白樺』創刊。トルストイへの傾倒と離反の過程で得た独自の理想主義、生命主義、個人主義は一八年（大正七）、「新しき村」を創設して、宮崎県の辺境に十数人の同志と移住、調和的な生活共同体を実践した。太平洋戦争下に戦争支持を示し、戦後の公職追放を招く。しかし、人間と生命への讃仰を自由な心境で紡ぎ続けた。著作に『お目出たき人』（一九一一年）など多数。

一月十一日　火曜日　気象 晴　起床六時　就眠十時
大正十年の最初の弓術があった。□初とかで及川先生の式があった。私も久しぶりでしたが長い間の欠席は随分私を下手にさしていたのにははずかしかった。

一月十二日　水曜日　気象 晴　起床六時　就眠十時
婦人会新年会にして随分に夜は賑であった。私がお給仕に出ると皆様が大きくおなりなさいましたとおっしゃるので嬉しくてたまらなかった。私はたまらなく背が高くなることが好きなのだから、お小さいことと云われるより大きい大きいと云われる方がどんなに嬉しいか分らないのだ。

一月十三日　木曜日　気象 晴　起床六時　就眠十時
午後早く帰宅したらY兄さまが来ていらっしゃった。試験も上首尾にて喜悦を満面にたたえていらっしゃった。K兄さまはお正月に御病気であったとかでお顔の色が少し悪かった。十六日にかるた会なさるとのこと私までも御招待をいただいた。

一月十四日　金曜日　気象 晴　起床六時　就眠十時
お割烹の人数を私が違えたために先生に大変御迷惑をかけ申し訳がなかった。そしてつくづく主婦の責任の重きことと、もっとしっかりしなくちゃならないと思うのだった。

一月十五日　土曜日　気象 晴　起床六時　就眠十時
午後奥さまからの歌留多《かるた》会の招待を受けて行った。お栄さんも上手だがお愛さんも中々お上手で動もすると私が負けかけるのであった。御飯もいただき迎の者と共に帰ったのは九時頃であった。

一月十六日　日曜日　気象 晴　起床六時　就眠十一時
今日のかるた会は非常におもしろかった。Kさまのお友達の第二高女［府立第二］の方々はみな中々開けていらっしゃって、お話してもおもしろ味をよいけに感じるのだった。
名指し遊びが大変愉快だった。然し白粉をつけられるのにはよわった。思切り遊んで母上と共に帰宅せしは十時過ぎであった。

一月十七日　月曜日　気象 晴　起床六時　就眠十時

明日は地理の試験である。随分おぼえにくいので困ってしまう。

一月十八日　火曜日　気象 晴　起床六時　就眠十時

小学校の先生、M先生が貸して下すった《クオレ》*48を読んだ。母を尋ねて三千里！　それは幼き十三才のマルコー〔訳書では〈マルコ〉〕が唯一人ジエノア〔ジェノヴァ（*Genova*）。イタリアの北西部にある都市〕を出で、アメリカまで最愛の母を尋ぬ哀れな実に意味深きいい話である。

母■〔一ヵ〕夫・子供のために健《けな》げに出でしその母。マルコーに対する愛を全身に持ってこの世に生存来し母の死を覚悟せしその時の言葉、実際ひしびしと母の愛！　真実の愛の辺りそれが遺憾なく表われている。

又マルコーの母を求めるために、事実死より外に望みのなき様な哀れなる位置に立った時もその母のために幾度か勇気をふるいおこして進むそのいたいけな愛らしき情はたまらなく引きつける。

私はそれ等を読んだ時、あついあつい涙のまつ毛の先にたまるを覚えるのだった。

一月十九日　水曜日　気象 晴　起床六時　就眠十時

英語の試験が明日ある。*Only Lesson one* だけれど試験となると実際気持が緊張する。

明日は早く起床して朝ぱらからうんと勉強するつもりである。これから一風呂浴びて寝につこうと思っている。今は九時半のところを針がさしている。

*48**《クオレ》**　イタリアの小説家 エドモンド・デ・アミーチス（*Edmondo De Amicis*／*1846-1908*）の一八八六年の作。小学生の日記の形式で書かれ、「母をたずねて三千里」で知られるマルコの物語は本作の挿入話。統一国家完成後のイタリアにあって、小学生の日常を通じて祖国愛が熱烈に語られる。

デ・アミーチスは若くして軍人となり、その体験をもとにした『軍隊生活』（一八六八年）でデビュー。兵隊、教員、小市民家庭など庶民生活を題材にした作品で知られた。

正子が読んだ翻訳本は『世界少年文学名作集 第十二巻 クオレ』（アミーチス作、前田 晁 訳／家庭読物刊行会、一九二〇年）。一月二一日の「ある小説の一節」の引用は本書（*pp.188-190*）から。

＊49 **瓦斯《ガス》会社** 1909年（明治42）設立の京都瓦斯株式会社。正子が訪れたのは下京区中堂寺坊城町の京都瓦斯島原工場［地図 b-6］。ここから市内へガスを供給した。写真はガスタンク建造時の技師・職工を集めた記念写真。左後方に西本願寺御影堂の大屋根が遠望できるので、場所は島原工場と思われる（西500m離れた中堂寺粟田町に1928年併設された第二工場の可能性もある）。

一月廿日　木曜日　気象　晴　起床六時　就眠十時

英語の満足に出来なのでほくほくもので、午後は瓦斯《ガス》会社＊49［地図 b-6］へ見学に行った。瓦斯を作るための石炭＊50を最早コークスになったのを釜より下して水に依って運ぶ時などは実に恐しいものであった。大きな真赤な火の塊が大変な勢で落されるのは壮観なものである。しかしその側《そば》で働いている人の一日真黒になってパンのために労働している人は実際気の毒な感がするのであった。そしてつくづく我身に合して幸福を感じるのであったが、私はそれらの人を不幸とは思わない。何故ならばそれで満足しているのだもの。

一月廿一日　金曜日　気象　晴　起床六時　就眠十時

ある小説の一節［《クオレ》より／＊48］。

神様があなた等をお互の腕の中に抱き合せて下すったのです。もう決して引き離しはなさいません。わたしが死ぬ時にもお父さんが死なれる時にも私等は、「お母さん、お父さん、エンリコ、もうこれきり逢われませんねえ」と云うような絶望的な言葉をお互に口に出すことはいりません。わたしたちは別の世で又逢えるのですもの。そこでこの世で多く苦しんだものは償《つぐな》いを受けるのです。そこは罪もなく悲みもなく死もない世界です。けれどわたし等はみんなその別の世界へ行ける様な値打ある身にならなければなりません。よく考えて御覧んなさいよ。あなたのあらゆる善い行いが、あなたを愛する人等に対するあらゆる情愛の働きが、あなたのお友達にたいするあらゆる親切な行いがあなたの抱くあらゆる気高い考えが、其の別の世界に行く手形の様なものです。

あらゆる悲み、悲みと云う悲みは罪を消すものでありますし、あらゆる涙は汚れを拭い取るものですから、毎日を其の前日よりはもっと善く、もっと情愛のあるものにすることをあなたの規則になさい。

一月廿二日　土曜日　気象晴　起床六時半　就眠十時

午後お友達五六人と公~~会~~開堂［〈会〉を削除するが〈公会堂〉の誤り］で催さるる音楽会*51を聞きに行った。美しい芸術に対してある一種の感情を求め様とする男《だん》学生女学生はここに集って行った。私もその一人であったのである。七時より始まった。次々に始まる音楽は私を美しい芸術の国までよびよせた。そして私等をそこで十分に讃美させた。横山さまのソロなんかは特に私等女学生をよわしめた。私等はいつまでも聞いていたかった。そして喝采を惜しまなかったのであった。しかし残念にもそれは達すること出来ずして終った。

*49 **瓦斯会社**　右ページ写真の解説。

*50 **瓦斯を作るための石炭**　当時の都市ガスは石炭乾留《かんりゅう》（石炭を蒸焼きにして熱分解し、揮発分はガスとして抽出されコークスが残留する）によって製造された。ガスの生産得率が良いコークス炉が用いられ、〈コークス炉ガス〉とも呼ばれる。水素、メタン、一酸化炭素を主成分とし、一九六〇年頃まで都市ガスの主原料として用いられた。現在では輸入ＬＮＧ（液化天然ガス）が、都市ガスの原料供給源として大半を占めるようになった。

*51 **公会堂で催さるる音楽会**　京都帝大、京都府庁有志の組織する京都フィルハーモニー・ソサエティ主催の新春音楽大会。出演者は室岡清枝子（ピアノ）、高折宮次（ピアノ）、武岡鶴代（ソプラノ）、蜂谷龍子（ヴァイオリン）、横山彰子（ソプラノ）ら東京音楽学校の教授・助教授により構成。（『日出新聞』大正一〇年一月二一日）

しかし今日は実際半日を価値ある有益なものに送ったことを喜ぶのである。

一月廿三日　日曜日　気象 晴　起床六時半　就眠十時

午前お部屋のお掃除は無論お洗濯までして大変気持がよかった。この頃お部屋、私の額《がく》にはお膝までもの服を着けた坊ちゃんと嬢ちゃんが、軽いそっとした笑をお顔にみせて仲善くちょこんとお腰をかけているのである。

私は其れをじっと見ているのが大好きだ。何故ならば見ていると、私までが微笑しなくてはならない様な気がするのだもの。私は二人にこんな名をつけた。坊ちゃん……*lip* さん。嬢ちゃん……*rose* さん。

一月廿四日　月曜日　気象 晴　起床六時半　就眠十時

夜お父様におねだりして京極へ行った。そして私の大好きなパウリスター*52［地図 *g-4*］に入った。小兄さんに写真を撮って貰ったボーイがいた。

［約四分の一ページを残し紙面が切り取られている。一月二四日は切り残された左ページに、翌二五日はその裏面（右ページ）より記される］

（山川）［朱印］

一月廿五日　火曜日　気象 晴　起床七時　就眠十時

今朝早々にお母様は横町の小母さんと御一緒に伊勢へいらっしゃった。以前から思っていらっしったのだが行く間がなかったので延ばしていらしったが今日は私等の休んでる間にお出ましになった。お土産を楽しみにおとなしくお留守居をしている。

一月廿六日　水曜日　気象 晴　起床七時　就眠十時

おていさんのお母さんがおかくれになった！

それは実際思いがけない事実だった。おていさんと私は幼稚園［豊園幼稚園／Ⅲ‐＊36］からの幼な友達である。そのおていさんのお母さんが急にこの世よりお去りなすったのだ。

実際うその様なことである。おていさんの悲しみ如何ばかりであろう。御想像してもなお余りありだろう。ほんとにお察しする。

おていさん、お力を落さずに静かに生前慈愛深かったお母さまの御冥福をお祈りなさい…………

一月廿七日　木曜日　気象晴　起床七時迄　就眠十時

ああ今日も静かに日は過ぎて行く。私は一体毎日何をして送ってるのであろう。毎日私は唯教科書と相対しているばかりだ。日に日に同じことをくり返して行くこの便りなき意義なきことがいつまで続くのかしら？

私はほんとに待っている。もっともっと活躍すべき日の来るを……しかし、こんなに待っているなんてゆっくりしたことが第一に悪いのではないだろうか？私は何が何だかちっとも分らない。私は自己の取るべき道さえも知らぬ哀れな女なのかしら？

一月二十八日　金曜日　気象晴　起床七時　就眠十時

麦の二葉[*53]は匂やかに　むかしの夢をふきかへし
君に別れてさすらひし　みたまの傷をひきつゝむ
大根の花は淡白に　むかしの人を呼びかへし
君に別れてさまよひし　まなこの曇おし拭《ぬぐ》ふ[*54]

一月廿九日　土曜日　気象晴　起床七時　就眠十時

土曜日は何故か一心に勉強する気にはなれない。多分明日と云う日をあてにしているからだろう。

今日は学校の講談会だった。午後講堂に集って西比《シベ》利亜《リア》の従軍と題する話の如何に意味あるものかと楽しんで時間の来るのを待っていた。

校長先生の彼の威厳のあるお目で私等をぐっと御

---

*52 **パウリスター**　新京極四条上ル中之町にあったコーヒー専門店カフェーパウリスタのこと。
　カフェーパウリスタは、一九一一年（明治四四）、銀座宗十郎町（銀座七丁目）に一号店が開業した。創業者の水野龍《りょう》は皇国植民会社という移民会社を作り、ブラジルのコーヒー園の開拓事業に日本人移民を斡旋し、その見返りとしてサンパウロ州政府からコーヒー豆の無償提供を受けるようになった。それを元手に始めたのがパウリスタ（サンパウロっ子の意）。新京極のパウリスタは大正九年一一月の開店。その頃には支店が、東京をはじめ横須賀、大阪道頓堀、神戸三ノ宮、札幌、仙台、静岡、名古屋、博多、上海などに店舗を構えた。パウリスタでは軽食も出来て、コーヒー以外の喫茶メニューも充実していた。（林 哲夫『喫茶店の時代』二〇二〇年）

*53 **麦の二葉**　麦の芽。冬の季語。麦は関東では十月、関西では十一月に蒔く。

*54 **君に別れてさまよひし　まなこの曇おし拭ふ**　「麦の二葉」に始まる七五（八五）調四句となるこの歌は、〈今様《いまよう》〉の歌体を成す。〈今様（歌）〉は平安中期から鎌倉前期の流行歌謡で、和讃や雅楽の影響から起こった。遊女・傀儡《くぐつ》・白拍子《しらびょうし》が歌い、宮廷貴族から庶民に至るまで愛誦された。後白河法皇により今様歌謡集『梁塵秘抄《りょうじんひしょう》』が編まれた。同書は大正時代、佐佐木信綱を通じて再発見され、当時の歌界に留まらず影響を与えた。芥川龍之介、佐藤春夫らは七五調四句で自作している。

覧になりながらだん上［壇上］にお立ちになった時、私等の心は十分謹重［〈緊張〉または〈謹聴〉カ］していた。

五島旭泉なるもの来り、かねて我が望める西比利亜従軍の話をして下される筈であったが、今日彼は時間に遅れずに正しく参りました。（先生この時大きく息をつき）しかし彼は酒気ふんふんとして顔は真赤に充血している状態にあったのです。その様な人間をこの神聖なる講堂に入れるは学校の体面にも関わると思う。それで早々に今退去を命じました。

それで[redacted]〈今日カ〉五島なるものの話はございません。

その代りに今日偶然に来て下すった髙木と云う方に皇室についてのお話を願うことになりました。

故に静かにお聞きならんことを願う。

との先生のお言葉は私等に意外の感をあたえた。

なお意義なき＊55［二重線で打ち消し］

髙木と云う方は熱心に皇室のありがたきをお話して下すった。　髙木と云う方の熱心は非常なものであった。

私はつくづく感じた。熱心は充分に人を動すことの出来るものだと。

一月卅日　日曜日　気象 晴　起床七時半　就眠十時

午後小兄さまがいらっしゃして写真を撮っていただいた。小兄さまはお上手だけれど実物が実物だからいつも出来上るといやになってしまう。

一月卅一日　月曜日　気象 晴　起床七時　就眠十時

今日は大正十年一月の最後の日である。

一月を省《かえり》みると随分よく遊ぶことは遊んだが又最初の考を無駄にささぬために勉強もよくした。大変変化の多い日であったと思う。

（山川）［朱印］

二月一日　火曜日　気象 晴　起床七時　就眠十時

私の二月よ。新しく来りし二月よ。この月も私を幸福に送らして来れることを希望する。

二月二日　水曜日　気象 晴　起床七時　就眠十時

午前よりチラチラと白いものが降り出した。

久しぶりの雪に非常に嬉しかった。今ではもう大分積っている。

二月三日 木曜日 気象 雪 起床七時 就眠十時

節分である。私も今年は豆を十七も食べなければならぬ年になったかと思うと嘘のような気がする。だけど私はまだ真の子供だ。十六の娘さん、そんな心は少しもないのがおかしい。まだまだ無邪気な今までの子供でいたい。

けれど年は、自然は、私を無理にでも引っぱって行く。私はどうしても大きくならなくちゃならないのだ。それを考えるともっとしっかりした思想がなければと思いもするけれどやっぱり今の無邪気な心に離れたくない気の方が多い。

二月四日 金曜日 気象 雪 起床七時 就眠十時

父上、母上、妹［従妹の桑門悦子］と祖父母様の墓参をなされた。如何に大谷［東山の大谷祖廟／地図g-3］の雪景色の美しかったであろうと私は想像している。純白の雪でもって被われた石碑の下に暖き愛の充ち充ちた祖父母上は安らかに眠って私等の成長するのを楽しんでいらっしゃることだろう。

明日は愛宕山［I・*27］へ全校雪中登山するので私も少し風［風邪］をひいているけれど、無理にお父様にお願して一行に加わるので今夜はお菓子の物色に中々忙しかった。

二月五日 土曜日 気象 晴 起床六時 就眠十時

折角あれほど喜んで沢山のお菓子を買ったことは皆駄目になってしまった。しかし冬も私の身体を思って止めろとおっしゃったのだ。それを無理に私が行ってこの病気を一層悪くしたら実際つまらない。今では行かなくってよかったと思ってるほど病気は悪くなって来た。お医者はひどくはないと仰っしゃった。

二月六日 日曜日 気象 晴 起床七時 就眠十時

病気のために今日一日何もしなかった。

＊55 ~~なき意義なき~~ 線引きの箇所は、P.227上段一月二七日付日記の「この便り／なき意義なきこと」の〈／〉でページを書き切り、記者が誤って次ページ（日記の二ページ分）を飛ばして傍点部分を続けて書き出したのだが、恐らく直ぐに気がついて打ち消し線を引いた。

二月七日　月曜日　気象 晴　起床七時　就眠十時

土曜日に遠足に行かれた方も元気よくいらっしゃった。

〝私、足が痛くて困ってるの〟と皆変な様子をして歩いていらっしゃった。茶目のTさま、あまり雪を食べすぎて腹下りしたって大変こぼしていらっしった。

（山川）［朱印］

二月八日　火曜日　気象 晴　起床七時　就眠十時

別に記すべきことなし。

二月九日　水曜日　気象 晴　起床七時　就眠十時

夜きくやと日暮しへ行った。小兄さまのお友達が大勢来ていらっしった。随分皆さんのかるたの早いのに驚いてしまった。

私暫くしなかったからすっかり下手になってはずかしくてたまらない。又小兄さまにもんでもらわなくちゃならない。

二月十日　木曜日　気象 晴　起床六時半　就眠十時

妹と小学時代の気持に返ってお手玉でさんざん遊んだ。お手玉なんて久しくしなかったのでともすれば悦ちゃんに負けそうになった。

お手玉を見るとよく一緒に遊んだKさん、Sさん、Aさんのことなど思出されて幼い無邪気な時代がなつかしくてたまらない。再び彼《あ》んな時が来るものならと思うのである。

二月十一日　金曜日　気象 晴　起床七時　就眠十時

紀元節は例年の通り式が行われた。

帰途TさんとYさんと三人で髙島屋［地図 9-5］へお菓子の陳列を見に行った。中々変った趣好のがあった。色々と写生なすっていらっしゃる方もあったが私等は〝彼《あ》れおいしそうね〟〝私これ好きよ〟なんて趣好も何もあったものじゃない。お菓子の好ききらいを云いに来た様なものだって大笑いした。

二月十二日　土曜日　気象 晴　起床七時　就眠十時

夜父上と弟妹共に京極へつれていっていただき随分色々なものおねだりして買っていただいた。

二月十三日　日曜日　気象 晴　起床七時　就眠十時

上々天気の幸都合［〈好都合〉が通例］に小兄さんと妹三人で円山《まるやま》散歩［地図 9-3］に出かけた。大勢の人が今日のこの春の様な日を無駄にしないため、あるいはベンチあるいは草原にと楽しく語り合うことの快さを味っていた。小兄さんに沢山写真を撮って貰った。夜は初音会*56が家で開かれた。伊勢物語*57の講義や和歌は大変よく分って私等も非常に幸福だった。

二月十四日　月曜日　気象 晴　起床七時　就眠十時

何故か今日は丸帯*58するために半日つぶしてしまった。けれど私の大好きな美しい帯は出来上った。私のために衣装まで心配して下さる父上母上に何んと感謝してよいやら分らぬ位嬉しい。うんと勉強してこんど御恩返しをいたしましょう。

振袖の婚礼衣装に結んだ丸帯

二月十五日　火曜日　気象 晴　起床七時　就眠十時

弟が急に熱が出て~~勉強~~驚いた。お医者に早速来ていただいたが大したことはなかって安心した。又流感が流行るから注意*59しなくちゃならない。

二月十六日　水曜日　気象 晴　起床七時　就眠十時

弟は今日はもうよくなってお床の上で私など対手《あいて》に

*56 **初音会**　徳正寺などを会場に行われていた歌会の集まり。日記を読む限り、月にいちど催されていたようで、歌会をはじめ古典の講話、会員で吟行《ぎんこう》に出かけるなどした。国学・漢学の学者であり書家、歌人の山本行範《ゆきのり》(*1873-1941*)が幹事をつとめた。正子もこの頃から折々参加して作歌している。同会は戦後も長く続き、正子の母 美年子は晩年までここで数多くの歌を詠んだ（井上章子 談）。

*57 **伊勢物語**　平安時代の歌物語。作者未詳。在原業平《ありはらのなりひら》を思わせる男性の一代記の形で情事を中心に叙述した約百二十五の説話から成る。

*58 **丸帯**　正装用の帯で、振袖、留袖、訪問着に用いられる。生地幅六〇〜七〇センチのものを二つ折りにし、帯芯を入れて縫合せて作る。帯幅は三一センチ前後が多く、長さは四メートルほど。生地は糸錦《いとにしき》、緞子《どんす》、金襴《きんらん》などが用いられた。現在は軽装化で婚礼時以外に用いることは減った。

トランプなどして遊んでいた。
母上お割烹講習デーにて洋食のお土産非常においしく感じた。

二月十七日　木曜日　気象 晴　起床七時　就眠十時
弟の容態全くよろし。明日より額〔楽カ〕に登校出来るであろう。妹の戸籍とほ本［ママ］［謄本《とうほん》］を送って来たので漸《ようや》く父上に願書を書いていただく。

二月十八日　金曜日　気象 晴　起床六時半　就眠十時
自分の誕生日である。この世界に生れてからもう満十五年にもなったとは夢の様な感じがする。
母上のお心づくしのおいしい御馳走もそう思いながらいただいた。実際感慨無量である。

二月十九日　土曜日　気象 晴　起床七時　就眠十時
姉上［夭折した姉 知恵（1901-03）］の御命日である。常に姉上がいられたならとの空想する私が仏前にすわったら変な淋しい気がした。母上少し熱ありてお休みになった。

二月二十日　日曜日　気象 晴　起床七時　就眠十時
午前お茶のお稽古に行く。
午後妹と写真をうつしに行った。

二月廿一日　月曜日　気象 晴　起床七時　就眠十時
明日地理の試験なり。
（山川）［朱印］

二月廿二日　火曜日　気象 晴　起床五時　就眠~~十~~八時
妹伊勢旅行［尋常小学校六年時の修学旅行カ］にて朝早くより喜んで行った。
夜頭痛くて早くより寝にいく。風［風邪］を引いたらし。

二月廿三日　水曜日　気象 晴　起床六時半　就眠十時
午後、京大教授青柳先生*60の有益なお話があった。
大要は日本人に科学的思想の乏しいために如何に色々の方面に相損~~益~~をしてるかのお話を具体的に私等に分りやすくお話して下すった。
既記《きき》［既に書き記したこと］の多方面と云うのは即ち日

本がお隣りに穀物もよく取れるし、羊牧畜も行われるし、鉱産〔鉱業上の生産〕も多いし、あらゆる方面に利益の多い支那《しな》大国〔〈支那〉は中国の旧称〕を持ちながら科学的思想のないために非常に不幸をしてるのもその一つである。

又、経済的・衛生的・創造的・道徳的にして行かなくちゃならない。我等が科学精神のないことに止まっているならばどんなに不幸な、どんなに非文明な哀れな国になることだろう。故に我々は、否我々のみでなく我々の後になるべき第二国民[*61]にもこの精神を以て育てて行かなくちゃならないのである。

とのお話しを二時間に渡ってして下すったことは、私は深く感謝すると同時にこんな有益な講談会を開いて下さる学校に居ることを非常に嬉しく思っているのである。

二月廿四日　木曜日　気象晴　起床七時半　就眠十時
今日は蓮如上人[*62]の御命日にて家にてつとめ事があった。

＊59 **又流感が流行るから注意**　この頃、日本におけるスペイン風邪流行の第三回目がピーク（一九二〇年〈大正九〉一二月～二一年〈大正一〇〉三月）を迎えようとしていた。第三回目（二〇年八月～二一年七月）の流行は、第一回（一八年八月～一九年七月）、二回（一九年九月～二〇年七月）と比べて患者数・死亡者数が少なく、京都での二一年時の流感による死亡者数は、約一三一万人（大正一〇年一〇月）の人口に対して一二二名に過ぎなかった（『流行性感冒』二二年、『日本帝国人口動態統計 大正十年』二四年）。三回目の流行では九州方面や沖縄など第一回、第二回で大きな流行を見なかった地域での罹患率が他より若干高かったと言われる。巷間《こうかん》では「又流感が流行る」とささやかれ、全国各府県こぞって予防の用意を整えていたが、「京阪両府は極めて安泰の模様」（『日出新聞』大正一〇年一月二二日朝刊）であった。
（P.178「正子日記」に見える病の姿」参照）

＊60 **京大教授青柳先生**　青柳榮司《あおやぎえいじ》（*1873-1944*）工学博士。京都帝国大学理工科大学の電気工学者として送配電に関する研究に従事し、半真空電球やタングステンアーク灯などを発明。家庭生活の電気化に大きく貢献した。
　学校教育に対して国家主義的な見識を有し、科学思想こそ情操を有用に育むと提唱したが、次第に科学と精神の合致する「情意の涵養」は、「宗教と体育を基礎」とする主張に変容した。（青柳榮司「我國教育の科學的缺陷と強制的職業的補習教育の必要」一九一八年、「真正の教育」二六年）

＊61 **第二国民**　徴兵令に規定する〈第二国民兵役〉に由来するもので、銃後を守る女性・子どものこと。直接戦闘に加わらない一般国民。

＊62 **蓮如上人**（*1415-99*）　浄土真宗中興の祖。本願寺八世。一四六五年（寛正六）、比叡山衆徒の襲撃に遭い（寛正の法難）、東山大谷を出て越前吉崎に赴き北陸地方を教化。さらに山科・石山に本願寺を築き、本願寺教団の基盤を固めた。因みに徳正寺の起源は、寛正の法難に際して荒廃した東山大谷の親鸞廟所を守護するため、蓮如に帰依した井上遠仲《とおなか》（願知／*1439-1527*）が草創した大谷道場に始まるとされる。

二月廿五日　金曜日　気象 晴　起床六時　就眠十時

後帰宅したらもう四時頃だった。それから直に母上のお手伝をしてブレッドプッデング[*63]と云うお菓子と何とかビーフと云う洋食を教えていただいて、明日の化学の試験はそっちのけで一心になってした。私は今日必度《きっと》きく［女中の名］よりももっと働いただろうと思ってる。夕御飯後化学の勉強をしたが直に覚えられて嬉しかった。

二月二十六日　土曜日　気象 晴　起床六時半　就眠十一時

芳子さまがいらっしゃって二人で家事の宿題をしてしまった。それをし終えてから小兄さんもいらっしゃって三人が色々なことをお話して愉快だった。小兄さまは早く帰られたが、芳子さんとは御一緒に御飯食べて九時頃まで遊んでいた。

ほんとに今日は面白かった。

二月廿七日　日曜日　気象 晴　起床六時　就眠十時

午前お茶のお稽古に行った。床の間の赤椿がたまらなく気に入った。

二月廿八日　月曜日　気象 晴　起床六時　就眠十時

変りなし。

三月一日　火曜日　気象 晴　起床六時　就眠十時

今日より当直になった。随分組のためによく働くつもりである。満足によく勤まる様に念じている。

三月二日　水曜日　気象 晴　起床六時半　就眠十時

午後帰宅してより直に公会堂へヴィオリン［ヴァイオリン］の世界一の名手エルマン氏[*64]の音楽を聴きに行った。［主催 エルマン氏歓迎会、後援 大阪毎日新聞社］私は世界一のエルマンの音楽を聞いたのだこの耳で。あんなに毎日新聞でたたえていた妙技を聞いたのである。何だか不思議な気がする。何故ならば彼の技が私の想像していたほど、私によく分らなかったので物足りない感じがしてるのだろう。ヴィオリンは妙なる音を出すけれど私はヴィオリンには永久に趣味が持てないらし？あんなに美しいエルマン氏の妙技に会って迚《とて》もいいなあと思い浮ばなかったもの。玩具的と云われるだろうが私はやはりマンドリン［Ⅵ‐＊2］を愛する。私がマンドリンを欲してる心が何時満足することが出来るだろう。お父さんはいつ買って下さるだろう。待ち遠しいなぁ。

三月三日　木曜日　気象 晴　起床六時　就眠十時

畏《かし》こくも我が東宮殿下［皇太子、後の昭和天皇／Ⅲ‐＊21］には

＊63 **ブレッドプッデング**　ブレッド・プディング（*Bread Pudding*）。パン・プディングとも。

パン粉（コップに二杯）を温めた牛乳（コップに四杯）に浸し、牛乳が冷めてから砂糖（コップに三分の一）を篩《ふる》い、溶かしたバター（コップに四分の一）とよく溶いた鶏卵《たまご》（二個）を、前の牛乳の中へ加え、よくかき混ぜ、塩（ティースプーンに半分）とヴァニラ（ティースプーンに一杯）を加えて、さらによく混ぜる。バターを塗ったプディング型の中に流し込み、弱い火加減の天火（オーブン）に容れ、およそ一時間ほど要して焼き上げる。焼き上がったら型から外し、ヴァニラソース（砂糖とコーンスターチ、バターを湯で溶いてヴァニラ風味をつけたソース）をかけて、暖かいうちにいただきます。（『西洋菓子の拵方《こしらえかた》』一九一二年）

＊64 **エルマン氏**　ミッシャ・エルマン（*Mikhail Saulovich 'Mischa' Elman*／*1891-1967*）。南ロシア（ウクライナ右岸）チェルカースィ州（キエフ〈キーウ〉南方）の村落タリノエ（*Tal'ne*）出身のヴァイオリニスト。祖父はクレズマー音楽（イディッシュ〈東欧系ユダヤ〉音楽）の演奏家だった。オデッサの官立音楽学校で学んだ後、サラサーテの推薦状を得てペテルブルク音楽院に入学、レオポルド・アウアーに学ぶ。一九〇四年、ベルリンで弱冠十三歳でデビュー。〇五年、ロンドン交響楽団に独奏者として迎えられ、〇八年にはニューヨークカーネギー・ホールでアメリカ公演を果たした。一一年からは単身アメリカ合衆国に移住。世界中を演奏旅行し、二一年（大正一〇）に初来日した（正子が聞いたのはこの時）。三七年（昭和一二）、五五年にも渡来している。

三月二日の岡崎公会堂での公演は、ベートーヴェンの〈クロイツェル・ソナタ〉に始まり、パガニーニ〈ニ長調協奏曲〉、サン＝サーンス〈ロンド・カプリチオーゾ〉などを奏した。この巡業公演でエルマンは、サラサーテの〈流浪民謡《ツィゴイネルワイゼン》〉を特に好んで演奏している。

一七年のロシア革命の結果、ウクライナは激しい内戦に突入した。このためエルマンはウクライナにいた家族をアメリカに呼び寄せ、二三年に合衆国市民権を得ている。

ソヴィエト・ロシアからの完全独立を目指した中央ラーダ政府によるウクライナ人民共和国（一八年一月樹立）だが、多大な犠牲を払うも二〇年一二月にはソヴィエト権力の統治下に入り、ウクライナ社会主義ソヴィエト共和国として二二年一二月、ソヴィエト連邦傘下に降る。九一年のソ連邦崩壊に伴い、ウクライナは長年の支配を脱して独立を果たした。

一八九二年一月廿日南露タルノエの猶太人部落に、ミーシャ・エルマンは呱々の聲を揚げた、父はサウルと云つて村の小學校長であつたが趣味としてヴアイオリンを愛し幼きミーシャが音樂の天才であるとを知つた父は、子供用のヴアイオリンを彼に買ひ與へたがミーシャは間もなく巧みに之を演奏したと云ふ其時彼はまだ五歳にならない小兒であつた

『大阪毎日新聞』（大正10年2月18日朝刊）エルマンの演奏会は、2月上旬上海での公演を経て、13日来日。東京での演奏を終えて、大阪中之島公会堂で2月25‐27日の3日間、曲目を変えて演奏。京都は2日間。

今日船艦〔ママ〕〔戦艦〕香取《かとり》〔Ⅵ-*37〕にて遠く御洋行[*65]遊ばされた。我が国未曾有《みぞう》のことである。我が国に取ってはどんなに幸福なことであろう。私等の学校でも御出立日と雛祭りと合して午後より音楽会を開かれた。私は今日つくづくエルマンはやっぱり上手であると云うことを知った。何故ならば上級生のヴァイオリンの合奏を聞いてなのである。私は彼の音楽を聞いておいてやっぱりよかったと思った。

三月四日　金曜日　気象 晴　起床六時半　就眠十時

夜小兄さまがいらっしった。私はおこしになるなり常識の試験をいたしますと云って〝今度のアメリカの大統領を何と云いますか?〟と質問したら宇广谷〔宇麼谷《うまや》カ〕さまとお二人まごまごなすって〝こりゃたまらん〟と大あわてにそこにある新聞紙を取り上げ、やっと〝はいハーヂング氏[*66]であります〟と得意そうにおっしゃったのを、直に〝夫人の名は〟とつっこんだら、お兄さま等ますます面食って又新聞を取上げて御覧になったが見つからないので〝どこにあるどこにある〟ときょろきょろ探していらっしったので、私とうとう吹き出して、私も知らないのよと云ったら、お兄さん「なあんだ馬鹿にしてる。撲《なぐ》るでな」とおこっていらっしった。私もう実際、胸がすっとするほど面白かった。これでこの間私の学校の悪口おっしゃったのがし返しが出来たと思った。

三月五日　土曜日　気象 晴　起床六時半　就眠十時

午後篠田さまをお誘して阿部〔等観寺／地図 2-6〕へ行く。第二〔府立第二〕の方々沢山いらっしって、みんなでお雛さまそっちのけでかるた、名あてトランプと大騒ぎで遊んだ。
矢野さま随分色々の芸を見せて下すったのには感心してしまった。

三月六日　日曜日　気象 晴　起床六時半　就眠十時

いいお天気の日曜だったがどこへも行かずお家で一生懸命試験のおさらえをした。

三月七日　月曜日　気象 晴　起床六時半　就眠十時

化学の試験すんだ。これで後英語・文法・家事でおしまいだ。嬉しいな、今度の日曜は。

（山川）［朱印］

三月八日 火曜日 気象 晴 起床六時半 就眠十一時

英語もつつがなくすんでしまった。もう二つだ。こうして一つ一つ減って行くの、どんなに楽しみなことだろう。

三月九日 水曜日 気象 晴 起床六時半 就眠十時

夜、父上始め皆とつれだちて京極へ散歩に行く。妹は明日嵐山とかへ遠足にて色々母上に買っていただいていた。

三月十日 木曜日 気象 晴 起床六時半 就眠十時

午前一時間だけ家事の試験があった後、直にそれより陶器試験場[*67]［地図 *b-4*］、水源地[*68]［地図 *f-3*］、島津製作所[*69]［地図 *f-4*］へと行った。

方々へ廻るのに随分暇が入るので帰宅時間は予定より三時間程も遅れていた。

三月十一日 金曜日 気象 晴 起床六時 就眠十時半

今日も又遠足にて北山めぐりである。

昨日で随分疲れているし、その上頭が非常に痛むの

＊65 **御洋行** 皇太子裕仁《ひろひと》は、二一年（大正一〇）三月三日、軍艦〈香取〉で初めての外遊に出た。イギリス、スコットランド、フランス、ベルギー、オランダ、イタリアの欧州各国を歴訪し、九月三日、国民奉迎の中、横浜に帰国した。（Ⅴ-＊25／48）

皇太子殿下御帰朝記念切手
大正10年9月逓信省発行
1銭5厘／H27×W30 mm

＊66 **ハーヂング氏** ウォレン・ガメイリアル・ハーディング（*Warren Gamaliel Harding*／*1865-1923*）。第二十九代大統領。共和党。オハイオ州の連邦上院議員として政界入りし、〈平常への復帰〉をスローガンに、第一次世界大戦の余波で疲弊した国民の支持を得て当選した。任期は一九二一年三月四日〜二三年八月二日、在職中に急逝。日記は、大統領就任当日の日付。

＊67 **陶器試験場** 東山五条、清水坂下にあった京都市陶磁器試験所。陶磁器の製造技術の開発と技術者の養成を行った。同地（現 六原公園／東山区梅林町）に「京都市陶磁器試験所発祥地」の石碑が立つ。

＊68 **水源地** 蹴上の浄水場。「京都市明細図」（昭和二年／長谷川家住宅蔵）には〈京都市水源地〉と記載。一二年（明治四五）、第二疏水の開通により、都市上水道の水源として日本で初の急速ろ過方式を採用した浄水場。（Ⅱ-＊45）

なお蹴上には第一疏水より取水した本願寺水道（明治三〇年開通）の水源地もあり、同水道は正子の祖父桑門志道（Ⅰ-＊18）が設置に尽力。

＊69 **島津製作所** 化学機器メーカー。一八七五年（明治八）、初代島津源蔵が創業。顕微鏡や人体模型といった教育用理化学器械を製造。正子が訪れた当時は、光学測定器の開発やX線装置の商品化など工業機器に力を入れていた。

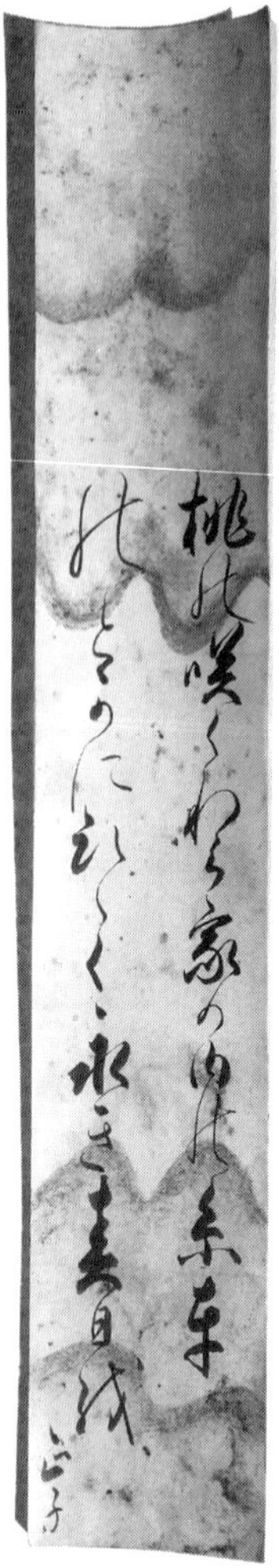

桃の咲くわた家の内の糸車
のどかにひびく永き春日を
初音会で正子が詠《よ》んだ和歌。
年代不詳だが桃の花をうた
うので時期は三月ヵ。

で、南禅寺［地図 f-3］の集合所まで行って、そこからTさんKさんと共に皆さんとお別れして、暫く南禅寺境内にて清き空気の中にその静粛さを味わった。皆さんは今頃何処らでしょう、などとお話しながら帰途についたのは十一時をすんでいた。

三月十二日　土曜日　気象 晴　起床六時　就眠十時

変りなし。

三月十三日　日曜日　気象 晴　起床六時　就眠十時

初音会で伊勢物語のつづきを聞いた。

私の和歌は一つはよいが一つはいけないって先生はおっしゃった。初めてなので随分はずかしかった。

三月十四日　月曜日　気象 晴　起床六時　就眠十時

夜SさまYさまいらしって御一緒に手芸をした。大風が吹いて三人がきゅっとひっついて恐ろしがったこともあった。雪がさらさらと小窓を打つ。

（山川）［朱印］

三月十五日　火曜日　気象 晴　起床六時　就眠十一時半

採点日もとうどうすんだ。今日からは又余興の相談に随分忙しい。今日も夜から脚本を作ってしまった。

［日記IV　了］

コラム4 女学校と女子教育

六冊ある日記帳を開くと、最初のページは一ヶ年の学校の〈休業日〉が活字で刷られ、「一　祝日大祭日／二　皇后陛下御誕辰／三　日曜日／四　本校創立記念日／（中略）／八　夏期休業日 自七月二十一日 至九月五日／九　冬期休業日 自十二月二十五日 至翌年一月七日／一〇　学年末休業日 自三月二十六日 至三月三十一日」と、この日記帳が、学校から生徒に支給されたものだとわかる。正子は市立《いちりつ》（京都市立高等女学校）の本科に四年間通い（一九一八年〈大正七〉四月〜二二年三月）、四学年を修業後、府一《ふいち》（京都府立第一高等女学校）の本科五年に入学した（二二年四月）。その間に使われた六冊の日記帳は、ページ数、判型に若干の違いは見られるものの、ほぼ同じ体裁（縦罫〈一七行〉の版式は共通）をしており、当時、公立の（少なくとも京都の）高等女学校では、一律に日記をつけることが、生徒の日課として奨励されていた。日記は、先ず日付、天気、温度、起床・就眠時間を記入し、「当日ノ重要ナル事項及所感」を誌した。

なぜ日記をつけることが高等女学校では奨励されたのか。正子が市立に入学した年（一九一八）の六月、四学年の女生徒が、京都市美術工芸学校の学生と悲恋の末、入水《じゅすい》自殺を図り、未遂に終わったが、そのことが公となって世間を騒がせた。「当校の生徒で新聞へ出て大変不名誉な事をした方がありました」と、校長が朝礼で訓辞を垂れ、「親の言付《いいつけ》を守り皆様へ御心配をかけない様にしなければならぬ」と正子は感じる（大正七年六月一〇日条）。この事件に関して『大阪朝日新聞京都附録』が、「男女学生の問題」と題した記事を連載（六月一二日〜一五日）、日記をつけることの教育上の効用が、市立の女性教員の談話として紹介されている。女性教員は「一大事を起こさぬ内に防ぐ」ための提案として、「毎夜その日の事柄を日誌帳につける事」が、不祥事の予防につながるとし、その理由として、「毎夜日誌をつける時にもし少しでも変った考えを起しているようでしたら直ぐ反省して改めることと思います。（中略）日誌は主任の先生が調べますがその生徒は偽《いつわ》りを書いていたのに違いありません」、と述べる。つまり、彼女たちの日記の性格として、「偽りを書くことなかれ」というバイアスが常にかかっていたことだろう。確かに、日記には一週間ごとに教師の認印が押され、第三者（教師・保護者）の目が触れることを前提に書かれている。だが、慎重に偽りがないよう書くことは、本心に背《そむ》かないように所感を述べる方法を、場合によって彼女たちが鍛えることでもあった。ものを見るまっとうな目を養ったとも思える。

今日は自彊《じきょう》会の委員を選挙をした。私は林崎さんと同点になってくじを引いて負けた。大層残念に思った。又悲しくも思った。家に帰って勉強していても涙が出て目が曇り中々しにくかった。父母は「この前選挙されたのだからもうそんなにくよくよ思ってはいけない」とおっしゃった。私は数が少なくてなれないのなら何ともないが、同点でくじに負けたのだから何んだか思い切れなかった。けれども皆私の運が悪いとあきらめるより外はないと思った。（大正八年四月一二日）

内心の吐露を厭《いと》わないこうした記述は、おそらくこれを読むだろう教師に対しても向けられていて、この日記について教師は、「お気の毒ですけど、委員でなくてもどうか自彊会のためにつくしてください」とコメントを添えている。

自彊会という、生徒たちによる自治会制度があり、クラスごとに五名の委員が選挙でえらばれた。正子は自彊会の委員に選ばれて、それに積極的に参加した。

午後自彊会があった。すべての人の帰った後、たった五人が寂びしくあの広い講堂で車座になった時、何とも云えぬ感じがした。／沈黙して四《〔ママ〕》人の者がたった一つクラスの発展のことを心に思って顔を見合わせてはため息をつく時、ああスクールライフの意義あるを感ぜしめた。（大正一〇年九月二一日）

彼女たちの思い描いた〈スクールライフの意義〉とは、たとえば教師があるとき、「自彊会とは皆様方が相談し、各々の意見を云ってお互いを直すのがまず第一の目的」で、「これからの女はもっと積極的に活動しなければならぬ時代である故に、みなさま方は今からその気持をもっていなければならぬ」という主旨を述べたのに対し、正子は「私は別にそれに対しての思いもなく、ただ御もっとものことですと感じただけのこと」（大正九年九月二二日）と、いまの言葉でいう〈スルーする〉みたいな、大人たる教師へ冷ややかな感想をもらしている。すでに彼女たちが、〈スクールライフ〉という〈社会〉の小さなモデルケースに求めた理想は、「良家の淑女としての人格を作るの訓練」（同前「男女学生の問題」六月一二日）の場としての〈学校〉から徐々に乖離し始めていただろう。とはいえ、自彊会に集った彼女たちの理想の実現には、「私等はあまりに自分等の力の弱さ、勇気のないのを思った時、悲しく悲しく涙が出そうだった。ああ私等は努力しなければならない。努力しなければならない」（大正一〇年九月二一日）と述べるのである。ちなみに自彊会の〈彊〉の字義は〈強〉と同じ、したがって〈自彊〉とは「自ら努め行なうこと」の意となる。

　正子が高等女学校を過ごした一九一八年（大正七）～二三年という時期は、日本で女子教育の教場が誕生して半世紀を迎えようとしていた。京都市立高等女学校は、正子が入学した年（一九一八年）、創立十周年の式典が催される。明治以来男子中心だった学校教育が、大正期の男女平等や民主主義的な社会の傾斜が追い風となり、教育の現場では、女子に対しても門戸を拡げる機運が熟していた。折しも正子が市立を四学年で卒業する年（一九二二年）に学制の改正があり、高等女学校の本科が四年制から五年制へと改められ、正子自身も府一の本科五年（現 高校二年）に再入学した。女子教育において、〈女〉に求められていた貞節・柔順・勤勉などの徳目を旨とした〈修身〉のみならず、ラジカルな女性の向学心にようやく光が射しこんだ時期であった。

　旧制高等女学校の一年生は、今の中学一年にあたる。当時、尋常小学校を卒業して、さらに進学して学校教育を受けることのできる女性は、人口比で見ればほんの一握りでしかなかった。女学生の大半が財力のある「上流家庭の令嬢達」（『京都日出新聞』大正七年七月二八日／二九日）と見られていた。とはいえ、市立は呉服商の立ち並ぶ室町筋に近く、大店《おおだな》を構える商家の子女も多く通っていた。『京都市立高等女学校一覧 大正二年度』所収の統計表「生徒保護者職業別（大正二年五月一日調）」では、全生徒数（六四一名）のうち商工関係で上位を占めるのは、「呉服（七二、生徒人数）」「染物（三三）」「織物（二六）」「生絲及絲（一八）」「悉皆《しっかい》（一七）」「呉服店員（一六）」と呉服・繊維業が際立って多い。また「酒（一二）」「質金貸（一一）」「雑貨（九）」「薪炭油（九）」「米穀（八）」「金物（八）」「道具及古物（八）」と続き、目を引く職業では、「絵葉書（一）」「硝子《ガラス》（一）」「マッチ（一）」「画家（六）」「旅館（四）」「湯屋（一）」など多岐にわたる。市立には、家に資力があれば、誰でも受験して入学することができた。「生徒族籍別」（旧制度上の身分別）でみると、「華族（一）」「士族（七一）」「平民（五六九）」と、市立はまさに庶民の学校であった。その点、京都御苑の東側にある府一は、権門（華族・士族）が通う、どちらかといえばお嬢様学校だったと言える。

　生徒の様々な家庭の気風が、大正期の〈新しい女性〉像の浸透ともあいまって、市立の学風となり、彼女達のスクールライフを彩った。〈学校〉という正子の日常に加わった新たな生活圏が、思春期の内面を照らして、社会の一員としての自我に少なからず影響を与えたに違いない。（扉野良人）

井上正子

日記 V

一九二一年（大正一〇）五月一日－九月二七日

［表紙見返しに「四ろ（四年ろ組）／井上正子」と記名／P. 242に図版］

五月一日　日曜日　晴　起床七時半　就眠十時

昨日の八瀬大原行[*1]にて随分と疲れて今日は一日空しく過した。弟が病気であるため家中の人が皆心配そうでそわそわしている。大したことはないのだが訳の分らない熱が出たりするものだから。顔におできが出来てるからその故かも知れないけれど分らない。私は物が手につかない弟の枕下でお話をしたりトランプのお相手をしたりして遊ぶのみだった。

五月二日　月曜日　雨　起床六時　就眠十時半

父上は今日伊勢へおこしになる筈であったが右の小指の小さな傷から八度あまりの熱が出たので中止になすった。

丹毒[*2]かしらと学校に行っている間じゅう気にかかっていたが幸福にもそんな重いのではなかって安心した。

五月三日　火曜日　晴　起床六時　就眠九時三十分

父上も弟の病気も大分よくなった。

夜私は自分の机の前でじっと静かに考えていると色々の事が思われる。父上の事も母上の事も弟の事もはては悦子のことも浮んで来る。私は、私の境遇を最も幸福なものと信ずる。

どんな人から見ても私を幸福でないと思う人があろうか。

私はすべてが幸福だ。平和な平和な家庭……それより幸福なものがあろうか。幸福！　それは平和な家庭に生れる。

私の生れた家庭は平和の園だ。幸福の泉だ。

私はほんとに嬉しい。喜びの血潮は身体中におどっている。

幸福よ　永久に私等の上にあれ

五月四日　水曜日　晴　起床五時半　就眠十時

私のなつかしい、慈愛深い暖い祖母様の祥月命日である。

私は仏前にて静かに目を閉じて読経の声を聞く。淋しい。実際淋しい。死。祖母様も取っていった死はにくい。

しかし死は美しいものだ。人生の終だ。何もかもおしまいだ。

苦しい現実の悩みもなくなってしまう。すべてがなくなる。ただ残るのはそのまぼろしである。

死は美しい様で恐ろしい…　恐しい様で美しいものだ。

五月五日　木曜日　晴　起床五時四十分　就眠十時

父上も弟もすっかり熱が取れたので、今日からもうお起きになった。

父上の指も痛もすっかり取れてしまったそうである。

夜名古屋の嘉子様へお手紙を出す。

（山川）［朱印］

五月六日　金曜日　雨　起床五時半　就眠十時

マザージ［マッサージ　洋式の按摩《あんま》術］を教わった。上肢全部は終った。先生の柔かいお手でしていただくと、気持がいいけれど、お友達にして貰うとごつごつとしていたいのね、とお友達同し囁き合った。家へ帰って早速母上にして差し上げたら〝なかなか上手だね〟と笑っていらっしゃって嬉しかった。

五月七日　土曜日　雨　起床六時　就眠十時

午後学校の講談会にて佐伯先生[*3]の洋行談があった。佐伯先生は私等、姉、弟が生れた病院の院長さんの御息子である。

お背の高いほんとに洋行なすった方の様である。米国《アメリカ》、英国《イギリス》、蘭国《オランダ》、伊国《イタリア》と次々と遠い異国の珍しいお話をして下すった。日暮のお兄様も米国へ行っていらっしゃるがお帰りになったら、又今日の様に沢山沢山お土産話をしていただきましょう。

米国が排日排日[*4]とやかましく云うていると聞いてい

＊1　**八瀬大原**　比叡山（地図C-2）西麓の高野川に沿い、八瀬の北に大原の小盆地が開ける。

＊2　**丹毒**　皮膚の傷口などから連鎖球菌が侵入して起こる急性の炎症。皮膚に紅斑が発生する。悪寒発熱をともない、四肢抹消（指先など）の発症が多い。

＊3　**佐伯先生**　佐伯義雄（*1894-192?*）。一八九八年（明治三一）、佐伯理一郎（*1862-1953*／義雄の父）設立の佐伯病院（産婦人科）で医師を勤める。父理一郎は京都看病婦学校を経営するなど看護婦・助産婦教育に貢献した。義雄は一八年（大正七）、東京慈恵会医学専門学校を卒業後、渡米。ペンシルベニア大学で医術を修めた。佐伯病院（現　佐伯医院）の住所は下京区柳馬場《やなぎのばんば》通《どおり》綾小路《あやのこうじ》下ル永原町で徳正寺の近隣。

たが、先生のお話では米国の加州［カリフォルニア州］の一部分のみで紐育《ニューヨーク》辺は寧ろ歓迎して下れますよとのお話に嬉しくて嬉くてたまらなかった。

日本の小児らしい事を思うなと自分ながらおかしく感じた。

五月八日　日曜日　晴　起床七時　就眠十時

従妹は朝早く起きて三宅八幡［地図6-3］まで先生方と一年生［この四月、従妹 桑門悦子は市立高女に入学］の有志の方々と植物採集に参りました。

午後私と悦ちゃんの靴下を美しく美しく洗っておいた。

お部屋のお掃除も悦ちゃんが疲れて帰宅しても気持のよい様にして赤い花も挿しておいた。

四時頃に帰った。色々の草に丁寧に名前を記して一心に覚えていた。近々の試験に出るそうである。

五月九日　月曜日　晴　起床六時　就眠十時半

放課後友と一寸花園めぐりをした。

可愛い和蘭《オランダ》いちご*5は真赤な実をむすんでいた。

釣鐘草《つりがねそう》［ホタルブクロの異名］の様な形をした牡丹《ぼたん》色の花が沢山房になって咲いている側に芍薬《しゃくやく》はかたい蕾をいくつもすくすくと頭を上げていた。

どの花もどの花も私等の丹精の花と思うと嬉しかった。

五月十日　火曜日　晴　起床六時　就眠十時

私等四年生の保護者会があった。母上は来て下すった。

お帰りになって色々おたずねをすると先生のおっしゃった時も母上のお答えになった事も伺った。私が思っている通りのことを先生もおっしゃったし母上もお答えになった。

お二人とも私をよくよく御存じで下すった事は実際嬉しい。いい先生といいお母様とを持った時、私は幸福である。

一層勉強して立派なものになりましょうとかたく思った。

五月十一日　水曜日　雨　起床六時　就眠十時

今日学校行って先生にお会したら、私等の全部を知っていて下さって私等のため色々とお導き下さると思えばお母様の様な暖い感じがあった。

五月十二日　木曜日　雨　起床五時三十分　就眠十時

この頃は府立第一〔府立第一高女〕の専攻科*6に入学する準備のため毎日毎日忙しくて仕方がない。今日は何にも授□〔〈業〉を書きかける〕なかったからゆっくりと勉強しましょうと思ったら、あいにくお茶のお稽古日で又午後は丸つぶれで夜少しの間お習《さら》えが出来た。

あんまりせわしいので母上が読めとおっしゃった他の本すら読めないので困ってしまう。

五月十三日　金曜日　晴　起床六時　就眠十時

先日学校にてクラス全部が写した写真を見せていただいた。

あまり変にうつったので皆散々笑った。

五月十四日　土曜日　晴　起床六時半　就眠十時

桜楓会《おうふう》*7主催の慈善音楽会に行った。

芸術の人々の奏《かな》づる音の響は私の気持をさっぱりさした。

私は音楽そのものははっきりしらない。しかし私の知っている範囲の音楽を私は大好きだ。

音楽を聞いていると詩的な美しい感が頭に浮ぶから

*4 **米国の排日**　アメリカにおける日本人移民への差別・排斥《はいせき》。二〇世紀に入って日本人移民が急増加の傾向のあったカリフォルニア州（以下 カ州）では、低賃金、悪習（不潔、賭博、売淫）、非同化などを理由に排日運動が広範に展開した。一九〇八年（明治四一）日米紳士協約で日本側は一般労働者の渡航に制限をかけるが、一三年（大正二）カ州は排日土地法（外国人土地所有禁止法）を制定。日本政府、世論はこの差別措置に強く抗議した。しかし、排日運動は加速し、二〇年一一月、カ州はより厳しい排日土地法を制定し、二四年の新移民法（排日移民法）成立によって日本人移民は全面的に禁止された。以後、日本人の中に反米気運を沈潜させる結果となった。

*5 **和蘭いちご**　現在の栽培イチゴの種属。いわゆるイチゴ。北米原産、南米チリ産の野生イチゴの交雑種が一八世紀にオランダで栽培された。江戸時代末、オランダから渡来。

*6 **専攻科**　本科修了者に、さらに高度な特定の教育を施す課程。

*7 **桜楓会**　一九〇三年（明治三六）に発足した日本女子大学の同窓会組織。同大学の創立者成瀬仁蔵（*1858-1919*）が掲げた「自学自動」の教育理念（女性の生涯学習）を支援すべく文化・社会・教育の振興に資する事業を展開。一三年（大正二）日本で初の〈託児所〉を開設、二一年には有職婦人のための桜楓会アパートメントハウスを竣工するなどした。（竹崎陽子「大先輩「井上秀」先生」『鴨沂会誌 158号』）

私は愛するのである。

五月十五日　日曜日　晴　起床六時半　就眠十時

朝早くより母上と賀茂祭《かものまつり》*8を見に行く。

生れて初めて見るのだけれど、私の想像していた程に美しくなかった。しかし雅《みやび》やかな古《いにし》えの美しい歴史の絵巻物を見る様であった。種ちゃんが〝僕のお雛様が行く〟と云ったのはふるっていた。

午後今宮祭を見るために日暮に行った。

今度新にいらっしった加賀の叔母様にお目にかかった。

東久世伯爵の御女《おんむすめ》である美しいお方であるが一寸お背が低かった。

父上と同じ年の小父様のみ心が分らない。

五月十六日　月曜日　晴　起床六時半　就眠十時

段々夏になって行く。暑い暑い夏が来る。けれど楽しい楽しいのは夏である。早く来て欲しい様で欲しくない。

五月十七日　火曜日　晴　起床六時　就眠十時

不良少年少女の生ずるは一つはその人が先天的に不良性を帯びていると云う事もあるだろうが、大抵はある同じ経路をたどって悪しくなると云うのが普通であろう。

親がその子をほんとうに理解し、其の家庭が平和である場合は決してそんな少年少女は出ないと思うのである。

私等のクラスメートは決して決して悪い方は居らっしゃらない、皆良家の娘さんばかりであるから。しかしその方々の中でもちっとも熱心に勉強してなさる~~方が~~らないのを時々見る。

私はその方々を恐れる。何故ならば熱心に勉強するなら必ず遊ぶ暇はない筈である。勉強なさらないから時間が沢山あまって来る。それでどうしても享楽を求めてる様になる。

小さな享楽ならよいが、段々大膽［ママ］〔大胆〕になって来て、第三者より見てあまりよくないと思うことでも平気になって来る。そして終に注意人物になるのではないかと私は思う。

私は其んな人々の心がちっとも分らない。何のためにこの世に生を求めて来たのか？
私等は悪い方に傾こうとする人々の反省を促《うなが》さなくてはならない然し私にはそれだけの徳と力とを持っていない。
私はやっぱり自分が立派な人にならなくちゃならない。
そして後、反抗心の強いその種の人を導いてあげねばならないのだ。

五月十八日 水曜日 雨 起床六時 就眠十時

今日を捉《とら》え他日ありと信ずる勿《なか》れ ホーレース[*9]
剛毅《ごうき》と誠実との眼中には困難なし 羅典俚諺《ラテンりげん》

五月十九日 木曜日 晴 起床六時 就眠十時

土曜日は全校奈良遠足である。
美しい古い歴史の都に行くのは私大好きだ。柔和な気分がみちみちている奈良は楽しい都である。

五月二十日 金曜日 晴 起床六時 就眠十時

夜明日の物を買いに京極へ行った。

五月二十一日 土曜日 晴 起床四時半 就眠十時

奈良旅行は非常に楽しかった。殊に汽車の中で先生方も御一緒に遊んで下すって実際嬉しかった。
三笠山[*10]はやっぱりそのままに奇麗な柔かな若草に包まれて静かに横たわっていた。
聖徳太子千三百年忌[*11]のために特に観覧を許された博

---

*8 **賀茂祭** 葵祭《あおいまつり》。下鴨神社と上賀茂神社で行われる例祭。祭りに参加する斎院《さいいん》（賀茂神社に奉仕した未婚の皇女）をはじめ勅使《ちょくし》らが葵の蔓《かずら》を身につけることからこの名を称した。行装は華やかで御所から下鴨・上賀茂とめぐり祭典・東遊《あずまあそび》・走馬の儀がある。古くは旧暦四月の酉《とり》の日に行われたが、現在は五月一五日。

*9 **ホーレース** ホーレス・マン（*1796-1859*）カ。アメリカの教育行政家、政治家。〈アメリカ公立学校の父〉と言われる。

*10 **三笠山** 若草山《わかくさやま》のこと。奈良市の東、春日山北西の丘陵。標高三四二メートル。全山芝草に覆われて山焼きで知られる。三重になる山容から三笠山と俗に称された。南に接した春日山一峰の御蓋《みかさ》山（三笠山）と混同されることが多かった。現在、この称で呼ばれることは稀《まれ》。

*11 **聖徳太子千三百年忌** 一九二一年（大正一〇）は聖徳太子（*574-622*）没後千三百年の遠忌《えんき》にあたり、仏教界に止まらず政財界をあげての聖徳太子慶讃《きょうさん》の高まりが見られた。太子建立の法隆寺では、澁澤榮一の肝煎《きもいり》で設立（大正七年）された〈聖徳太子一千三百年御忌《おんき》奉賛会《ほうさんかい》〉の後援で盛大な御忌法要が営まれた。全国各地の寺院でも追遠《ついえん》法会《ほうえ》の厳修《ごんしゅ》があった。

物館［奈良帝室博物館］も大仏殿も立派であった。春日神社はやはり美しい奈良のみ社《やしろ》であった。

生れて初めて見た鹿寄せは最も珍しかった。鹿守の吹くラッパの響がのどかな空気を得［ママ］〔破〕ってひびくと、み社の方から三笠の方から興福寺の方からと数百の神鹿が我先きにと足を揃えて土をけって走りより来るさまは実に実に痛快だった。

何事にも満足を感じて帰宅したのは六時過ぎていた。

五月二十二日　日曜日　晴　起床八時　就眠十時

昨日の疲れにてぐっすり寝込む。

午後英語の練習とお洗濯をした。

五月二十三日　月曜日　晴　起床六時　就眠十時

変りなし。

五月二十四日　火曜日　晴　起床六時　就眠十一時半

夜寺村さま等と少女歌劇に行く。

何時もと同じく美しかった《二葉の楠》［坪内逍遥作］の天津[*12]［天津乙女］はたまらなく美しかった。最後の《月光曲》［岸田辰彌作］、天上は美の極をつくしていたと云ってもいい位だった。軽やかにするトーダンス［バレエなどで爪先《つまさき》立ちしてする舞踊］色々に美しくいろどられる舞台面、それはそれは気持がよかった。

松井さんも冨田さんも皆美しいのねとやかましく云っていられた。

五月二十五日　水曜日　晴　起床六時　就眠十時

英語の試験が明日あるため熱心にした。

五月二十六日　木曜日　晴　起床六時　就眠十時

英語の試験はどうやら出来た。

夜日暮の叔母様や種ちゃんがいらっしゃって私等は種ちゃんと面白く遊んだ。種ちゃんはもう何でも云えるので中々しかつめらしくなられた。

（山川）［朱印］

五月二十七日　金曜日　雨　起床六時　就眠十時半

朋友は朋友の弱点を耐えざるべからず
シエクスピーア［シェークスピア］
人は深切を求めずして復讐《ふくしゅう》を求む
英国俚諺

五月二十八日　土曜日　晴　起床五時半　就眠十時半

長年私等の学校にいらっしゃって、生徒のために熱心に御指導になった平尾先生*13が愈々《いよいよ》京都をお出ましになって、河内《かわち》［大阪府の東部］の方にお帰りになったのを三条の京阪電車のところ［京阪電気鉄道〈三条駅〉／地図*f-4*］までおみ送りに行った。

先生が在校なすっていらっしゃった時分私はほんとに頼母《たのも》しい力強い立派な先生と敬慕しておりました。お去りになります時にも私等のための有益な御訓示は今尚忘れられない。切に将来の先生の幸福を祈るのである。

五月二十九日　日曜日　晴　起床六時半　就眠十時

母上は今日神戸の宇广谷〔宇《う》麼《ま》谷《や》カ〕さまへ行かれた。私等は午後より開智同窓会へ行った。同窓生のため催されたすべての事どもに私等は十分に満足をした。しかし私のクラスはこの会に来る人は市立高女の人のみで久しぶりになつかしい友と会い、昔の思出を語り合うなどの出来ぬのは残念なことである。

五月三十日　月曜日　晴　起床六時半　就眠十時半

私等は今日弟の満十年の誕生日を迎えたのである。愛する私のたった一人の弟よ。お前はこうして来るべき毎年のこの日を健かにお迎なさい。そして一年ずつえらくなって行かなくちゃなりません。

お前は立派な人間におなりなさい。人間としてこの世に生を求めた限りは値価［レ点を記して〈価値〉とした］あるものでなければなりません。あなたはそれを確に■っていらっしゃい。そしてよく勉強なさい　賢くおなりなさい。

あなたの姉さんもあなたの姉さんとして立派に生きて行きます。あなたと姉さんと寄って、私等の親切なやさしい父上、母上に御恩報じをしましょう。幸

*12 **天津《あまつ》乙女《おとめ》**（*1905-80*）　東京市生まれ。結城《ゆうき》禮一《れいいち》郎《ろう》の進めで入団。踊りの素質で注目され、レビューに日本舞踊を織り込んだ宝塚舞台を完成した。本公演で天津は楠正行《くすのきまさつら》を演じている。

*13 **平尾先生**　『京都市立高等女学校一覧 大正二年度』の「現在職員表（大正二五月一日現在）」に「数学（教科）／明治四十一年七月六日（就任年月日）／女子師範学校卒業／教諭／平尾トヨノ／大阪府平民（族籍）」と見える。

福におくりましょう。尊い人生を。

五月三十一日　火曜日　晴後雨　起床六時　就眠十一時

学校で金子健太郎〔ママ〕〔堅太郎〕子爵[*14]の御令弟《ごれいてい》金子辰三郎[*15]氏の講話と夫人初子の琵琶[*16]とがあった。

金子先生の先帝御臨終のお話は我等国民をしてそぞろ昔にかえらしめ涙を出さずにはいられなかった。さしも彼の明治の大事業をなし終られたる先帝もあわれはかなく世を去り給うとはあまりに悲しき事ではないか。

御病床、御臨終を手に取る如く承わる時、定命とは云え彼の英君明治帝を拉しさるとはなんと云う恐ろしき悪魔の業やあらんと、憤りの涙と悲みの涙は又新たに胸をつくのである。

私は今日その外にまだ同情の涙を思う存分流したのである。

それは後でお話になった尼港《にこう》の彼の惨事[*17]に会〔ママ〕〔遭〕って無惨の最後をとげられし石川〔ママ〕〔石田〕領事一家に対してである。

石川〔ママ〕〔石田〕領事及夫人が最後まで其の責任を全うし終に愛国民として恥じない最後をとげられた事は既によくよく知るところであったが、そのお子様の芳子さま〔石田芳子（1909-2001）石田虎松 長女〕のみ心を思うはあまりに残酷と云おうか、無慈悲と云おうか、私は運命の悪戯《いたずら》にうらむのである。

お気の毒なる芳子さまよ。ほんとに御同情致します。何と云ってあなたをお慰み申してよいか分りません。ただあなたのこの後の御幸福を祈るのみでございます。

金子辰三郎 初子夫妻（田辺尚雄『音楽粋史』1953年）

金子夫人の弾れた琵琶《尼港の花かたみの外套》［筑前琵琶の新曲ヵ］を聞いて感慨無量にて帰路についた時は、平和の洛中には夕べの~~光が~~とばりがしずかにおりつつあった。

六月一日　水曜日　雨　起床六時　就眠十時

夜Y兄様いらっしゃる。あの方とお話の矛盾なのに驚く。

然し小兄様はああ云う方と思えばそれまでである。小さな事に腹を立てたり泣いたりしちゃ馬鹿だ。

＊14 **金子健太郎子爵**　金子堅太郎（*1853-1942*／〈健〉は正子の誤記）。官僚政治家。福岡藩出身。一八七一年（明治四）遣米使節に随行。ハーバード大法科卒。伊藤博文（*1841-1909*）側近として大日本帝国憲法起草に参画。第三次伊藤内閣では農商務相。一九〇〇年（明治三三）立憲政友会に参加。第四次伊藤内閣で司法相。日露戦争中に渡米、戦時外交で米国世論の親日化に努め、大学同窓のルーズベルト大統領に停戦工作を依頼した。三四年（昭和九）伯爵。

＊15 **金子辰三郎**（*1860-1929*）　金子堅太郎の次弟。福岡県の実業家。十七銀行、若松築港の取締役。（人事興信所『人事興信録 第八版』一九二八年）

＊16 **夫人初子の琵琶**　金子辰三郎の妻 初子（ハツ／*1868-1922*）は、筑前琵琶（Ⅳ-＊25）の創始者である博多の吉田竹子（*1871-1923*）に指導を受けた琵琶の名手。辰三郎は、筑前琵琶草創期に吉田竹子を後援し、その普及に努めた功労者でもあった。（田辺尚雄『音楽粋史』五三年）

＊17 **尼港の彼の惨事**　尼港事件のこと。シベリア出兵中（Ⅰ-＊47）の一九二〇年（大正九）三～五月にニコラエフスク・ナ・アムーレ（尼港）で発生した事件。同市はロシア極東のアムール川河口に近い漁業都市で、出兵前から領事館が置かれ、日本人居留民も三五〇名を数えた。日本軍はここを一八年九月に占領し、石川正雅《まさただ》陸軍少佐の率いる部隊約三三〇名を中心に海軍無線電信隊も四二名が駐屯した。

二〇年一月、トリャピーツィンをリーダーとする約四〇〇〇名のパルチザン（人民により組織された非正規軍）が尼港を包囲した。街の実権は反革命軍にあったが、一月末より日本軍が抗戦の前に立ったものの敗色は明らかで、二月二四日に日本軍は休戦協定を結び、パルチザンが街を占領した。三月一一日、武器引き渡しを要求されたのを機に日本軍は邦人民間人とともに奇襲をかけた。結果日本人側の大半は戦死、残った者も降伏し投獄され、この間石田虎松副領事一家は自決をとげている。

五月、アムール川が解氷期となり日本の救援隊が向かうと、その到着前の五月下旬、パルチザンは日本人俘虜《ふりょ》を虐殺した上、退去に際して市街を焼き払い、ロシア人も含めて多数の人民を惨殺した（一説に一般市民約八千人の半数）。外務省文書では日本人犠牲者を七三五名（民間人三八四名、軍人三五一名）とした。一方、トリャピーツィンは尼港から撤退する途上、部下により裁判にかけられ、ロシア人住民虐殺の罪で妻や側近とともに銃殺刑に処された。〈尼港の惨劇〉は日本国内で大々的に報道され世論は沸騰。新聞・雑誌は国辱《こくじょく》への義憤を煽《あお》った。とりわけ同情を誘ったのは、石田副領事（殉職後〈領事〉昇進）の長女 芳子だった。進学のため帰国して難を逃れた彼女は、父母弟妹を喪ったことで「事件を象徴する悲劇のヒロイン」（麻田雅文『シベリア出兵』）にされた。

七月三日、政府は世論に押され、事件解決の補償として北樺太《からふと》の占領を宣言し、同地への出兵が行われた。これにより出兵の更なる長期化、反ソ世論が遺されることになった。

私のする一つ一つの行動が私の一生の歴史を作るのだもの。

美しい歴史を書かなくちゃならないのは私の義務だ。

六月二日　木曜日　晴後雨　起床六時　就眠十時

津布良《つぶら》様[*18]が今日東京へ御出立になった。七日［九日出航］に横浜から海洋［ママ］丸[*19]〔大洋丸〕にて亜米利加《アメリカ》に行かれる筈である。学校へ上ってる間に立たれたのだから残念ながら御見送りすることが出来なかった。父上も母上もお送りにお行きなすった。あちらに十年あまりも行っていらっしゃる御予定であるそうだ。もうこれから十年も会えないとすると、十年目には私は二十六、弟は二十一。津布良様どんなにお驚きなさるだろうと思うとおかしい。しかし津布良様も浦島程おじじにならなくとも、随分お年を召してかえられることだろう。実際面白いものだなあ。

(以上山口) 橋崎チエ(廣島) 宮武淳龍、宮武カメ、宮武ヒロ、有馬藤太郎(以上香川) 吉田信太郎(岡山) 津布良彰雪(滋賀) 増■淳蔵、小川彌兵衛(以上三重) 金森スミ、田邊源藏(以上福井) 小山傳之助

津布良彰雪（滋賀）と大洋丸の三等船客の名簿に見える（邦字新聞『日米』大正10年6月26日）

六月三日　金曜日　晴　起床六時　就眠十時

今日公会堂にて東京からの大音楽会があったが私は行かなかった。どんなに美しいものだろう。お友達のお話を楽しみにしている。

明日は数学の試験である。どうかうまく出来る様にと弟にも妹にも祈って貰う様に約束した。

（山川）［朱印］

六月四日　土曜日　晴　起床六時　就眠十時

午後父上、母上、弟、悦子ちゃん、皆つれでいちご取りに植物園[*20]［地図2-4］まで行った。私等は行く途《みち》すがら「あの真赤なルビー色のいちごが青い葉陰にかくれているのを見つけ出し出し、かごに一杯になってそれをみんなが牛乳につけて食べるのだ。どんなにおいしいだろう」と、楽しい楽しい空想にふけって行った。

けれど、ああけれど悲しいかな植物園には、青い梨や小さい桃は沢山沢山出来ているけれど、私の好きな好きないちごはもう誰かの手にもぎ取られ、哀われ淋しゅう葉ばかりの姿になっていた。

子供等は実際がっかりしてしまった。

父上は〝仕方がない。下鴨［下鴨神社の糺《ただす》の森／地図 d-4］をぬけてぶらぶら歩いて帰ろう〟とおっしゃった。私等は不満の心一杯で渋々歩き始めたが、流石《さすが》に私は姉様だから、すぐにあきらめて弟等とはしりっこしたり草を摘んだりしてお社をぬけて出町へ行った。

しかし私等は電車に乗ってかぎ屋[21]［鎰屋／地図 f-4］まで来た時たまらなくなって、〝お父様、いちごが食べられなかった代りにかぎ屋に入りましょう〟とおねだりしてとうとう私等のやっぱり好きなものをいた

＊18 **津布良様**　津布良彰雪《しょうせつ》（*1893-1975*）滋賀県長浜市尊勝寺町にある浄土真宗大谷派（当時）称名寺《しょうみょうじ》の住職 津布良現藝の長男。一九二一年（大正一〇）、彰雪は渡米して東本願寺 Los Angeles（ロサンゼルス）別院の開教使（仏法が未開の地で布教にあたる僧侶）に赴任した（のち離職）。渡米後は、日本人移民に対する排日運動（V－＊4）の激しいカリフォルニア州で、浄土真宗の一僧侶として家族を伴い、宗派を超えた仏法の伝道師として送った。三六年、彰雪一家は移民が働くパーリア（Parlier, California）の農園に移り住み、第二次大戦開戦時にアリゾナ州の戦時日系人収容所に強制移住という経験を経ながら、戦後も日本には帰らず、アメリカの移民社会で、彰雪は地域に根づいた仏教《ブッディスム》の普及に貢献した。（COVID－19で二〇二〇年三月二九日、九十歳で他界した彰雪の三男 津布良正氏のインタビューより）

＊19 **海洋丸**　サンフランシスコ（以下 桑港）発行の邦字新聞『日米』（大正一〇六月二六日付）の記事「巨船大洋丸／昨日入港／八百名近くの船客」に〈津布良彰雪〉の名が見える。津布良は大洋丸（東洋汽船会社）の三等船客で渡米した。記事によると、東洋汽船が経営する北米航路〈桑港線〉で、横浜を六月九日に発ち、ホノルルを経由して六月二五日、桑港に着港。大洋丸は、第一次世界大戦で敗戦国ドイツから賠償船として譲渡された二二〇〇〇トンの客船で、北米航路ではこの時が初就航だった。時速一五哩《マイル》＝二四・一kmで一五日八時間二〇分の航海日数は新記録。船客乗組員合わせて一、二四九名が乗船し、邦人船客は二九〇名。

＊20 **植物園**　京都府立植物園。〈大典記念京都植物園〉として一九二四年（大正一三）一月一日に開園した日本で最初の公立植物園。

井上家は、開園二年半前の二一年六月に〈植物園〉を訪れている。二二年に作成された「京都市都市計画基本図」（京都大学文学研究科 蔵）で現在の〈植物園〉の場所（左京区下鴨半木町《しもがもはんぎ》）を確認すると、〈京都府植物園〉と記され、遊歩道など園内の整備が大分進んでいる。

植物園の創設は、一五年に府議会で造園が可決され、すでに一七年から造成工事が着手されており、二〇年の開園を予定して、内外から蒐集された多種多様な樹木草木が園内に植栽されていた。井上家が訪れた頃（二一年六月初旬）の園では、例えば芍薬《しゃくやく》は、本邦種百三種、洋種四十三種が栽培され、近年大株となったものが満開を迎えている模様が新聞で報じられている（『日出新聞』大正一〇年五月二七日夕）。市民の関心も高まり、「現在は開園しては居ませんが、併《しか》し入つて来る人は黙認して居ます」。だが、育てた草花を無断で折っていく人がいて困っている。淑女に多く、「注意してもてんとして恥じない」（同五月一八日朝）というのが、まさに正子が〈いちご取り〉に出かけた頃の植物園の事情であった。

鎰屋喫茶室（『時世粧』1巻7号、時世粧同人会、1937年）

だいた。
お家へ帰ったら
六時頃だった。
母上はやれやれ
とおっしゃった。

六月八日 水曜日
晴　起床六時　就眠十時半

四年間も忠実に働いたきくが今日帰っていった。
遠い南の国に唯一人かえらなければならぬきくをステーション〔京都駅〕まで送ってやった。
きくはステーションで〝お嬢さまどうぞきくの事を忘れないで下さい〟と泣いていた。私は〝何でお前を忘れよう、長年親切に仕えて来てくれたお前だもの〟と云えばまたはげしく泣いていた。
〝きくよお前も京都を忘れないでおくれ、お前のことを思いだしてる私のいる京を〟と、囁きし声を聞きつ、きくは淋しく帰っていった。
きくよ幸福であれ。

六月九日　木曜日　晴　起床六時二十分　就眠十時
午後寺村様とお茶のお稽古に行く。
初めて新しい製服〔ママ〕*22〔制服〕を着て行く。母上は〝はんなりしたいい色だ〟とおっしゃった。
眠たいのと暑いので今日は体が何んだか無茶く茶にすましてしまった。これから夏になるとほんとに困ってしまう。

六月十日　金曜日　雨　起床六時　就眠十時
しとしとと雨のふる日は空しく暮れて行く。
これから又毎日毎日いやな五月雨《さみだれ》〔梅雨。陰暦五月の長雨〕の日が続くのかと思うといやになって来る。

六月十一日　土曜日　雨　起床六時　就眠十時
明日は智宮《さとのみや》さま〔智子女王／Ⅲ‐＊17〕の阿部〔伯父 阿部恵水（Ⅰ‐＊15）の等觀寺〕へお成りの日である。
夜和子さま等がいらっしゃって、明日のおかげで硝子《ガラス》拭きまで手伝わされて往生したと笑っていらっしゃった。

六月十二日　日曜日　雨　起床六時半　就眠十時半

私等は九時頃には日暮に来ていた。流石に今日は大変美しくしてあった。お中食《ちゅうじき》［正午に食する食事。昼食］をなさる二階の西洋間も植木鉢に花が奇麗にかざってある。そこの廊下には金屏風をめぐらし大きな白きくの鉢のどっしりすえてあるもいつもと違った感じがする。万〔ママ〕養軒*23〔萬養軒《まんようけん》〕のコックが入って盛に何か働いている。

十一時頃智宮様、高松の小母様と悦子さんがおともして自働〔ママ〕車にてお成りになった。外には巡査［警察官］がいかめしく立っている。

宮様先ず奥の座敷へお通りになる。

私等子供等先ず改めて御挨さつをする。

*21 **かぎ屋**　鎰屋《かぎや》（鎰屋延秋《のぶあき》）は寺町二条南西角にあった老舗和菓子店で、二階が喫茶室になっていた。創業は古く一六九六年（元禄九）。

当時の当主 白波瀬季次郎《しらはせすえじろう》（*1868-1927*）は、東京・横浜で西洋菓子技術を習得し、京都では洋菓子匠の草分け的存在。鎰屋の店頭では和菓子はもとより西洋菓子全般を取り扱っていた。一八九七年（明治三〇）に設けられた喫茶室は、珈琲《コーヒー》・紅茶を洋生菓子と供したことで非常に繁盛した。（大阪毎日新聞社 編『日本都市大観』）

織田作之助（*1913-47*）は自身の三高（第三高等学校／現 京都大学総合人間学部）在学時代を書いた「青春の逆説」（*1941*）のなかで、「寺町二条の鎰屋という菓子舗の二階にある喫茶室へ上って行った。蓄音機も置かず、スリッパにはきかえてはいるような静かな喫茶室」と記している。やはり三高生だった梶井基次郎（*1901-32*）の代表作「檸檬《レモン》」（*1925*）にも鎰屋の二階喫茶室が登場している。

（右ページ図版は時代は下るが鎰屋店内の写真）

*22 **製服**〈制服〉　女袴《おんなばかま》を履いた和装の制服。

男子の着用する学生服は、早くから軍服をモデルとした洋装の制服化が進んでいたが（一八八六年、高等師範学校、帝国大学などが採用）、女生徒の場合、男子に倣って一部で学生服を洋服にする学校もあったが、婦徳を涵養する向きから和服主流の時代が長い。二〇世紀初頭から女袴（行灯《あんどん》袴。体操用に創案）が高等女学校、女子師範の制服として広まった。

正子は市立高女の入学時、「紫紺《しこん》の袴をはいて」（大正七年一二月三一日）と記している。それを「貞と淑とを表わした紫紺の袴」（同八年四月二日）と記した。また〈新しい制服〉とは、「本校の制服グリーンの和装」（市立高女の『同窓会誌 第十四号』二八年七月）を指すものと思われ、「神聖なる講堂よと緑色の乙女の口よりほとばしった」（大正一〇年七月三日）との日記が、その色を言ったものと考えられる。

また正子が洋服の制服を着用したのは一九二二年（大正一一）夏で、四月に府立第一高女へ五年生で転入し、七月一日の日記で「今日より初めて洋服で学校へ行く。何だか気はずかしい様な気がする」と感想を述べた。

*23 **万養軒**　萬養軒。四条通麩屋町《ふやちょう》東入ル奈良物町にあった西洋料理店（現在、祇園で営業）。〇一年（明治三四）、商業研究でアメリカに在留し、帰国後は京都ホテルで副支配人を務めた伊谷市郎兵衛（*1874-1958*）が〇四年に創業した。

宮様には紫紺地に藤の模様のあるお召しにて、すらりとした私より高きお背にてしとやかに椅子よりお立ちになって~~にこにこと~~にこやかに御じぎを賜った。悦子さんは私の側へ来て「いつぞやおいでになりました井上さまのでございますか。大きくお成り遊ばして」と云われた。

宮様は家中を御覧になって御中食を遊ばす。

御同食願えるものは伯父様と須森事務官のみである。

私等も階下の部屋で洋食をいただく。

午後茂山千五郎《しげやませんごろう》*24の狂言五番があった。私等もお次の間より拝見する。

宮様には体までおふりになってさもさも面白そうに笑っておいでになった。

何かお土産物を差上げて何もかも終ってお帰りになったのは五時頃であった。雨は暫《しば》しやんでいた。敷居をお踏みになる赤いお草《ぞう》り［草履］の音も床しい。

六月十三日　月曜日　晴　起床六時　就眠十時
夜お歌会があった。賀茂祭の歌も甲斐さんのお母様又〈天〉をおとりになった。松井さんもこの間より歌のお稽古を始められたとの事。しかも同じ先生とは偶然に都合がよいことである。
あの方の今度の題は〈百合〉であったそうだ。
私のは〈剣〉とは、実際むつかしいものである。

六月十四日　火曜日　雨　起床六時　就眠十時
　夕づく日　いまし落つるを　眺めつゝ　たゞにさびしく　砂もてあそぶ

六月十五日　水曜日　雨　起床六時　就眠十時半
開校紀念日がまためぐって来た。十四年の歴史をかたる講堂で式が行われる。

二階の大裁縫室で例年の通り学芸会が催さる。

今年は保護者の方をよばれなかった。お昼までに会が終る。

今年はあまり盛大になさらなかった。余興も大体よい出来ばえであった。

殊に三年の英語対話は中々■〔良カ〕かった。私等の組のも上等なお菓子が早く出来上ってお手際だった。

六月十六日 木曜日 雨 起床六時 就眠十時

変りなし。

六月十七日 金曜日 雨 起床六時半 就眠十時

T様 私はあなたのあの御言葉、永久に忘れません。尊敬するT様 どうぞ弱き正子を導いて下さい。T様 正子はあなたのやさしい慰めの一言は、どんなに私は嬉しかったことでしょう。涙は私のほほに伝わりました。久の友になって下さい。永

正子は強くなりましょう。……ああこの一言！ どんなに尊い言葉でしょう。正子は強くなります。T様 正子の強くなる様にして下さい。

正子はこれから楽しんで楽しんで学校へ参りますわ。そして何もかも御相談致します。どうぞ導いて下さい。愉快に愉快に勉強して幸福な未来を待ちましょう。

（山川）［朱印］

六月十八日 土曜日 雨 起床六時半 就眠十時

夜父上にお願いして、この頃京都に来ている皇~~后陛下~~太子殿下の我が国御出立と御着英の活動写真[*25]を円山［円山公園／地図g-3］まで見に連れて行っていただいた。雨にめげず私等は頭なんかびしょびしょにしながら手に取る如く見ゆるその御雄姿を拝す。

『大阪毎日新聞』（大正10年6月16日朝刊）「東宮御訪英活動写真」より

＊24 **茂山千五郎**（1864-1950） 能楽師。大倉流狂言方。一八八八年（明治二一）、十世茂山千五郎正重を襲名。五歳のとき「柿山伏」で初舞台を踏んだ。京都お伽倶楽部という子ども狂言の世話役をするなど、明治期の狂言普及に努めた。一九四六年（昭和二一）、二世茂山千作を襲名。

＊25 **御着英の活動写真** 滞欧中（1921, 3/3-9/3＼Ⅳ-＊65）の皇太子の健在を報じたもので、大阪毎日・東京日日と大阪朝日の新聞社が個別に、現地の映画会社に依頼し、フィルムに収めた皇太子の姿を、出発から三ヶ月後という迅速さで国内上映を実現した。二一年（大正一〇）六月六日、横浜港に到着した第一報のフィルムは、天皇・皇后の台覧を経たのち、八日には日比谷公園の特設スクリーンで十万人の観客を集めて上映された。また同日、大阪でも市庁舎に「教育界の名士六千名」を招待しての公開があった。以後、一連の《皇太子渡欧映画》は全国各地に巡回し、皇太子の「動く姿」に、正子を含めて多くの国民が熱狂した。皇太子裕仁（昭和天皇）は、映画の被写体となった初めての皇族として、このとき皇室のメディア戦略の表舞台に現れたのである。（紙屋牧子「〝皇太子渡欧映画〟と尾上松之助」）

最初君ヶ代[*26]合唱と共に高輪《たかなわ》御殿［東宮御所。皇太子の邸宅］御出発のところより始まる。私等国民は殿下の御姿現わるや、感極まって思わず〝殿下《でんか》万歳《ばんざい》、我が国万歳〟の声をあげる。［午後七時半〜十時半まで三回上映］御着英後の殿下の御態度は実に堂々たるものである。我等国民としてこうした映画を拝することの出来るのは実際喜ばしい事である。

六月十九日　日曜日　雨　起床七時半　就眠十時

ああ私はまた愛する人の死に出会わなくちゃならなかった。

私は人の世を呪う。私は人の世を悲しむ。どうして人の世はこんなに悲哀が多いのだろう。

私は私のお八重さんを失った。お八重さんは私を残してどこかへ行ってしまった。私はお八重さんが唯一人の親友だったのだ。

あの人の様な友情のあつい美しい友をあの人によって初めて知った。

私はその時実際幸福に思った。しかし私は今、最も哀れな不幸者になってしまった。私は悲しい。私は何と云ってこの悲しみをいやすのか知らない。私ほど悲しい者が今の世の中にあるだろうか。

私は涙のつきるまで泣いて泣いて泣いてしまいたい。

私は勉強する気にもならない。私はみんな何もかもがこうして私独りを残して去ってしまう様な気がして……

私は幸福な未来なんてない様と思う。

私はなんのためにこの世に生れて来たのか分らない人の力をおためしになる神様のなさる事としては、私にとってはあまりに悲し過ぎる。悪魔の業だ。にくいにくい悪魔の……

なつかしいなつかしいお八重さんよ。もう一度かえって下さい。そしてあのやさしい言葉をたった一度でいいからも一度……

私は狂い死んでしまいそうだ。私はこのまま泣いて泣いて死んでしまってあなたのそばへ行ってあなたの顔が見たい

あなたは私によく、〝死ぬまで二人は末ほんとの友となりましょうね〟

とよくおっしゃって下さいましたわね。けれどあな

たは私を死ぬまでの友として下さったのね。ああ、けれどけれど、私は愛する友の死を悲しむ。哀れな哀れな者になって残されましたのね。ああ私はたまらなく悲しい。

お八重さん、あなたはずっと前こんな手紙を下さいましたのね。

…正子さま親友ってものはある所は離れて居ても心さえしっかりし互に愛し合っていたら、そうでしょう。私は今まで離れて居たらきっと親しみが淡くなるだろうと考えて居りました。

だからお別したくなかったのですね。

けれども私は貴女のお手紙によって初めて真の親友なるものを知りました。それで私は喜んで貴女の仰っしゃる通りいたすつもりです。そして一日も早く元の様に面白くたのしく暮す事の出来る様にお祈しますわ

きっときっと我が身のため　我が親友のため養生致しますわ。

そしてきっと丈夫になりますわ……

皆夢です。なんのための人生なのでしょう。苦しむための人生……

お八重さんあなたの下すったお手紙は皆様のと別にして外の箱に入れてあるのがぎっしり積まっています。今まで私はそれを見るのが嬉しかったのです。けれどこれからはみな私の悲しみ苦しみを増すものになりましたのね。

あなたと写した写真はアルバムにはってあるけれど、ああ…………

お八重さん、私はたった一度でいいから一緒に勉強したい一緒に遊びたい一緒にお話ししたい

お八重さん――

淋しい　淋しい　淋しい。お八重さん待って頂戴。私のあなたのそばまで行ける日を。……

ああ私には唯もうそれのみ

六月廿日　月曜日　気象　雨　起床六時　就眠十一時

*26 **君ヶ代**　〈君が代〉は、一九世紀末以降、天皇の治世を奉祝する歌として、明治憲法下で日本の国歌と解されてきた。歌詞は『古今和《こきんわ》歌集《かしゅう》』に由来し、近世では祝賀の詞として地歌、長唄になった。一八八〇年（明治一三）、現在の雅楽調の原形が宮内省で作曲。九〇年の教育勅語（IV-*19）発布により、小学校の儀式用唱歌として、祝祭日の学校行事などを通じて、事実上、国歌と扱われるようになった。

五月雨はしとしと軒端を打つ。私はやっぱりお八重さんがなつかしい。

今日は授業中であったけれどお葬式へ行った。特別に私等は先にさしていただいた。私が入れた香《こう》はかすかに煙を上げている。お八重さんは空しく白骨になって納められた小さい箱が煙のかげから寂しく見える。私は又しても悲しくなった。

ああ自分の心にしっかりと握っていたものが突然ほんとに突然に去ってしまうなんて思いがけないことだ。私はやっぱりお八重さん一人が真の親友だったもの。悲しい悲しいこらえ切れないほど淋しい。

私は人間は孤独であることはよく知っているけれど、自分の力の助けになって呉れるものは欲しい。自分のほんとの心を知って呉れるものが欲しい。

私が今死の悲しさに泣いているのをほんとに知って下さるのはT様だけだろう。ああして常は一緒にいるK様でもN様でも私の心の奥までは分っていないだろう。唯もう今はT様によって癒されられているだけである。しかしT様にも真の親友があるのだ。私はやっぱり孤独になった。私がこの淋しさから生きかえるのは何時だろう。

お八重さんの様なお友達は私は得られるだろうか。私はお八重さんがなつかしくてたまらない。私は淋しい 何とも云えぬ気が胸一杯にせまって来る。まだ雨滴の音は止まない。

六月廿一日　火曜日　気象 雨　起床五時半　就眠十時半

私は宗教に頼ろうかしら
私は宗教が得られるかしら
母様は宗教の偉大なことを説いて下すった。
私もそれはよくよく知っている。
私は宗教によってよみがえらなくちゃいけない
もっとこれから宗教の本を読もう
もっとこれから沢山沢山善い行をしよう
仏様のお慈悲深いことを実際に知ろう
私はほんとに尊い生活をしよう
私はこんなに物が考えられるのが嬉しい
ほんとに私までもよろこびます［欄外に教師朱記］

六月廿二日　水曜日　気象 晴　起床五時半　就眠十時

どうしてこんなに泣みそになったろう。あんなにおてんばの私が……

もし何もしらぬ人が私を見たら変ったのに驚くだろう。

私は何だか張合がなくって何にも出来なくなってしまったのだ。私はお八重さんが忘れられない。けれど人は何時までお八重さんを知ってて呉れるだろう。そんなに考えると又悲しくなるからよそう。私が泣顔していれば家の中が不愉快だろう。

私は人には決して泣顔見せぬつもりだけれど人には分かるだろう。

私が快活にしなければ家にまで影響を及ぼすだろう。それではみんなにすまない。快活にしましょう。歌も歌いましょう。ああけれどお八重さんは忘れません。

忘れられません　私の心は……

六月廿三日　木曜日　気象　雨　起床六時　就眠十一時

T様にお返事を書いた。T様には実際感謝する。

お八重さんの手紙は私をやさしくする。T様のお手紙は私を力強くさせる。T様にもっとお八重さんを知っていただきたい。

私は初めてお八重さんの名だけでも長く人に残しておきたい気がする。お八重さんはほんとに若くて死んでしまった。

可哀そうなお八重さん。けれど私はお八重さんよりまだ可哀そうだ。お八重さんがもっと生きててくれたら……

六月廿四日　金曜日　気象　晴　起床六時　就眠十時

私は今何を考えてるのだろう。頭の中がまるでからっぽだ。

今この窓からこうしてじっとあの星を見ているのだけれど何を考えてるのか知らない。私はほんとに馬鹿になってしまいそうだ。

仏様は私を救って下さるのかしら。私は疑わしくなった。

私は宗教を得られずに決して死にたくない。恐ろしいもの。

早くみ仏様が信じたい。信じなくちゃならない。

み仏様 正子は決して死は恐ろしくございません。
けれど信仰のない死は恐ろしくてたまりません。
み仏様 正子の様な罪多い人間にも慈悲深い救いをあたえて下さいますか。正子はそれが知りとうございます。親鸞様も必ず み仏は救って下さるとおっしゃいました。しかし私はまだまだ決してはっきり信ずることが出来ません。
み仏様 すべての尊い聖人様 正子によく分かる様お教えを授けて下さいませ、お願いでございます。

六月廿五日 土曜日 気象 晴 起床六時 就眠十時

地久節［皇后の誕生日を祝う日］である。尊い国母《こくも》陛下［貞明皇后／Ⅲ‐＊53］の御誕生日である。

我等国民は心からお祝い申し上げることの出来るを無上に喜ぶ。

六月廿六日 日曜日 気象 晴 起床六時 就眠十二時

お八重さん。あなたは今宵私があの赤い雲を見て空想した通りに美しい世界にいらっしゃいますか。そして私の事を思っていて下さいますか。今日一日中で私はあの時が一番幸福でした。

あの時の涙はほんとに尊い涙でした。

お八重さんどうぞ私の空想通りにあなたはいて下さい。

正子はこうして毎日一時でもあなたのことを忘れたことはございません。美しい私の想像の夢の世界に生きて下さい。

（山川）［朱印］

六月廿七日 月曜日 気象 雨 起床六時半 就眠十時

午後鹿児島の小学校長先生が生活改善に題名してお話をなすった。別にこの頃多くの人々が叫んでいる新しい意味の生活改善[*27]ではなくって、どちらかと云えば消極的の方の改善であった。

そして鼻緒《はなお》［履物にすげて足にかける紐《ひも》］のこしらえ方、帯留のし方を教えて下すった。

お話の中の〈模範家庭〉イコール〈鼻の緒〉は一寸笑わした。

別にその外とりたてたる印象なし。

六月廿八日 火曜日 気象 雨 起床六時半 就眠十一時

私も悦ちゃんもこの頃は試験試験とて毎日苦しんでいる。

けれどそうしたことをするのが実際の学生生活の面白味であると信じている。

そしてその努力の結果の美しく表われて来るのが最も愉快なことであるが、悲しいことには今学期はどうやら落ちそうで心配である。

六月廿九日 水曜日 気象 雨 起床六時 就眠十一時

今日修身の時間が二時間あった。一時間は修身、一時間は先生の御感想であった。

二時間目の時、試験の結果を報告して下すった。そしてその中で最も適応したる答案を三つ読んで下すった。私もその中の一つにあったのは実に喜ばしい事であった。

私は昨日そんなに苦しまなかったのに、今日こんなにいいのは一寸報《むくい》が善[*28]すぎる。何んでもこんなだといいのに。

六月三十日 木曜日 気象 雨 起床六時 就眠十時

たつた二人が語り合ふ 夕暮時の寂しさは
涙ぐみたる君が瞳に はつとうつりて消えたりし
野末の空の虹の色[*29] ［七五調〈今様〉歌体の詩］

今日《世学［ママ］世界〈女学世界〉》［Ⅳ‐＊4］を読めばこん

＊27 **新しい意味の生活改善** 大正期に始まる生活改善のための運動。身近な生活課題から旧慣の見直しを行い、国民生活の向上を目指した。

第一次世界大戦後の物価高騰など、国民の生活不安に対し、内務省・文部省・農商務省が支援して〈生活改善同盟会〉、〈世帯《しょたい》の会〉などが組織された。それらは生活慣習や生活様式の不合理なところを改善・簡素化、国民の生活における意識改革を促《うなが》すことで、国家的利益と産業効率の向上に寄与する目的を持った。伝統的住宅の洋風化を進めた〈住宅改良運動（Ⅲ‐＊55）〉、昭和期の〈農山漁村経済更生運動〉も生活改善運動の一環として展開している。

与謝野晶子（Ⅴ‐＊41）は「生活改善の第一基礎」（『女人想像』白水社、一九二〇年）のなかで、「私達は必ずしも奢侈な生活をしたいとは考えません。願うところは、すべての人類に共通する平等な生活、正当な生活がしたいのです。『之を現代に於ける最小限度の生活』と名づけても宜しい。何人も之れだけは平等に享有し得ると云う程度の生活」が保障されない限り、「生活改善」の第一歩はないと考えた。それは、第二次大戦の敗戦後、日本国憲法第二十五条で保障された「すべて国民は、健康で文化的な最低限度の生活を営む権利」、即ち〈生存権〉をいち早く指摘するものだった。

ここで正子の言った「消極的の方の改善」とは、生活改善運動で取り組まれる〈廃物利用〉などの「質素倹約」を奨励する、封建的かつ道徳的営為が、健康で文化的な「最小限度の生活」を目指すものではないと映ったのであろう。

＊28 **報が善い** 〈報い〉は善行や悪行の結果として自分の身に受ける事柄。労苦に対する償い。

なに書いてあった。

丁度と私とお八重さんが彼の円山の山の上に並んで坐って、お八重さんが退学するとの御相談受けた彼の時の様だ。［〈大正九年九月八日〉のこと「日記Ⅳ」］

あの時お八重さんの目には水晶の玉の涙が一杯あふれていたのが忘れられない。

お八重さんは私の心の中に深く深くしみ込入って永久に忘れることの出来ぬなつかしい人である。

（山川）［朱印］

七月一日　金曜日　気象 雨　起床五時半　就眠十一時

美しい思い出は誰も盗み去ることの出来ない宝である許《ばか》りかこんな立派な宝は世の中にない。

美しい思い出は私の過去にもある。又お八重さんのことになるが、美しい思い出の中には大抵お八重さんの居ない時はない。

美しい思い出は私の最も愛するものである。美しい思い出の中の一つでもが悲しい事に出会ったらその思い出全部が悲しい哀れな思い出になる。美しい思い出はそっとしまっておきたいものである。

この［ママ］〔これ〕閙《より》を少しサボりし故、日記を書くこと出来ず。［七月二日、四日〜一四日の日記が抜けている］
記憶の糸をたどりて辛うじて思い出せしことのみを書く。

七月三日　日曜日　気象 晴　起床六時半　就眠十時

京都府立第一高等女学校の正門と校舎（『京都府誌 上』京都府、1915年）

早朝よりおきく様とお茶のお稽古に行き、その足にて第一高等女学校［京都府立第一高等女学校／地図 e-4］に向う。今日は《東宮殿下御渡欧第二回》［V-＊25］の映画を見るのである。来年の今頃はもし運よくばこの校門を日々くぐられる身になれるのであるかなと感慨無量の体で第一歩をふみ込む。

三階建ての古い校舎、[*30] 如何にも五十年の歴史[*31]を持つと思われしのが嵬然《かいぜん》［高くそびえる］と我が前に立った。数分の後私等は二階の講堂に集った。何と云う立派さだろう。神聖なる講堂よと緑色の乙女［市立高女の緑色の制服を着ることから／V‐＊22］の口よりほとばしった。白布［スクリーンの代用］の上に表われた東宮殿下のみ姿は、第一回のと同じく堂々たる御態度にて私等は息をもつがず、お終いまで拝した。帰宅せしは早十二時を済んでいた。

七月十五日　金曜日　気象 晴後雨　起床五時半　就眠十時

祇園祭もせまって来た。毎晩毎晩聞えて来る囃子の音も嬉しい。冨田様へ夜お邪魔に行く。雨にとじこめられ長々色々お世話になる。帰途錦通《にしき》[*32]［地図 9‐5］を歩いて帰る。彼の賑やかな四条通に比して実際静かだった。宵雨はしとしとと冷たい土に落つ。囃子《はやし》の音

錦市場（大正14、15年頃）京都消防歴史資料館 所蔵

＊29 **野末の空の虹の色**　『女学世界』（第廿一巻第七号、一九二一年七月）所収の西條八十選の投稿詩で茨城県の野村武子作「虹の色」がそれ。

＊30 **三階建ての古い校舎**　京都府立第一高等女学校（現 京都府立鴨沂《おうき》高等学校）の表門をくぐると、一九〇〇年（明治三三）竣工の木造二階建ての本館校舎が正面に、左手に一一年落成した三階建の旧鴨沂会館が見られる（P.266下段写真）。講堂は本館の二階にあった。

＊31 **五十年の歴史**　京都府立第一高等女学校の歴史は、一八七二年（明治五）、旧九条家河原邸（上京区土手町通丸太町下ル駒之町）に教場を設けた〈新英学校及女紅場《じょこうば》〉に始まる。華士族の子女七十八名に英語、和洋女紅（裁縫など女性の手仕事）を授けることを目的とした。〈新英学校及女紅場〉は、七四年に〈英女学校及女紅場〉、七六年には〈女学校及女紅場〉と名を改めた。七七年、府の設けた《京都女学校給費生規則》により、府下の優秀女生徒の給費入学を奨める。八〇年、〈女紅場〉を〈京都女紅場〉と改称。八二年、〈女紅場〉の名称を廃して単に〈女学校〉とし、普通学科、師範学科、手芸専修科を置く。八七年、〈高等女学校〉と称す。一九〇〇年、上京区寺町通荒神口下ル松蔭町（現 鴨沂高の校地）に移転。〇四年に〈京都府立第一高等女学校〉と改称し、二二年、創立五十周年を迎える。（『京都府誌 上』ほか参照）

＊32 **錦通**　錦小路《にしきこうじ》通。四条通の一筋北に走る東西の小路。寺町通から高倉通に至る約四〇〇㍍の区間は〈錦市場〉と言い、江戸時代の初めより生鮮産品の食料品市場として成長発展してきた。京都市民の胃袋をあずかる「京の台所」の異名を取る。

はかすかに雨の中から聞えて来る。

女中と唯黙々としてその美しい情調の中にひたって歩いた。

七月十六日　土曜日　気象 晴　起床五時半　就眠十時半
宵山《よいやま》である。涼しい風の吹く二階の坐敷にいる。あたりは寂としている。すべては静かだ。南から風はすうと入って来る。座敷のすだれは少しゆらぐ。又囃子が聞え出した。夏の夕の祭気分はいいものだ。

七月十七日　日曜日　気象 晴　起床五時　就眠十一時半
今年はお祭を見に行かなかった。悦ちゃんは友禅に赤い帯しめて長いたもとをふりながら嬉しそうに淳ちゃんは下駄の音も軽やかに各々一井さまや黒田さまへお邪魔に行った。

私は台所で母上のお手伝をする。

昼も夜も親類全部と御飯を賑やかにいただいて、ピンポン、トランプに夢中になって遊んだ。

すべての人は帰った。後は又元の寂漠《せきばく》に戻る。

私はぐったり疲れた。観楽の後の悲哀はここにもある。

赤い灯は遠くまたたいている。

七月十八日　月曜日　気象 晴　起床五時　就眠十時
今日は後宴である。母上のお手製の洋食の数々は食卓に並び一家揃って楽しく団欒する。

七月十九日　火曜日　気象 晴　起床五時半　就眠十一時
一学期の授業も今日でお終いである。自分はまだこんなに幼稚なのに年月はようしゃなく私をひっぱって行くのだもの。
私も四年の一学期を過ごした。後二学期で卒業[*33]するのだ。
私はほんとに悲しくなる。あんまり私がぐずぐずしているから
実際自分をののしりたくなる。
春風が吹けば花が咲くではあまりにのんきだ。私は努力して自己の力で修養し、立派なものにならなければとつくづく考えられる。

七月廿日　水曜日　気象 晴　起床五時半　就眠十時半

成績表をいただいた。別に大してよくも悪くもなかった。

夏休みが始まる。長い間学校を見ないのだからと、お友達と柱の落書まで見る他愛ない遊び。

夜京極へ行く。

七月二十一日　木曜日　気象 晴　起床五時　就眠十時

午前朝飯前に悦ちゃんと将軍塚［地図 g-3］へ行く。あたりは静かだ。まだあまり人はいない。美しい朝の大気を思う存分吸い込む気持ちよさ。暫し草むらの中に坐る。朝露はしっとりと、着物の裾や足をひたす。

松かさで作った花籠を下げて帰途につく。

午後洗濯、裁縫に余念なし。

七月二十二日　金曜日　気象 晴　起床五時　就眠十時

むろ町[*34]［地図 g-5］のT様よりお便り来る。お互いが勝手に誤解しているからおかしくなる。感情で以て人生を渡れば必ずそこに悲しみと喜びは起こって来るのだもの。

七月二十三日　土曜日　気象 晴後雨　起床五時半　就眠十時

祇園祭のおかえりの宵山なり。四条通はさぞ賑やかなことと思う。

友へ手紙をしたたむ。

七月二十四日　日曜日　気象 晴　起床五時　就眠十時

裁縫をしようと出せば、母上、〝野良の節句働きでお前常にしないでお祭にするのか〟と笑っていらっした。

夕方御輿の四条通を通るを見に行く。

夜三条通まで母上の中元見舞の品を買いにいらっしゃるのについて行く。帰りの荷物の重さ忘れられない。

＊33 **後二学期で卒業**　井上正子は、一九二二年（大正一一）三月に市立高女の本科（その学校の本体をなす課程）を修業して、卒後の四月、府立第一高女の本科五年（現時 高校二年に相当）に入学する。二三年、本科五年を修了した後、同年四月、正子は国語漢文専攻科に入学した。専攻科卒業は二六年、数え二十一歳の時。

＊34 **むろ町**　室町通。呉服商など織物業が集住し、商業の中心地として栄えた。

七月二十五日　月曜日　気象　晴　起床六時半　就眠十時

父上の又夏やせで今まで肉はどこへやら、ごぞっとやせておしまいなすった。腸がお悪いとかオートミル[*35]を毎日めし上がる。

昨日より広島の伯母様がおいでになった。

七月二十六日　火曜日　気象　晴　起床六時半　就眠十時

小堀の夏子さまいらっしゃる。

おてんばさんだけれどほんとに可愛い。午後中、夏ちゃんのお相手に、かけっこ、かくれんぼはいい娘が無邪気なことだ。

でもほんとに楽しいな。

夜お送りに伯母様たちと行く。

七月二十七日　水曜日　気象　晴　起床六時半　就眠十一時

西宮から寺村さまのお手紙来る。早速お返事したたむ。

是非〳〵遊びに来いと云って来て下すった。この間から小父さま小母さまもおっしゃっていただいてることだから行こうかと思っている。

私はまだ決定もしてない先から行ってからの楽しいことばかりを空想して独り喜んでいるからおかしい。

夜母上とお裁縫をする。競争てことはないけれど、初め同じところを縫っていたから私が勝手に定めて縫う。母上は父上とお話しながらなさる。私は一心に物をも云わずしたけれどやっぱり私のが後れた。

七月二十八日　木曜日　気象　晴　起床六時　就眠十時

父上も母上も私等もみんなが大事に丹精して作った朝顔が咲いた。真赤な朝顔が……。自分の美しさを誇る様に、そして、他のものに抜きんで咲いたを喜ぶ様に美しい顔で笑った。

みんながそのぐるりに集った。みんなの顔にも喜びと誇りとが現われている。

長く残したいためそっと本の間にはさむ。

七月二十九日　金曜日　気象　晴後雨　起床六時　就眠十時

弟は淋しそうにじっとしている。

私は黙って弟の荷づくりをする。

「姉さん!!!」突然弟は沈黙を破った。「何!!!」

「僕ねやっぱり一人行くの淋しい」「又云うてるの。弱虫ね。お友達が沢山いらっしゃるのだもの。ちっとも淋しくないよ。淳ちゃんがそんなに思って行って、あまり楽しすぎて後で姉ちゃん等にはずかしいえ」弟は何も答えない。

独りで、父母の膝を初めて離れて、海水浴[*36]へ行くのが淋しいのだろう。

私もついてやりたい気がする。

父上はおっしゃる。「十日位だし、学校からだから知った友も大勢いるのだからもう十一才［満十歳］にもなったら行かねばいけない」と。

弟は「ハイ」と云うけれど、淋しいと思うのだろう。納得の行かない顔をしている。

台所で母上の女中に何か云っていらっしゃるのが聞こえて来る。

日は静かに庭の朝顔を照らす。

京都駅（二代目、大正3年竣工、設計主任 渡邊節、『近代建築画譜』同刊行会、1936年）

七月三十日 土曜日 晴

起床六時前 就眠十時

母上とステーション［京都駅/地図い-5/II-＊6］へ弟を送りに行く。

一様の製［ママ］服〔制服〕を着た男の子や女の子が何か口々にべちゃべちゃ話しながらずらっと可愛く並ぶ。

み送りの人の多いこと。生徒より沢山いる。

弟は窓の中から首を出してなつかしそうに見ている。

母上が又何か注意をおっしゃる。一々うなず

＊35 **オートミル** oatmeal カラスムギのひき割り、また、それに牛乳・砂糖を加えて煮た料理。

正子の父 智月は、元来胃腸が虚弱で、彼の二十代後半、一九〇四年（明治三七）一二月 翌一月発行の処方箋には〈重曹/撒里矢児《サルチル》酸《さん》蒼鉛《ビスマス》/古倫僕《コロンボ》末《まつ》〉〈石灰水一瓶《びん》/右牛乳ニ和シテ用ユ〉〈纈草根浸《けつそうこんづけ》〉〈タンナルビン〉など、神経性食思不振の調剤が示されていた。

＊36 **海水浴** 都市部の児童が夏休みに、海水浴などの共同生活をする臨海学校が、自然環境を利用して心身を鍛え、保養の効果もあることから、海の遠い京都では盛んに実施された。

いている。

発車の時は来た。可愛い子雀さんたちは窓から親雀を待つ様に首をつきだして〃さよなら、さよなら〃と叫ぶ。

誰かが万歳と云う。一同それにつづく。賑やかな中に汽車は黒煙と共に長蛇の如く走る。

私には弟の顔のみはっきりと見える。

七月三十一日　日曜日　晴　起床五時半　就眠十時

私もいよいよ明日西宮の寺村さまのお宅に行くことになった。

夜石川[*37]へ何かと買いに行く。

~~七~~八月一日　月曜日　晴　起床五時　就眠十時前

私は今西の宮[*38]にいる。今朝早く家を出で、まだその上、午後海水浴をした。からだは非常に疲れている。おきくさんとお女中との家は私をほんとに気楽にした。今宵はお友達と眠るのだ。何だか変な気がしないでもない。

~~七~~八月二日　火曜日　晴雨　起床七時　就眠十時

今朝目を覚した。今まで自分の家だと思ってたのに急によその家だと思うと一寸かたくなった。

K様は腹痛なので海へは行かなかった。

夜散歩に行く。

八月三日　水曜日　晴　起床七時　就眠十時

夜の海　おおそれは自然の最も偉大なるものよ

魔の如く私の前に横わる暗黒と云おうか

じっと静かにするとざざざあと浪の音がする。

ふいに暗黒の彼に一点の灯がまたたく。

たちまち~~闇~~消えた。

勇ましい網引が始まるのだ。かけ声と共に舟は岸に近づく。

赤銅《しゃくどう》色の肌の人　それは漁夫の大勢が見るまに一筋の綱を持って〃よいさ…よいさ…〃と引きだす。

京都にいてはとても見ることの出来ない絵が、私の前に拡げられたのだ。

私等はいつまでもいつまでも見ていたかった。

しかし夜は刻々更けて行く。二人は柔らかい砂を軽く踏んで家路についた。

八月四日　木曜日　晴　起床六時　就眠十時

午後あし屋［現 芦屋市 西宮の西に隣接］の寺村さま［〈本家の寺村さん〉の別荘ヵ／Ⅱ・＊16］のお宅を訪ねて行く。

二人は路をしらなかった。けれど行けば自然に分かるだろう。

広くもないあし屋だと呑気に出かけたのが私等の誤りであった。

一時近くに西宮を出た。あし屋の松原は美しい。その中を緑の傘とはとば色[*39]の傘は長い間歩いた。

至るところの家に訪ねてみた。

誰れも知らない。時間はようしゃなくたつ。暑さは増々加わる。

家はない。二人は物云うことすらうるさくなって、顔を見合せては苦笑する。海岸へ出てみ様と万一のたのみに出た。

波は静かだ。外国人の別荘が多いと見え、豊満な肉体の外国人が美しい浴衣《ゆかた》であちこちにいた。

清子さん［〈本家の寺村さん〉の娘］等の姿は見えない。

がっかりした二人は砂に足を投げて海と空を見る。

家のことのみで、少しの感興も起こらない。

突然私は不思議な人を見た。そして赤く上気した顔のおきく様に囁いた。〝吉本さんとちがうか〟四つの目は、浪に足を洗っている可愛い少女の姿に見いった。

二人は同時に立ち上った。そして同時に手をつないで走り出した。

〝吉本さあん〟二人の声は少女をこちらに向かせた。

〝いやあんたいつ来たのえ〟吉本さんは相変わらずの身ぶりで云われた。

〝寺村さん［おきくさん。〈寺町の寺村さん〉の娘／Ⅱ・＊16］が今あんたを見つけたの〟と云う。

おお吉本さんの周囲には可愛い妹さんや弟さんが

＊37 **石川**　四条河原町西入ル北側にあった〈石川雑貨洋品〉ヵ。（田中義一編『京極と其附近案内 週刊第三号』市民風景社、一九三四年）

＊38 **西の宮**　現 西宮市。兵庫県の南東部、大阪と神戸の中間に位置する。江戸時代には宿場町として栄え、明治に鉄道が開通すると、近代化が進み阪神間の住宅地として発展した。南は大阪湾に臨み、一九〇七年（明治四〇）阪神電鉄が御前浜の海岸に、香爐園《こうろえん》海水浴場を開設し行楽客で賑わっていた。

＊39 **はとば色**　鳩羽色。鳩羽鼠《はとばねずみ》に同じ。濃い紫を帯びた鼠色。

集った。

丸い目で姉さんの友を見ている。

私は吉本さんを一人娘と思っていたから驚異の目で数えた。

正に八人だ。驚いた。こうまで大勢とは思わなかったもの。

〝寺村さんのお宅なんてしらない〟とのお言葉に二人は又そこを離れた。

もう探す気力もない。

然し然し、私等は終に目的を達した。最後に聞いた人は知っていた。私等は終に奇麗な平家《ひらや》の寺村さまのお宅の門に来た。

ほっとした。

八月五日　金曜日　晴　起床六時　就眠十時

私は西宮においとまを告げた。真黒になった私の顔は京都に表われた。背中には墨を塗った様に浴衣のかたがついている。

直ぐに風呂に入り幸福な夢をたどった。

八月六日　土曜日　晴　起床六時半　就眠十時

午前京都の寺村さまのお宅にお礼に行く。

おばさまにもお兄様にもお目にかかって長々のお礼を云う。

八月七日　日曜日　晴　起床六時半　就眠十時

寺村のおば様、お盆のお礼参りにいらっしゃる。

銀の花瓶の立派なのをいただく。

おじぎをする時私がだまってしたとて母上に叱られる。

大きくなればなる程面倒なことがふえてよく叱られる。

うるさいことだ。

八月八日　月曜日　晴　起床六時　就眠十時半

十日間の海水浴を終えて弟は無事に帰って来た。

真黒になってそしてやせて……

父上も母上も従妹も皆迎えに行ってたので弟は喜んだ。

幼い子供等は久しぶりでなつかしい親の腕に抱かれ

るを喜んでいよう。

幸福な子供等よ。

八月九日　火曜日　晴　起床六時　就眠十時

私等の怠惰な一日の生活よ　私等はもっと有意義に
送らねばならない　私等はもっと力強く
過ごさねばならない　尊い人生の一日を

八月十日　水曜日　晴　起床七時　就眠十時

紋が出来上った。どんなに染まるだろう。早く見たい。

自分が作った赤い風呂敷を手にして学舎に行く嬉しさ。

八月十一日　木曜日　晴　起床六時　就眠十時

学校へ行った。女学校へ行ってから、夏休みの出席日に初めて出た。別に変ったこともない。書く程の感想を持たない。

八月十二日　金曜日　晴　起床六時半　就眠十時半

私の従妹の悦ちゃんはお裁縫している。

〝お姉さん私ね沢山用があるの。それにこれ、この月中に縫わならんの。縫えるやろかしら〟

と、あどけない手つきで女学校一年生は針を運ばしている。

お日様は強い光をお庭に投げていらっしゃる。

西のお縁の暑いこと。

八月十三日　土曜日　気象晴　起床六時半　就眠十時

宝物《ほうもつ》の虫干《むしぼ》し*40なり。例年の通り、数多き宝物を出して参詣人におがましめた。

夜《日曜画報》*41が来た。

---

*40 **宝物の虫干し**　毎年八月一三日、徳正寺では盆会《ぼんえ》法要が厳修《ごんしゅ》され、檀家衆の参詣がある。〈虫干し〉は〈曝涼《ばくりょう》〉とも言い、夏の土用の頃（立秋前の一八日間。土用の入りは七月二〇日頃）、黴《かび》や虫害を防ぐため、書画・衣類を陰干しして風を通す行事で、徳正寺では宝蔵から宝物を出して参詣者に拝観を行った。この〈曝涼〉行事は、江戸時代から続くものだったが、現在は途絶している。

*41 **日曜画報**　前年（大正九）、国内初のグラビア印刷を実現した大阪朝日の『朝日グラヒック』（Ⅱ・*9）に遅れること一年、大阪毎日が日曜の本紙附録として、大正一〇年一月二日付で創刊したグラフ誌『大阪毎日日曜附録』のこと。同誌「第一年卅三号」（八月一四日付）。

与謝野晶子《よさのあきこ》*42さんの写真が出ていた。私は悦子に、この方はね、日本の女流文学で一流の人であると教えた。

悦子は暫く感心して見ていたが突然〝この人、書方でも図画でもうまいの〟と私にたずねたので大笑いであった。

『大阪毎日日曜附録第一年卅三号』（八月一四日）木下杢太郎「与謝野夫人へ―渡欧の途上より―六月五日諏訪丸にて」のポートレート。

八月十四日　日曜日　気象 晴　起床六時　就眠十一時

愛する私の友のお八重さんは今年は新仏である。

私はまだお八重さんが生きていて、私がお宅へ行ったら〝正子さん〟て云って下さる様な気がする。

私は小倉さんと鳥辺《とりべ》山*43［地図 b-3］の実報寺《じっぽうじ》にある新しいお墓へ行った。

私はお八重さんの霊に接しに行ったのだけれど、冷たい石は冷やかに立って、私は何も求めることは出来なかった。

淋しい淋しい、お八重さんはやっぱり死んだ。私はお八重さんを忘れることは出来ない。しかし現に自分のみ生きる時、やはりお八重さんの代わりの友がなければならない。

おおその友に私はT様を得た。T様は私の心の友でもある。

八月十五日　月曜日　気象 晴　起床六時　就眠十時

午後田辺が誘って下すったので、学校の展覧会を見に行く。あまり感心する程のものも出ていなかった。でも写真部は一寸いいのが見つかった。

その外何もなし。

八月十六日　火曜日　気象 晴　起床六時　就眠十時

大丸が焼けた。[*44] おおそれは人々をどれだけ驚かしめたであろう。

午前五時に母の声に飛び起き、二階の西の方へ走った。

めらめらと上る火焔は、さしもの大丸も弱きものになり
風のなき朝なれば、火は大丸の楼上より高く高く上るのである。

ばさっと倒れる建築は大きなひびきと共に、又もはげしく焔をあげるのである。私等は身をふるわして

*42 **与謝野晶子**（*1878-1942*） 歌人。大阪府堺市生まれ。老舗菓子商駿河屋の三女。本名 しょう、旧姓は鳳《ほう》。一八九四年（明治二七）堺女学校補習科卒。一九〇〇年五月『明星』二号に短歌を掲載。この年の八月に与謝野鉄幹（*1873-1935*）と出会う。一年後の〇一年八月、第一歌集『みだれ髪』を刊行。「乳ぶさおさへ神秘《しんぴ》のとばりそとけりぬここなる花の紅《くれなゐ》ぞ濃き」と、情愛に溢れた表現で一躍脚光を浴びた。同年、鉄幹と結婚し、十一子の母となりながら生涯に五万首の短歌を詠んだと言われる。〇四年の長詩「君死にたまふことなかれ」は、日露戦争下に「旅順口包囲軍の中に在る弟を歎きて」書かれ、晶子の身近な社会問題に立ち向かう姿勢は、十五冊に及ぶ評論集に著された。

*43 **鳥辺山** 鳥辺野の別称。東山区の清水寺から西大谷に通ずる辺で、平安中期以降、葬送の地として火葬が行われた。

*44 **大丸が焼けた** 大丸呉服店（現 大丸百貨店／地図 *g-5*／I - *35）の火事は、幸い死傷者を出さなかったとはいえ、京都市民を震撼させる一大事であった。『日出新聞』（大正一〇年八月一七日朝刊）によると「十六日午前五時、京都名物の一つである四条高倉大丸呉服店本館二階西手から発火して、連日の炎暑に乾燥しきった建物は恰《あたか》も折箱《おりばこ》を燃やすが如く、ベリ〳〵と物凄まじい物音と共に見る〳〵二階三階四階から別館まで舐めつくし、さしも八百余坪の宏大な建物が僅か三十分足らずに全部猛火に包まれてしまひ（中略）同七時鎮火した。（中略）原因不詳であるが漏電《ろうでん》と言ふ」。大丸の建物は、町屋が広がる市街地で、ひときわ目立つ、一見近代的な高層建築の様だが（次ページ絵葉書）、その実、〈鉄筋木造三階建〉という、鉄に木を継ぐような折衷工法で建てられていた。「あの建物は下から上迄真中《までまんなか》が突き抜けて丁度煙突の様になつて居た。従つて風を上へ吹き上げて燃えるには持つて来いです。加之《しかのみならず》各階に室々《へやへや》の仕切がない。材料は木造でペンキを塗つてある。そして何の防火設備も施してない」（同夕刊）と、構造上・防災上の不備を工学博士 武田五一が指摘している。

大丸呉服店（1912年〈明治45〉竣工、設計 新家孝正）面した四条通は祇園祭の山鉾巡行で賑わう。

「The Kioto City - Daimaru Store」絵葉書（『集う京都20世紀 ホテル・百貨店・四条通の絵葉書』より）瓦屋根の家並にそびえたつ大丸呉服店。インドサラセン様式の意匠が異彩を放つ。德正寺の屋根は、この写真のフレーム右側に外れるが、大丸の右奥に第一銀行や六角堂の屋根が見える。

恐れるのであった。

然し私はこれを見ている時、これは徹底した自然の美じゃなかろうかとも思った。でもそれはあまりに美しかった故に。

こんなこと云うのは実際無情だ。大きな損害を持った同胞故に。

親しい京都の人に。私等は心から同情しなくちゃならない。

毎日学校より帰途、非常な熱を地上になげる太陽を背負って帰るのは私等はほんとにつらい。その中、私等は大丸のショーウィンドで暫し歩みを止めるのであった。ショーウィンドの中には色々の美しいものが並べてあるのに私等は勝手なことを評しあってるのだった。

おおそのなつかしい大丸も焔の中にまきこまれたとは、あまりにはかないことだ。

私は親しい友の死にあった様に思われる。

八月十七日　水曜日　晴　起床六時　就眠十一時半

初音会［Ⅳ-＊56］一行が八幡《やわた》［京都府南部の石清《いわし》水八幡宮《みずはちまんぐう》

の門前町」についたのは六時十分であった。

幼いころ一度来たりしこともあったがすっかり忘れていた。

応神天皇をまつりし八幡《はちまん》。武の神と幾多の武家の神とする八幡はさすがに美しいものであった。

中頃の茶店にていこいし時、千《ち》まち田《だ》［千町もある田、広い田の意］の上を涼しい風はさっと部屋に入り来る。木津と宇治の流れは銀線の如くただ一筋に流る。遠くかすかに宇治や都の灯が見える。

空は曇りて月の影見えず。人々の口にはそれぞれ歌が出る。

月だ月だと叫ぶ人声に空を見上ぐれば、おお輝《ひか》りかがやく十四夜《じゅうしや》の月は僅かの雲間を走り過ぎぬ。後は再び真黒き空のみ。

人々の胸には又一しきり名句浮びたりと見え、紙にかく手いそがしそうである。

師の君の口から出づるはみな美しき歌ばかりである。私はねたましい気さえ起った。

こうした趣味多き会の終えて八幡の道を下る時、空は全くはれて、月は先の小雨にぬれし石段を美しく照らした。

帰宅した時は十一時であった。

八月十八日　木曜日　晴　起床六時　就眠十時
暑苦しいいやな日ばかり来る。
ほんとにいやになる。それに用をし様とて何故か怠惰が起こる。
いやな日。日記をしるすのもめんどうだ。

八月十九日　金曜日　晴　起床七時　就眠十時半
寺村さまよりお手紙来る。

毎日海水浴場へ行くと多くの人が横から前から後からとレンズを向けて攻撃するのだそうでほんとに困ってると云う意味のレター来る。

その返事の文句。

　この頃は写難《シャナ》ると云う言葉が流行しています。あなたは写難れる方ですね。随分御迷惑なことですね。

しかしあなた方は幸福です。美は人に好感をあたえ醜《しゅう》は悪感をあたえることは世の定律です。

私等醜連はあなた方の美は羨《うらや》ましく思います。

多く異性を悩殺せしめ、あえてそんな図々しい行為をさせるのも皆その美故です。

しかし私は人事であると云って、そんなことばかしは云っていません。そんなに思うこともあるのです。

実際いやな問題ですね。私ははるかに聡明なあなた方によって適当に処置されんことを祈るのみです云々

かくして私は八枚ばかりペーパーをつぶした。

八月二十日　土曜日　晴　起床六時　就眠十時半

T様よりレター来る。お互いのすべてを書きつくして何を書こうかと材料を求めている。

T様に出すのにはどうしても私は慎重に忠実にそして感傷的な文体になる。

あの人に出すのが最も意義ある様に思う。

八月二十一日　日曜日　晴　起床六時　就眠十時半

寺村の小父様[*45]がなくなられた！　おおそれはどんなに私等を驚かしたであろう。

突然！　ほんとに突然、何の前兆もなく死は寺村様をさらってしまったのである。

自分は今意識しているのか夢ではあるまいかと、こうした不祥事に出合った自分を疑わずにはいられない。

父母上とてもふぬけの様になっていられる。

寺村様は非常に熱心にこの家のことを考えて下さった。

父が一つの事業をなすのにも、どれ一つ寺村様の御恩になっていないものはないのである。

今度建つ骨堂[*46]にも、さも寺村様おひとりの手と云ってもいい程骨折って下すったのである。

何故死なれたであろう！　あんな親切にとても普通の人間では出来ない程徳の高い方が、何故にこんなに早くなくなられたであろう！　もうすべてに張合がなくなった！

私は幾度その言葉を聞いたであろう。

そしてその度に寺村さま程の方でも自由にうばい去ることの出来る死が実際のろわしくなるのである。

人類の生活のつづく限り悲哀はつづくのである。

私等人間の生活がある限り喜びはあるのである。

そして人生の悲哀の極は死である。

私はおきく様をほんとに私は同情する。気の毒な人！

だれでも合〔ママ〕〈遭〉わねばならない悲哀であるけれど早くそれにあたったおきく様の気持は実際お察しする。

私は考える。自分が現在ほんとに幸福である。

然しいつかはこの幸福も破れる時が来るのだ。

何と云う恐ろしいことだ。私は考えまい。唯今一瞬間の幸福を味わうのみだ。何のための人生か分からない。

創建時（1922年）の御遺骨堂（「正子日記」は2017年4月、堂内須弥壇の下の収納より発見された）

八月二十二日　月曜日　気象晴　起床六時　就眠十時
寺村さまに手紙を書く。書く中に涙がにじみ出て書けなくなる。
悲しい！　私はおきく様にこうした手紙を書こうとは夢にも思わなかった。

八月二十三日　火曜日　晴　起床六時　就眠十時
学校より電話かかりしため、冨田さまと寺村さまへ

＊45 **寺村の小父様**　寺村直三郎（*1871-1921*／Ⅱ-＊16）。寺町通四条上ル東大文字町でタオル商を営む寺村牡丹堂《ぼたんどう》（地図9-4）の当主。日記でも記される通り直三郎は、徳正寺の檀家として、十四世住職 井上智月を陰日向に支えた。明治末に始まる本堂・庫裡《くり》・表門などの新築造営は、直三郎の並ならぬ尽力あっての事業であった。

＊46 **今度建つ骨堂**　現在は〈納骨堂〉と呼ばれる六角堂。正式には〈御遺骨堂《ごゆいこつどう》〉と称される。堂には徳正寺が相承する仏舎利《ぶっしゃり》、親鸞聖人、蓮如上人、教如上人の御遺骨が厨子《ずし》に奉安されている。〈御遺骨堂〉は、徳正寺の寺観が現状に整えられる、新築造営の締《し》め括《くく》りとなる事業で、一九二二年（大正一一）一一月に〈落慶御遺骨奉安式〉が執り行われた。

おくやみ上る。友をなぐさみに行ったのである。でも私等は唯無言で心の中で目合わす目にそれを表わした。

何故死はこう悲しいのだろう。

八月二十四日　水曜日　晴　起床五時半　就眠十一時

午前八時より葬式が始まった。寺村の小父様のために葬式するのは思いがけぬ。そして又いやなことである。

立派な花環をめぐらした中で荘厳な、何とも云えぬ悲痛な式は行われた。句仏上人《くぶつしょうにん》［大谷光演。東本願寺法主《ほっす》/III-＊10］からの吊句《ちょうく》［吊句］があった。又間宮英宗氏［臨済宗の僧。奥山方廣寺派（浜松）管長］の吊辞《ちょうじ》［吊辞］もあった。こうした立派な方々より吊句や吊辞を貰われたその向うのはかなく骨になった方も、立派な立派な立志伝《りっしでん》［志を立てて成功した人の伝記］中の人であった。

大勢の会葬者［葬儀に参列した人］の中で小母様始め、八郎様、お千代様、おきく様その他の遺族の方々のじっとうつむいて涙を呑んでられる姿のみ。

心私《ひそか》にはようく分かっている。だからよけいに悲し。

式は終った。後は小父様を悼む人々の涙のみ。

八月二十五日　木曜日　晴　起床五時半　就眠十時

夜父上が外からお帰りになっておっしゃった。

何もかも終った。今電車の中でじっと考えていたら涙が出てきたよ……と。

ああほんとだ。父上のおっしゃることはほんとにそうだ。

ばたばたしたさわがしさが静まった。その時ほんとの淋しさが心から出て来てたまらなく悲しくなるのである。

ほんとうに小父様を悼む涙が胸から込み上げるのである。

八月二十六日　金曜日　晴　起床五時半　就眠十時

午前二時。あたりは真夜中。外はがらがら……と凄ざ［ママ］ましい嵐の音。すだれがばたっばたっと両戸を排打つ。

電灯の光まで青くまたたいている。

真蒼な顔をして紫色の蕾《つぼみ》唇の悦子は時々苦しそうににゅっと顔をいがめる。たまらない声が聞こえる。

〝おばさん痛いよう、おばさん〟

母上は静かに悦子をいたわっていらっしゃる。

とても眠れない。どうしていいのか分からない。

父上の沈痛なお顔を見るのも苦しい。

お医者さまがいらっしゃった。沈黙の中に診察が終わる。

私は向かいのお医者へ注腸［薬液・滋養液などを肛門から注入する器具］を取りに走る。

弟も起きて来る。「姉ちゃん僕しんどい」「ねておいで。さあ一緒に行こう」ねかそうとしてもちっとも寝つかない。

その中に、弟も悦ちゃんと同じことをした。

母上を呼ぶ。もう大変なことになってしまって、私も神経がとても起きていられない。

お医者さまはあけ方近くまでいらっしゃった。

そうしたことが夜の明けるまで続いた。

恐ろしい一夜。

八月二十七日　土曜日　晴　起床七時　就眠十時
私が一等軽かった。午後はもう起きられる様になった。
悦ちゃんは熱が非常にある。水枕と氷袋のかえどうしで、母上はつききりである。
弟と私はだまって一日床の中にいた。

八月二十八日　日曜日　晴　起床七時　就眠十時
起きて働いている。弟はねたり起きたり。
悦ちゃんはやっぱり同じ容体である。少しは気分が楽になったかもしれない。
病気をしたことがないので、看病するにも骨が折れる。
検温器［体温計］とても中々云うことをきいてしてくれないから困ってしまう。
でもよかった。二十六日のことを思うとぞっとする。
あのままなら今ごろは病院行きでしょう。手当が早かったのでまず幸だった。
お医者さまは毎日いらっしゃる。

八月二十九日　月曜日　晴　起床七時　就眠十時
大分悦ちゃんはよくなった。弟は起きている。もうすっかり安心してしまった。

八月三十日　火曜日　晴　起床六時半　就眠十時
男物の単物《ひとえもの》と製服〔ママ〕〔制服〕を一日で縫い上げる。この間より袴二枚を各一日で仕上げしたため、母上より褒められて嬉しかった。父上にもさい足〔ママ〕〔催促〕して褒めていただく。
〝未曾有《みぞう》の出来事だね〟と父上、笑われる。
悦ちゃんは起きて見たり寝てみたりしている。

八月三十一日　水曜日　晴　起床六時　就眠十時
天長節［天皇誕生日］である。美しい日の丸も嬉しい。
T様と学校で勉強する。夜おたずねに上る。
長い間涼しいところでいろいろお話する。
人間は強くなくちゃ駄目だ。

九月一日　木曜日　晴　起床六時　就眠十時
午前機嫌よく弟は学校へ行く。帰宅後私が〝この学期はよく勉強なさいね〟と語れば〝うん僕全甲になる。そしたら姉ちゃん褒美頂戴よ〟とはおかしかった。
午後丸善*47［地図 f-5］へ買物に行く。万年筆を買っていただく。

九月二日　金曜日　晴　起床六時　就眠十時
三月以来御洋行の途に上らせ給いし我が皇太子殿下［Ⅳ-*65／Ⅴ-*25］がお恙《つつが》なく立派に欧州視察を終え給い、御予定よりも早く御帰国*48になったことは我等国民の最も喜ばしいことである。
日嗣《ひつぎ》［皇位。天皇の地位］の皇子の外国までおこしになったことは未曾有のことであり、そしてその最初のお試《こころ》みが立派になし得られたことは、皇子を初め国民の幸福であると思う。
英国である一部の新聞は、日本の皇太子が来たれると云う筈がない。日本の上下《かみしも》がどうして裕仁親王《ひろひとしんのう》を海外に出すものかと云って、皇子の英国にお入りになってからも疑い、記者がある名士のところへ行って真偽をたしかめ、その真であることを知って驚いたと云う話さえある。

しかし御無事御安着は何よりも喜びとしなければならぬことと思う。

万才〔ママ〕〔万歳〕万歳だ!!!

九月三日　土曜日　晴　起床六時半　就眠十時

幼稚園の先生のお話

私が今日子供にね「この頃日本皇太子さんのことで皆お聞きになったでしょう。日本は皆お祝いしているでしょう。何ですか。知ってる方は立ってごらんなさい」と云いましたらね、六人立ってね、一人は「皇太子さんがお嫁はん貰わはりました」一人は「日本の天子さんから皇太子さんが出あわはりました」一人は「香取、鹿島どす」と申しますの。〝鹿島・香取て何んどす〟て尋ねますと「何や知りまへんけれど香取鹿島どす」って云うのですよ。

もう一人はね「ロシアから帰らはりました」もう一人は「外国へ行って来《き》やはったのです」って六人が六人ともまちまちのこと云いますの。

それで~~まあ~~英国と云うところへ行っておいでやして、今日横浜へおつきになったのどすえ。~~主用の~~まだ皆さんがここへおいでやさん〔おいでにならない（京都弁）〕前のね、三月三日と云うお雛祭《ひなまつり》に日本をお立ちになったのですえ。その時にね、学校の生徒さんが祇園さんへお参りに行かはったん、何どすや分かってますか」と皆一斉に、「皇太子さんが病気におなりやさん様に」

「へえそうです。そしたら今日又祇園さんへ行かはったのは何んです」

「おおきに」と一緒におじぎしましたので、私ま

＊47 **丸善**　三条通麩屋町西入ルにあった丸善京都支店。輸入書籍、文具、舶来洋品、雑貨などを扱った。万年筆は丸善の主力商品の一つ。
梶井基次郎（*1901-32*）は、「檸檬《レモン》」（*1925*）の中で、京都の丸善の雰囲気を描写している。「私の好きであった所は、たとえば丸善であった。赤や黄のオードコロンやオードキニン。洒落《しゃれ》た切子《きりこ》細工《ざいく》や典雅《てんが》なロココ趣味の浮《うき》模様《もよう》を持った琥珀色《こはくいろ》や翡翠色《ひすいいろ》の香水壜《びん》。煙管《きせる》、小刀、石鹸《せっけん》、煙草《たばこ》。私はそんなものを見るのに小一時間も費すことがあった。そして結局一等いい鉛筆を一本買うくらいの贅沢をする」。建物の外観は町屋造りの商家だった。

＊48 **御予定よりも早く御帰国**　九月二日の朝、御召艦《おめしかん》〈香取〉と供奉艦《ぐぶかん》〈鹿島〉は、当初の帰国予定より早く千葉県館山湾に入港した。東京・横浜での帰国祝賀会は三日に予定されており、香取・鹿島は館山湾で一昼夜停泊した。

あ何とも云えませんでしたの。
「子供はほんとに無邪気ですえ」

九月四日　日曜日　晴後雨　起床六時　就眠十時
叔父様よりのお便り
表　大丸の火事と山本の火事。右〔西〕と左〔東〕の真中辺が徳正寺あたり。
火元御用心のこと。
裏　表二階の御連中は面白い。

九月五日　月曜日　晴　起床六時　就眠十時
長い夏の休みも最後の日までこうしてつまらなく送ってしまった。
しかし省みればあまりに変ったことのあり過ぎる休みであった。
でも十六にもなった少女だもの小さなわけの分からない小娘じゃない。
長い考えるべき時機をあたえられた時には何かを摑まねばならないことだ。

私は得た。しかも人生、特に徳育に関する尊い尊いものを。
それは宗教に対する信仰だ。信仰は機会にあたって、真にその尊さ、ありがたさが胸にはっきりと知ることが出来るものと云うことも知り得た。
何ものにも変えることの出来ない偉大な信仰を私はその一歩へ進み得しことを喜ぶのである。
休暇の最後にこうしたよい印象！　否、心の改革の出来たを幸に思う。

九月六日　火曜日　雨　起床六時　就眠十時半
真黒に日にやけた顔!!　よく肥った身体！　喜びに満ちた笑！　そうした中に私は立って長い間の出来事と楽しい今日の集いを語り合った。
けれど、その中に痛ましい淋しいT様の顔を見た時何とも云われぬ思いがした。
第二学期の学問に対し、道徳に対し、運動に対し熱心なる奮闘を続けることを自身にちかって第二学期の最初にあたった。

九月七日　水曜日　雨　起床六時　就眠十時

自分は今涙を流している。私の人生に対する涙だ。でも誰も人間以外のものはこの涙に何が含まれているかを知らないだろう。

私がもう少し大きくなったら知り得よう。

九月八日　木曜日　晴　起床六時　就眠十時

人間は軽薄ではいけない。ほんとに人は落ちついた深みのある人間でなくちゃならない。

まだ物もはっきり言えぬ可憐な幼子も、一心になって云う。自分の話を聞いて呉れない大人も見れば不満に思って、だだをこねるだろう。おこるじゃないか。

人間と云うものは自分の存在を人に認めて貰えない時〝但しそれは相当の力のある人間が、自信のある人間がである〟物足りない不満な気持ちはおこるものである。

人をあたまから馬鹿にしちゃいけない。相当に認めてやらねばいけない。

そして馬鹿でも思いがけない取所《とりどころ》〔長所、とりえ〕はあるものだ。

何だか今自分はおこっている様だ。変だな。

別に馬鹿になされもしないのに……

（山川）〔朱印〕

九月九日　金曜日　晴　起床六時　就眠十時半

変りなし。

九月十日　土曜日　晴　起床六時　就眠十時半

Y姉さまが東京に帰った。私はたまらなく腹立たしい。

人の厚意を受け入れられぬ人程不幸な愚者はないと思う。

A家はそうした不幸の人の集まりだ。気の毒なA家！

人に悪意をあたえ、それで何とも良心に省みない神経の麻毘〔ママ〕〔痺〕した人の多い哀れなA家!!!

小さいことに満足している。そして世の中に己《おのれ》程えらい者はない。

己程全能で皆から敬される者はないと自己満足して、人から皮肉を云われ様が分からず、他人の自分に対する感情がどんなであるかも分からず、ほんとに考えれば考える程可哀そうな人等。

でもそれでも世の中が渡れるのだからおかしいや。

世の中には様々な人間がおるものだ。同じ生れて来たのなら人として申し分のない美しい人生を送りたいものと信ずる。


九月十一日　日曜日　雨　起床六時　就眠十一時
午後御入洛の皇太子殿下[*49]を奉迎に参る。

美しい花電車[*50]、プロペラーの響き高き飛行機の烏丸を走り行くのは絵で見る様。これに軍艦でも走れば可愛い坊ちゃん嬢ちゃんは大満足だろうと思われる。

四時二十分御着〔『大阪毎日新聞』（九月一二日）では四時四〇分着〕。花火は錦〔錦小路通〕にいる私等にも知らした。手に手に日の丸の旗を持てる幼い小学生等はいかにも満足そうにふっている。

半歳《はんとし》の御洋行を終えられた光輝ある東宮殿下は、はき清められたる烏丸《からすま》[*51]を静かに私等歓喜に充てる小国民[*52]ににこやかな御《み》笑《えま》いと共に挙手せられて大宮御《おおみやご》所《しょ》[*53]〔地図 e-5〕へと向わせられた。小学生は一斉に日の丸を高く高く振った。

夜の幕〔帳《とばり》カ〕は静かに私等ぞろぞろと帰路に向う学生の身辺にせまった。


九月十二日　月曜日　雨　起床六時半　就眠十時
今朝の新聞[*54]を見ると東京［ママ］〔宮〕殿下奉迎の提灯《ちょうちん》行列が大宮御所に入るを許され、喜びのあまり大勢の人がなだれを打って行ったため、幼い子供等は将棋倒しの下敷になり重傷のものも沢山あるとのことが報道せられた。

私はあまりのことに情なくなった。たとえ東京［ママ］〔宮〕殿下を拝することを喜ぶのあまりとは云え、こうした重傷者まで出す様な秩序のない、不規律な我勝ちの個人主義が我国民であることがほんとに悲しい。

K先生もおっしゃった。

群集主義とはみなこうしたものだ。たとえ教養の高い人でも群集になると人格も忘れて一段も二段も低い人間になって、個人で見ればとても得られないことも、割合に大膽［ママ］〔大胆〕にやってのけるものだと。

実際そうだと思った。

九月十三日　火曜日　雨　起床六時　就眠十時

今日は京都市が正式に皇太子殿下を迎え奉る市の永久に紀念すべき奉祝日である。雨は朝からしとしと降り続いている。我ヶ校でも午前十一時、彼の平安神宮［地図e-3］で奉祝式の行われていると思しき頃、東に向って熱誠［熱情から出るまごころ］をこめて、万歳を唱えたのである。校長先生もおこしになった。平安神宮はどんなに静かに厳かにこの雨の中に式が行われるだろうかと私等は皇子殿下の雄姿や、市民の熱誠なる態度を想像するのであった。

九月十四日　水曜日　曇　起床四時半　就眠十一時

皇太子殿下御還啓《かんけい》［行啓先から帰ること］になるを奉送に午前五時半に烏丸のこの前奉迎したところに行く。尊い皇子のお顔の間近く、しかもはっきりと拝された時、私は涙のこぼるる程嬉しく、尊く思ったのである。こうしたことに実際に接する時、私は昔の大名の行列の時、町民が土下座したことを思うとほんとに馬鹿臭くてたまらない。社会の目覚めた時に生れ出づる者は幸福者である。

九月十五日　木曜日　雨　起床六時　就眠十時半

雨降る。どうしてまあこんなによく続けてしっきりなしに［ひっきりなしに］降れるものだなあと思わずに

＊49 **御入洛の皇太子殿下**　九月一一日朝、半年の外遊を終えた皇太子裕仁《ひろひと》は、伊勢神宮を参拝して、帰朝を奉告（神に報告）し、午後には京都へ向かった。御召列車は宇治山田を午後一時に出発、京都駅に同四時四〇分到着した。（『大阪毎日新聞』大正一〇年九月一二日朝刊）

＊50 **花電車**　路面電車の車輛に花や色電球、旗などを飾り、祝賀や記念に際して運行した。

＊51 **烏丸**　烏丸通。京都駅正面から南北に延びる大通り。北上すると東側に京都御所がある。

＊52 **小国民**　〈少国民〉年少の国民。次の時代をになう少年や少女。既出に、似た意味の〈第二国民〉（Ⅳ‐＊61）という用語もある。

＊53 **大宮御所**　江戸時代、皇太后を大宮といい、その住所を大宮御所といった。
　京都御苑《ぎょえん》（京都御所周縁の緑地）内の仙洞《せんとう》御所北西部に位置し、寛永年間（1624-44）、後《ご》水尾天皇《みずのおてんのう》の中宮東福門院（徳川秀忠の娘）のため江戸幕府が造営したことに始まる。一八五四年（嘉永七）焼失して、六七年（慶応三）英照皇太后（孝明皇后）のため新御殿を再建。維新後、常御殿ほか付属屋舎のみ残され、整備されて皇族・国賓の宿舎として用いられた。

＊54 **今朝の新聞**　（報道）『大阪毎日新聞』（大正一〇年九月一二日朝刊第七面）は、「御所内に入るを許された群衆／秩序を失つて阿鼻叫喚《あびきょうかん》／東宮の御前に数十［ママ］名（記事は「十数名」）の重軽傷者を出す（後略）」との見出しで事故を報じた。発生は午後八時二〇分、六名（九～二三歳）の重傷者が住所・氏名・職業などを公表された。

はいられない。私の大事なあおいの花も、夏の楽しみの朝顔もほんとに腐ってしまうかと思う。こうして坐っている私の周囲も、いやに陰気なはっきりしない様に思う。もうもうこんなに降る雨はほとほといやになった。私の頭脳は腐ってやしないだろうか。今に腐りそうだ。

九月十六日　金曜日　晴　起床六時　就眠十時半
何と云う幸福さ。太陽の光はすべてのものをよみがえらした。
周囲のものの晴れやかな顔。美しい姿。
昨日までの雨は今はいずこに。太陽！　偉大な太陽！　我等に~~□~~幸をあたえしなつかしの太陽！　いつまでも平和の光をあたえよ。

九月十七日　土曜日　晴　起床六時　就眠十時半
十六夜《いざよい》の月は澄んでいる。木の間より漏れる月の光もただまんまるく大きく私等を輝［ママ］〈照〉らす月もすべて美しい銀の色。
父母弟妹と共に月に誘われて円山に行く。夜の灯のちらちらとかすかに~~すらす~~きらめく円山の情調。京都ならでは見られぬあたりの美しさ、床しさ。
私はすべてのものを見るにつけても幸福をひしひしと感じる。

九月十八日　日曜日　晴　起床六時半　就眠十時
川崎先生よりクリスト［キリスト］教と仏教との〈霊魂〉の取扱がどう違うかと云うのを承る。
クリストの〈霊魂〉はこの肉体の生れ出づる時、神より〈霊魂〉を賜わるのである。然して、〈肉体〉が滅ぶる時には〈霊魂〉がどうなるかはこの宇宙にある。
~~而~~そして世界の滅亡する時にあって、その宇宙にありし〈霊魂〉は神の前にて裁きを受けて〈善行〉と〈悪行〉とをはかりにかけ、〈善〉の多き人は天国に行き神の子となり、〈悪〉の多き者は苦しみの世界に再び戻る、と云うのである。
クリスト教はかの様、どこまでいっても神と人間とは厳然として分かれ、決して人間は神となることは出来ぬと云うのである。

で、仏教は自分自身が〈肉体〉と共に〈霊魂〉を作り出したものである。

然《しか》して仏教の方の〈霊魂〉は一般に云うのと違っているのである。

〈霊魂〉とは云わない。強いて云うならば、人間精神の中心に何かがある。それをまあ〈霊魂〉と云うのである。

一体仏教の〈霊魂〉は日常の動作、〈業《ごう》〉にある。〈身の働き〉〈言の働き〉〈意の働き〉この三業《ゴウ》が永久につづく。

この〈三業〉が各々違う故に〈霊魂〉すべて違う当然なり。

で、善悪すべて他を責め、他に求めると云うことは出来ないのである。

が、すべては未来は同じ仏となれるのである。そして死と共に現在にしていた結果だけの花があらわれるのである。

人の業……〈善業 悪業 無記業〉[*55]とあり
それを死の時に計算するのである。

その〈善〉とはどう云うのを云うか。〈悪〉とは如何なるものかは次の如きなり。

随順[*56]法性《ほっしょう》……善　違逆[*57]法性……悪
〈法性〉[*58]とは〈本来の考え〉〈本来の性質〉なり。

お話の大要はこの様で又、次の時につづきをお話し下さる筈なり。

九月十九日　月曜日　晴　起床六時　就眠十時

今日より午後の授業がはじまった。

久しぶりで先生と皆様共に御昼をいただいて楽しい感じがした。

九月二十日　火曜日　晴　起床六時　就眠十時

*55 **善業／悪業　無記業**　人間の三性《さんしょう》（善性・悪性・無記性）に基づく業（行い）をいう。〈無記性〉とは善でも悪でもない性質をさし、釈尊が他の思想家達から〈世界の常・無常〉、〈有限・無限〉、〈霊魂と身体との同異〉、〈死後の生存の有無〉など形而上学的質問を受けたのに対し、沈黙を守って答えなかったことを〈無記（答）〉と言う。

*56 **随順**《ずいじゅん》　心から信じて従うこと。逆らわずに従うこと。

*57 **違逆**《いぎゃく》　違格《いきゃく》に同じ。そむく。従わない。もとること。ふらちな。

*58 **法性**《ほっしょう》　〈実相〉（真実の姿）あるいは〈真如〉（一切存在の真の姿）と同じく、事物の本質、事物が有している不変の本性を意味する。

彼岸会にて[redacted]は非常に忙しくなった。
私は少し風邪でお手伝いすることは出来ないので
じっとしていた。
しかし父上の用事もあったので、昨日より御欠席の
寺村さまの御宅へ上る。
おきく様も大した御風気《かぜけ》［風邪気味］でもないが少し
お風［風邪］だそうであった。
暫くお話して帰宅する。

九月二十一日　水曜日　晴　起床六時　就眠十時
来月の下旬にテニスの対校仕合があるのでチャン連
は猛練習をしていられる。私は見物掛りである。し
かし見ているのも面白いことである。
午後自彊会［Ⅱ-＊42］があった。すべての人の帰っ
た後、たった~~四~~五人が[redacted]〔寂ヵ〕びしくあの広い講
堂で車座になった時、何とも云えぬ感じがした。
沈黙して四人《ママ》の者がたった一つクラスの発展のこと
を心に思って顔を見合わせてはため息をつく時、あ
あスクールライフの意義あるを感ぜしめた。
しかし私等はあまりに自分等の力の弱さ、勇気のな
いのを思った時、悲しく悲しく涙が出そうだった。
ああ私等は努力しなければならない。努力しなけれ
ばならない。

九月二十二日　木曜日　晴後雨　起床六時　就眠十時
私はやはり弱い人間である。私はこうすればクラス
~~の人を~~をよくさせることを知っていながら、弱さは
私を意地気《ママ》〔いじけ〕さす。
私はどうすればいいのか分からない。誰かに導いて
欲しい。叱って欲しい。
（山川）［朱印］

九月二十三日　金曜日　晴後雨　起床六時　就眠十時
午後お墓参りに行く。仲北様のみ墓へ加代子さまと。
静かに雨は降る。石はやっぱり淋しく立っている。
お八重さまの母様にお目にかかる。胸がむせんで申
し上る言葉もなくなるのであった。
死よ。あまりに悲しい定めよ。

九月二十四日　土曜日　晴　起床六時　就眠十時
追悼会があった。私はお八重さんのため、あの壇上

に上らねばならなかった。

私は前からこうしたことのおこるのをどれだけ恐れたことか。しかしやっぱりお八重さんはこの追悼会に追悼されるべき人になってしまったのだ。

又しても新しい涙は私の胸をふたす。

お八重さんて云う人を私はみんなに明らかにするため、そしてみんなにお八重さんをしふ■〔びヵ〕ため（深く深く）に私はお八重さんから来たお手紙の最も私に感動をあたえたのを読んだ。

私は読んでいる途中、たまらなくなって泣き出しそうになったけれど、けれど私は一生懸命こらえてお終いまで読み終ったのである。

そしてちらっと皆を見わたす時、青い着物は私の前をすーすーと横切った。大勢の人はいるのだ。そして泣いている人もいるけれど〱私のこのはりさけるばかりのこの悲しい悲しい心を一体何人知っていて呉れるだろうと思う時、又たまらなくなって来たのである。

私は式の最後の追悼歌を涙の声で歌えずになって涙はせきとめられなかったのである。

悲しい一日よ。だれがだれが私を慰めて呉れるのだろう。

九月二十五日　日曜日　雨　起床六時　就眠十時
午前寺村さまの追吊会が行われた。
私は今ここに又何かを書けば、又死を呪うことを書くのに違いない。私はそうしたことはもう書きたくない。
あまりに私を悲しませ過ぎるから……

九月二十六日　月曜日　雨　起床六時半　就眠十時
ああ私は昨夜もうほんとうにたまらなく恐ろしかった。

まんじりとも眠らなかった。おお考えても恐ろしいあの嵐の声。

ひゅうと凄ましい勢いで硝子《ガラス》戸を打つ。硝子ごしに見れば表庭のあの松の木は折れんばかりにはげしくおどり狂っている。

風はひっきりなしに狂いまわっている。時々いな光が〝ぴかっ〟と部屋の中まで一瞬間照らす。はっと思ってふとんの中に頭をすっこめる。風は又一しきりはげしく吹き狂う。私は恐怖ですべてを忘れていた。そしてたまらなくなって、枕をかかえて転ぶ様に階下の父母や弟の寝室に飛んで入り、母上の身体にしがみつく。

弟も眠られないのだろう。闇の中から〝姉ちゃん怖いなあ〟と云う。

こうして私は嵐の声を耳にし、母上にしがみついたなり夜をあかしたのである。忘れることも出来ない恐ろしい一夜であった。

九月二十七日　火曜日　晴　起床六時　就眠十時

私のお友達があの嵐の夜、冷たき疎水に身を投げて自ら生を絶ってしまった。それはどんなに私等を恐《ママ》ろかしたであろう。

私は紙がない［この日の日記は日記帳の最後のページに記されている］から一寸簡単に自分の感じたところを記しておく。

人間は死んでしまってその苦しみがのぞかれるものでない。人間はほんとに心からざんげして、そして苦しみにあたり、ほんとに苦しみ、そして立派な正義の道を見出すのがほんとの人間じゃないだろうか。C様の様に死ぬまで人をうらみ、世をうらみ、最後こうした惨めさに終わる時、それはほんとうに意義ある人間の道を行え得たかに私はあの人に避難《ママ》〔非難〕の瞳をむけるのである。

そして私はたまらなくなる様な卑怯さをじれったく思うのである。

私等にもっと宗教心がなくてはならない。人間は死が最後じゃない。

それからが真の幸福の時だ。その時に私等の今までの行いの花が咲くのである。それにその最初にあたって人をのろい不平の中に死んで行く程哀れな人もあるまい。宗教に心から信じられるものこそ幸福である。

（山川）［朱印］

［日記Ⅴ　了］

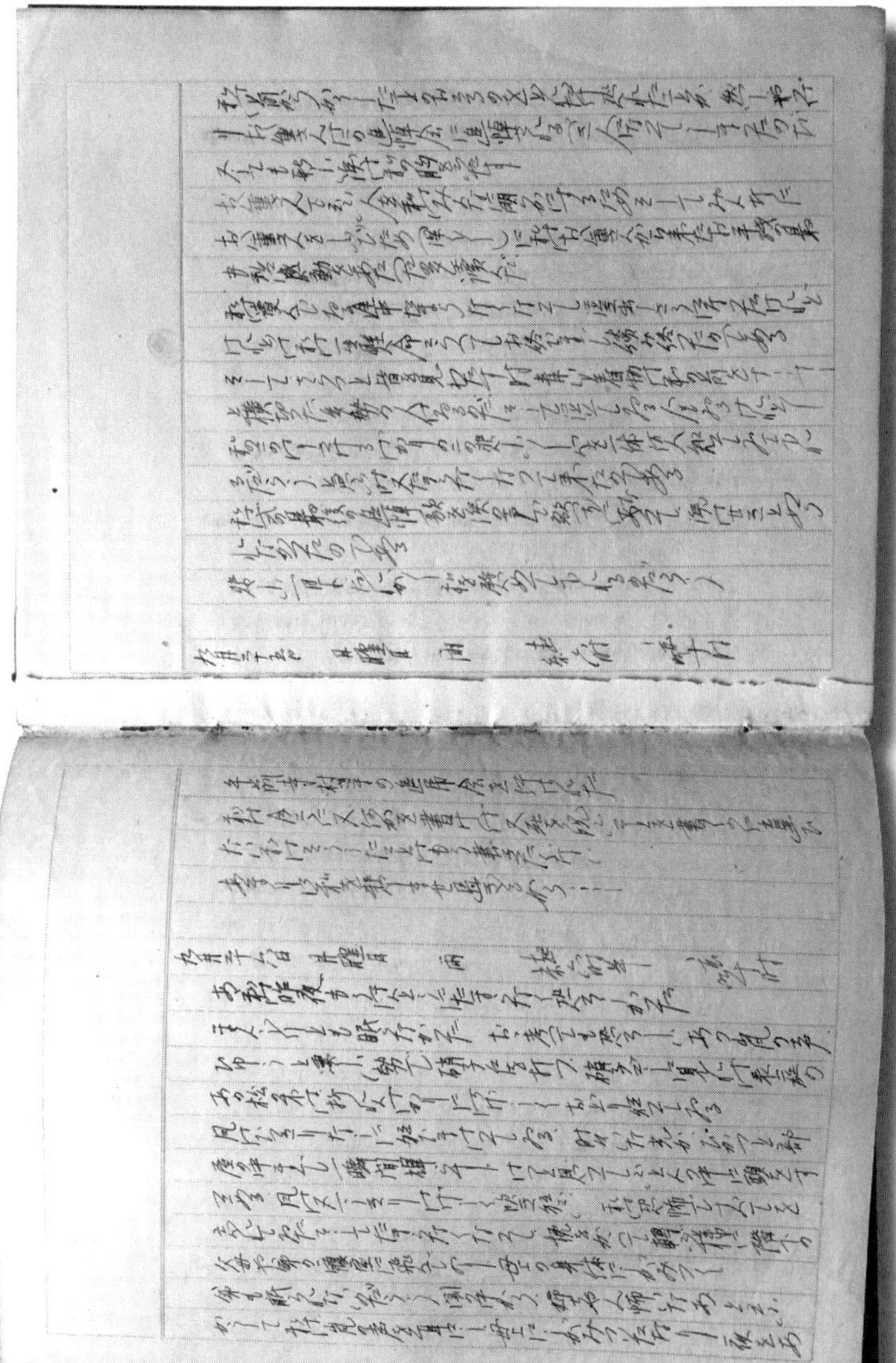

『日記V』(大正10年9月24日 - 26日)

コラム5
日記の中の新聞

かつてまだテレビもラジオもなかった時代、新聞の天気予報は、どの家庭でもまず目を落とす朝の関心事だった。「正子日記」で、新聞を読んだ（見た）と最初に綴られるのも、やはり天気予報のことである。

朝新聞に大風と書いてあったので大層心配していましたら案の定《じょう》夕方から大風が吹き出しました。ピウピウと云うすごい風が聞こえます。（大正七年八月二九日）

天気予報が日本で始まったのは一八八四年（明治一七）、定期的に各地域の気圧を天気図に記録し、気圧が下がると暴風が来ることが予想されるくらいの、まだまだ不確実性の高い予報だった。新聞で天気予報が始まったのは、八八年四月の『時事新報』が最初、八月には『東京日々新聞』でも始まり、各紙がそれに続いた。天気予報の基礎は、日々の気象観測と、天気図を継続して作ることによって築かれた。正子が見た新聞の予報（一九一八年）は、気象台で記録が始まって以来、過去三十余年の気象データの蓄積と予測技術の進歩もあって、短期予報の的中する精度はかなり上がっていたと見える。明日が遠足という日、「夜新聞の天気予報には〝曇多少雨あり〟とあったのでがっかりした」（大正七年八月二九日）。翌朝、曇り空の下、正子たちは嵐山を目指して学校を出発したが、予報通り雨に見舞われてしまった。

正子が日記を書いていた当時、徳正寺では『大阪毎日新聞』（一八七六年大阪で創刊）を購読していた。すでに都市部において新聞は宅配制が広く行きわたり、購読を契約すれば各家庭に毎朝配達されるものだった。「学校でお友達が昨晩富小路《とみのこうじ》の四条で老母〔婆カ〕が電車にひかれ巡査もけがをなさったそうですとお話していられました」（大正七年七月八日）と、クラスメイトから聞いた昨晩の事故は、徳正寺の目と鼻の先で起きたことにもかかわらず、正子はこの出来事を知らなかった。これは、市中で起きた前夜の事件が、クラスメイトの家に翌朝配達された新聞ではもう記事になっていたのだと教える。『京都日出新聞』（大正七年七月八日夕刊）に「電車の祟《たた》り日か」との見出しで、「七日午後八時頃（中略）四条富小路の電車軌道にて（中略）中田與三太郎母いまが満員の電車より転び落ち遂に左足関節部を轢《ひ》かれ複雑骨折腓腸《はいちょう》部〔ふくらはぎ〕に鍵型に縦横四寸〔約12センチ〕の皮膚《ひふ》剝奪《はくだつ》の重傷を負い出血多量にして人事不省に陥り（後略）」と報じたのが、正子の聞いた事故の詳細である。

徳正寺に配達された『大阪毎日新聞』には地域面（「大阪毎日京都滋賀附録」）があったが、地元紙『日出新聞』（『京都新聞』の前身）の取材力、機動性が優っていたようだ。当時の新聞は（実は今も本質では変わらないが）、事件のニュースバリューを高めるため、記事の中身を必要以上にセンセーショナルに仕立て、それが購読者数の伸長につながった。

ところで、前出記事の掲載日が「七月八日夕刊」となっ

『大阪毎日新聞』（大正七年六月五日夕刊第一面）右は一例だが、題字下には、「夕刊／六月五日」とあるが、上辺の発行日は「大正七年六月六日」。配達地域により届く日時に差があった。

ている。七月八日の日記と照らしてこの事実は、クラスメイトの家にその日の〈夕刊〉が、登校前の朝、すでに届いていたことを物語る。これは配達エリアにより、前日の出来事を記した今日の日付の夕刊が、上図に示した夕刊の一例のように、翌日の発行日で配達されていたのだとわかる。現在でも地域によって配達された新聞の版が違う場合があるように（重大事件が起きた時など紙面が差し替えられる）、版を重ねた最新版の新聞が、それを発行する本社・支社により近い地域ほど最速で届けられることと同じ理由である。正子の住む京都市下京区では、刷られたばかりの新聞がいち早く配達されていたと思われる。

おおよそ百年前の京都発行の地方新聞が、前日午後遅くに市中で起きた事件や事故を、翌朝には早くも記事にして報じていた。では、海外で起こった出来事はどれほどのスピードで伝達されたのか。

又新聞に依ると独逸《ドイツ》が講和条約の調印を承諾したとの事で多分六月二十五日に調印される筈だと書いてあった。世界の大戦乱がここに於て終を遂げた事は世界国民の皆々歓とする所である。（大正八年六月二五日）

一九一八年（大正七）一一月の欧州大戦（第一次世界大戦）

でのドイツ降伏を受け、戦勝した連合国は、約六ヶ月に及ぶパリ講和会議を開いた（一九年一月〜六月）。一九年（大正八）六月二八日、敗戦国ドイツは連合国と講和条約（ベルサイユ条約）を締結するが、それに先立ちドイツ政府は、この条約を受諾するかどうか、国内でぎりぎりまで審議を重ねていた（五日間の期限付）。条約には戦争責任（戦争勃発の責任）の明記、莫大な賠償金の請求など、ドイツ国民が承服しかねる条項が並び、審議は紛糾してシャイデマン内閣は総辞職に追い込まれる（六月二〇日）。後継のバウアー内閣は、連合国（英米仏の三国）の非外交的で非人間的な〈戦争の再開〉という最後通牒で脅《おど》され、これにドイツの代表団が条約に署名する旨を連合国側に打電した（六月二三日）。

正子が六月二五日に記した、「独逸《ドイツ》が講和条約の調印を承諾したとの事」は、バウアー内閣による六月二三日の〈条約署名やむなし〉の打電を指したと思われる。史実と日記を突き合わせると、当時の新聞はヨーロッパで起きた事実を、おおよそ中一日で伝えていたことになる。

一九一〇年代以降の日本の大手新聞（『大阪毎日新聞』、『東京朝日新聞』など）の記事を見ていると、海外からのニュースには、〈上海着ルーター［ロイター］〉などのクレジットで、イギリスの国際通信社ロイター（*Reuters Limited*）の外電（外国通信社からのニュース）が多く掲載されている。一四年（大正三）に始まる欧州大戦の戦況は、外電による速報として、毎日のように新聞一面のトップニュースに踊りあがった。これらの国際ニュースは、ヨーロッパから大西洋‐北米大陸‐太平洋を横断する長大な通信ケーブル（海洋では海底ケーブル）により、テレグラフ（電信）で打電されたものである。

お茶の間でも、世界で起きているニュースが話題となった。ニュースソースの提供は、もちろん宅配された新聞だ。

夜小兄さまがいらっしった。私はおこしになるなり常識の試験をいたしますと云って〝今度のアメリカの大統領を何と云いますか？〟と質問したら宇广谷〔宇麼谷《うまや》カ〕さまとお二人まごまごなすって〝こりゃたまらん〟と大あわてにそこにある新聞紙を取り上げ、やっと〝はいハーヂング氏であります〟と得意そうにおっしゃったのを、直に〝夫人の名は〟とつっこんだら、お兄さま等ますます面食って又新聞を取上げて御覧になったが見つからないので〝どこにあるどこにある〟ときょろきょろ探していらっしったので、私とうとう吹き出して、私も知らないのよと云った（後略）（大正一〇年三月四日）

これは「ハーヂング氏」、すなわちウォレン・ガメイリアル・ハーディング（*Warren Gamaliel Harding*／*1865-1923*）第二十九代大統領がまさに就任した日（一九二一年三月四日）の日記であった。アメリカの新大統領の名が、中・高等教育を享受するほどの知識層では、すでにグローバルな〝常識〟として知っておかねばならない時事ワードだった。

正子日記の書かれた時期（一九一八～二二年）は、第一次世界大戦の終結から、世界中で、とりわけ戦勝国は平和ムードというものに覆われていた。軍縮の気運も高まる。日本でも〝平和〟が流行語となった。しかし、国内外の情勢に目を向けると、シベリア出兵（一九一八～二五年）という大規模な海外派兵をともなう、きな臭い時期とも重なっている。

〈シベリア出兵〉の真最中、一九二〇年三月～五月、アムール川の河口ニコラエフスクで、赤軍パルチザンによる住民虐殺事件が起こった。犠牲者は数千人、うち日本人は七百余名（半数は軍人）が死亡した。〈尼港《にこう》事件〉として歴史に刻まれた惨劇は、日本国内で大々的に報道され、新聞・雑誌は国辱《こくじょく》への義憤を煽《あお》り、世論は騒然とした。

「正子日記」では、『日記Ⅲ』と『日記Ⅳ』との間に約一年以上の空白がある。分量にして二冊分の日記帳の所在が不明となっていて、〈尼港事件〉はこの空白期間に起こった。

石川《ママ》（石田）領事及夫人が最後まで其の責任を全うし終に愛国民として恥じない最後をとげられた事は既によくよく知るところであったが、そのお子様の芳子さまのみ心を思うはあまりに残酷と云おうか、無慈悲と云おうか、私は運命の悪戯《いたずら》にうらむのである。

（大正一〇年五月三一日）

これは、尼港事件から約一年後、福岡の実業家が事件について女学校で講話したときの感想である。正子のよくよく知る事件の真相は、おそらく一年前の過剰な新聞報道から知ったことで塗り固められている。正子より三歳年少で、偶《たま》さか帰国して難を逃れた石田領事の長女 石田芳子が、父母弟妹を喪った「事件を象徴する悲劇のヒロイン」（麻田雅文『シベリア出兵』）として、国民の感情移入の対象に祀《まつ》りあげられたが、正子の感想もその域を出ない。それは例えば、同級生の自殺を知ったとき、「あり様筈のないつまらない事実を新聞にのせられた武市さんには、私等は一層の同情をもっている」（大正一一年六月一四日）と記した、身近なところでは可能だった偏見のない批評も、一方的に情報を鵜呑みするしかない大ニュースの前では、新聞読者が世論を成す大衆の顔を持つようになっていたことを教えている。（扉野良人）

五ノ一

井上正子

日記Ⅵ

一九二二年（大正一一）四月一三日〜九月二四日

［表紙見返しに「五ノ一（五年一組）／井上正子」と記名／P.300に図版］

四月十三日　木曜日　晴　起床六時　就眠十時

府立第一高等女学校［V-＊31／地図 e-4］に新しく生れた生徒[*1]として最初の日記を記す。朝中川様につれて行っていただく。まだ一日か二日しかいない学校に入る時、何だかやっぱり変な気がしないでもなかった。

自分は課業のある時が、すべてがその業全部に移って、いやな外の事実を考えないから、この時ばかりが最も楽しい時である。［朱波線］

中川様とて私が淋しがらない様にとて、昼の休み時間などほんとに御親切に皆の仲間に入れて下すったりなさるけれども、私は何だかそこに空虚なものを感ぜずにはいられなかった。

ボール一つ投げるにも受けるにもすべての私の行動にみんなの目が異様に注意されてる様に思われて変な思いがする。

これが補欠［予備の人員］としている新入生のみの考えるいやな感じなのである。

どうしても最初はそれを感ぜずにはいられないものである。けれど必度《きっと》いつかはこの思いも取れ、自然に皆様とわだかまりなしにお話しも出来る事と信じる。［欄外に「早くおなれになる様に祈ります」と教師朱記］

でも新入生としては、入ってもクラスのやさしいみな様に教えられ導かれして一日一日を過ごして行く事の出来るは、ほんとに感謝しなければならないのである。

四月十四日　金曜日　晴　起床六時十五分　就眠十時半

二組のN様と幸福にもお話しする事が出来た。

この新入者にも少しの隔意もなしにやさしくいたわる様にいろんな打ち解けた話をして下すってほんとに嬉しかった。

こうして一日一日とやさしい友によってつつまれて行く自分は幸福であるに違いない。

帰路K様のお宅によって今日の一日の事を詳しく詳しくお話ししてあげた。K様と過去の学校時代の事や、私のいまの学校状態を話し合う時もほんとに楽しい時間である。

四月十五日　土曜日　晴　起床六時　就眠十時

いろんな思のこもったマンドリン[*2]もとうどう今日買っていただいた。

O様の御鑑定により非常にいい伊太利製のものをいただいたのである。

夕飯後の時間、可愛い弟と小さい従妹の悦子と、代わりばんこに出たら目を弾きながらもみんなは心から嬉しそうだった。こんな出たら目に喜んでるのを見ていらしても、ほんとに幸福そうに笑ってらしった父上母上の、私がもっとお稽古に行って上手にどんな曲でも弾ける様になって、やっぱりこの食後の時みんなに聞かせたらどんなに楽しい事だろうと思ったら、私の胸はどきどきする程嬉しかった。

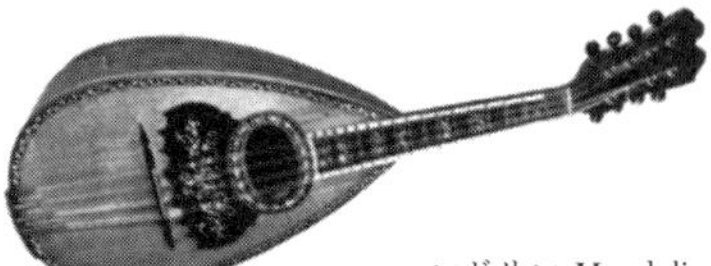

マンドリン Mandolin

私がこうして日記を書いている時もマンドリンは本箱の上に桜を生けた桃色の花瓶や、お人形やキューピの中に一番大きくえらそうに横たわっている。私は満足してそれを見ながら今日の日記のペンをおく。

四月十六日　日曜日　晴　起床六時四十分　就眠十時

午前はK様とお茶のお稽古に行く。

清子様に卒業の記念写真を見せていただく。皆様揃《そろ》ってよく撮れていた。清子様のお目なんかほんとに美しかった。

K様とはあれだけ毎日会ったり電話、手紙でお話ししているのに、まだお話がつきないでよく話しつづけた。

午後は五条のC様からお手紙来る。明日、町尻《まちじり》様で会う御約束をした。

四月十七日　月曜日　雨　起床六時　就眠十時半

＊1 **府立第一高等女学校に新しく生まれた生徒**　一九二二年（大正一一）三月に市立高女の本科を修業した正子は、四月、府一の本科五年（現在の高校二年に相当）に新規入学した。

＊2 **マンドリン**　リュート属の撥弦楽器《はつげんがっき》。胴はイチジクを縦割りしたような形で、全長は六〇㌢ほど。スチール製の複弦を四対（八本）張り、鼈甲《べっこう》またはセルロイド製のプレクトラム（ピック）で弾奏する。一七～一八世紀のイタリアで、マンドーラ（マンドリンよりひと回り大きいもの）を原形にして生まれた。日本には明治時代に伝わり、大正の終わりに流行した。

どうした気候か今日は変な天候であった。

午後、教育の終り頃から真黒になった空からは大粒の雨がぱらぱらと降って来て、急にどしゃ降りとなり、暫く静かになる。

傘を十分に持たない私等は、この暇にと校門を出る。初めの程は何でもなかったが、暫くする中に雨にははげしい風さえ吹き、借物の傘を折らしてはと、N様傘をし《〔ママ〕》〔す〕ぼめておしまいになる。来る電車来る電車すべて満員だものだから仕方なしに歩き始める。

傘はあるが肝心の用はなさない。私は気持の悪い程びしょぬれになった。私が帰宅する頃は雨風のみではなく、雷さえもはげしい音をひびかせる様になった。雷ぎらいの私等は恐ろしくて［右に教師の朱点］ならなかった。

暫くはそうした雨風が止んだり降ったりしていたが、夕方大きな霰《あられ》さえも軒の石をきつい音に打っていた。電気はピカッと、青い凄い稲妻の光るたびに消えたりともったりして、私等は御夕飯さえもゆっくりする気にはならない位あたりは落ちつかなかった。凄い稲妻の後に起る大きな音の一つ一つは弟等の顔色が変る位はげしかった。幾度か雷になやまされた後、今は静かになった。雨滴の音と細かく降っていそうな雨の音のみになってしまったのである。

皆と一つ心になって勉強される様希望します［教師朱記］

四月十八日　火曜日　晴　起床六時　就眠十時

英国皇太子殿下*3が先頃より日本におこしになったので東京は現在盛にいろいろと歓迎会をしている。京都も二十七日に御入洛と聞いている。

英皇緒《〔ママ〕》〔儲〕［〈皇儲《こうちょ》〉国王のあとつぎ］を奉迎すると云う事は実に世界的に大なる事である。

国賓《こくひん》だもの、我国だって出来る限りの歓迎するのは当り前である。

私等も三十日に植物園［V-*20／地図2-4］北のグラウンドで旗体操をして殿下を御歓迎する筈になっている。我校の名をはずかしめないとか、京都の地に対してはずかしくない様にするとか、そんな小さい事は勿論《もちろん》、私達の双肩《そうけん》には日本の国をしてと云う大なる事があるのである。私達は心から真面目に熱心にしなくちゃと思うのである。

四月十九日　水曜日　晴　起床六時　就眠十時

何だかこの頃の一日はほんとに早く経ってしまう様な気がしてならない。

朝登校したかと思うともう退出時間。帰宅してぐずぐずしておれば直ぐに日は暮れる。ほんとにあわただしい一日。考えてみるに一つとして尊い印象に残る様なものもなし。実際、時をつぶすために今日一日を過ごしたかと思う程、つまらないあわただしい一日である。

何が何だかこの頃は自分を省みる時間もない位な気がするのである。

変な気がしてならない。

四月廿日　木曜日　晴　起床六時　就眠十時半

私は人間と云うものはほんとに自分自身を導くってことは一等簡単なようでありながら、難しいものだとつくづく考えた。

自分で今、ある悪癖のある事を見つけたとする。そしてそれを直すために、色々考えてはっきりと自分自身の頭に具体的によくしみこませておいても、そのほんとの機会に当たる時はやっぱり駄目な事を私は幾度か経験した。

しかし、それが最初の中だけならいいが相当月日を経てもやはり同じことであるに私は失望して、がっかりしてしまうのである。

自分の意志と自分の行為がすべてぴったり［朱傍線］と相《合》［朱線で消し訂正］って呉れたらどんなに嬉しい気持ちいいことだろう。

私は実際そうしたままでになるまで修養したい。

そしてなりたくてたまらない。

だけど現在こうして苦しむ事も一面から云えば意義のあるまだ張り切った時であるかも知れない、とも

＊3 **英国皇太子殿下**　エドワード・アルバート・クリスチャン・ジョージ（*Edward Albert Christian George* プリンス・オブ・ウェールズ、後の国王エドワード八世、退位後はウィンザー公爵／*1894-1972*）。一九二二年（大正一〇）皇太子裕仁《ひろひと》の訪英の返礼として、二二年四月十二日より来日。第一次世界大戦に従軍し、戦後世界各国を歴訪し、帰国後は国内を視察。三六年、英国民の期待を集めて即位したが、離婚歴をもつアメリカ生まれのシンプソン夫人（*1896-1986*）との結婚を決意し、同年王位を捨て国外に退去。三七年、ウィンザー公として彼女と結婚した。

思っている。

知行合一だとかの修養ですか。何だとかいふるは一生も二生もかか〔っ〕て完成すべきものです。も少し気を大きくもたなくてはだめですよ〔傍線のある「自分の意志と自分の行為がすべてぴったり」の上、欄外に朱記〕

四月廿一日　金曜日　晴　起床六時十五分　就眠十一時

学校の帰途K様のお宅へ行く。何にも話はないのだけれど、顔を合わして黙ってるだけでも気まずい思いはしないのである。だけどこうして卒業してしまってお互いに違った道に歩んで再び会う時、なつかしい学校生活の時の様に快活なあけはなしが出来ないのがほんとにいやな気がする。(現在でも出来ているのだけれど、過去に比べては足らない感じがする) これもその環境による事を考えればこの先どうなるかと思うと変な気がするのである。

四月廿二日　土曜日　晴曇　起床六時　就眠十時

午後K様が今度はあちらからいらっしゃる。従妹も来たので三人、二階の父の部屋の窓に向っていろんな話をする。

今度平安女学院*4〔地図 e-5〕に入った従妹の話しを聞くと、校風でもすべてが私とK様と共に歩んだものとは事々にまるっきり違うものだから、非常に二人は興がって聞いたのであった。

夕暮になってK様、お止めするのに無理に帰ってしまいになった。

従妹は夜おそくまで遊んで行った。

同様な年頃の三人が集って今日話した事も又考えるといろんな面白い事が思われて来るのである。

四月廿三日　日曜日　晴　起床七時　就眠十時

午前お茶のお稽古に行く。

午後はお掃除。本箱の整理に大部分の時間が取られて何にも他のことをしなかった。

夜友へ手紙をしたたむ。

四月廿四日　月曜日　雨　起床六時　就眠十時

私の作文に対するまとまらなかった考えも、今日、加藤先生の作文のお話によって大分分かって来たのは嬉しい。

人間てものはやっぱりどんな事でも考えて見なければならぬと思う。

考えればそこに興味の起って来るのは事実であるもの。［朱波線］

四月廿五日　火曜日　晴　起床六時　就眠十一時

母上の朝日《ママ》〈明日〉名古屋へ旅行なさるので今宵は皆づれで京極へ買物に行く。母上も実際久しぶりと云っても、ほんとに久しぶりの十何年ぶりに名古屋の土を踏もうとしていらっしゃるのだもの。どんなにか興ある旅行であろうと思われる。久しぶりのおかげで、沢山のお土産物の持ち役となって帰って来たのである。何だか自分も嬉しい様な気持がするのだった。

四月廿六日　水曜日　晴　起床六時　就眠十時

朝登校の時に母上に〝御機嫌様行っていらっしゃいませ〟って云って帰宅して、母上の姿の見えないと物淋しくてたまらなかった。
でも母上の代りに女中に夜夕飯のお菜なんか云う時に嬉しい気持ちがしたのだった。［朱波線］
今頃名古屋にいらっしゃるがいただくお土産が楽しみで弟等とお互いにあてっこなんかして子供の様に面白がっていた。

おたのしみですね［教師朱記］

四月廿七日　木曜日　晴　起床六時　就眠十時

今日はほんとに暑い日だった。

烏丸にプリンス奉迎のために立つ私等の背にあたる太陽の初夏の様に暑く思われた。

前を通る花電車、爆音の音、勇ましい飛行機の私等の目に触れる毎に私等は今、あの大きい世界の国の一つ大英国の皇太子を奉迎しようとしているのだと思って、何とも云えない感じがするのだった。

＊4 **平安女学院**　私立平安高等女学校（現 平安女学院中学校・高等学校）。一八九五年（明治二八）、大阪川口居留地にあったミッション・スクールの照暗女学校が、上京区下立売烏丸西入ルに移転し、〈平安女学院〉と名を改め開校した（起源は米国聖公会の宣教師ミス・エレン・G・エディが七五年開設した〈エディの学校〉）。一九一五年（大正四）、平安高等女学校の認可。二〇年、日本で最初の洋装の制服を採用した。

握りしめたこの両手の旗をどうしてふってお迎えしよう。

殿下はどんなにしてこの前をお通りになるだろうといろんな想いに時を移して、御予定の午前九時過、かなたの方に高く上る花火！

間もなく、静かな気をつけの次の時に、晴れやかな声の〝万歳〟は次から次へと殿下の自動車の後につくのだった。

双手に上げる国旗のゆらぎに私等はしっかり拝する事の出来なかったは残念だった。けれど私は満足した。

日本と云う大きな考えにしても、私自身と云う事にしても、殿下のおいでを満足し喜ばずにはいられないような感じがするのだった。

私等の踏む御所の青い草も美しく見られた。

四月廿八日　金曜日　晴　起床六時　就眠十時

夜母上が帰られた。私等は嬉しかった。お土産より何より、母の帰られた事が嬉しくてたまらなかった。自分でも〝こんなものかしら、母上と云うものは〟と思うのだった。
美しい模様の帯地、空気草履〔I-＊52〕、赤いお■〔伽ヵ〕ノート。どれもこれも私は嬉しかった。そして母上を心から歓迎して下すった、名古屋の方のお話を聞くのも柔らかな楽しい楽しい気持ちがしたのだった。
母上が帰って下すったために私等の動作が明るい様に思われるのだった。〔朱波線〕
母君は全く皆さんの光なのでしょう〔教師朱記〕

四月廿九日　土曜日　晴　起床六時　就眠十時

今日も明日の奉迎旗体操の練習に植物園〔地図d-4〕に行った。

弟は今日岡崎〔岡崎公園／地図f-3〕で全市の小学校の運動会のあるために行く。

朝からお弁当持ちに賑やかな事だった。

午後四時頃帰るや否や〝姉ちゃん、僕のところよかったのだよ〟

いきなり運動会の報告するのだった。

〝男はね四等、女は三等だったの。もちっときばれ

ば男だって三等になれたのよ〃

〃もうすこしだったの〃なんてやかましく云っていた。よくしゃべる私等の口はプリンスの事ばかりで持ちきりだった。

弟は今度市へ出す奉迎文《ほうげいぶん》に選出されたのだって喜んでいた。

四月三十日　日曜日　晴　起床六時半　就眠十一時

都の東北、植物園の草は新緑に生き生きとしていた。柔らかな線の東山、北山、西山に抱かれた植物園には、日英の国旗はその周囲にすっかり立てられてあった。

入口のアーチ上にある大きな国旗も、我等の持つ国旗も比叡〔比叡山／地図C-2〕の風の吹く毎に、丁度今日の日を祝う様に波うってるのだった。

正面の赤白・紫白の幕のはられてた殿下の御坐所、その横《ヨコ》の天と〔ママ〕〔テント〕には、真赤な服を着た軍楽隊が整列していた。

今又ここに大英皇太子をお迎えして、体操を御覧にいれるのかと思う私等は、一様に皆緊張した気分にあったのである。

時は十分二十分と過ぎて行った。今か今かと待つ私等には時間はほんとにのろかった。

ポポーンと大きい花火の音。そら御成りと思うて、場内は静かになる。幾百の若者の顔には一層の緊張があらわれる。

自動車の警笛は間近くなった。場外に起こる万歳の声も聞こえた。

軍楽隊のマーチは起こった。軽く勇ましく。

おお場内に快活そうな殿下のみ姿の拝する事の出来た時、私は喜びと祝《ことほ》ぎに一杯になった。この持つ旗をかざして祝したい様になった。

御坐所におつきになるや、号令の下に最敬礼をした。直ぐに英国国歌の曲は奏された。殿下を始め、すべての方々は脱帽された。喜びに輝いた声は揃ってゴッドセーブ〔"God Save the King" イギリス国歌であり王室歌〕はひびいた。

比叡の山おろしも共に歌うのだった。

精力のあるしっかりした男子の体操は、立派に行われた。ほんとに男らしく。

男子の体操の終わった後、快活な曲に女子の持つ旗はゆらめきながらこころよい音を立てて、上に横に舞う様に動くのであった。

真面目な精一杯の気持ちはあふれる様だった。［朱波線］

最後に万歳のとどろきはどこまでもどこまでもひびいて行く様だった。

殿下のひらりと身軽にお乗りになった自動車の動き出すから、殿下お持ちの日本国旗の見えなくなるまでじっとお見送りするのだった。

君が代の合唱は皆の心持ちをのせて静かに去ってしまった。

今日の日はこうしてめでたく終わったのであった。

喜ばしい記念すべき日は、私等に強い印象をあたえて去ってしまったのである。


光栄ある一日、然し御疲れになられたでしょう［教師朱記］

五月一日　月曜日　晴　起床六時　就眠十一時

今日来たばかりの《婦人公論》[*5]を読んだ。

そして後でいろんな事考えていたら、ほんとに感傷的な気分になってしまって、今まで起きていた。

静かな夜だ。隣の間のセコンド［時計の振り子の音カ］の音のみ淋しく鼓膜を打つ。

大正十一年の五月の最初の日もとうどうすんでしまった。

ではおやすみなさい一日よ。

この五月の月もみんなが幸福に暮らせます様に。

五月二日　火曜日　晴　起床六時　就眠十時

午後学校の帰路また寺村様［寺町の寺村牡丹堂（II-*16）／地図 *9-4*］のお宅による。

指を負傷なすったって云ってらしったのでお見舞方々おしゃべりに寄ったのだ。でも指の方は大分よくなっていた。

あんまりお割烹に熱心になり過ぎたのねって云ったら、〝そうかも知れない〟って美しく笑ってらしった。

毎日の様にお手紙や何かでお話していたので話がなくなっていたのに、何かの拍子に、市立《いちりつ》［市立高女］時代の話をし始めたら、おもしろくておもしろくて非常にこうなつかしい様な気分になって、それからそれへと話して笑いこけたり、何かして心から楽しくあそんで、おそくまでお邪魔していた。ほんとに思い出って云うものは柔らかい、美しいものだと思ったのだった。

五月三日　水曜日　晴　起床六時　就眠十時

なつかしい、優しい、最も正子を可愛がって、心の暖〔ママ〕〔温〕かさのほんとを正子にあたえて下すった祖母様の御命日の御逮夜《たいや》［忌日の前夜に行う法要］なので、学校から帰るなり早速大谷様［地図9-3］に参詣に行く。濃い緑の木々の中で静かに心ゆくまで念じる時、実際崇高な気持ちになるのだった。

奇麗にお墓の周囲をお掃除して帰るのだった。

祖母様の昔の事ばかり考えながら白い石だたみの上を歩む時、私の頭の近くまで頭を垂れた様になってる老松の梢をゆるがす風のおとずれは重々しくひびいて来るのだった。

私は行って帰って来た。お墓ってほんとに静かなところだと思った。［朱波線］

五月四日　木曜日　晴　起床六時　就眠十一時

一週間ばかり京都にお遊びになったプリンス［英国皇太子殿下］をお送りに、午前烏丸［烏丸通／V-*51］に行く。いろんな面白い無邪気な逸話*6を残してお去りのプリンス。お疲れの色もなく、いつもの様に我が国の旗を御手に七条の方に向かわせられた。私等は出来る限り旗をふってお送りしたのだった。

午後帰宅すれば久しぶりで安東県の伯父様［桑門環《たまき》］が来ていらっしゃって家中が賑やかになっていた。

五月五日　金曜日　晴　起床六時　就眠十時

伯父様が来ていらっしゃるので早く帰って来る。

*5 **婦人公論**　一九一六年（大正五）一月に中央公論社から創刊。正子が読んだのは二二年六月号なら通巻七八号。二〇二二年（令和四）六月号（第一〇七巻第六号）で通巻一五八四号に至る。『青鞜』（平塚明子《はるこ》が明治四四年創刊）に代表される女性の解放と自我の確立をうながす時代思潮を受け、嶋中雄作（1887-1949）が編集した『中央公論』臨時増刊「婦人問題号」（大正二年七月）の成功から、嶋中自ら主幹となって、「自由主義を掲げ女権拡張を目ざして誕生」した婦人雑誌。（『日本近代文学大事典 第五巻』）

*6 **無邪気な逸話**　高島屋で自ら法被《はっぴ》を購入。またそれを着て仮装パーティーで人力車夫に扮したとされるエピソードが知られ、写真も残されている。

色々の海外のお話は、私等をいつもの様に心から驚かされたり、喜ばせられたり、笑わされたりするのだった。

伯父様が来ていらっしゃると愉快と云っては失礼だが楽しくて仕方がない。

五月六日　土曜日　晴　起床六時　就眠十時

大将人形［端午の節句に飾る武者人形］をおかざりする。一年に一度のおかざりは、弟等をほんとに喜ばす。お雛祭でも五月人形でも私はこうしたクラシカルの催しが好きでたまらない。ほんとに美しい、いいものだと思うのである。

五月七日　日曜日　雨　起床六時半　就眠十一時

親類の大将人形で午後より遊びに行く。

今日は一日子供のお相手に楽しく楽しく暮らすことが出来た。

今帰ったばかりでもう眠くてたまらない。

お寝坊の正子はもう寝ます。おやすみなさい。

よろし［教師朱記］

五月八日　月曜日　晴　起床六時前　就眠十時半

久しぶりでほんとに久々に私等は清水寺［地図 b-3］へ連れて行っていただく。

生々した明るい色にすべての樹々は緑にかがやいていた。

古い板敷のあの床の上をがらんがらんと下駄のにぶった様な音を立てながら、べたべたと何だかいろんな物の張ってあるすすけた太い柱のかげから山の緑の色に目をうつしている時、私はたまらなく京都だ、美しい古雅な都だと思わずにはいられなかった。うっすりと灰色の夕もやのせまって来る町には柔らかな灯がつき始めた頃私達は団栗橋《どんぐりばし》［地図 g-4］を歩んでいた。

灰色した丸太の欄干から見下ろす下にはやさしく賀茂の水は音立てていた。

私は今日は何だか京と呼ぶ美しいやさしい情趣の中に十分にひたる事の出来た様な幸福さに送る事が出来た。

五月九日　火曜日　晴　起床五時半　就眠十一時

五十周年記念の運動会に私達五年のする球竿体操の練習で天野先生は勿論のこと私達までも一生懸命な努力である。

夜伯父様と御一緒に京極へ買物に行く。

五月十日　水曜日　晴　起床六時　就眠十一時半

明日は英語の試験と云うに急に少女歌劇[*7]へ行く様になって、従妹とお友達のおきくさんと三人で出た。華やかなステージには幾人もの私達と同じ年位の少女が歌いそして踊ってるのだった。この可愛い人達がする事にちっともいや味のない、無邪気な清らかなのが、私がほんとに好きなところなのだ。その中から深刻なものを得ようとするのは無理な事だ。けれど若き乙女の胸一杯のあふるる声と科白《せりふ》に時々はこうしてひたるのも私はいいことだと思うのであった。「春の流れ」は単《ひとえ》に美しいものだった。「春日舞姫」は優美な奈良の春日神社を背景に、昔の清い心の持ち主が画き出されているものだった。「成吉斯干〔ママ〕（成吉思汗《ジンギスカン》）」は蒙古の征服者の勇と、娘の情との事にあった。「酒茶問答」は軽い歌劇で、最も歌も踊りの手も多いものである。

満足して帰宅したのは十時過ぎだった。

五月十一日　木曜日　晴　起床六時　就眠十時

私達はもう今日から鴨沂《おうき》会員になったのである。お話を承れば鴨沂会[*8]とは社会の認められた立派な会であるとの事である。

五月十二日　金曜日　晴　起床六時　就眠十時

弟は又少し腸を痛めて床にいる。

*7 **少女歌劇**　宝塚少女歌劇（月組）の春季京都公演。〈プラトン童話歌劇〉の《春の流れ》、《春日舞姫》は小野晴通の懸賞当選作、《成吉思汗》は久松一聲 作の歌劇、《酒茶問答》はフィナーレを飾った。なお天津乙女（V - *12）は《春日舞姫》で〈野守娘浅茅〉を演じた。

『日出新聞』（大正一一年三月一一日）

*8 **鴨沂会**　一八八七年（明治二〇）、京都府立高等女学校の同窓会として発足。一九〇九年、社団法人京都鴨沂会となる。毎年同窓会誌『鴨沂会雑誌』（一八八七年創刊）を発刊し一五九号（二〇二一年刊）を数える。現在は公益社団法人京都鴨沂会として教育振興に寄与。

身体が弱いのでほんとに心配だ。でも私の様に小学校時代の時は非常に弱くて、常に体格弱であったのに女学校に入ってからよく運動するのか、食欲も非常に増してこの頃の様にこんなに強くなって、三年生、四年生と無欠席である位に、主治医の若山先生、私の身体を見る度に驚いていらっしゃる。弟も今に見違える様に強くなるかも知れないと思っている。

五月十三日　土曜日　晴　起床五時半　就眠十時

夜初音会に出席する。記すべきことなし。

五月十四日　日曜日　晴　起床六時　就眠十一時

夜日暮の親類に皆一同およばれに行く。

伯父様は盛んに満州熱〔I‐＊54〕を吹いていらっしった。

中々雄弁で、新しい事をおっしゃるのには敬服する。

安東県に行〔ママ〕〔い〕らっしゃると接する人によって自然現代をよく知っておかねばいられないとおっしゃる。ほんとにそうだろう。

父上も京都にばかし行〔ママ〕〔い〕ないでちっと海外に行きたいとおっしゃってらしった。

五月十五日　月曜日　晴　起床六時　就眠十時

葵祭〔賀茂祭／V‐＊8〕で例年の通り休業であった。

伯父様も能谷〔熊谷カ〕様も来ていらっしゃる事だから、朝早くから広小路〔広小路通。京都御苑の東側に接する東西の通り／地図 e-4〕に見に行ったが、いい天気で日光ががんがん照りつけてたまらなかった。

優美な京らしい祭である。

賀茂のつつみから見たら一層そのバックのために引き立つ事と思われた。

五月十六日　火曜日　晴　起床五時半　就眠十時

二十日から学校の五十周年記念事業[*8]があるので、この頃は学校の空気も皆それに満ちている。

今日も二時間目には記念式歌[*9]のお稽古があった。

世に先がけて学舎の　歴史栄ある五十年
祝へや今日を此の幸を　五月の空のゆるぐまで
心の色のあやにしき　かざれる人は七千余

柳桜をたてぬきに　なを［ママ］幾春か織出でん［ママ］

五月十七日　水曜日　晴　起床五時二十分　就眠十時

授業は今日はなしで午前中体操のお稽古にみんな熱心だった。

午後は大掃除をする。

はだしになってバケツの水をざあざあ流して下の部屋にぼたぼた落ちるのなんかはおかまいなしにごしごしと、五十年来、色々の人によって踏みならされた黒い板にみがきをかけるのであった。

喜びにみちて異常な働きぶりを見せる私等の姿は気持ちよかった。

五月十八日　木曜日　~~曜日~~晴　起床六時　就眠十時半

御霊祭［下御霊神社（地図 f-4）の還幸祭］で授業はなかった。

私等はやはり記念事業の一つである学芸会の予行をしに午前から出かける。

五月十九日　金曜日　晴　起床五時半　就眠十時半

午前真田先生より、明日の式の事等の色々御注意などある。

私等の今宵結ぶ夢はどんなに楽しい事ばかりだろう。

五月二十日　土曜日　晴　起床六時　就眠十時

五拾年の長い年月を一歩一歩と歩み来たった学校の名誉と喜悦の幕はいよいよ今日のこの日を切って落とされた。

それと同時に私等の憧れ待っていたこの紀念日、記念事業の第一歩に踏み入れたのであった。

清新な御所の緑より来る空気の中に巍然と立った校

＊8 **五十周年記念事業**　京都府立第一高等女学校の創立五十周年記念行事。同校の五十年の歴史は、「日記Ⅴ」の註〈＊31〉に詳しい。『鴨沂会雑誌 第五十号』（大正一一年七月、京都鴨沂会）所載の「創立五十周年記念式彙《い》報《ほう》」では、五月二〇日～二四日の五日間にわたり諸々の式典（表彰式 他）、祭典（追悼祭 他）、記念催事（学芸会・運動会・園遊会・展覧会）が盛大に執り行われ、その模様が詳細に報告される。

＊9 **記念式歌**　〈創立五十周年記念式歌〉のこと。前出「記念式彙報」による詞は次の通り。

一、世にさきがけし学び舎の
歴史栄ある五十年
祝へや今日を此の幸を
五月の空のゆるぐま□［ママ］。

二、心の色のあやにしき
飾れる人は七千余
柳桜をたてぬきに
なほ幾春か織り出でむ

園遊会模擬店（向ツテ右ハ珈琲店左ハ菓子店）（『京都府立第一高等女学校創立五十週《ママ》〔周〕年記念帖』）

門の中に入る多くの乙女の群れには、どの顔もすべてが生々と誇りと喜びとに満たされ、真青な空に東山の明るい輝かしい太陽の光の中に動いてるのであった。

午前九時と云うに、フロック〔〈フロックコート〉の略。男性の昼間用礼服〕や羽織袴にいかめしい来賓、美しく着かざった卒業生の方々のためにぎっしりつまった講堂には、いよいよ第一部の式は〈君が代〉の声と共に始まったのである。

賀陽宮《多嘉王》妃殿下[*10]、久邇宮智子《くにのみやさとこ》女王殿下〔III-*17〕の御来臨の厳粛な式は一つ一つと進むのであった。

過去五十年を物語るこの祝いの式に厳粛でなくてなんであろう。

又それに参列する事の出来た私等が幸福でなくてなんであろう。

それに私は、他の方よりも一層にこの祝日に会う事が出来たと云う幸運を感じねばと思うのであった。

我が国で最初に第一番に産声《うぶごえ》を上げた我が学校に幾多の立派な人を作り上げ、あるいは事業をした事は云うまでもなく貴い歴史である。

二十年十年の勤続者、色々の方面に於いての功労者に対しての表彙《彰》［朱筆訂正］、祝辞等の行われて、式は十一時半頃に終わりをつげたのである。第二部の式が引き続きあったが第一部に列席した私等は出なかった。

午後はお待ちかねの《ヒヤ［ママ］ワサ》*11・狂言・曲芸・園遊会が開かれた。

《ヒヤワサ》は高等科二年のイングリッシュ・ドラマであるが、皆中々熟練した英語と動作であった。土人の中、美しいローマンスであるので、多くの土人風のニンフ［仙女］等が出演するが、中々衣裳も工夫をこらしたもので、流石《さすが》亜米利加《アメリカ》人ベストさんの御工夫とうなずかれた。

園遊会は中庭のコーヒ店が一等賑ってるらしかった。みたらしや関東煮［おでん］の立喰い姿も中々見物だった。

ギンの可愛い〳〵メタ［ママ］ル*12〈メダル〉を胸に大切に下げて夏密［ママ］柑〈蜜柑〉バナナの袋をかかえて狂言・軽技*13を見るのだった。

高松のおば様［智子女王の家庭教師］にお目にかかったので、この間から機会がなかった宮様へのおじぎをする。

*10 **賀陽宮《かやのみや》多嘉《たか》王妃《おうひ》殿下**　多嘉王妃 静子《しづこ》（*1884-1959*／戦後は久邇《くに》静子と名乗る）。子爵 水無瀬《みなせ》忠輔《ただすけ》の長女。一九〇七年（明治四〇）、久邇宮《くにのみや》朝彦《あさひこ》親王《しんのう》の第五王子 多嘉王と成婚。「創立五十周年記念式彙報」（『鴨沂会雑誌 第五十号』／以下「彙報」）によると、「本校御卒業の久邇宮多嘉王妃殿下」とある。正子の表記は〈賀陽宮〉と宮号《みやごう》を冠するが、多嘉王は宮家を創設していない。賀陽宮は、朝彦親王が創始した宮号の一で、朝彦親王の第二王子 邦憲王《くにのりおう》が継承した。従って、〈賀陽宮〉と記したのは正子の誤り。

*11 **ヒヤワサ**　「彙報」中の「㈡ 園遊会」によると、この日余興場に当てられていた講堂では、高等科による演劇《ヒアワサ》の上演があった。「正子日記」から補足すると、高等科二年による英語劇だったことが知れる。

「㈡ 園遊会」の報告では、「異様な色彩と刺戟に富んだアメリカインデアンの服装で力づよいヒアワサと優しいその母との流暢な対話にしばしば、蠱惑された心持でその動作を注視するばかりでした」と述べられる。

〈ヒアワサ〉は、アメリカの詩人ヘンリー・ワーズワース・ロングフェロー（*Henry Wadsworth Longfellow*／*1807-82*）作の物語詩「ハイアウォサの歌（*The Song of Hiawatha*）」（*1855*）の主人公で、「アメリカ・インディアンの伝説的英雄の生涯を中心に、多くの伝説をおりまぜ、牧歌風の生活をえがいたロマン的な作品」（『岩波小事典 西洋文学 第2版』）。

*12 **ギンの可愛いメタル**　「彙報」に「記念メタ［ママ］ルをさげた古代紫の袴とが三々五々づゝうちつれてその間を逍遥する」（「㈡ 園遊会」）とある。

*13 **狂言・軽技**　講堂では、《ヒアワサ》に続き、茂山《しげやま》社中の狂言「古典的な田植、古雅な瓜盗人の二番」がかかった。また弓場の近くで軽業師一座の興行があったという。（「㈡ 園遊会」）

お屋敷へ上って御一緒にトランプのお相手をしたり〔『日記Ⅲ』（大正八年六月二二日）〕、日暮へ御招待〔『日記Ⅴ』（大正一〇年六月一一日）〕して今日の様に千五郎〔茂山千五郎／Ⅴ-＊24〕の狂言をお目にかけてから大分に長い間お目にかからなかったのだったが高松の小母様が〝正子でございます〟と申し上げると何時もの様にやさしいほほえみに正子を御覧になった。素様〔東本願寺法主《ほっす》 彰如《しょうにょ》（大谷光演）の二女 大谷素子〕も丁度御一緒で素様から町尻さんのお嬢さんを御紹介していただいた。暫く小母様のお話を伺って失礼する。

全部今日の事を終え満足しながら帰宅したのは五時頃だった。

五月二十一日 日曜日 晴 起床六時 就眠十時

二日目の記念事業の追悼祭[*14]は午前八時から挙行された。

神官によって人生に於いて最も悲痛な死、それによってこの記念式に列席する事の出来なかった人々の冥福は祈られたのである。

午後学芸会[*15]が開かれた。

最も可愛いく思われたのは本科一年生の談話や唱歌[*16]だった。

朗読にしても英詩暗誦にしても中々達者に、美しい声と発音に感心させられた。本科五年の席画[*17]には次々と美しく画かれる、巧みな筆に大かっさいするのであった。

四年のコーラス[*18]には宮様もお歌いになって上手だった。

本四（本科４年）唱歌（『創立五十週〔周〕年記念帖』）

ピアノ独奏[*19]は今村さんのが一番いい様な気がするのだった。

本科三年の歴史と文化は三年とは思われぬ程、立派な統一した文体で話す人の態度も口調も堂々たるのには感心した。

独唱[*20]は松村さん

も丹波さんも美しい声音と巧みな唱いぶりに皆歌の終わるまで緊張するのであった。英語対話[*21]と浦島[*22]の対話には皆すっかり感心してしまって、実際其の稽古と出演者の熱心とが推しはからるるのであった。お教えになった先生方の御心労もどんなだったろう

*14 **追悼祭** 二日目の五月二一日は、新英学校及女紅場開校以来、五十年にわたる府立第一高等女学校の歴史の中で、同校を母校として、すでに死没した卒業生・在校生、また校務に奉じた職員・傭員の死没者の冥福を祈り、講堂に斎場を設けて追悼の祭礼がしめやかに行われた。

「彙報」の「追悼祭、祭祀者」の項では、五十年間の死亡者の姓名・死亡年月日などが列挙され、〈旧職員死亡者 七〇名〉、〈鴨沂会員死亡者（卒業生）五一九名〉、〈在学中死亡者 八六名〉、〈旧傭員死亡者 二二名〉が数えられる。

*15 **学芸会** 劇、朗読、合唱、合奏、舞踏などを、学年やクラスごとに教師の指導のもと、児童・生徒が発表を目的に取り組み、その成果を保護者や学校関係者に公開する学校の行事。

舞台発表が学芸会の中心行事となるのは大正期からで、児童文化への理解や新教育運動の興隆が背景としてあった。とりわけ〈児童演劇・学校劇〉は、〈学芸会〉などの教育活動の一環で実施される一方、余興の出し物として娯楽になるほど普及をみせるようになった。

こうした傾向に、岡田良平文部大臣（Ⅱ-*42）は、一九二四年（大正一三）、「学校劇の禁止」を暗に含ませる訓示（八月）及び通牒（九月）で苦言を呈し、教育現場に水をさした（訓示・通牒は〈学校劇禁止令〉と呼ばれた）。確かに〈小国民（Ⅴ-*52）〉の育成といった観点から、次第に学校での演劇活動は、「一般公開をしない」といった制約で不文律に縛られていく。〈学校劇〉が正当な市民権を得るのは、敗戦後の民主教育の発足を待たねばならない。

この日、「学芸会順序〈プログラム〉」（「彙報」）に、〈劇〉と冠する出し物は見えないが、「対話（春の流れ）」「英語対話（The Bishop's Silver Candlesticks）」「対話（浦島）」は、台詞に力点をおく〈対話劇〉を指していた。また園遊会の余興で上演された《ヒアワサ》が英語劇《イングリッシュ・ドラマ》だったことをみても、学校行事のなかで、舞台発表での〈演劇〉が、先生と生徒のあいだで熱心に取り組まれ、歓迎されていたことが窺える。

*16 **本科一年生の談話や唱歌** 「談話（小子部《ちいさこべの》すがる）」「唱歌（新子守歌）」（「学芸会順序」）

*17 **席画** 集会または観客のある席上などで、注文に応じて即席で絵を描くこと。

*18 **四年のコーラス** 「合唱（波上の音楽）」（「順序」）「拝しあげますと、殿下には最前列の中央にソプラノの一人として、日頃御噂に承った御優しい御美しいお声をゆたかにおはり上げ遊ばした」（「㈣学芸会」）と、智子女王殿下の様子に観衆の耳目は集まっていた。

*19 **ピアノ独奏** 「ピアノ独奏（I. Chant des Anges. II. La Traviate）」（「学芸会順序」）

*20 **独唱** 正子と同級の本科五年生の独唱「たゆたふ小舟」（作詞 - 近藤朔風、作曲 - ナイト）

*21 **英語対話** 「The Bishop's Silver Candlesticks」は、V・ユゴーの『レ・ミゼラブル』でもよく知られた、ジャン・バルジャンとミリエル司教の銀の燭台をめぐる場面。「僅か女学校四年の人たちによつて遺憾無く、その内容と表情とそれが人々に当然あたへるべき大きな感銘を十分に表し得ました」（「㈣学芸会」）

*22 **浦島** 国語漢文科二年・四年による坪内逍遥作の新舞踊劇《新曲浦島》（一九〇六年〈明治三九〉二月初演）は、「二千に近い人々」を前に、淋しい海辺の「かすかな波の音」を表わすピアノの音で幕を開けた。三人の漁夫の台詞《せりふ》まわしが古めかしいにも関わらず、むしろ「敬虔な思《おもひ》で理解」される新古典劇。（「㈣学芸会」）

とつくづく考えさせられる程私等は感じ切ったのであった。

だけど私等が出演した合唱については今ここでこれを書き記す事の出来ぬ程駄目だった。今日の中で最も悪かったと云われても私等はうつぶいて黙してねばならぬ程哀れなものであった。やはり私等が下手だったのだと悲観してしまったのである。

情けなくてたまらない。［本科五年「合唱（落花）」］

唱歌の先生が昨年十月はなかったのですから仕方が有りません

［「だけど私等が出演した合唱」の上、欄外に朱記］

五月廿二日　月曜日　晴　起床五時　就眠十時半

運動会は無事にこの美しい第一日和の中にすんだ。多くの卒業生を迎え、目覚ましく働く乙女等の胸は元気な運動会の大成功に終わらん事のみを念じてるのであった。

一年の可愛いダンスから、高等科、専攻科の方までもの《〔ママ〕》、ダンスに、競走遊戯にみんなは騒ぐのであった。

私等の球竿ダンス[*23]も上手に出来たって、みんなから褒められるのであった。

競走遊戯、風車競走、蛇行旗送り[*24]は面白く終わった。

私等は最後の学級競走[*25]待たれるのであった。

その番に来た時、全生徒は熱狂した。奮起して手に手に各級の色を握りしめ、選手の出場を待ったのである。

ドン…銃声、そら開始された。一斉に皆の叫び声は青空をつき抜けるまで響いた。その手は、空に力強くふりまわされながら各自の級の優勝を祈った。

本科３年　ロブスターダンス（『創立五十週〔周〕年記念帖』）

ああけれど悲痛！

最初二番であった五年生は、色々の手違いから、ああその願った優勝は得る事が出来なかった。

私達は選手を取りかこんで泣いた。泣かずにはいられなかった。

山田さんの手や足

はいたましく白繃帯に巻かれてあった。

けれど私達は選手を慰めて、数分間後には盛んな美しい、又と見られない卒業生のプロネード〔団体行進〕に手を打ってるのだった。

終わりに万歳の声を校庭にひびかせて帰路についた。

五月廿三日　火曜日　晴　起床六時　就眠十時

今日は展覧会を一般の方に見せるのであった。

私もこの間からゆっくり見たかったので今日詳しく見た。

生徒学業品の他に余興のつくり物があったのは珍しかった。

一年生[*26]の藤棚の下に画に書いた池に鯉は可愛いかった。

三年生の成績品陳列[*27]の窓かざりは素敵だった。三年の造物も非常によかった。あのローレライの乙女[*28]の顔なんかとても三年ではと思われる程上手に出来ていたのであった。国文科のは如何にもそれとうなずける程、優雅な文学趣味から、烏帽子、花扇をあしらって桜のはなびらの散るのはたまらなく好ましかった。高等科二年はアーサー王物語の一節の神秘な池から手の出る場面[*29]である。一年は青い国《ママ》〔鳥〕〔「マーテルリンクの青い鳥に題をとった」（「五十周年記念展覧会」）〕で可愛いのだった。

五年生のは *return to Nature*[*30] で余程いい題を取ってあった。蓄音器〔レコードを再生する器械〕なんか入れ

*23 **球竿ダンス**　「彙報」の「㈤運動会」に〈球竿ダンス〉について記載はないが、五月二七日条に教師のダンスを観た感想が述べられている。

*24 **蛇行旗送り**　「合図により各列は手を連ねたるまゝ駈け出し、前方の定色大旗三本を周り最初の位置に帰着すべきものとす。」（「蛇行旗周り競走」〈上平鹿之助『実験旗遊技』健康堂、一九二二年九月〉）

*25 **学級競走**　〈本科各学年対抗リレー〉「各選手が各学年の期待を双肩に荷ってスタートにたった」「五人は一斉に走り出す。後になりさきになり、翔ぶが如くに砂を蹴つて走りゆく」「幾回か場をめぐつたその末、名誉ある月桂冠は二年の手に落ちた。期待されてゐた五年がはじめのつまづきに必死の努力も遂に効なくあはれ劣敗のうきめを見ようとは」（「㈤運動会」）

*26 **一年生**　〈の生徒学業品〉「本科一年生成績品陳列及び余興飾物」（「五十周年記念展覧会」）

*27 **三年生の成績品陳列**　「黒地の腰ばりの上には銀紙を切りぬいた常夏の花が、巧みに図案化されて張りつけられてありました」（同前）

*28 **ローレライの乙女**　本科三年余興飾物の題材となった「ローレライ（Lorelei）」は、ドイツ西部のライン川中流の峡谷にそびえる奇岩で、その岩上に美しい歌声で舟人を誘惑し破滅させる魔女が現れるという伝説で知られる。ハイネの詩でも有名。

本科2年 平和塔／本科3年 ローレライ（『創立五十週〔周〕年記念帖』）

て中々の工夫であった。四年生は専攻科とよく似たので、大波のうねりや何かで気どってあった。二年生は非常に明るい感じのする平和塔[*31]とか題するのであった。どれもこれも皆努力の美しい賜物であるだけ私等は心持ちよく見たのであった。

高等科2年 アーサー王物語（『創立五十週〔周〕年記念帖』）

五月二十四日　水曜日　晴　起床六時　就眠十時

午前中に私達はすっかり展覧会の後片付けをしてしまう。

一生懸命にしたものであるだけ、私達は片づける時淋しい気持ちがした。

でも午《ひる》までには美しくなったのである。

午後は父母の会の一部として学芸会が開かれる。母上も来て下すった［朱波線］。今日は私達も上出来であった。

相変わらず英語劇と浦島は深く皆に印象づけるらしかった。

明日は疲れ休みである。

五月二十六日　金曜日　晴　起床六時　就眠十時

愈々大々的な紀念事業は終わった。何だか物足りない気がひしひしとする。

今日も午後は休業であった。

新しく菅原先生（歴史の先生）がおこしになった。

五月二十七日　土曜日　晴　起床六時　就眠十時

天野先生より運動会の日私達の球竿ダンスの最も色彩的に美しかった事をおっしゃっていただく。それは丁度午後近くであったため、太陽がいい工合《ぐあい》に球竿の球に反射したためであると承わり私達はほんとに満足するのであった。図画の時、記念日の間、最も印象に残った事を書けとの事、皆てんでに変なものを書いて先生のお笑い草にするのであった。

五月廿八日　日曜日　晴　起床六時　就眠十時

朝学校より桃山御陵［地図I-3,4］に参拝する。いつもながら御陵は神々しい感じがするのだった。東御陵に

＊29 **アーサー王物語の場面**　英語劇《ヒアワサ》をした高等科二年生の余興飾物。「この室はアーサー王物語の最後の場面で、サーベディビアの手から、雄々しき決心の後にやう〳〵投げられたエキスカリバの剣が、暗い湖水の上にかゞやく。錦に包まれた不可思議の腕が水の中からあらはれて、つとそれを受とめる――と云ふ其の瞬間をあらはした」「甲冑に身を固めたサーベデイビアの面にはいひしれぬ表情があらはれ、あたりには凄惨な気が漲って居ます。」（「五十周年記念展覧会」）

＊30 ***return to Nature***（自然へ帰れ）　本科五年余興飾物は「仏蘭西の革新文学者が叫んだ自然へ帰れを題材としたもの」「太陽、空、土。草木など都会人には比較的親しみのうすい大自然の風景をあしらはして」「自然にもつと〳〵執着を持て、自然の妙味を理解せよ」と問われる展示であった。（同前）

＊31 **平和塔**　本科二年余興飾物は「平和の色の塔一基、それには紙の薔薇の花のつらねたのを巻きつけ、その下には白沙の上に鳩が三四羽居るなど、どこまでも平和を旨とした作り物」（同前）が展示された。一九一九年（大正八）六月、ベルサイユ講和条約の締結（III‐＊54）で第一次世界大戦が終結し、世界的に〈平和〉が流行語となった。「世界は平和にみちみて居る」（大正八年七月一日）と、本日記でも頻出する。またこの年（一一年）、東京上野公園では、〈平和記念東京博覧会〉（三月一〇日〜七月三一日）が開催され、千百万人を越す入場者数を記録した。

行くに立派な石段が出来て一層美しくなっていた。

正午乃木神社前[32]［地図I-4］で解散して帰宅する。

五月卅日　火曜日　晴　起床六時　就眠十時

弟の十一回目の誕生日である。

夜母上にお手伝いして御馳走を沢山こしらえる。

一回一回こうして誕生を重ねていく弟を見るとそのたびに大きく賢くなっていくのを見て心からその将来を幸福にと祈らずにはいられない。

父上は今日朝早くから竹生島《ちくぶ》［琵琶湖の北部に浮かぶ島。宝厳寺（西国三十三所三十番）がある］に島めぐりにおいでになりつつい先お帰りになった。

随分お疲れになった事だろうと思った。

~~五~~六月一日　水［ママ］〔木〕曜日　晴　起床五時半　就眠十時

従妹の悦ちゃんは今日神戸へ修学旅行なので朝早くから出て行った。

夜七時半頃帰宅していろんな話に次から次からと疲《くた》びれもしないで小さい口を長い間しゃべっていた。

久保田の兄さんが久しぶりで来られた。

六月二日　木［ママ］〔金〕曜日　晴　起床六時　就眠十一時

もうほんとに夏になったと思われる程暑い。

単物《ひとえもの》の紺《こん》がすり、[33]姉《あね》さんかぶり[34]の人を軒先で見る時、実際夏だと思う。

又一日又一日と暑い日が迫って来るかと思うといやになるけれど、半面には又軽い夏の夕を思い出して来るものだ。

六月四日　日曜日　晴　起床六時　就眠十一時

人間は死を恐れる程強いものはない[35]と思う。

その恐ろしさのため迷信をも信じる様になるのだ。

そして、私達の様に親兄弟によって生きてるものは、自分自身よりもその親、その兄弟の死を恐れるものだと私は思う。

人間は又死によって信仰がほんとに得られる事も真理だと思う。

六月五日　月曜日　晴　起床六時　就眠十一時

木曜日に舞鶴《まいづる》[36]へ修学旅行する事が掲示されてあった。

一度も行った事のないところであるし、お召艦《めしかん》〔〈御召艦〉皇族が乗る軍艦〕香取《かとり》[*37]を見学するのだから早速行く事を許していただく。

六月六日　火曜日　晴　起床六時　就眠十時半

従妹は来週の木曜日の創立紀念日に音楽を又二人で唱う事になったので、この頃は毎日盛んに大きな声をして稽古している。

童謡[*38]はどこでも流行しているらしい。悦ちゃんもこの度のは童謡を歌うのだそうだ。童謡は文句が可愛いし曲もほんとに気持ちのいいのだから大好きだ。今に私や弟も聞き覚えて、三人でやかましく騒ぎたてる事だろう。

六月七日　水曜日　晴　起床六時　就眠十時

夜母上と京極へ買物に行く。明日のお菓子やお蜜柑で風呂敷一杯にする。袋に奇麗にきちっと詰めこんで枕元に置いて寝《ね》る。

遠足の事を思う時、私等は何にも考えない。頭も何もが遠足の事ばかりで一杯になる。やはり私は旅行

---

*32 **乃木神社**　伏見区桃山町板倉周防にある神社。一九一六年（大正五）創建。桃山御陵参道の傍にあり、明治天皇の大喪《たいそう》の日に殉死した乃木希典《のぎまれすけ》（*1849-1912*）と静子夫人を祀る。

*33 **紺《こん》がすり**　紺地に白く〈かすり〉を織り出した文様。その文様の織物。久留米絣《くるめがすり》・伊予《いよ》絣などの木綿織物に多い。〈絣・飛白《かすり》〉は、織物の技法の一つで、織る前に糸を染め分け、織り合わせることで模様を作り出し、織り上がりが掠《かす》れたように見えることから〈かすり〉と呼ばれる。

〈紺がすり〉

*34 **姉さんかぶり**　女性の手ぬぐいのかぶり方で、手ぬぐいの中央を額にあて左右の端を角を立てて後ろにまわし、一方の端を折り返して頭上にのせるもの。

『滑稽新聞 第136号』
(明治40年〈1907〉4月5日)

*35 **人間は死を恐れる程強いものはない**　次行に「その恐ろしさのため迷信をも信じる様になる」と続くので、ここでは「人間は死を恐れる程度に、（それを上回る）強い〈恐怖心〉はない」という意味で解される。

*36 **舞鶴**　京都府北部、若狭湾に面する市。一九〇一年（明治三四）海軍の舞鶴鎮守府が開設され、一帯には軍関係の諸施設が集中し、軍都として栄えた。

*37 **香取**　大日本帝国海軍の戦艦（準弩級《どきゅう》戦艦）。イギリスで建造され、〇六年竣工。同年横須賀に納入された。二一年（大正一〇）の皇太子（後の昭和天皇）の欧州訪問（Ⅳ-*65）の時には御召艦をつとめた。ワシントン海軍軍縮条約により廃艦が決まり、二四年に解体。

*38 **童謡**　大正中期から昭和初期にかけ、鈴木三重吉、北原白秋らが文部省唱歌を批判して創作し、童謡運動によって普及した子供の歌。

はたまには好きだ。

六月八日　木曜日　晴　起床四時　就眠九時

朝早くから目が覚めたのを、そっと女中の起きない様に台所へ行って瓦斯《ガス》に火をつけていたら、ちゃんと女中が起きて来た。もっと寐てたら私が何もかもして驚かしてやるのにと独り心の中で女中の早起きをおこるのも遠足の朝。

大元気で二条駅［図地ｆ-6］へ行ったのがまだ早いため少数の方であった。

当直であるため、責任感を感じて一、一、気をくばる。六時三十分の一番列車[*39]で楽しい汽車の旅を続ける。嵐峡の美を見たかと思うと保津川の清い水が見え出す。

種々の奇岩や小さい石の一面に散在している中に流れる水。対岸の山には濃い緑がおおいかぶさる様に水をのぞいてる。赤い可愛い岩つつじはごつごつした岩の間々からちょっちょっと可愛い顔をのぞかせている。

朝の清明な太陽の光線は河の流れに波うっているのだった。

私等は一つ一つに感歎の声を上げて喜ぶのだった。

二時間半の汽車の旅の後、新舞鶴に着いた。

初めて見る軍港に色々の空想を画きながら、私達は海の方へ歩み出した。

〝軍艦せんべい〟と大きく書かれた看板を見ると如何にも軍港とうなずける。

〝舞鶴海兵団〟とか書いてある門をくぐって入る。煉瓦造りの兵器倉庫とかの建物を右にして歩む。鬼あざみがところどころ赤紫の様な色に咲いていた。鈴懸《すずかけ》の青々と透き通る様な緑の木の側を通って行くと、海が見えた。山国に生れた正子には、たまらなく海は珍しく思わるのであった。

兵舎で昼飯をすましてランチ［連絡用の小艇］を待つ間、如何《いか》にも軍人タイプの方のお話を聞く。随分不自然と思われる位軍国主義[*40]をおっしゃった。

暫くの後、私は香取の甲板に立っていた。

幾組かに分かれた私達はいよいよ案内された。

私が第一にその甲板で感じた事は、非常に床の美しい事だ。みがいてみがいてみがききってある床。私

*39 **六時三十分の一番列車**　一九二二年（大正一一）六月八日、正子が二条駅から新舞鶴駅までの行程を、どのような路線でたどったのか、当時の時刻表・鉄道路線図から経路・所要時間などを考察してみる。参照したのは、一九年（大正八）六月『ポケット汽車汽船旅行案内第二十号』、二三年（大正一二）七月『公認汽車汽船旅行案内第三百四十六号』。原本図版は前者、大正八年六月の時刻表（『大正八年時刻表』）。

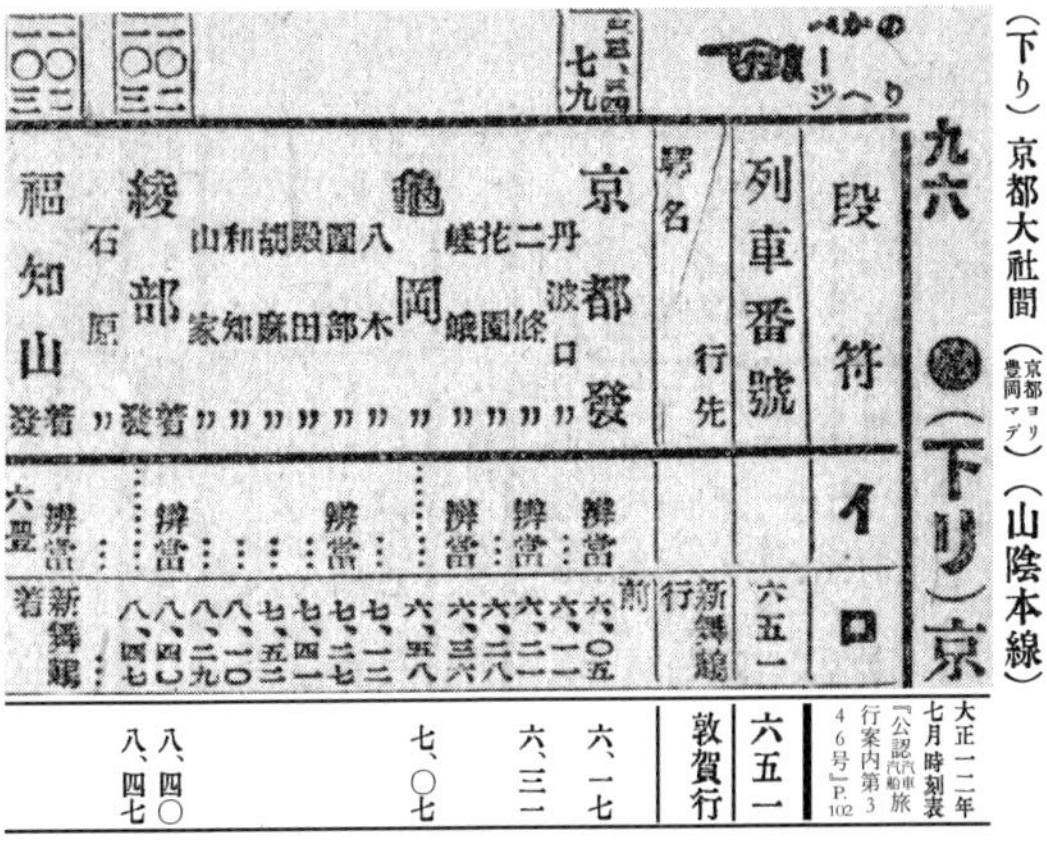

（下り）京都大社間（京都ヨリ豊岡マデ）（山陰本線）

九六　京　（下り）

段符	列車番號	驛名 行先	京都發	丹波口〃	二條〃	花園〃	嵯峨〃	龜岡〃	八木〃	園部〃	殿田〃	胡麻〃	和知〃	山家〃	綾部着	綾部發	石原〃	福知山着	福知山發
イ			辨當	辨當	辨當				辨當			辨當						辨當	六豊
ロ	六五一	新舞鶴行	前六、〇五	六、一一	六、二一	六、二八	六、三六	六、五八	七、一三	七、二二	七、四一	七、五二	八、一〇	八、二九	八、四〇	八、四七			新舞鶴着

大正一二年七月時刻表『公認汽車汽船旅行案内第346号』P.102	六五一	敦賀行	六、一七	六、三一	七、〇七	八、四〇	八、四七

大正十二年七月の『公認汽車汽船旅行案内第三百四十六号』（以下『大正十二年時刻表』／上図下段）では、山陰本線〈敦賀行〉始発が〈京都〉を午前6時17分に発し、〈二条〉着、同31分発。正子が乗った「六時三十分の一番列車」はこれに相当する。同列車は、〈綾部〉に8時40分着。正子たちは舞鶴線に乗り換え（敦賀行と新舞鶴行に車輌が分けられたことも考えられる）、〈綾部〉同47分発、〈新舞鶴〉に午前9時46分着（中図右黒枠内）。正子は往路の所要時間を「二時間半の汽車の旅」と記しているが、実際は三時間十六分を要したと思われる。

おそらく帰りは〈新舞鶴〉を午後3時58分（『大正十二年時刻表』）に出発している。再び〈二条〉に帰着するのは同7時16分（『大正八年時刻表』では同7時28分）。「京に着いた時、赤い灯はわびしく二条駅にともっている」と記されているのが、この日の日没（午後7時9分）から約二〇分ほど経った夏至（6月22日）前の黄昏《たそがれ》時だったことが判かる。

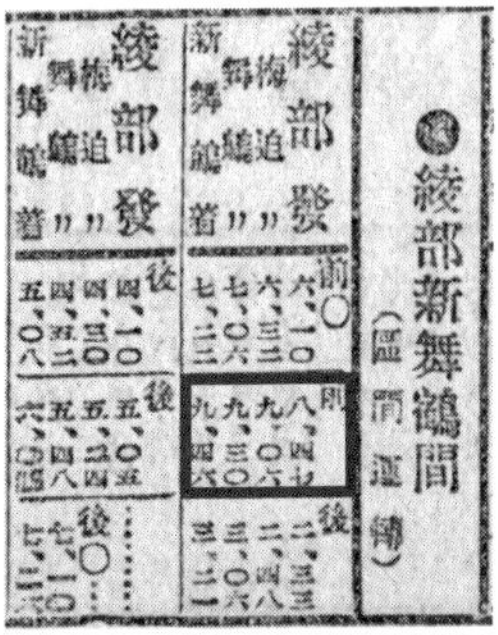

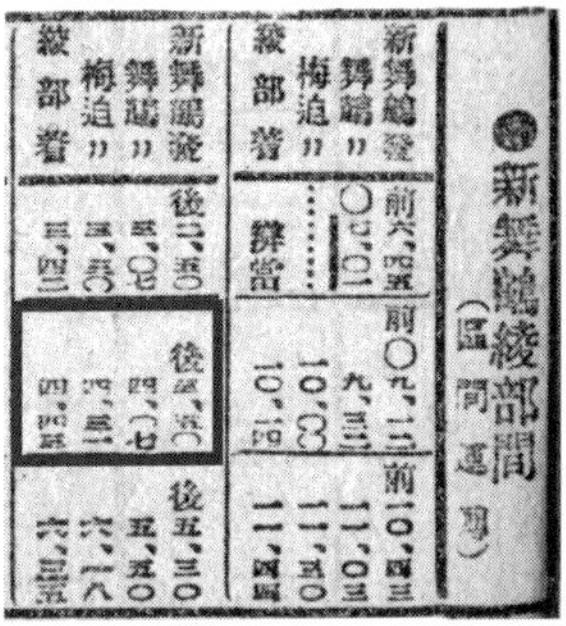

『ポケット汽車汽船旅行案内第二十号』株式会社旅行案内社、大正8年6月1日発行

は驚いて、〝随分きれいだ〟と云えば〝毎朝砂で拭くのですよ〟と水兵さんが教えて下さる。どこをどう云ってるのか知らないけれど、私はいろんなものを見た。

三十吋《インチ》［約七六・二―《センチ》］の大砲台[*41]が上甲板に四つもある。その操縦から砲弾の運ぶのまで見る。大きないかり、その一つ一つの鎖すら私達の手には支えられないと云ういかりを自由に上げ下ろしをする器械の説明を聞く。

中甲板も下甲板も皆幾つかの部屋に細かく分けられてある。そして其の境の戸の大きい事。幅が一尺［約三〇・三―《センチ》］余もある鉄扉に、周囲はゴムではりつめられてある。それは一つの部屋が水が入ったりして傷んでも、他にその影響をあたえないために、その部屋一つで危難のまぬがる様にとの事である。ばたばたと畳める様になっている机や椅子の前で、多くの水兵が手に手に白い箱を持ち出していらっしゃる。一人の方の中を見せて貰えば、日常のいろんな物が入れてあって、しかも美しく整頓してあるには、私は自分の机の中を思い出すのであった。郵便物入れもあれば、炊事場も、服屋さんまであるのに驚く。私達がある一室に入る時、一人の水兵が余念なく毛糸で何かせっせと編んでいらっしゃるのが目につく。私はそのうまい手付きを見て、何だか皮肉な感じがするのであった。

摂政宮殿下の御坐所であったケビン［〈キャビン cabin〉船室］も見せていただく。最も美しいケビンはその隣にあった。

閑院宮《かんいんのみや》殿下[*42]や其の他士官の公室・私室をも見る。どの部屋もどの部屋も美しく掃除もしてあるが装飾

御召艦〈香取〉（『大阪毎日新聞』大正10年9月2日朝刊）

もしてあった。

一士官の私室を一寸のぞいたが、床しい百合の一輪ざしのあるのがたまらなくいい感じをあたえた。どこもかも一室には必ず二つ以上の鏡のあるのに気がつく。海軍はやはり外交が大切だから容姿もそれだけただされねばならないのだろうと思った。

すべてを見終わって満足してランチに下りた私等は両手を上げて〝さよなら〟と感謝の意を表した時、甲板上には多くの水兵が後ろのリボンを潮風にひらひらさしながらにこにこしていらっしった。

再び車上の人となって、京に着いた時、赤い灯はわびしく二条駅にともっているのであった。

六月九日　金曜日　晴　起床六時　就眠十時

寺村様のお宅へ遊びに行く。

洋館で長い間お話する。お兄様やお姉様みんな絵や何かがお上手だものだから奇麗に気持ちよく飾ってあった。

〝美的観念が私よりはるかに勝れてるのね〟と云ったら〝そんな方面ばかり頭が走って肝心が駄目やわ〟って謙遜してらしった。

夕御飯前まで時の経つのも忘れて久しぶりに笑いこ

＊40 **不自然と思われる位軍国主義**　第一次世界大戦後、米国、英国と肩を並べて太平洋における三大強国の一つとなった日本は、平和主義的な国際協調の流れのなかで、三カ国間に新たな外交関係を築く必要があった。加藤友三郎（海軍大臣）・幣原喜重郎《しではらきじゅうろう》（駐米大使）らが日本から首席全権として参加したワシントン会議（一九二一年〈大正一〇〉一一月～二二年二月）では、英国・米国・フランス・イタリア・日本の戦艦・航空母艦（空母）等の保有制限を取り決める〈ワシントン海軍軍縮条約〉が調印されている（二二年二月六日）。国内的には長引くシベリア出兵（Ⅰ-＊47）の早期撤兵を求める世論の高まりもあり、〈平和外交〉を進める加藤らの背中を押した。しかし一方、海軍内では、戦艦の保有比率（英米各5、日本3、仏伊各1.67）に対する反発も強く、「軍人タイプの方」の軍国主義的発言の背景には、平和主義による〈海軍休日（建艦休日）〉と呼ばれた軍縮時代に入ったことへの憤懣が含まれていたと思われる。戦艦〈香取〉も同条約により廃艦が決まり、二四年に解体された。

＊41 **三十吋の大砲**　戦艦〈香取〉は、「主砲30センチ連装砲2基。副砲25センチ単装砲4基、15センチ砲12門」（「軍艦小事典」『日本大百科全書（ニッポニカ）』小学館、一九八四～九四年）を装備した。正子の記述は、おそらく〈主砲〉もしくは〈副砲〉を指しており、「吋《インチ》」は「糎《センチ》」の誤りと思われる。

＊42 **閑院宮殿下**　閑院宮載仁親王《かんいんのみやことひとしんのう》（1865-1945）伏見宮《ふしみのみや》第二十代邦家親王の第十六子。一八七八年（明治一一年）親王宣下。フランスに留学して同地の陸軍大学校を卒業。一九一二年（大正元）陸軍大将となり、一九年に元帥。二一年の皇太子裕仁の欧州外遊（Ⅳ-＊65）に、皇太子の補導役として随行している。

けたのだった。

六月十日　土曜日　雨　起床六時　就眠十時

朝から今日はひどい降りだった。

久しぶりに降ったのだもの、どんなに乾天［ママ］〔旱天《かんてん》〕になやんでいた園丁《えんてい》や百姓はどんな喜んだ事であろう……と一番に思った。

四時間目の授業時間に全部講堂に集まり、高等師範学校の西村先生より〈時の記念日〉*43であるため輪廻《りんね》のお話を承る。

正午寺院や教会の鐘や太鼓が一斉に京都市にとどろき渡った。

六月十一日　日曜日　晴　起床六時半　就眠十時半

父上母上、初音会［Ⅳ‐＊56］より宇治へ緑を見におこしになる。

今日一日は主人公になっていた。

午後従妹は同窓会へ行った。弟と二人で机を合わせて勉強した。

七時半頃、父上母上お帰りになった。同時、私の権利はなくなって元の正子になったのだった。

よろし［朱記］

六月十二日　月曜日　晴　起床六時　就眠十時

母上は今日、熊谷様の伯父様らと桂の離宮*44と聚楽院*45を拝見においでになった。お話を伺ってみると随分贅沢な数寄《すき》をこらした［風流の意匠を尽くす］立派なもので、現在でもあれだけの立派なものはとてもないだろうとの事である。

私は今まだそうした事に趣味がないため駄目だけれど、もう少し大きくなれば見ておいて価値のあるものだそうだ。［朱波線］

六月十三日　火曜日　晴　起床六時　就眠十時

「佐々木さんが自殺なすったのよ」

「てるさんが昨夜日猫いらず*46のみなすったのよ」

今朝私はいつもの様に早く学校へ行っていた。そして後から来る方、来る方みんなから、私はそうした言葉を聞くのだった。

そして私はたまらなく恐ろしい様な気がするのだった。

人の命それをこの生の世界から引きさかれるのでさえ悲痛であるのに。

自殺であり、私等と同じ学舎に、しかも同級であるため私等はどうしてもそれを其のまますまされない気がひしひしとして来るのであった。と同時に可哀そう、気の毒と云う哀愁の思いが一層に増すのであった。

私は思わずにいられなかった。

佐々木さん！　私はその人を知らない。けれど佐々木さんには必度《きっと》苦しみがあったのである。尊い命、尊い人生をもすべてを棄ててしまわなければのがれる事が出来ないと、自分で思いきめた程の苦痛があったのに違いない。

死を決した佐々木さんの前には命も人生もなかった。唯々苦痛からのがれたかったのだろう。宗教的観念がなかった。それは死んだ人の欠点であったのである。死の最後の時にも佐々木さんは、その友へ、

〝毒が私の身体にまわっています。私には最後の時

*43 **時の記念日**　六月一〇日。時間を尊重・厳守し生活の改善・合理化を進めることを期する目的で定められた日。一九二〇年（大正九）生活改善同盟会が発意し、天智天皇一〇年（六七一）四月二五日（太陽暦六月一〇日）の水時計設置を記念して選定。

*44 **桂の離宮**　桂離宮（京都市西京区桂御園）。元和（1615-24）頃、八条宮智仁《としひと》親王の洛外別荘として造られた。旧山陰街道が桂川と交差する位置にあり、東は桂川に接する。数寄屋造りの書院と回遊式庭園で知られる。

*45 **聚楽院**　未詳。現在、桂離宮及び周辺に〈聚楽院〉と称した寺院・建造物は見当たらない。

*46 **猫いらず**　殺鼠剤《さっそざい》の一種。黄燐を主成分とする。一九〇五年（明治三八）、〈猫イラズ〉の商品名で市販された。毒性の劇物だが容易に入手できることから、大正中期（二〇年頃）以降、これを服用した自殺が社会問題化していた。

*47 **遺書**（P.332）『日出新聞』（大正一一年六月一三日朝刊）に「女学生佐々木照子の事」として、彼女の〈遺書〉一通が引かれる。

ああ、私は今が最後であります。空にはお月様が皎々《こうこう》として輝いて居ります。私も今、お月様の側へ参ります。

噫《ああ》！　何と言う幸福な年月であったでしょ。お月様はますます輝きをつよくして、私をお誘い下さいます。

お月様、どおぞ早く私をお迎いに来て下さいませ。

星様も私に幸を与えて下さい。もう最後が迫りました。

あゝもう瞳にも何も映じなくなりました。之れが最後で御座います。

お父様、私はわがままをばかりいたしまして、どうぞお教し下さいまし。そしてどこにかへ葬って下さいませ。皆様のお健〔康〕をお祈り申します。　さらば
六月十一日午後十二時　照子

右の〈遺書〉が、日記中の引用と異なるのは、正子が見たのは『大阪毎日新聞』の記事で、『日出』の文面と異動があった。取材時に原文が示されず、記者が〈遺書〉の内容を聞き書きから構成したものかもしれない。

が来ました。幸福にお過ごしなさいませ。〃との遺書[*47]をさえ書き、生への執着もなく、心は安らかに死んでいかれたのであるらしい。

私は不思議な気がした。したが、それだけ苦しみが大であったのかもしれない。

けれどそれ程の苦しみを持つ人なら、何故もっと考えられなかったのだろう。

何故死！　それのみを目的としたのだろう。

死を決行する勇気で何故其の苦しみと戦い、戦いの後の心の勝利、満足にまで行こうとしなかったのだろう……　と。

私は唯、今では同じ年の哀れな級友のためにその冥福を祈るのである。［朱傍線］

六月十四日　水曜日　晴　起床六時　就眠十時

先生からも色々、〈生の事〉、〈死の事〉、〈私等〉、時代の思想なくなくなられた方の心持ちをお伺いする。

そして佐々木さんの事、色々伺うと、それでは死者にすまないが、たまらなく宗教・生の意義それらについて考える余裕をお持ちにならなかった様な気がするのであった。

けれどこんな私の考えは、第三者としての想像に過ぎず、尊い佐々木さんのみ霊《たま》にすまない事である。

ただ感じたままを書いたのみである。

お葬式は今朝行われて、総代の方が私等に代わって参列して下すった。

今度の事に、あり様筈のないつまらない事実を新聞にのせられた武市さんには、私等は一層の同情をもっているのである。

人間とは矢張りとどのつまりは信仰というものが必要なのと思われます［欄外に朱記］

六月十五日　木曜日　晴　起床六時　就眠十時

市立の創立記念日である。厳粛な式の後開かるる送別学芸会のことを想いながら帰途につく。その頃はもうとっくに会はすんでる筈であったから。

従妹の悦ちゃんが童謡《ダリア〈ヤ〉》［若山牧水 作歌／本居長世 作曲］を独唱したのである。

可愛い声で毎日練習していただけ上手に出来たそうである。

六月十六日 金曜日　晴　起床六時　就眠十時

今宵は愛する友の祥月命日の逮夜である。

ダリヤ
作曲 本居長世
作歌 若山牧水
ダリヤ ダリヤ アカイダリヤ
オホキナ ダリヤ アクイノ カーホト

若山牧水 作歌　本居長世 作曲「ダリヤ」
（『金の船』第2巻 第6号 大正9年〈1920〉6月、キンノツノ社）

私はじっと目をつぶって、又新たなる悲しみに胸のせまるのをこらえてるのであった。尊い人間一人を失った、忘れ様としても忘れられない日なのである。清い生涯に美しくも終わった友は必度《きっと》、清らかな世界に生れ変わってらっしゃるに違いない。そして友がこの現世にみにくいと常に叫んでいたあの人の苦しみもない、尊い世界に幸福に暮らしてるに違いない。

けれど、正子はそうは云ってるもののやっぱり淋しい。もっと生きてて欲しかった。

彼の人は私の唯一の友だった。私一人を信じ、すべてを私に求めていた美しい友であった。あの人は病の床の中に看護婦に〝もう一度私に会いたい〟と始終云ってられたそうである。私はそれをあの看護婦に聞かされた時、たまらない気がしたのだった。

ああ、けれどもう一年は経ってしまった……

友よ安らかであれ……

六月十七日 土曜日　晴　起床五時半　就眠十時

夜静かである。私は母上の側で余念なく針を動かしていた。

いつ仕上がるとも分からない様な羽織に私はつくづくいや気がさして来た。

どうして今度はこんなに怠けたのだろうと悲しくなって来るのだった。

家でするのも今日初めてである。母上にもはずかしい気がするのだった。

六月十八日　日曜日　晴　起床五時半　就眠十時

お墓参りをする。小母様かどなたかお参りなすったのだろう。奇麗にお掃除をし、新しいお花が立てられてあった。

墓に彫られた釈名《しゃくみょう》*48はまだまだ生々しい様な気がする。

ふと私はお墓に小さい杓から水をかけてる時思った。この下にはお八重さんの骨がある。あの友の骨が……

正子はほろほろと涙が流れた。そして途中で止めていた杓の中の水をまた新しくくみ上げてちゃぶちゃぶとかけるのだった。

従妹は何にも知らない様に他所《よそ》のお墓の字を読んでいた。

なまぬくい風は墓地を通りぬけた。

正子は今この日誌を書いている時、次の間の襖ががたがたとする。驚いて見ると、急に私の身がぐらぐらとする。前の窓がゆれる。下の部屋から〝地震よう〟と云う弟の声がする。〝おや、こわい〟と思ってるともう元のままになった。

でも大分大きい地震*49だった。私の机の上の時計は九時二十分をさしていた。

友を思う乙女の心持ちがよく分かりました。［朱記］

六月二十日　火曜日　晴　起床六時　就眠十時

夜母上をおすすめして、闘球盤［Ⅲ、*38］に向かう。始めは中々私は景気がよくってすぽりすぽりと一〇点が立つ。

若しも私が勝てば明後日の英語の試験が満点なんて思いながらする。

その中にどうした事か急に正子の方が悪くなり見る見る間に追いつかれてしまって、最後はとうとう一〇〇点どおしにお終いになった。□私のうらないが正しいのなら、英語の試験が一寸駄目らしいので悲観してしまった。

六月二十一日　水曜日　晴　起床六時　就眠十時

今日は又大好きなお料理があった。

鯛の潮汁《うしおじる》も鯛の油焼きもいいが、真赤いちごゼリーが一等気に入る。

お家に帰って弟に〝いちごゼリーは素的よ。王様の冠のルビーの様に光った。おいしいのよ。夏休みになったらして上げますわ〟ってうんと前告《まえぶ》れを大きく云う。

弟〝姉ちゃん夏休みでなくったって明日でもかまいませんよ〟なんて云っていた。

六月二十二日　木曜日　晴　起床六時　就眠十時

私の胸は今悲しみとおそれに一杯になっている。

私等のあの可愛い従兄の子供[*50]が、死にかけているのだそうだ。

昨日か、伯母様が須磨からつれてお帰りになったのだが、今日急に悪くなってしまったとの事。

今朝から母上がいらっしゃる。電話がかかる。大騒ぎである。

でも意識はまだ確かだけれど、衰弱が非常なのと、結核性が脳を冒しているので、とても駄目だと主治医の■〔萩カ〕村さんも高木先生も、平井博士も絶望の宣言をなすったとの報に私等はがっかりしてしまった。

兄さんは今、亜米利加《アメリカ》にいらっしゃるし、伯父様にしても伯母様にしても、たった独りの可愛い孫であるため、家中がみんな悲しみ切っている。

五つの可愛い盛りの種ちゃんがこうした事になろうとは夢にも信じられない。

頭脳の明晰なお医者さんもお驚きになった程の鋭敏な頭の持ち主の種ちゃんを、今もし失われたら、と思う時たまらなく悲しくなる。

私等は祈れるものなら祈りたい。

種ちゃんは必度《きっと》死なない。私は信じたい。ああ元の

＊48 **釈名**　戒名《かいみょう》のこと（法名《ほうみょう》とも）。在家仏教徒に、多くの場合、死後におくる名。釈迦の弟子を表し、男性は〈釋〉、女性は〈釋尼〉と冠する。

＊49 **大分大きい地震**　府立大阪測候所 編『大阪測候所年報・大正一一年・地震之部』で、一九二二年（大正一一）六月一八日二一時一五分二秒・同一七分五一秒に震源を「志摩の国の南方海底」とする震度「微」の地震を記録。「京、滋地方は十八日午後九時二十分前後二回に亙《わた》り稍《やや》長き水平動の地震が起つた」（『大阪朝日新聞京都附録』大正一一年六月二〇日）

＊50 **可愛い従兄の子供**　一八年八月三〇日（『日記Ⅰ』）に誕生した正子の従兄 阿部現亮・千枝夫婦の長男〈種ちゃん〉（本名不詳）のこと。現亮はこの時、アメリカに赴任中であった。

種ちゃんである様に。

六月二十三日　金曜日　晴　起床五時二十分　就眠十時半

父上が今日お見舞いにいらっしゃる。やっぱり容態は私に安心をあたえない。清い純な魂をどんな悪魔がとろうとするのか。

私等の気持ちは落ち着かない。不安にのみおそわれている。

六月二十四日　土曜日　晴　起床五時半　就眠十一時

母上のお話しによれば、今日は不思議な程気分も容態もいいのだそうだ。

普通の死の前の元気としての容態とは、あまり早すぎるのだとの事。

医者は非常にこれに望みをもっていらっしゃ~~あと~~ゆって、若しこのまま変化がなければ、あるいは案外な結果になるかも知れないのだそうだ。

私等は不安だ。でもそうした事を聞くと、救われた様な気がする。

どうぞどうぞよくなればいいのに、と祈っている。

六月二十五日　日曜日　雨　起床六時　就眠十時

とうとう雨が降り出した。これがきっと梅雨だろう。

私等は今朝、地久節《ちきゅうせつ》のお祝いに学校へ行く。

校長先生はおっしゃった。地久節に待ち上《〔ママ〕》ぐんだ*51〔待ち倦《あぐ》んだ〕雨が降った。喜びの瑞祥《ずいしょう》〔めでたいしるし〕に違いない、と。ほんとにそうだ。私等はその雨の中に、国母陛下〔貞明《ていめい》皇后／Ⅲ-*53〕の御誕辰〔誕生日〕をお祝いするのであった。

一人一人に分けていただいた捧花《ささげばな》〔献上する花〕の一つの清楚な国母陛下の御徳の様な純白のきくを手にし、私等は雨の中を帰るのであった。

種ちゃんはやっぱり悪いそうである。

私等はやっぱり絶望しなければならないのかしら。

よろし〔教師朱記〕

六月二十六日　月曜日　曇後雨　起床六時　就眠十時

長い間の乾魃《〔ママ〕ばっ》*52〔旱魃・干魃〕に、農村では水のため血を流そうまで配水の争いがあるとの噂を聞く毎に恐ろしい様な気がするのだったのが、昨日からやっと雨は降って来た。

雨乞《あまごい》の生［ママ］〈精〉一杯の尊い農民の真心からの声が天に通じたのだろう。

一滴のしずくさえも尊いのに、こうして、雨が降ればどんなにか喜んでいる事だろうと思われる。直接に関係はしていないが、私等の上にも稲作は大切な問題なのである。共にこの雨を心から喜ぶことができなければならないのだ。

六月二十七日　火曜日　晴　起床六時　就眠十時

夜、父上、母上、弟は日《ひ》暮《ぐら》し［等観寺／地図 e-6］へお見舞いにおこしになる。

種ちゃんは依然としてよくもならねば悪くもならぬとの事である。

米国の兄さんは種ちゃんの小さい生が、暫くの中にうばわれるとの宣告を受けた事も知らないので、種ちゃんの夏服を送ったと云うお手紙が来ていると云う話を聞けば、胸のいたくいたくなる様な気がするのである。

ほんとにほんとになおして上げたいと心から思うのである。

六月廿八日　水曜日　晴　起床六時　就眠十一時

同窓会誌［京都市立高等女学校の同窓会誌］が来る。初めてそうした談誌を手にした時、何だか急に卒業生なのだと云う観念が起こる。なでしこの花はいつもの様にいかにも市立《いちりつ》らしい気持ちがする［校章が撫子《なでしこ》をモチーフとしている］。

市立第一高等女学校同窓会『同窓会誌 第6号』（大正11年5月18日発行）

先生方の有益な記事、会員の消息一、一、詳しく見る。

＊51 **待ち上ぐんだ**　〈待ち倦《あぐ》んだ〉いやになるほど長く待つ。待ちわびる。

＊52 **長い間の旱魃《かんばつ》**　西川泰 編「災害研究図表集」（『防災科学技術研究資料 12』〈一九七〇年三月〉所収）の表「1913年から1958年における大干ばつの地域」（P.210）では、「1922・6〜9月」に「九州北部・中国・四国」地方で大旱魃が発生した。二二年（大正一一）六月二一日付『大阪朝日新聞京都附録』では、綴喜郡《つづきぐん》（京都府南部）の木津川は「渇水のため舟も通らず、木津川上流に発電所を有せる電燈会社も電力が欠乏し各需要家は十七日以来暗黒」と記すほか、同紙面には「雨乞ひが始まる／下鴨管内の各所は掘抜井戸が涸れた」「琵琶湖水激減す／零点以下一寸前例がない」などの記事が並ぶ。

小酒井先生の《卒業生と母校》は、直接私等の感ずる事なので面白く拝見する。

六月廿九日　木曜日　晴　起床六時　就眠十一時

何にも知らぬ者は何も疑はず　独逸俚諺

孔雀よ汝の足を見よ　独逸俚諺

己を褒貶《ほうへん》［褒《ほめ》めることと貶《けな》すこと］するは愚の至りなり　マッセンジヤー

（祖父上の扣帳《ひかえちょう》より）［朱傍線］

七月一日　土曜日　晴後雨　起床五時半　就眠十一時

今日より初めて洋服［V‐＊22］で学校へ行く。何だか気はずかしい様な気がする。弟が云う。〝姉さん、恰好はいいけれど、足が大根じゃなかったらな…〟と。

それには私も恐れ入る。

慣れないためか、今まで幾本もの紐でしめていたおなかが急に軽くなったものだから、頼りなくてたまらない。朝からバンドをひっぱって力を入れていた。

随分滑稽なものだ。

でも洋服の最初の日はいやな気もせずにすんだ。

七月二日　日曜日　雨　起床六時半　就眠十時半

昨日定期試験の発表があった。初めて定期試験に出合うのだから恐ろしい様ないつもの試験より異なった感じがする。

悦子さんのところも今度から定期試験になったとの事でやかましい。水曜日からだって云って、今日なんかも朝から大きい声でお習《さら》えしていた。

私のところは土曜日からだけれど、随分課目が多いので心配だ。

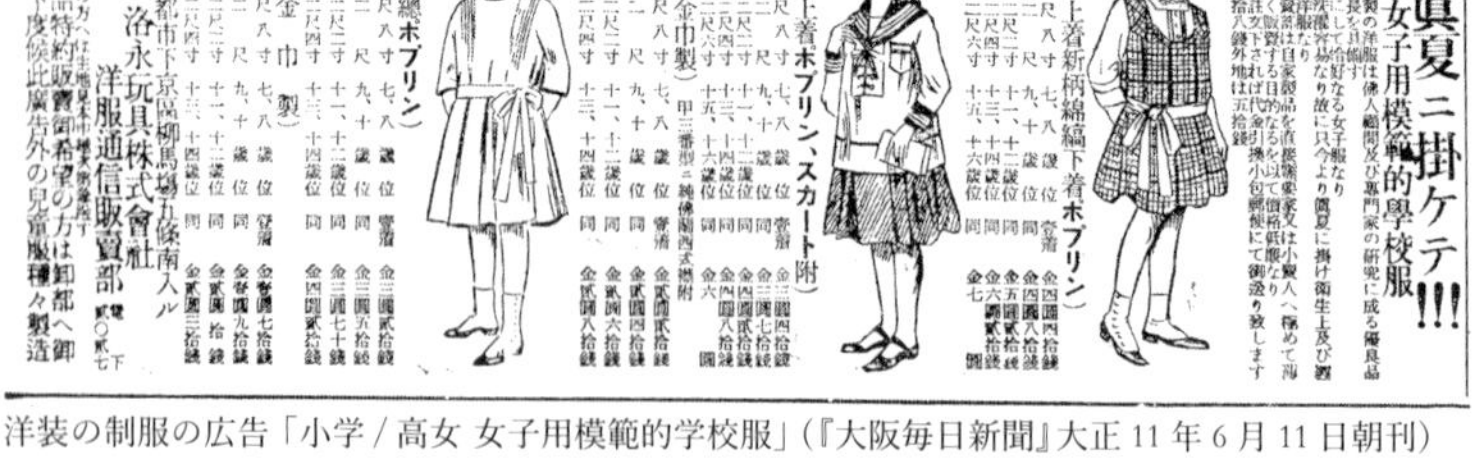

洋装の制服の広告「小学 / 高女 女子用模範的学校服」（『大阪毎日新聞』大正 11 年 6 月 11 日朝刊）

七月三日 月曜日 曇 起床五時半 就眠十時

曇ったむし暑いいやな日である。机に向かっては半分居眠りしている。

頭がちっとも統一しないので、課目が頭には入らない。困ったものだ。

よろし［朱記］

七月四日 火曜日 晴 起床五時 就眠十時

静かな夜の暗《あん》［暗闇《くらやみ》］に伝って美しい祇園囃子《ぎおんばやし》*53が時々聞こえて来る。

こつこつと勉強している処女《おとめ》*54の耳にはやさしい情調としてひびく。

夏の祭気分もいよよ［〈いよいよ〉の約］こくなって来る。

七月五日 水曜日 晴 起床五時半 就眠十一時

従妹の試験の第一日はすんだ。

〃出来て?〃 〃今日のはみないい点が取れるでしょう〃ってさすが嬉しそう。

私だって一日一日と近づいて来る。

うっかりしていてはと、机に向かうが一向に出来ないのはなさけない。

七月六日 木曜日 晴 起床六時 就眠十時

夜日暮しへ母上と行く。

静かに従弟の病室に入る。陰気な様。

可愛い瞳はとじられていた。真赤な顔。幾日かの病になやまされたいたいたしい身体。見れば見る程涙はあふれる。

幼い子は短い生涯にわびしく死んで行くのだ。

細い手を握りしめて、はかない命に私は涙をながした。

今朝から一層悪くなったとの事。一さじの牛乳ものどへは通らない。

唯酸素吸入によって持てているのだ。

長い間の看病に疲れはてていらっしゃる伯母様に、種ちゃんの経過を聞いている時、私はあまりに弱い人の力に、私はまたため息がもれるのだった。

安らかにと祈って去る時、従弟は大きい音にのどをかきむしられる様にしていた。〃今晩か明日でしょ

*53 **祇園囃子** 祇園祭（Ⅰ - *24）で奏する鉦《しょう》・笛・太鼓などを用いた御囃子の稽古が、七月上旬から鉾町（山・鉾を管理している町）の会所などで始まり、京の夏の風物詩として知られる。

*54 **処女** 「家に処《い》る女」の意から未婚の女子。ここでは〈しょじょ〉でなく〈おとめ〉と読む。

う〃とのお言葉に、又深い悲しみに胸をとざされつつ帰途につく。

七月七日　金曜日　晴　起床六時　就眠十一時

今日も一日終わった。従弟は同じ状態でもているのだ。

若しもこのまま快い方に向いたらと、はかない事も考えたりしている。

明日は試験だ。少ししらべて、寝《しん》につく。

七月八日　土曜日　晴　起床六時　就眠十一時

定期試験と云うものの最初の日はすんだ。

或る一課目はむなしくやぶれて〔以降記述なし〕

七月九日　日曜日　~~晴~~雨　起床六時　就眠十一時

一日、試験のしらべに余念なかった。

七月十二日　~~火~~水曜日　晴　起床六時　就眠十時半

やかましい試験もすんだ。どんな成績があたえられるか私は考えない。

先生と~~上~~賀茂の方へつれていただく。

緑の木陰に安らかにのびのびとやすむ。

苦しい試験の事はすべて忘れて……

七月十三日　~~水~~木曜日　晴　起床六時　就眠十時

従弟はあのままの状態でまだもてている。

こんなにもてるのなら助かるのかもしれないなんて事まで云う。

心臓が強いのかしら、一つの食物も取らず衰弱し切った身体なのに。

奇蹟と云う事がある。私たちは奇蹟を信じたい心持ちになっている。

七月十~~四~~五〔朱字訂正〕日　~~金~~木〔土〕*55曜日　晴　起床六時　就眠十一時

午前、式がある。休暇中の色々の御注意等、校長先生より承る。

新しい通知簿をいただく。どんな成績かと一種の恐怖におののきながら見る。私は失望した。そしてこの学期の努力の足りなかった事を悔いた。

父上、母上に見ていただく。〃初めてなのだからね。

でもこれで結構です〃とおっしゃった。私はさびしかった。私の頭はそんなものかしらと。

一日、死日《しにび》［命日（七月一五日）］がちがう様です［欄外に朱記］

七月十五日　土~~金~~曜日　晴　起床六時　就眠十一時半

とうとう最後の日は可憐な従弟の上に恐ろしい暗い死を宣うた。

安らかに唯一人苦しみもなく生の国にいとまを告げたそうである。

みんなは覚悟していた。けれどけれど、やっぱり~~奪~~［朱線訂正］（奪）われた悲しみの涙ははらはらと落ちた。

永久に悲しみをきざみしこの日は美しい夕映《ゆうば》えをのこして暮れて行く。

私は清く蓮上に行く従弟のためにわびしい念仏を捧げるのであった。

七月十六日　~~土~~日曜日　晴　起床六時　就眠十一時

夜父上と日暮しに行く。病中とはひきかえ、しめやかな中にもざわざわとしていた。

仏間にはゆるやかな蠟燭《ろうそく》の光の中に、小さい寝棺《ねかん》は静かに静かにすべてのものの心をめいらす様に横《よこた》わっている。

小姉さまにひつぎのわきで従弟の顔を見せてもらう。ろう［蠟］の様に美《うる》わしい顔。かすかな微笑を浮かべる純な顔。私は思わず手を合わせた。数珠の上にあついあつい涙が落ちた。

はかない定めよ。うつし世は……

七月十七日　月曜日　晴　起床六時　就眠十一時

九時より葬式行わる。花に埋められたひつぎの中の人は~~今何を思い~~やすらけく清き~~浄~~極楽の園にいるのか……

大勢の参列者は皆一つに、幼い魂の冥福をいのった。読経の声重々しくひびく。荘厳な式は終わって、私

---

*55 **七月十五日 木曜日**　一九二二年（大正一一）七月のカレンダーを見ると、七月一四日は金曜日、一五日は土曜日である。「十四日」と記されていた日付を、教師が朱字で「十五日」と訂正していることから、一学期の終業式は七月一五日に営まれたと考えられる。従って、この日の曜日は〔土曜日〕と訂正されなければならない。そして、「とうとう最後の日は」と書き出される翌日の日記は、日付通り七月一五日のことが記されている。従弟の死（七月一五日）により、後日、日記をまとめて記したため、時制の混乱があったのだと考えられる。

等子供等は、父上と四、五人のお坊さんと霊柩車《れいきゅう》*56の後に従う。

蓮の花におおわれた霊柩車と三台の自動車は華山［ママ］*57〔花山〕［地図 g-3］に向かう。

賑やかな祇園会の囃子は静賑やかにもれて来るのを耳にすると一層に悲しみは私等の上にもたらすのであった。

初めて目にした焼場《やきば》。それはいやな感じのするところであった。

肉体の終局を終えるところとは、あまりにいやな場所であった……

白骨となった従弟を見た時、私はたまらなくなった。すべては事実だった。そして、私は夢の様に思われていた事、それがまざまざと、従弟は失われたのだと云う現実を見たのである。

従弟は再び帰らないのだ。悲哀だ！　死以上ほんとに悲哀だ！

涙は止め処《ど》なく流れる。存分泣け、それより道は知らない。理智の上からも、情の上からも私の心は叫んだ。


京の祭時の夜は更けて行く。はれやかな灯の下にたわむれている人々もあろう。

けれど私は泣いてる。それらの人々も一度は会うべき深き悲しみに。

たまらない光景ですね。［欄外に朱記］

七月拾八日　火用曜日　晴　起床五時半　就眠十一時
休暇になってからばたばたといそがわしく、日［日記］をいつのまにか三日も過ごしてしまった。
午後、安東県の伯母さま［桑門環《たまき》の妻　美智子（1886-19??）］から、明日お来［ママ］〔越〕しになる電報が来た。
悦ちゃんは足かけ三年越しの間、お目にかからない母上故、色々の事想像して喜んでいる。私も長い間お目にかかった事がないから、どんなにおな*58／明日が待たれる。

七月拾九日　水曜日　晴　起床六時　就眠十時半
叔母様に久々にお会いする。
幾年か満州［I-*54］の風におあたりになった故か、伯父様と同じ様な満州色をした顔になっていらっしゃったのに先ず驚く。

悦ちゃんがなつかしいお母様に会ったので、嬉しそうに大きいほほにえくぼを入れていた。

夜京極へ散歩に行く。まだお祭の神輿《みこし》がお旅《たび》町〔〈御旅町〉四条通寺町西入ル〕にまつってあった。

伯母様〝田舎者が町へ出ると、沢山欲しいものがありますよ〟ってほほえまれながら、お土産のものを沢山買っていらっしった。

七月二拾日 木曜日 晴 起床六時 就眠十一時

悦ちゃん成績表いただいて来る。今度から甲乙でなく■〔点〈點〉ヵ〕数になったので評点がはっきり分かる。勉強したらしく、いつもよりよく出来ていた。

従弟の初七日の逮夜なので、父上も母上も伯母様も日暮しへおこしになる。

七月廿一日 金曜日 晴 起床五時半 就眠十一時

朝早く伯母様と悦ちゃんは、大谷〔地図 g-3〕から清水《きよみず》〔地図 b-3〕へ朝詣でに行かれた。

朝御飯、召し上がっていらっしゃらないのに随分お待ちしても帰っていらっしゃらない。お上りさん、道を迷ってらっしゃるのではないかしら、と案じている中に、ようやく帰っていらっしった。

〝まあどうなさいましたの〟っておたずねすると、〝こんなに買物して来ましたの〟って出されるのを見ると、あらあら、清水焼の茶椀やら、土瓶やら人形やら、衿《えり》やら紐やらお玩具〔ママ〕やら、はては荒物まで何の事はない、デパートメントストーアが出来る様。私等は〝まあまあ〟って言ってるばかりだった。

〝朝早くからどっさりのお買物ですね〟って笑ってるばかりだった。

七月廿二日 土曜日 晴 起床五時半 就眠十時

~~夜~~夕方から大津の方へ行く。ひびきわたる三井の晩鐘に心ゆくまで~~ひたり~~きき、美しい湖の夕の景色は私の心を深く深く感じさすのであった。

＊56 **霊柩車** 大正期前半に登場した、自動車の荷台部分に社寺建築を模した棺室（霊柩を乗せる室）を設置した〈宮型霊柩車〉と推される。

＊57 **華山**〔花山〕 一八八四年〈明治一七〉、東西両本願寺により建設された花山火葬場（現 京都市中央斎場。一九三一年〈昭和六〉に京都市に譲渡）。

＊58 **どんなにおな** 日記本文は、ここ（／）でページを書き切り、次ページ冒頭に「明日が待たれる」と続く。記者（正子）の書き損じなのヵ。

伯母様、もう暫く暫くとお止めするのに無理に帰っておしまいになった。私等は駅までお送りにいった。その帰途、この間建った七条の借家[*59]［地図 b-6］を見にゆく。並んだ借家は蓄音機屋さん洋服屋さん呉服屋さんやその他硝子屋さん等奇麗にお店がならんだ。公設市場は直ぐ近くだし、簡易食堂が隣に立派にひかえているし、活動写真はあるし、中々便利ににぎやかになっているのに驚いた。

〝ほんとにいいところになりましたのね。でも暑いでしょう、西日があたってなんて〟いいながら私等は帰途についた。

七月廿三日　日曜日　晴　起床五時　就眠十時

洋裁の講習が市立［京都市立高等女学校］の同窓会であるので今朝から行く。

簡単な子供服が次々に出来るの嬉しい。

K様やT様も沢山の方が来ていらっしゃった。

みんな若い者ばかりがミシンのはたでべちゃくちゃお話ししながら、楽しい一日をなつかしの友と終えて、帰ったのは五時頃であった。

七月廿四日　月曜日　晴　起床六時　就眠十時

午前八時から大学の助教授の塩見先生に経済学お話承る。

午前十時より昨日のつづき始める。

桃色の女児服を仕上げた。こんなのを着てくれる可哀い妹があればいいのにねって、家でみんなが言っていた。

七月廿五日　火曜日　晴　起床五時半　就眠十時

一日の会を終わって帰宅するとほんとに疲れている。

私ばかりがこんなに疲れるかしらとおきくさんにもたずねてみたら、あの方も疲れて疲れて何にもすることが出来ないのとおっしゃってらしった。

七月廿六日　水曜日　晴　起床六時　就眠十一時

今月でとうとう講習会もおしまいになった。

水平兵服も出来上がった。

明日からはお家のお手伝いもよくし様と思っている。

七月廿七日 木曜日 晴 起床六時 就眠十一時

知恩院の境内で同窓のクラス会を催す筈であったが、今朝急に、やはり同じクラスであった本間さんの凶報が来たので私等は止めにした。

お悪いと云う事はクラス会御欠席のお返事で知ってはいたが、こうまでは思いもよらなかった。

一年間御養生のため、一年級上であったのに私等と三年生から同級の方になったのである。非常の勉強家で、すべてにおいて熱心な事はみんなも感心していたのである。

身体を大変大切になすって、一寸した事も心配なすって欠課［欠席］なすった事もあった。その故か、体格検査の時、佐伯先生も〝立派な体格です〟って褒めていらっしった。私等は〝本間さんは長生きなさるよ。あんなに用心深いのですもの〟と言い合い、実際そう信じもしていたのに、こんなになろうとは思いもしなかった。お気の毒な事である。悼《いた》ましい死に対して心からの冥福を捧げる。

七月廿~~九~~八日 金曜日 晴 起床六時 就眠十時

朝早くからしんし張り*60をお手伝いする。青々とした緑の木陰に悦ちゃんと競争にしんしを動かす。いつでも私の勝ちで、悦ちゃんくやしがっていた。でも一生懸命にしたおかげでおひるまでには随分沢山出来た。

午後は私の浴衣を縫い始めた。夕方までに大方出来上がった。

七月廿九日 土曜日 晴 起床六時

*59 **七条の借家** 下京区和気町・花畑町・西酢屋町界隈（七条櫛笥通から壬生川通）カ。府立総合資料館 蔵「京都市明細図（昭和二六年頃手描き彩色・加筆）」（大日本聯合火災保険協会京都地方会、一九二七年頃）を見ると、五一年（昭和二六）頃の商店街を成していた和気町内に、「日本キネマ映画館」「七条大宮市場」の名が見え、史料的に三十年の時差はあるが、日記の「活動写真」「公設市場」に相当する可能性も考えられる。

*60 **しんし張り** 〈伸子《しんし》（簁）〉を使って布をぴんと張ること。和服地の洗い張りや、織物の幅出しの仕上げでも行う。〈伸子〉は、両端に針のついた竹製の串で、竹の弾力を利用し、布の両ふちを針で刺し留めて、布幅を張り伸ばして用いる。

伸子張り 西鶴「好色一代男 巻一」

就眠十一時

今日も早々から張物[*61]をする。お掃除もする。午後はお洗濯もする。

すっかり家の女として働く。でも何をするのも気持ちよく満足しながら出来るので、自分でも興がのってどんどん出来るので嬉しい。〔朱傍線〕

夕方悦子は東宮殿下御入洛を奉迎に行った。

七月卅日　日曜日　晴　起床六時　就眠十時半

明治天皇の御十年祭が桃山にても宮中にても行わせられた。

大帝のおかくれになってから十年も経ったのかと今更の様に私は思われる。

今朝から従妹と競争で縫った浴衣を、午後三時頃仕上ぐ。

負けたって従妹は随分惜〔ママ〕〔悔《くや》〕しがっていた。

七月卅一日　月曜日　晴　起床六時　就眠十時

弟は今日終業式があって、成績表を持って帰る。

下った下ったって泣かんばかりに悲しがっていた。平均甲が下らなきゃ、割合にいい方だと云う事〔を〕聞いてるから慰めてやった。

八月一日　火曜日　晴　起床五時半　就眠十時

弟は朝起きの組長とかで朝早くから学校へ行く。紫色のスタンプを押して持って帰った。

朝早くて気持のよかったのか〝お父さん僕あしたももっと早く早く起きますから、円山公園へつれていって下さいね〞ってせがんでる声がしていた。

八月二日　水曜日　晴　起床五時半　就眠十時半

午後から残った単衣物を仕上げる。

悦ちゃんは今年は昆虫採集の宿題があるとて、この間からやかましく云っていた。今日お庭に白い蝶が来た。

〝お姉さん早く早く取って頂戴《ちょうだい》〞って散々大声で呼ぶので、何だかたまらなく可哀そうな気がしたけれど、従妹が一生懸命に云うので一緒に追いかけまわす。でもかしこい蝶はなかなか私等の手には取りおおせない。軽く軽くあちらへ逃げ、こちらへ逃げて、私等をさんざん追いかけ廻さした後に〃さよなら〃って、つーいと、私等のお庭から離れて行ってしまった。午後の夏に私等は汗みどろになって一匹の蝶にこうして戯れるのだった。よい運動ですね［教師朱記］

八月三日　木曜日　晴　起床五時　就眠十時

久々にて広島の叔父様［桑門　幹《もとき》(*1877-1945*)/Ⅳ-＊2］がいらっしゃる。

見る度に段々肥《ふと》っていらっしゃる。そしてほんとにお元気そうなおからだ。

でも同時にお会いする毎にお頭の光のいやますのには驚く。

「叔父さまどうしても安東県の伯父さまより御老年《とし》老《よ》りの様ですね」

「そんなに見えるか」

「見えるかって、お頭は既に〳〵御老人様ですね」

「人の顔さえ見れば禿げ頭ばっかり云うね。お土産をふいにしてやるぞ」

には私も困ってだまる。

夜は母上も御一緒に岡崎のパラダイス＊62に行く。大勢の人がうじょうじょしている。飛行機の形にした乗台が動力で円形を書きながらだんだん高く広くなって行くのを見る。

弟等が乗りたいって云い出す。叔父様にお願いして

＊61 **張物**　洗濯した布に糊をつけ、板張りまたはしんし張りにすること。

＊62 **岡崎のパラダイス**　〈京都パラダイス〉は、「京都疏水慶流《けいりゅう》橋南詰奥村電機工場」③の五千坪を超える跡地（現在の京都市美術館の南側一帯）に一九二二年（大正一一）七月一〇日に開園した一大遊園地（奥村電機商会経営）①。園内に造成された築山《つきやま》には七つの井戸から汲み上げた水を集めて、幅一三㍍、高さ約八㍍から落ちる人口の大瀑布が涼味を醸した。滝の裏には小径が設けられ、「浦見（裏見）の滝」の趣向とした①/②。〈安全低空飛行機〉と呼ばれる、高さ約二四㍍の鉄塔にワイヤーで吊られた六台の飛行機模型（六人乗り）がモーターで回転し、高さ約八㍍・時速約三〇㍍で滑空する遊具が呼び物だった。園内には「即売店又は広告的陳列店」①や和洋の料理店、二百五十人収用の演芸場などがあり、時に余興として「パラダイス歌舞劇」という少女歌舞劇を上演、活動写真（映画）も上映されたりした①/④。開園当初の入場料は大人十五銭、小児十銭。第一次世界大戦後の不況等により三年も満たないうちに閉園した④。

参考：『日出新聞』大正一一年七月七日夕刊①/同年七月一〇日朝刊②/『大阪朝日新聞京都附録』大正一一年七月一一日③/『地図で読む 京都・岡崎年代史』二〇一三年増補改訂版④

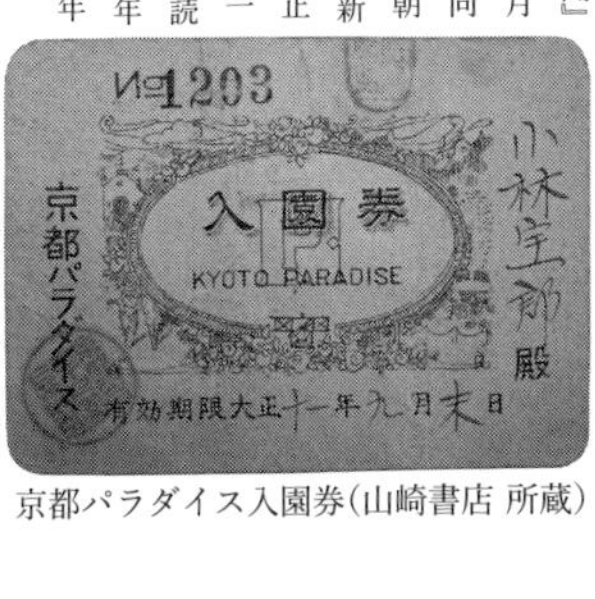

京都パラダイス入園券（山崎書店 所蔵）

絵葉書「京都パラダイス低空飛行機及大瀑布」

弟と従妹は大喜びで行く。私も乗りたい気もしたし、はずかしい様な気もするので止める。

弟は身体も強くないし、少し神経質だから後からどうかなりゃしないかと心配していたが始めの間は面白そうに従妹とにこにこ笑っていたが随分高く広くなって空気を切るはげしい音まで聞こえだす頃弟はじっとうつぶせになっている。

こわがってるのですよって母と話す中、十分間の飛行を終わって帰って来た。従妹は嬉しそうににこにこして弟は真青になって…。

僕胸が悪くなったって変な顔していた。

でも暫く滝の裏を通る様になっているところをきゃっきゃっ云いながら通ったりなんかしている中に直ってしまった様だった。胃腸の弱い子供だから駄目だ。

〃ほんとのパラダイスがこんなものならみんなクリスチャンは死に切れないわ〃って笑いながら出る時、弟〃僕のパラダイスの最初の印象は悪いものだった〃っていかにも哲人ぶって皆を笑わしていた。

　おもしろい弟さん［教師朱記］

八月四日　金曜日　晴　起床五時半　就眠十時
叔父様 朝の中にお帰りになる。
午後は何時もの様にお洗濯、お裁縫に熱心になる。
夜香《か》良《ら》州《す》［ママ］*63［洲］の友へ手紙したたむ。

八月五日　土曜日　晴　起床六時　就眠十時
母上暑気にさわられたか少し身体を悪くなすって今朝からやすんでいらっしゃる。この頃の暑さはたまらない。
毎日毎日九十二度、三度［33・3〜33・8℃］と寒暖計はどんどん上る。
あえぐ様にしてその日その日を送る。［朱傍線］

八月六日　日曜日　晴　起床六時前　就眠十時

母上は今日は少し快く、朝からぶらぶらしていられた。

母上の浴衣を一日で仕上ぐ。母上〝今年はよく家のお手伝い出来ましたね〟って褒めていただいて、たまらなく嬉しくて、もっともっとしましょうなんて思っていた。夜京極へ母上と買物に出かける。

　何よりです［教師朱記］

八月七日　月曜日　晴　起床六時　就眠十時

母上、お身体すっかりよろしくなる。明日から堺の方へ少しの間行くことになる。

海を見られる事に異常な喜びを持って私等は荷物ごしらえをなす。

八月八日　火曜日　晴　起床五時　就眠十時半

私等は二時間の汽車や電車の歩みに焦たしさ〔ママ〕（苛立《いらだ》たしさ／焦《じれ》ったさ）を感じて大自然の海原憧憬の境、なつかしの海の見たさにいらいらして、やっと浜寺*64に着いたのは午前の九時半頃であった。

『大阪毎日新聞日曜附録』（大正11年8月6日）

*63 **香良洲**　三重県津市香良洲町。津市の南東部に位置し、雲出《くもず》川《がわ》と伊勢湾に面した三角州に広がる水に囲まれた平坦な土地である。

*64 **浜寺**　大阪府堺市から高石市にかけての臨海地。古来、白砂青松《はくしゃせいしょう》の景勝地として名高く、一八七三年（明治六）には海浜一帯が、近代最初期の公園の一つとして府立の浜寺公園となった。九七年の南海鉄道（現 南海本線）開通、阪奈電気鉄道（現 JR阪奈線）の支線設置など交通機関が整備されたことにより、夏は海水浴の行楽地として、京阪神から多くの人が訪れた。一九二二年（大正一一）八月一五日付『大阪毎日新聞』では、「浜寺へ卅七［三十七］万人／驚くべき一箇月間の人出／海水浴場開設十七年間の新レコード／民衆娯楽場の機能を十二分に発揮す」との見出しで、七月一一日の海開きから八月一三日までの来場者総数を報じている。昨年同期に比べ、八万五千人以上の人出となり、一日の来場者数では、八月一日火曜が最大で、約二万五千七百人が訪れた。浜寺海水浴場の開設は大阪毎日新聞が主催した。

長い松原の砂の上をさくさくと踏みながら一歩一歩と海の方に近づいて行く事に嬉しさを一杯にして、誰が一等先に海を見つけるかと競い合ったりする。私等はそれ程海になつかしさを感じているのであった。

立派に設備された浴場には多くの人の群れが、浪の音にまじって騒音を立てていた。

泳げない私等はじゃぼじゃぼと、それでも泳ぎの真似をしている。

絵葉書「（堺名勝）大浜大桟橋より潮湯を望む」

浜寺の食堂で昼食をすまして、母上と四人ぶらぶらと自由にあちらを見こちらを見して、一時近く電車にて堺の大浜*65へ向う。

ここでも私等はお願いして海に入り、母上の〝初めてだからおなかをこわすと悪いから早く上っていらっしゃい〟とおっしゃるのにもう少しもう少しと浪とたわむれていた。

□潮湯《しおゆ》に入ってすっかりいい気持ちになって楼上でつまらない喜劇を見る。

夜、堺の納涼博覧会に行く。

立派な水族館*66がある。かつてこの水族館へ来た時、〝たこ踊見たね〟って弟等と話しながら入る。珍しい魚、私のよく目にふれる魚、海の生物がみな美しい水のなかで泳いでいる。

海豹《あざらし》までが岩の上にねころんでいる。□□大きな鯨の骨を見る。体重九千何百貫［一貫＝三・七五㌔］。大きい肋骨《ろっこつ》や顎骨《あごほね》に肝をつぶす。

堺市立水族館（『近代建築画譜』同刊行会、1936年）

落語、活動写真、芝居などある。

八月九日　水曜日　起床五時半　就眠十時

目が覚める~~のを待ち~~なり待ちかねた様に海辺に行く。朝の大浜は又趣がある。人の多くいないのも気持ちがいいし威勢のいい魚市の開かれているのも珍しい。朝御飯がおかげでほんとにおいしい。□~~牛後~~直ぐ大阪へ行く。赤毛《あかげっ》と*67で、道頓堀千日前、心斎橋

*65 **堺の大浜**　堺市の大浜公園《おおはまこうえん》は、堺の沿岸に幕末築かれた砲台跡地を利用して、一八七九年（明治一二）市営公園として開園した。一帯の海は〈茅渟《ちぬ》の海〉と称され、対岸に淡路島を望む景勝地。また海水浴地として栄え、明治期から、二層三層の楼を構えた料理旅館が海岸線に軒を連ねていた。一九〇三年、大浜公園が第五回内国勧業博覧会の堺会場となり、附属水族館（*66）が建設され、館外には池水庭園も造成された。博覧会終了後、水族館は払い下げられ堺市の経営となる。明治末、阪堺《はんかい》電気軌道が公園近隣の開発事業に進出し、一二年（明治四五）、大浜支線が開通。終点の大浜海岸駅には、海水を沸かした大浴場を備えた大浜〈潮湯《しおゆ》〉が一三年（大正二）一月に開業する。潮湯の建物は、辰野片岡建築事務所（〇五年、辰野金吾・片岡安が共同開設）が設計したチューダー様式（イギリスの中世に成立したゴシック様式/図-右ページ上段）の広壮なロッジ建築で、大浴場を始め、劇場や食堂、ビリヤード場などを併設した大衆娯楽施設として行楽客で賑わった。大正期をかけて大浜公園は、浜寺（*64）と比肩《ひけん》する観光地に成長した。

正子家族も潮湯で遊んだのち、海岸の料理旅館に宿泊したことが、「朝の大浜は又趣がある」（八月九日）と記すところから読み取れる。

*66 **水族館**　前述（*64）の附属水族館（堺市立水族館）。木造二階建ての洋風建築で、一階が養魚槽を設けた展示室、階上を休憩所とした。設計は東京帝国大学の動物学者 飯島魁《いさお》（*1861-1921*）、文部省営繕の建築技師 久留正道（*1855-1914*）。館内に29槽設置された養魚槽は、水族館顧問も任された飯島の考案、土木技師 山崎鉉次郎《げんじろう》（*1862-1917*）の技術指導により、「魚族生活の真景を示すの趣向」（井上熊次郎 編『第五回内国勧業博覧会案内記』考文社、〇三年）が凝らされた。収集された水生生物は、欧米の近代水族館を参考に、「美観的、学術的、教育的模範とする様にとの主意」（堺史談会 編『堺水族館記』同会編輯局、〇三年）をもって、飼育・観察・展示がなされ、本邦初の本格的水族館《アクアリウム》の嚆矢《こうし》とされた。

*67 **赤毛と**　〈赤ゲット〉明治から大正期にかけて、地方から都会へ旅行する人が赤い毛布（ケットはブランケットの略）をまとっていたことから、都会見物の田舎者。おのぼりさん。

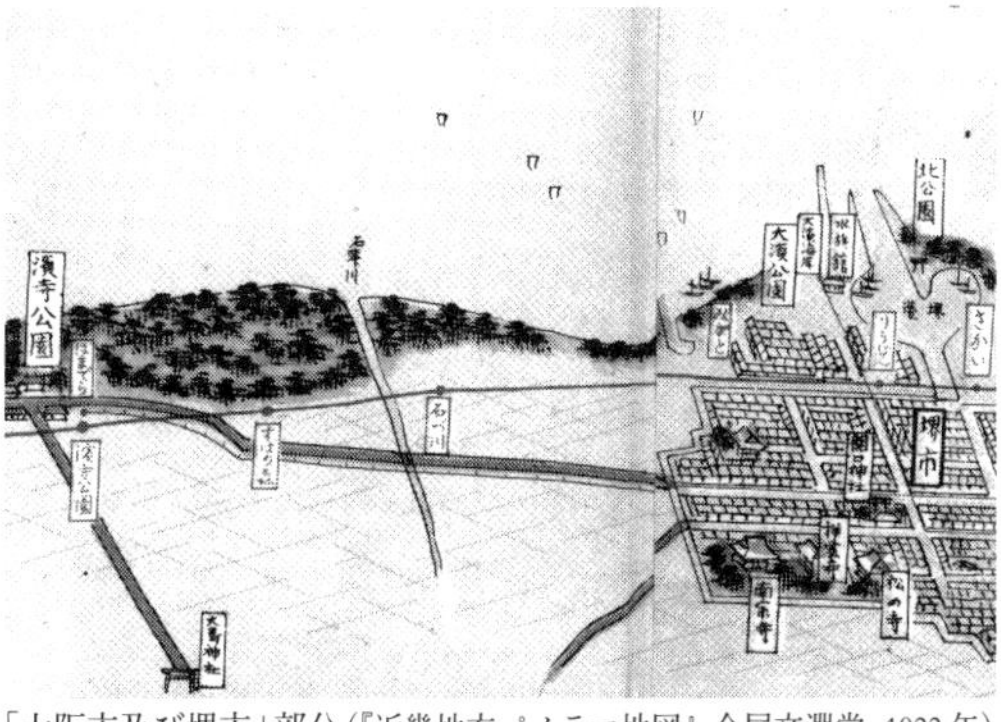

「大阪市及び堺市」部分（『近畿地方パノラマ地図』金尾文淵堂、1922年）

を見物して三越〔I ‐ ＊51／III ‐ ＊34〕へ向かう。何から何まで揃っているのに感心して、いよよ赤げっとを発揮する。食堂で昼食をすまして一番上に上る。ここでは、はてしない全市のいらかの海に驚く。いらかのみではない。宏壮な建物、大阪城等は私等の目に驚異にうつる。
疲れたし又、海へも入りたいから〝早く堺に帰りましょう〟と母を促して帰る。くたびれていた。けれど、私等は海水浴のしたいのがそれ以上だった。
夜はつかれた身体をなげ出して休む。

八月十一日　金曜日　晴　起床五時半　就眠十時
朝さっそく海へ入って、朝食をするなり帰途につく。京都につく。私等はまず美しい京都を、大阪にくらべてやっぱりいいのねとささやく。けれど、商工業地だけあって、大阪は賑やかだが、京都はとてもそれにには及ばない。
父上にありあまる話をつぎつぎとする。

八月十二日　土曜日　晴　起床六時半　就眠十時
別に記す事なかった。唯《ただ》一日知らない間に過ごしてしまった。

八月十三日　日曜日　晴　起床五時半　就眠十時
盂蘭盆《うらぼん》で仏壇をきれいにしてある。
今年は種ちゃんが新仏になってしまった。もう直ぐに月忌《がっき》〔月命日〕が来る。種ちゃんが可愛い可愛い人であっただけ、思い出すのが事々に多くてその死がいじらしい。

八月十四日　月曜日　晴　起床六時　就眠十時
弟が少し風邪を引く。寝冷えでもしたのだろう。七度三分程の熱があったので、やすませて、一日枕元でお伽〔話し相手などの世話〕をする。

八月十五日　火曜日　晴　起床六時　就眠十時
弟は朝は少し熱があったがお医者さまへ行く。大した事はないのだが、やっぱり床に寐《ね》させて本などを読んだりして退屈をまぎらしていた。

八月十六日　水曜日　晴　起床五時半　就眠十時半

弟の病気はいいので、今朝から起きたり寝たりしている。

夕暮れ少し前、はげしい夕立が一しきりして後はからっとなる。

涼しい風はたまらなく気持ちよかった。

私の大好きな京の名物大文字は東山に美しくともるのであった。

八月十七日　木曜日　晴　起床五時半　就眠十時

昨夜晩《おそ》くまで火の見で大文字を見ていたのが悪かったのだろう。弟は又朝から少し発熱してふしている。もう夏中休暇［夏休み］もお終いになって来た。今年はどこへも家を借りたりしなかったので、お家にばかりいたから家事のことは十分にお手伝いした。

八月十八日　金曜日　晴　起床五時三十分　就眠十時半

午前歯医者に行く。暑中休暇の初めの頃から殆ど毎日の様に通っているのだけれど、よ程質の悪い歯と見えて、まだ両方ともに奥歯が痛む。

右の方はとても駄目なので金をはめる。何だか今時分から金を入れるのはいやな様な気もしないではなかったが仕方がない。

弟等が「姉ちゃん笑っても見えないね。もっと大きい口で笑ってごらん。［朱傍線］まだ見えないよ、もっと大きい口をあいたらば」なんて、随分ひやかすのだった。

夜橋立《はしだて》［〈天橋立《あまのはしだて》〉京都府北部宮津湾にある砂洲］へ行っていらっしゃるお友達にお手紙いただく。

八月十九日　土曜日　晴　起床五時十分　就眠十時

暑さはまだまだ去らない。毎日やっぱり暑苦しい日は続く。

ほんとにいやになる。早く今日一日がすんで欲しいと願うのだった。

そして夜に入って静かになる時、一体何して暮らして来たろうと思う時とたまらない程いらいらして来るのである。

どうして暑さにはこう怠惰になるのでしょうと、つくづく思わる。

八月二十日　日曜日　晴　起床六時　就眠十時

夜久川様の所へお邪魔に上る。

久々に徳ちゃんにもお目にかかって、いろいろその後の事も伺う。

奥谷さん[*68]の門下の徳ちゃんは中々絵もお上手におなりになった。沢山の美しい御習作を見せていただき一つ一つに感心してしまうのであった。

長い間お邪魔して帰宅した時、美しい夏の月は輝かしく道を照らしていた。

八月廿一日　月曜日　晴　起床五時半　就眠十時

女中が藪入《やぶいり》[*69]をしたので今朝は私と従妹がお台所の雑用をする。

中々忙しいけれど、日一日が充実していて気持ちがいい。

よく働いた。自分で働けるだけ働いてみた。

隠居の女中が手伝いに来るのを断った。殆ど自分独りで一日働く時、非常な興味と快感を味わった。

母上が後で〝疲《くた》びれの出ない様にして下さい〟っておっしゃった。

夜やすむ時、疲れる。でもいやとは思わない。働いてみたい。ほんとに働いてみたいと思うばかりである。

八月廿二日　火曜日　晴　起床五時　就眠十時

母上は毎朝、この間から〈本能と宗教〉の講演を聞きにおこしになる。

早くお出ましになるのを見送って、帰っていらっしゃるまでに美しく美しくしておこうと一生懸命に生《〔ママ〕》〔精〕を出す。

八時前にお帰りになる。ほめて下さる。私はそれが嬉しくてたまらないのだ。子供みた様だけ

［当時、通例として〈横書き〉は右から左に表記した］（『大阪朝日新聞京都附録』大正11年7月4日第2面）

れど……

洗濯をした。足と腰がいたくなる。やっぱり駄目だなぁと思う。

でもいいことだと思われる。自分が女中自身になって働くのだから、どれだけ多くの仕事をしていて呉れるのかがよく分かってほんとにいいと思う。

八月廿三日　水曜日　晴　起床五時　就眠十時

地蔵盆［Ⅰ-＊42］で町内の子供等はお地蔵さんの祀ってある前でいろいろのお供物《そなえもの》をして賑やかに遊んでいる。

塵払《ちりはら》いと竹楊子とたわしが福引で当った。

夜女中が帰って来る。宿《やど》［奉公人の親元］に帰って平日の疲れをやすめてほんとに愉快だったろうと私にはよく分かった。

八月廿四日　木曜日　晴　起床五時三十分　就眠十時

今日は立って働かないでお裁縫を少しきばる。

張物《はりもの》［伸子張り／Ⅵ-＊60］も少しばかりした。でも京都はこんなに静かなうららの日なのに、東京地方では大嵐[＊70]で随分の難があった事が新聞に伝えられてあった。

八月廿五日　金曜日　晴　起床六時　就眠十一時

夜みんな連で納涼博覧会[＊71]へ行った。

京都納涼博覧会（於・岡崎公園／7月15日-9月2日）新聞広告

＊68 **奥谷さん**　奥谷秋石《おくたにしゅうせき》（*1871-1936*）カ。大阪出身の日本画家。円山派の画風を学び京都画壇で活躍。家塾を開き門弟の養成に尽くした。

＊69 **藪入**　奉公人が暇をもらって親元、または請人《うけにん》の家などに帰ること。

＊70 **東京地方では大嵐**　中型の台風（960hpa）は、二四日午前〇時、沼津-静岡間に上陸、富士山麓掠《かす》めて同六時に埼玉を通過。焼津では高潮が発生した。（『大阪毎日新聞』七月二四日夕刊）

＊71 **納涼博覧会**　岡崎勧業館で開催中の〈京都納涼博覧会〉のこと（会期七月一五日〜九月二日）。新聞広告（右下図）によると、〈実業広告商事株式会社〉が後援する私営の博覧会だったとみられる。会場では「毎夜大仕掛花火／青年男女危険空中劇」や、日記でも〈幽霊の森〉なるお化け屋敷といったアトラクションを呼び物に、〈博覧会〉の名のもと、当時はこうした仮設遊園地や物産展示会などの催しが、期間限定で各地で開催された。日記中の「岡崎のパラダイス（＊62）」（八月三日）や「堺の納涼博覧会」（八月八日）も同様の催しだったと考えられる。

貧弱な滝が先ず門前にあるのにいやになる。

かなりの人が入っていた。今日、明日は福引デーで一層入りが多いらしい。

中央の庭園に池に面して舞台が出来、劇をしていた。大勢であまり側へ近よれないから、はっきり分からないので、会場内に入る。

出品物が少ないのと、装飾が行き届いてないのとに、あまり感心せずに過ぎて福引の方へ行った。みんな一等悪いので「頭かき」ばっかりあたる。

弟が〝こんなに沢山〈頭かき〉ばっかりで頭が足りないや〟なんて云っていた。

恐ろしさが半分と、見たさが半分の弟の望みによって〈幽霊の森〉へ行く。〝人が多過ぎて、幽霊の方が怖がるよ〟とわいわい騒いでる中を通る。ちっとも恐ろしくない。面白くもない。

青い灯の中に、変なお化けがいても何の感も起こって来ない。

もっと怖がらして欲しいと思いながら抜け終わる。

活動写真があったが、見たくないので素通りして少し館内を見て帰宅した。案外につまらなかったのには悲観したが、でもよかった。


八月廿六日　土曜日　晴　起床五時半　就眠十時
芦屋の友から手紙が来る。

去年、私は芦屋へ行った［大正一〇年八月四日／日記Ⅴ］。

芦屋の海岸は私はあまり好まないけれど、芦屋全体が気持ちのいい場所だと思う。

停［ママ］留所〔停留所〕［〈✓〉朱字］を下りて海岸に向かう間の通りがいかにも芦屋らしい、明るい感じのする路である。美しい松原もいい。人通りの少ないのもいい。

芦屋は私の好きなところの一つである。

一体私は海岸はあまり人の多く行かないところを好む。

海水浴場のあるのなんかはあまり俗っぽい気がしていやなのだ。

八月廿七日　日曜日　晴　起床五時十分　就眠十時
朝早くから張物のお手伝いをする。
お天気もよかったので今日は存外沢山よかっ出来た。

夕方少し夕立がする。でも今年は雨がほんとに少ない。

雨乞いをすればきき過ぎて、東京方面の様に大嵐がする。

ままにならぬ雨の神様だ。

八月廿八日　月曜日　晴　起床五時　就眠十時

朝食後、直に大谷〔東山の大谷祖廟／地図9-3〕へ参詣に行く。

黒味を帯びたる緑の松の木の間からかすかに美しい朝の日の光はさしこんでいる。

石の敷石は清く掃き清められているのが遠く連なっている。

二、三の人影が見える。私の歩む下駄のひびきがはっきり分かる。

静かな朝の気分にうっとりとひたりながら何にも考えないで足を運ばせる。やわらかな平和の気分！

いつもの様に本堂と祖父母の墓に詣《もう》ずる。

しーんとして時々吹く朝風に、木々は細かくふるうてるばかりであった。

かなり多くの人がいられた。

小さい鉢に水蓮〔ママ〕〔睡蓮《すいれん》〕がかわいい真白に咲いていたのに目がついて、暫く、それを眺めながら休むのだった。

朝のこうした気分も気持ちのいいものである。

八月廿九日　火曜日　晴　起床五時半　就眠十時

この頃は割合に朝夕が涼しくなって来た。

直ぐに九月が来るのである。長い夏の休みも随分早く去ってしまった様に思われる。一日一日を考えればそれ程短いとは思われないけれど、ふと考えると、おやもう九月と思わずにはいられない。学校生活と離れてしまって、家の人となったこの四十五日間を思いかえして、私は卒業してしまうのがいやになる。ほんとに卒業すれば、それやもっと考えて暮らすかも知れないけれど、やはり学校生活の様に、日日はりきった生活をしてする日の方が少なくなる様に思われる。それを思うとほんとに卒業してしまうのが恐ろしい様になる。

私には充実した日があたえられて行きたい。卒業しても……

八月三十日　水曜日　晴　起床五時三十分　就眠十時半

今朝新聞を見ると夏中休暇は学生を怠慢にする。［朱傍線］

規律のない日を送っていないし、且つ暑いものだから、一層怠惰な日を過ごして来た癖がついていけないと云う意味のことが書かれてあった。□□ほんとにそうなのだ。私等にもこの頃はだらける日が多いから。□□そして自分への云い訳にいつの時も、新学期が始まったら、つとめましょうとばかり云っている。

八月三十一日　木曜日　晴　起床五時半　就眠十時

いよいよ今日でお終いの日だと思って朝早くから子供部屋を念入りに美しくしたり、お台所のお手伝いもよくしたりした。

九月一日　金曜日　晴　起床五時　就眠十一時

幾日ぶりかに校門をくぐる。元気な顔が並んでいた。みんな生々《いきいき》していらっしゃる様に思われた。又新しいスクールライフが始まるのに勤謹《ママ》［〈謹慎〉カ］していらっしゃるのかと思われる程であった。始業式が始まった。先生方も御機嫌よくお揃いであった。

収穫の時期は来たのだ。〝皆共に勤めよ〟と校長先生よりのお言葉があった。始業式はすんだ。私は直ぐに帰れなかった。自分等の教室と包入《つつみいれ》［持ち物を入れる戸棚］が見たい様になって独り教室をのぞいて見た。四十五日間のほこりはかさなっていて、包入れもあけて見た。ちっとも変わってはいなかった。私はなつかしくて、そして嬉しかった。明日からいよいよ授業は始まるのであ~~った~~る。

九月二日　土曜日　晴　起床五時　就眠十時

A先生やY先生から、いろいろと夏のお生活のお話を承る。

いろいろ楽しい思い出をお持ちになる先生方のお話はほんとに面白かった。

でも私は駄目だ。やはり怠けぐせがあるのだろう。休みの時間など身体がだるくて仕方がなかった。

九月三日　日曜日　晴　起床六時　就眠十時

午前、クラス会に出席する。同窓のみな様、中々元気に楽しいつどいであった。お姉様にすっかりなり切ってらっしゃる方もあった。

誰もかれもがなつかしかった。

別にこれと云って定まった遊びはしなかったが、唯お菓子におしゃべりに賑わっていた。

いつまでもみんながこんなにむつみ合えたらいいのにと思った。

午頃お別れして帰った。

　お丈夫に活動されたのを喜びます［教師朱記］

九月四日　月曜日　晴　起床六時　就眠十時半

静かな初秋の夜！　絶え間なく虫の声が聞こえる。美しい声、やさしい音。どうしてあんなによく鳴くのだろう。

虫の生。これはあの音全体にみちみちているのだ。幸福な虫。生に充実して生けるものは、みな皆幸福なのだ。

ひやひやした風は流れる。ほんとに夜は秋と云う思いがする位涼しくなって来た。青く流れる灯の光の中にこんなに机にもたれる時なつかしいなつかしい気分が秋に対して起こって来る。

好きな秋はこれから続くのだ。秋の気分に十分にひたろう。

十七の秋は二度と訪れるものではない。一日一日を楽しい心持ちに暮らそう。

そして考え様。私は私自身の実力をつくるために。生命をあたえられた人間の幸のために。ほんとに報いられる様に。

九月五日　火曜日　晴　起床六時　就眠十時半

紹《ろ》ざし[72]の帯〆《おびしめ》[73]を又気まぐれに取り出して椅子にもたれながらした。

縁には柔らかい日光が舞ってる様にちろちろとしていた。

*72 **紹《ろ》ざし**　〈紹刺し〉紹織り〈縦糸と横糸を絡ませて透き目を作った絹織物〉を枠張りにして織地の透き目へ金糸・銀糸・色糸を刺す刺繍の一種で、布地を刺繍で埋めたもの。

*73 **帯〆**　〈帯締め〉結んだ帯が解けないように、その上に締める細い紐。

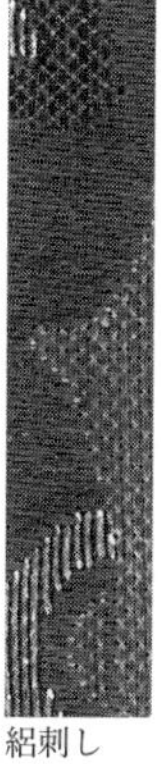

紹刺し

あんまり長い間かかってちっとも出来ないから白い絽がいいかげん黒くなっている。

母様がおっしゃった。〝早く仕上げてお終い。翡翠《ひすい》をつけてあげるから……〟と。

〝まあこんなものに〟って私は云った。

そして針の手を続けながら考えた。私はたまらなく嬉しかった。涙がこぼれそうになった。

私はあふれる様な温かい思いがするのだった。

いいえ、私は物質のために喜んだのじゃない。

私は母様のやさしい気持ちが分かったからなのだ。

［朱傍線］

母様の胸におこった慈愛がほとばしって、私の胸にしっかりと抱きしめることが出来たからなのだ。

あの翡翠《ひすい》を帯留にし様と思ってたのだから今している絽ざしにつけてやったら、正子も自分の努力でしたものにつくのだから喜ぶだろうし、一入《ひとしお》楽しみに出来るだろうから……と母様が考えて下さったその心持ちが私は分かったからだ。

私はありあまるこの幸福の中に育くまれて……。

感謝せずにはいられない。

父様にも母様にももったいない気がする。

娘の心の美しさのためなら、身のためならと思っていて下さる様なやさしいみ心が…………

涙目がしらにまたあついしずくがたまるのだった。

忘れてはなりませぬ［教師朱記］

九月六日　水曜日　晴　起床五時半　就眠十時

従妹の学校は今日から始まるのだった。

朝久しぶりで弟との三人の靴がお玄関に控えて居た。

私はこの頃はお午《ひる》まで。授業がすむと待ちかねた様にお家に帰るのだった。

夜は私のお蒲団を一枚縫い上げた。

九月七日　木曜日　晴　起床六時　就眠十時

詩や歌が自由に歌えたらと思います。

同じ■〔でヵ〕美しい初秋に向かってもどんなに趣が違うことでしょう。

いつでもこんなシーズンや美しいシーナリィ［〈scenery〉風景］に接する時、つくづく自分の鈍才が悲しまれます。

九月八日　金曜日　晴　起床六時　就眠十時

午後日暮しの小姉様［阿部行子《ゆきこ》（1901-??）阿部恵水 長女］がいらっしゃった。

随分久々でいらっしゃったのだから、帰る帰るとおっしゃるのを無理にお止めして夜まで一緒にお話した。

学校は十一日から始まるってお話だった。

〝この頃は論文の製作に苦心しています〟って笑ってらしった。

《性の親鸞》とかで随分気取った題だった。

もう来年の四月は目白出［東京目白にあった日本女子大学／Ⅱ-＊48］のパリパリで大阪へお嫁入りなさるので、今日は随分おひやかしの言葉をたてまつって小姉様お困りの御様子だった。

でも楽しい日だった。

九月九日　土曜日　晴雨　起床五時　就眠十時

　今日の図画の時間は随分困った。何故ならお隣の人同士の顔の写生をするのであったから。

十分間で交代で、一人が写生する時一人はすました顔してるのだった。

写生する方も、される方も慣れない、ほんとに慣れない仕事で骨折だった。美しい人の顔も私の手に合ったらお気の毒な事になる。［朱傍線］

一生の中にこうした事は少ないから念入りに印象深い仕事にしておこうと思った。

九月十日　日曜日　雨晴　起床六時　就眠十時

午前種ちゃんの納骨で大谷へ父上、母上はお越しになった。

私はお留守番をしてお裁縫をする。

午後お花のお稽古に行く。今日は柳で割合に気持ちよく生かった。

九月十一日　月曜日　晴　起床六時　就眠十時

夏中を私等を毎朝毎朝楽しまして呉れた、朝顔の淋しい末路を見た時、又生の空虚さを考えさせられたのでした。

ちょうど華やかな華やかな舞台の人が若い間は、多くの人から望を向けられ哀楽に身をまかせていたのに、若さも美しさも奪われて、わびしく老いくちてたおれて行く人の様な感じがしたのである。

この間帰朝した世界声楽家M・T夫人[*74]を思わせる。夫を残して芸術と云うほんとに美しい着物に被《おお》うって、道義をふみにじって再び故国を去った人に、〝私は若さと美しさはいつまで続きます?〟〝それをぬき取ったあなたは何が残ります?〟〝その時今あなたを騒いでるファンはどんな態度に出るでしょう?〟

その時あなたは初めて故郷の温かい愛をなつかしがるでしょう。

そして初めて美しい日本の婦人になり切りたいと思うでしょう。

でもおそいのです。あなたの末路は破れるでしょう。と云ってやりたい気がする。 同感ですね［欄外朱記］

私はあまりかたよりすぎた言い方を思ってるかも知れないけれど。

九月十二日 火曜日 晴 起床六時 就眠十一時
今日は、体重を量っていただく。休暇以前とやせも肥えもしていない。私の身体はほんとに丈夫になったに違いない。
はげしい運動は私をこの身体にならせたのだろう。
弟も私位の年頃になったらきっときっと丈夫な健児［元気な若者／〇朱傍点］になって呉れるだろう。

九月十三日 水曜日 晴 起床五時半 就眠十時
久々におきくさんにお会いする。
たまったたまったお話を息をつぐ間《あい》もあらせず［息も継がせず］に話合ってお別れした時、疲れた様だった。
私はよっ程気まぐれだ。非常によくべしゃる[*75]時とちっとしゃべらない日とあるのだから。

九月十四日 木曜日 晴 起床六時 就眠十時
大丸の廉売市場へ行く。日本の経済上政府が発表したる節約[*76]にこの頃はどこの都市も随分不買同盟など甚だしい節約もおこっている。大きなデパートメントストーアではどこもかも熱心に廉売を始めたのである。
三階には珍ら［ママ］しい賑やかな市場があった。

下駄もショールも荒物も金物も缶詰も豆屋も牛肉も八百屋も乾物屋も揃っている。

買うのに便利なものだから、いろんな物を買った。

帰りには大きな荷物を三人に分けて持った。

量の高いものだから皆何? 何? って云って広げると、下駄やら、マッチやら、金物やら、足袋なんかがどっさりと出たので、おやおやってみんながびっくりしていた。

九月十五日 金曜日 晴 起床六時 就眠十時

記事なし

九月十六日 土曜日 晴 起床六時 就眠十時

午後からお裁縫ばかりする。学校の分も大分出来たし、お家のお手伝いのも可成仕上がった。

夜はみんなで闘球盤［Ⅲ-＊38］をする。いつでも弟が御大《おんたい》［御大将］である。

九月十七日 日曜日 晴 起床六時半 就眠十時

今日は気分が悪くて一日ぶらぶらしていた。

よろし［教師朱記］

九月十八日 月曜日 晴 起床六時 就眠十時

＊74 **M・T夫人** 三浦環《たまき》(*1884-1946*) 声楽家(ソプラノ)。東京都生まれ。一九〇四年(明治三七)東京音楽学校卒。在学中の〇三年、日本で最初のオペラ公演となるグルックの「オルフェオとエウリディーチェ」でエウリディーチェを歌った。帝国劇場歌劇部で活躍ののち一四年(大正三)ドイツに留学。一五年、ロンドンで蝶々夫人を歌い成功をおさめた(指揮者はトーマス・ビチャーム)。蝶々夫人を当り役とし、その後の二十年間で欧米の劇場を中心に二千回を超える公演をしたといわれる。環の蝶々夫人は作曲者のプッチーニにも賞賛され、国際的に活躍した日本人で初めてのオペラ歌手であった。二二年に一時帰国し、長崎に留まり蝶々夫人ゆかりの土地を訪ね歩き、演奏会を開いている。三五年(昭和一〇)に日本に戻って以後は後進の指導につとめた。

＊75 **べしゃる** おしゃべりする意をいう不良仲間の隠語だが、親しい同士での女学生言葉ヵ。

＊76 **日本の経済上政府が発表したる節約** 〈戦後恐慌(一九二〇年恐慌)〉と呼ばれる一九二〇年(大正九)三月一五日の株価暴落は、商品価格の急落(綿花・生糸など)、銀行への取付け騒ぎ、欧州大戦による好景気で急成長した造船業・鉄鋼業では倒産整理が相つぎ、失業者が急増した。「政府(原敬内閣)の積極政策、財界の投機思惑を背景とした過度の信用膨張と生産設備の拡大の反動として発現」したこの恐慌は、その後の長期不況へと転じた。もはや経済の自動的回復力にゆだねられず、政府・日本銀行による前例をみない広範な救済政策が展開された。(「恐慌」『平凡社大百科事典14』)
不況に直面した地方行政でも「節約勤倹」を奨励し、高島屋・大丸に開設された〈廉売市場〉では卸価格の商品が並んだ。(『日出新聞』大正一一年九月一二日朝刊)

夕方お花のお稽古に行く。

黄色い女郎花《おみなえし》*77を生けるのだったけれどまあよく折れること折れること。

手に取るのをかたっぱしから台なしにするのでいけないのばかり残って折角生けても貧弱な形で悲観してしまった。

今までに女郎花を満足に生けたことがない。

私は可憐な花と思っていた女郎花も大きらいになってしまった。

私程得《え》手《て》勝手《かって》はないだろう。

女郎花（オミナエシ）

九月十九日　火曜日　晴　起床五時四十分　就眠十時半
木の香。新しい奥座敷へ私は独り籐椅子を持ち出して編物をした。

時折り涼しい秋風が流れこむ。

はとば色*78のレース糸を膝の上にころばしながら、スッスッと編んで行く。

ぱあっとあたりは明るくなる。また直ぐにすうっと元の暗さに返える日の光のたわむれの中に、私は気持ちいい初秋の気分を味わっていた。

静寂な時は暫く続いた。

急にばたばたと長い廊下を走って来る足音が聞こえる。

〝姉ちゃん僕ここへかくれるさかい、悦ちゃん来たら知らん顔しててや〟

と弟は押入れの中にもぐり込む。続いて又ばたばたと音がする。

〝姉さん淳ちゃんが来はったやろ〟

私はつとめてしらばくれ声と云う声を出して
〝知らんえ〟

〝そうか……〟ってごとごと探している。

私は快い、平和な思いの中にひとりほほえみながら編針の手をやすめなかった。

と、弟が変な声で〝ひゅっ〟と叫ぶ。

私は〝しっ〟って押入れの方を向くと、その時まで、茶席をさがしていた従妹がその声にとんで来て〝いやここやここや〟って嬉しそうに押入れの戸をあけた。

無邪気なかくれんぼは又鬼がかわって続いた。私は編物を静かにしていた。

九月二十日 水曜日 晴 起床六時 就眠十時半

急にめきめきと涼しくなった。朝なんか寒い位だ。気持ちがいい。汗なんかかいて苦しんでいた真夏をも忘れてしまいそうだ。

今時分の気候が続いていたらいいのにと思う。

九月二十一日 木曜日 晴 起床六時 就眠十時

彼岸の入である。

今日は英語の先生御欠席で、早く切り上げていただいて帰宅する。

この頃自習がよく続く。一時間何にもまとまった事が出来ないから、あんまり自習の続くのもきらいだ。

九月二十二日 金曜日 晴 起床六時 就眠十時半

午後寺村さまのお宅へ行った。

丁度お花のお稽古に出かけていらっしゃった時だった。

暫くお玄関でお話して帰った。

夜は従妹の代数の先生になって多項式の加減法*79を教える。

九月廿三日 土曜日 晴

起床六時 就眠十時

母上と大谷［地図9-3］へお詣りに行く。

帰路歌舞練場《かぶれんじょう》*80［地図9-4］へ名倉屋の衣装を見に行く。

夜お裁縫を少しした。

竣工当初（大正２年）の祇園歌舞練場玄関

＊77 **女郎花** オミナエシ科の多年草。高さ約一メートル。山谷に自生し、夏から秋にかけて分かれた枝に黄色い小花を多数つける。秋の七草の一つ。

＊78 **はとば色** 鳩羽色。黒みがかった淡い青緑色。わずかに青みのある灰紫。鳩羽鼠。鳩色。

＊79 **多項式の加減法** 〈多項式〉とは〈整式〉ともいい、一般に a, $5ax$, $1/3x$, $-3x^2yz$ など、数およびいくつかの文字の積から成る式を〈単項式〉という。このような〈単項式〉の二つ以上の代数和となっている式、たとえば $a+2b$, $5ab+c/e-3m$ の形の式を〈多項式〉とする。〈多項式の加減法〉は、文字の部分が同じ〈同類項〉を加減して〈一項〉にまとめる方法。$16x-7x=(16-7)x=9x$, $3a+4a-6a=(3+4-6)a=a$ という具合に〈同類項〉の〈係数〉を加減して項を整理することができる。

＊80 **歌舞練場** 祇園町南側の祇園甲部《ぎおんこうぶ》歌舞練場《かぶれんじょう》。一八七二年（明治五）、第一回京都博覧会に際して創始された都をどり（Ⅲ-＊15）を興行する舞場として祇園に建てられた。現在の場所に移転したのは一九一三年（大正二）。

九月廿四日　日曜日　晴　起床七時前　就眠十時

午前お花のお稽古に行く。

先生~~から~~が〝今日はおきらいな女郎花がございませんからお好きなのを〟って、笑っていらっしゃったのではずかしかった。

名古屋の小父様と小母様御一緒にお越しになった。

〝随分大きくおなんなさいましたね〟って吃驚していらっしった。

私そんなに大きくなったのかしら、
早く年老《と》って見えるのはきらいだのに。

よろし［教師朱記］

［日記Ⅵ　了］

夜は従妹の代数の先生宅にて多項式の加減法を教へる

九月廿五日　土曜　晴　起床六時　就寝十時

母上と大谷へお彼岸に行く、

帰路新舞鶴へ、名倉屋の衣装を見に行く、

夜お裁縫を少しした、

九月廿四日　日曜　晴　起床七時前　就寝十時

午前お花のお稽古に行く

先生が今日はおきらいな女郎花が出てし、すゝきからお好きなの

を、笑って、いらっしゃったのでしずかーかった、

名倉屋の小父様と小母様も一緒にお来しになった、

随分大きくおなんなすってましたわねって比驚してもらった、

私そんなに大きくなったのかしら

早く年老って見えるのはきらいだのに、

もう——

府立第一高等女学校1923年(大正12)3月卒業の生徒集合写真より
最前列、左から三番目に並んだ井上正子、満17歳。(京都鴨沂会 所蔵)

正子のことなど　『井上正子日記』を読む人に

「正子日記」の背景　正子をめぐる人物地図

井上迅
いのうえじん

『井上正子日記 1918-1922』の読者に向けて、井上正子の生い立ちを記しておきたい。正子が二十歳まで過ごした生家の徳正寺、そこで共に暮らした家族のこと、家庭のこと、学校のこと、世の中のこと。日記の背景、すなわち日記を書く井上正子をとりまいていた環境や社会について知っておくことは、本書を読み解く上で、より深い理解と視座を与えるための補助線になると考える。もちろん補助線などなくても「正子日記」を読むことはできるので、この文章は日記を読む前でも途中でも、読み了ってからでも、折にふれて読んでいただいて構わない。

正子の生家

井上正子は一九〇六年（明治三九）二月一八日、井上智月《ちげつ》（1876-1945）、美年子《みねこ》（1881-1970）の二女として徳《とく》正寺《しょうじ》に生まれた。徳正寺の住所は、「京都市下京《しもぎょう》区《く》富小路通《とみのこうじどおり》四条下ル徳正寺町三九番地」と、現在でも変わらない。

徳正寺は今も昔も街の中心に位置する。寺をおもてに出て左（北）へ五〇メートルほど行くと、そこは京都でも繁華な四条通である。

うららかな天気と日曜を幸にと出かける人々にて四条通りは大変な人であった。

一九二〇年（大正九）九月一九日　日曜日

夷講《えびすこう》にてこの頃の四条通りの賑やかさ、赤い幕を張り、赤い鉢巻できばっている商売人の多いこと。又、買物を持ち切れぬ程かかえて帰る人の沢山なこと。

同年一〇月一六日　土曜日

「正子日記」では、街の賑やかさが身近に感じられる。そして、正子が寺の娘であると同時、生《き》っ粋《すい》の町娘であったことが見えてくる。

正子が生まれた寺は、プライベートには、正子が家族とともに日々を暮らした家でもあった。その家は、やがて正子の弟が家族を持って、つまり筆者の祖父母の家となり、父と母、そして今では、わたしの家族が両親とともに暮らす家としてここにあり続ける。正子が徳正寺を家としていたのは、一九二六年（大正一五）に結婚して家を出立するまでの二十年間のことだった。

寺族

寺に住む人間は〝寺族《じぞく》〟と呼ばれる（少なくとも真宗大谷派では）。例えば住職（寺の当主）と坊守《ぼうもり》（住職の配偶者）とその子女、前住職と前坊守、まず同居する住職の家族が寺族と重なる。しかし家族以外でも、その寺の役僧《やくそう》（寺務を取り扱う僧侶）は寺族とされ、〝寺族〟の範疇は〝家族〟よりも広い。寺族とは、僧侶が社会の一員として家族を構成しながら、寺で信心の生活を朋《とも》に営んでいることの現れでもある。

「正子日記」の登場人物は、徳正寺の〝寺族〟が中心となる。また寺の住人として、書生や住み込みの女中《じょちゅう》（奉公人）がよく登場している。それらの人たちは、一般にいう〝寺族〟の範疇から外れているのかもしれないが、寺に住む人ということであれば寺族になるだろう。

四年間も忠実に働いたきくが今日帰っていった。遠い南の国に唯一人かえらなければならぬきくをステーションまで送ってやった。
きくはステーションで〝お嬢さまどうぞきくの事を忘れないで下さい〟と泣いていた。私は〝何でお前を忘れよう、長年親切に仕えて来てくれたお前だもの〟と云えばまたはげしく泣いていた。

一九二一年（大正一〇）六月八日　水曜日

じつは筆者にも、幼いころから〝ねえやさん〟と呼ばれていたお手伝いさんがいて、家族同様に寺で暮らしていた。ねえやさんは、戸籍の上では家族には当たらないが、寺に住んでいた点では寺族だった。ねえやさんこと林美津子《みつこ》（*1929-2011*）は、昭和二十年代後半、二十歳《はたち》過ぎで徳正寺へ女中奉公にやって来て（そのころ祖父彰淳《しょうじゅん》が病に倒れ、母は小学生だった）、それから半世紀以上ものあいだ、戦後民主主義の世の中の流れで〈女中〉から〈お手伝いさん〉と職名は変わったが、林さんは寺のために尽くしてくれた。ねえやさんは寺を家とし、寺で末期《まつご》を看取られたことでも、寺の家族（寺族）だったと、わたしには映る。そう、おばあちゃんになった正子が、ねえやさんを「ねえやちゃん」と親しく呼んでいたと記憶する。

閑話休題、話がやや横道にそれてしまった。

おおよそ四百年間、寺はこの場所から動いていない。この場所では無数の人たちが離合と集散を繰り返し、生きてまた死んでいった。

徳正寺

徳正寺は真宗大谷派（本山 東本願寺）の寺院で、その起源はおおよそ五百五十年前、室町時代にまでさかのぼる。念仏による他力の救済で衆望を集めていた蓮如《れんにょ》（*1415-99*）の本願寺（東山大谷《ひがしやまおおたに》の地）が、一四六五年（寛正《かんしょう》六）、延暦寺衆徒の襲撃に遭い、同地の親鸞廟所《びょうしょ》（墓所）までが破壊の危機に晒《さら》された（寛正の法難）。そのとき、蓮如に帰依して越前国《えちぜんのくに》（現福井県）から上洛していた武士 井上筑前守遠仲《いのうえちくぜんのかみとおなか》（1439-1527）が、身命《しんめい》を賭《と》して廟堂を守り抜き、その後も帰郷せず、大谷の地に堂宇《どうう》を設けて、御廟所の守護に働いた。折りしも応仁の乱が勃発し（一四六七年）、京都は荒廃を極めた。寛正の法難から十一年後の一四七六年（文

徳正寺の境内（正面は富小路通の西側に面している）

徳正寺の建造物は、1912年（明治45）、〈親鸞聖人650年遠忌〉事業に併せ、本堂、庫裡、客殿、表門などが造営され、現状に近い寺観に整えられた。

明八）、蓮如は遠仲の長年の功労を謝して感状（幹状）を発給、願知《がんち》の法号（僧侶の名）を授けた。それがのちに徳正寺へ後継される大谷道場の草創であり、同道場をルーツとする徳正寺の起源として、寺の由緒に語られるところになっている。

いまの地に徳正寺が移転したのは、一六〇二〜〇三年（慶長七〜八）頃のこと、もともと寺地《じち》は「二条猪熊通《いのくま》」（「親鸞聖人御影裏書」一五九七年、徳正寺什物《じゅうぶつ》）にあった。現在では、二条城二の丸御殿の東側付近にあたり、徳川家康の二条城築城の命（一六〇一年）により、縄張り内（建設予定地）となった徳正寺は立ち退きを余儀なくした。代わりの土地を「下京四条冨小路」（「蓮如上人御影裏書」一六〇六年、同什物）に与えられ、寺の移転にともなって周囲には「人家立ならび候所《そうろうところ》に今寺号を以て徳正寺町と申候《もうしそうろう》（人家が立ち並び、現在では町名に徳正寺町と寺の名が冠せられている）」と由緒書《ゆいしょがき》（『洛陽徳正寺由緒』）には記される。当時（戦国時代の末期）、この界隈は土塀で囲われた下京の町の外だったという（工藤克洋「『洛陽徳正寺由緒』に

みる徳正寺の寺地移転について」)。〝町外れ〟というと寂しい場所のように聞こえるが、寺から歩いて十分弱の四条河原では、出雲阿国《いずものおくに》(没年は一六一三年以後)が〈かぶき踊〉でブレイクしていたのと同時代である。江戸初期の京都を描いた「洛中洛外図屏風」などを見ると、徳正寺の近隣は、すでに人々が群れ集う町の中心地として活気に満ちていた。

正子の家族

井上智月(*1876-1945*)

井上智月《ちげつ》　正子の父 井上智月は、一八七六年(明治九)四月八日、信州桐原《きりはら》(現 長野市桐原)出身で、等観寺(京都市上京区)の住職 阿部慧行《えぎょう》(*1820-88*)の次男として京都に生まれた。慧行は八三～八八年(明治一六～二一)、大谷派本願寺(東本願寺)の寺務所長を務めていた。一八九六年(明治二九)智月二十歳のとき、徳正寺第十三世井上願祐《がんゆう》(*1847-97*)の養子となり、その後の半生を徳正寺の復興・隆盛に尽くしている。智月が徳正寺へ入籍した当時、境内地は一八六四年(元治《げんじ》元)の禁門の変にともなう大火(鉄砲焼け)で荒廃し、罹災《りさい》後三十年を経てなお、本堂は仮堂のままだった。十四世住職を継嗣した智月は、一九一二年(明治四五/大正元)、本堂の再建を果たし、さらに大正年間を通して、表門、庫裡《くり》等を順次普請《ふしん》して、現在でも当時の建物が境内地に、生活の変化にともなう諸所の改装はあるにせよ、ほぼそのままの姿で維持されている。

井上美年子(*1881-1970*)

井上美年子《みねこ》　母 井上美年子(*1881-1970*)は、広島別院明信院《みょうしんいん》の常輪番で常念寺住職の桑門志道《くわかどしどう》(*1850-1918*)とみす(*18??-1918*)の長女として、一八八一年(明治一四)九月一四日、広島に生まれた。美年子が生まれたとき、父 志道は東本願寺の「両堂再建掛《りょうどうさいけんがかり》」の役職についており、一八六四年の鉄砲焼けで焼失した両堂(御影堂《ごえいどう》・阿弥陀堂《あみだどう》)の再建事業に携わっていた。志道自筆の「明治四十二年二月 履歴調」によると、美年子誕生の二日後、九月一六日に「七級出仕」とあり、京都で本山の寺務所勤めをしていたと考えるのが妥当であろう。筆者の母（美年子の孫 井上章子）によると、美年子は京都の番組小学校に通っていたと聞いており、小学校の学齢に達する明治二十年代（一八八七〜）には、広島の家族ともども東本願寺の役宅に移り住むようになっていたと考えられる。晩年、美年子の言葉遣いに広島の訛りはなかったという。

智月と美年子が結ばれたのは、戸籍によれば一九〇〇年（明治三三）三月三一日付で「井上智月ト婚姻届出仝［同］日入籍」とある。

智月・美年子夫妻には、結婚の翌年（明治三四）二月二三日に長女 知恵が誕生したが、満二歳を迎える直前で早逝《そうせい》している。不幸は続く。三年後（明治三七）二月二〇日、長男 靖が出生するも、わずか十七日間のいのちと薄命であった。

正子の誕生は、その二年後の〇六年（明治三九）二月、亡き初子《ういご》の出産から五年も経っていた。さらに五年後の一一年（明治四四）五月三〇日、二男 彰淳《しょうじゅん》（幼名は淳丸《あつまる》／六歳まで彰祐《しょうゆう》と名告る）が誕生した。

智月三十五歳、美年子三十歳、德正寺の後嗣となる男子出生であった。

井上彰淳《しょうじゅん》　弟の彰淳については、会ったことのない祖父として「序」で触れたが、いま少し、詳しく記したい。

井上彰淳（*1911-57*）

井上彰淳は若い頃から演劇に熱中し、戦後は新劇のアマチュア劇団 テアトロ・トフンを率いた。一回り以上も年下になる新進作家 三島由紀夫（*1925-70*）の戯曲「燈台」を四九年、翌五〇年には「邯鄲《かんたん》」を同劇団で演出、試演した。またカメラに熱中したり、レコードを蒐集《しゅうしゅう》するなど、ハイカラな趣味人としての一面があった。例えばコレクションに、クルト・ヴァイル作曲、ベルトルト・ブレヒトの「三文オペラ」（二八年）のレコードアルバムが見つかるのも、彰淳の演劇を通じて、同時代の文芸への傾倒が知れるだろう。新しいものが好きな一方で、大谷大学（三五年卒業）では歴史学を専攻し、元禄時代の町人文化について研究した卒業論文が筐底《きょうてい》にのこされていた（「元禄時代に於ける上方町人の研究」）。

彰淳は、とりわけ井原西鶴や近松門左衛門の上方《かみがた》文学に親炙《しんしゃ》している。卒論を一読してみると、封建制度の完備した徳川時代にあって、上方の町人文化には、すでに近代的な資本主義、貨幣経済による拝金思想、商取引上の功利主義の浸透が見られ、現代にも通じる進取の気性が兆していたとする。そこにはペンを執ってこの論文を書いている彰淳自身が、身をもって置いたこの場所、近世より町場《まちば》にあり続ける徳正寺とも地続きの社会が（現世にある寺院も資本主義、貨幣経済とけっして無縁ではない）、過去から脈々と息づいている実感であったようにも思える。

今わたしは、彰淳の律儀で細密な筆跡のノートや日記などをめくりながら、勉強熱心でウィットに富んだ思考、その一方で享楽的でもあるような若き日の祖父の姿に感心をするのだが、考えてみるとこれらは、正子の弟 淳丸《あつまる》（親しい人はそう呼んだ）がずっとのち、大人になってからの履歴であった。その履歴をいったん白紙に戻せば、好奇心にいつも目を輝かせる弟が、日記の中で生き生きとした姿で像を結ぶ。

弟は夕方から父と人語を解する馬とか、怪力の兄弟と云うのが来ているのでそれを見にいって、夜遅く帰って来た。四ツと八ツとかになる可愛い馬がオルガンで君ヶ代をひいたり米国の国歌をひいたそうだ。又、算術もするし、世界各国の旗が置いてあって、どこの国の旗を取って来いと云うと間違えずに取って来るそうだ。その他色々の面白い芸をしたと話していた。それから、三十一貫と二十八貫の兄弟が種々の事を見せて皆を吃驚《びっくり》さしたそうだ。

一九一九年（大正八）六月一七日　火曜日

のちのち演劇に熱中する少年の興味の発端が、たとえばこんな、アメリカからやって来た旅廻りのサーカス一座の興行（於 新京極歌舞伎座）にあったのかもしれない。

井上正子略年表

井上正子（*1906-98*）

井上正子《まさこ》　井上正子が智月と美年子の間に、一九〇六年（明治三九）二月に生まれたことは、すでにこの文、この本の随所に幾度も記されている。ここでは正子の一生というものを年表に起こし、素描しておきたい。

一九〇六年（明治三九）0歳　**二月一八日** 誕生。

一九〇九年（明治四二）3歳　**四月** 満三歳となり、豊園《ほうえん》幼稚園へ入園。

一九一一年（明治四四）5歳　**五月三〇日** 弟 彰淳（幼名は淳丸／六歳まで彰祐と名告る）が誕生。

一九一二年（明治四五／大正元）6歳　**四月** 開智《かいち》尋常小学校に入学。

一九一八年（大正七）12歳　**三月** 同小学校を卒業。**四月** 京都市立高等女学校（現 京都市立堀川高等学校）に入学。**五月一日** 女学校配布の日記帳に初めて日記を綴る。**五月四日** 母方の祖母 桑門みす、広島で死去。**一一月二八日** 祖父 桑門志道 死去。

一九二一年（大正一〇）15歳　**六月一九日** 同級生の親友 仲北八重を喪《うしな》う。

一九二二年（大正一一）16歳　**三月** 市立高女の本科四年を修業。**四月** 京都府立第一高等女学校（現 京都府立鴨沂《おうき》高等学校）の本科五年に入学。

一九二三年（大正一二）17歳　**三月** 府一高女の本科五年を修業。**四月** 同高女の国語漢文専攻科に入学。

一九二六年（大正一五／昭和元）20歳　**三月** 国語漢文専攻科二年を卒業。**六月三日** 滋賀県蒲生郡日野町日田 真宗大谷派本誓寺（通称 東本誓寺）住職 野田現《げん》浄《じょう》の長男 浄曜《じょうよう》と結婚。野田姓を名告り野田正子となる。浄曜はドイツ哲学を専攻し、当時、第六高等学校（現 岡山大学）の教授。浄曜の勤務地 岡山に住む。

一九二七年（昭和二）21歳　**一月二一日** 長女 尚子《ひさこ》 誕生。

一九三〇年（昭和六）24歳　**六月四日** 次女 綾子 誕生。

一九三一年（昭和七）25歳　**八月五日** 綾子、一歳二ヶ月

で死去。思いを歌に託した［正子孫 野田彬雄 談］。

一九三三年（昭和八）27歳　**一二月四日** 長男 宣雄《のぶお》、岡山にて出生。

一九三七年（昭和一二）31歳　**六月二八日** 弟 彰淳、橿原《かしはら》幸子《ゆきこ》と結婚。

一九四一年（昭和一六）35歳　**八月** 浄曜が松江高等学校（現島根大学）の教師着任に伴い島根県松江に住む。

一九四五年（昭和二〇）39歳　**一月** 浄曜、松江高校を退き、家族と滋賀県日野に戻る（正子・尚子・宣雄は戦火を避け、この時以前に本誓寺へ帰着していたカ）。**四月二〇日** 父 智月 死去。**八月六日** 広島の原爆投下により叔父 桑門 幹《もとき》死去。この年、浄曜、本誓寺の住職となる。

一九四六年（昭和二一）40歳　**七月四日** 弟 彰淳・幸子夫婦に姪 章子《しょうこ》誕生。

一九五七年（昭和三二）51歳　**一二月一七日** 弟 彰淳 死去。

一九七〇年（昭和四五）64歳　**一月二〇日** 母 美年子 死去。

一九九八年（平成一〇）91歳　**二月一六日** 井上正子 永眠。行年九十一歳。

正子の一生を一息に書きだしてしまえば、学歴と結婚、夫の転勤に伴う転居の来歴、新しい家族の誕生、次女の死。そして親しい人たちの点鬼簿と、即物的で出来事の肉づけに欠けた年表にも思えてしまう。しかし、どれだけ精緻な内容を盛ったところで、正子の真の境遇は、彼女以外の誰にわかるものではない。［次女の死は、本書の校了間際の二〇二三年一〇月二日本誓寺訪問で教えられた］

> 夜私は自分の机の前でじっと静かに考えていると色々の事が思われる。父上の事も母上の事も弟の事もはては悦子のことも浮んで来る。私は、私の境遇を最も幸福なものと信ずる。
>
> 一九二一年（大正一〇）五月三日　火曜日

この日記の性格として、十二歳から十六歳にかけて、一九一八年（大正七）から二二年（大正一一）の日々を自ら綴った日録であることが、正子の境遇を、手元を照らす灯《あか》りのようにその日だけを照らしている。

私は考えまい。唯今一瞬間の幸福を味わうのみだ。何のための人生か分からない。

一九二一年（大正一〇）八月二一日　日曜日

正子の親族

井上家の四人の家族を紹介した。日記には、無数の人物が登場する。祖父母や伯父（叔父）さんたち、従姉妹（従兄弟）と言った親族の存在も、日記のなかで忘れがたい印象を与える。

桑門志道（*1850-1918*）

桑門志道《くわかどしどう》（美年子の父）　正子の外祖父　桑門志道は、広島県呉市の南、倉橋島の最南端に接する小さな島、鹿老渡《かろうと》の真宗大谷派信順寺に一八五〇年（嘉永三）に生まれた。若き日から親交がある南條文雄《なんじょうぶんゆう》（1849-1927／仏教学者）によると、志道は六八年（明治元）には高倉学寮（東本願寺の教学研究・教育機関。大谷大学の前身）に在籍し、七一年夏は護法場（高倉学寮がキリスト教研究を主たる目的で開設した）で学んだ。先述の「明治四十二年二月 履歴調」では、七六年一〇月（明治九）、大谷派本願寺（東本願寺）の寺務所に「四等書佐」で着任している（満二十六歳）。七九年（明治一二）一二月に「兼両堂再建掛［掛］補」に任命（八〇年一〇月、同掛「助勤」。八二年四月「准録事 再建局」）。八六年五月「財産取調掛」、九月「会計部整理掛」と財務を担当し、財政難に喘《あえ》いでいた本山の立て直しに当たることで、大谷派教団の近代化を陰で支えた。九〇年二月の「函館寺務出張所次長」就任では、長女 美年子を伴って北海道へ渡っている。九四年、本願寺水道建設（九七年完成）を担う「水路工事掛」を務め、一九一一年（明治四四）に竣工した大師堂門《だいしどうもん》（現 御影堂《ごえいどう》門）造営にも諸事において監督。桑門志道の経歴をたどると、明治時代を通じて東本願寺の再建・近代化に努めた華々しい業績で埋められている。

「正子日記」に祖父志道が生きて登場するのは、一九一八年（大正七）一一月二八日、広島の自坊（常念寺）で急逝するまで、たったの半年間に過ぎない（初登場は一九一八年六月二八日）。志道の死因は、折から毒性を強めて流行していたスペイン風邪（スパニッシュ・インフルエンザ）の第二波だった。日記を通じてうかがえる志道の肖像は、すでに本山勤めをリタイアし、正子・淳丸（彰淳）の祖父として、孫姉弟《きょうだい》をこよなく愛した好々爺《こうこうや》として映る。それは、徳正寺に未整理のまま大量に遺されている桑門志道にまつわる書簡や文書に垣間見られる、かつて本山の財務を司った実務有能な為政者の顔（老獪《ろうかい》なと言っても良い）とは、いささか印象が異なるものであった。

もし日記だけを通して桑門志道のプロフィールを描けば、それは明治期の東本願寺（大谷派教団）の近代史に深く関わった人物の、社会の一員として生きた姿を見失うことになる。また目覚ましい活躍を履歴に並べて政務に長けた側面だけに光を当てると、日記に描かれた家族の一員である老祖父の情の篤《あつ》さは隠されてしまう。

桑門 環《たまき》　桑門志道の長男 環（*1876-1929*）は、正子が幼い時から心を許し、その来訪にときめきを隠さなかった人物である。満洲（現 中国東北部）安東県《あんとうけん》で大谷派本願寺の安東布教所に在勤したことから「安東県の伯父さん」と呼ばれた。

桑門 環（*1876-1929*）

安東県は、中国遼寧《りょうねい》省丹東市の古称で、鴨緑江《おうりょくこう》下流の西岸に位置し、対岸を朝鮮半島新義州《シニジュ》（現 朝鮮民主主義人民共和国）と接する国境の街である。日露戦争において一九〇四年（明治三七）五月、日本陸軍が安東を占領したことにより、軍部の委託で朝鮮京城《けいじょう》（現 ソウル）から大谷派僧侶（和田什意《じゅうい》）が派遣され、安東沙河鎮寺を建立《こんりゅう》したのが安東布教所の始まりである。これは「日本の仏教組織が東北［中国東北部・引用者］に立てた最初の布教所」（木場明志・程舒偉 編『日中両国の視点から語る　植民地期満洲の宗教』柏書房、二〇〇七年）であった。「真宗大谷派海外（満洲）布教所設置・人事データ」（同前 木場・程 編著）によると桑門環は、一五年（大正四）一二月、京城から安東布教所に開教使（海外での布教活動に従事する僧侶）として着任している。

伯父様は盛んに満州熱を吹いていらっしった。中々雄弁で、新しい事をおっしゃるのには敬服する。
安東県に行〔い〕《[ママ]》らっしゃると接する人によって自然現代をよく知っておかねばいられないとおっしゃる。ほんとにそうだろう。
父上も京都にばかし行〔い〕《[ママ]》ないでちっと海外に行きたいとおっしゃってらしった。

一九二二年（大正一一）五月一四日　日曜日

環は、正子やその家族に「海外（外地）」の話をよくした。頻繁に徳正寺を訪ねて何日も滞在をしているので、それだけ満洲と日本を足繁く往復し、大谷派教団の対外布教事業に働いていたのであろう。先述の「人事データ」では、二九年（昭和四）九月一二日、「〔安東県布教所（安東別院）〕死去　桑門環」と安東県での客死《かくし》が伝えられている。

正子と桑門 環 徳正寺の庭にて 1911年（明治44）頃カ

安東布教所の設置が陸軍の委託だったように、当時の日本仏教界の対外布教事業は、「次第に政府の対華侵略政策の中に組み入れられていき、日本の中国における布教は極めて政治的色彩の濃いもの」（程 舒偉「植民地時期満洲の諸宗教抑圧」同前）となっていった。桑門環は、理想と野心を原動とする「満州熱」を、外地の開教使としての使命に燃焼したことだろう。「現代をよく知る」ことが、植民地という海外布教においては不可欠であり、桑門環の動向は、日本の仏教界あげての対外宗教政策が、近い将来における満洲統治の成功（〈満洲国〉建国は一九三二年）の鍵を握る重要な植民地化事業だったことを窺わせる。

桑門悦子　環の娘、悦子（*1908-25*）は二〇年（大正九）一二月、十二歳（尋常小学校六年）のとき、安東県に女学校がないので、正子と同じ市立高女に入学するため徳正寺にやってきた。正子より二歳年下の悦ちゃんが家族となることを、「私も可愛い妹がふえてうれしい」（大正九年一二月一六日）と心から喜んでいる。

桑門悦子は二五年（大正一四）一一月二七日、数え十八歳の若さで亡くなったことが、徳正寺納骨堂の収骨記録から読み取れる。

日暮の阿部家

ときに「日暮《ひぐらし》」という地名が出てくる。

夕方から父母弟と日暮の阿部へ行った。行姉《ゆきねえ》さんが今度、東京の女子大学へ行かれるから、その送別会があったのだ。御馳走を沢山戴き、後姉さんのお琴を聞かしていただいた。

一九一九年（大正八）四月七日　月曜日

「日暮」とは、井上智月の生家で、智月の兄 **阿部恵水《えすい》**（*1870-1945*）が住職を務める等観寺のことである。住所が「上京区日《ひ》暮《ぐらし》通椹《さわら》木町《ぎちょう》上ル櫛笥《くしげ》町」なので〝日暮〟と呼ばれた。行姉さんは恵水の長女 行子《ゆきこ》、正子の従姉にあたる。

阿部恵水（*1870-1945*）

阿部恵水は、真宗大谷派本願寺の寺務総長（一九二九年より宗務総長）を三度務め、宗政《しゅうせい》の手綱を握る政治家だった。

一八九六年（明治二九）、本山寺務所の財務部会計の用掛となり、以後、「二十七歳から三十九歳の多感な時代を、本願寺の財務畠の仕事に従事」（北西弘『東本願寺近代史料』）。この会計部で桑門志道は恵水の上司となる（一九〇〇年、志道は「会計部録事」）。一九一五年（大正四）七月、満四十四歳で寺務総長に就任。二〇年一月にいちど退くが、同年八月ふたたび総長の座についた（至二四年七月）。「正子日記」に登場する伯父は、ほぼ寺務総長時代である。

恵水は政略で、東本願寺法主《ほっす》 大谷光演の長男大谷光暢《こうちょう》（1903-93）と久邇宮邦彦王《くにのみやくにひこ》の第三王女智子《さとこ》（1906-89）との婚約を一八年（大正七）一月に成立させている。

正子は、智子女王が日暮の等観寺を訪れたときの模様を記している。

> 十一時頃智宮様、高松の小母様と悦子さんがおともして自働〔ママ〕車にてお成りになった。外には巡査がいかめしく立っている。
>
> 一九二一年（大正一〇）六月一二日　日曜日

一九年六月、智子女王の姉良子《ながこ》女王は、皇太子（後の昭和天皇）との婚約が正式に内定し、智子女王は将来の皇后の妹となることが約束されていた。阿部宗政は皇族と大谷家との紐帯《ちゅうたい》を強めることで、宗門（大谷派教団）の権威を高からしめることに成功した。

三一年（昭和六）七月、恵水は三期目の総長（宗務総長）となり（至三六年五月）、三次にわたる阿部長期宗政は延べ年数で十四年もの長きに及んだ。

和ちゃん　日暮の等観寺には、正子の「いとこ」で幼馴染みの和ちゃん（和子さん／和子さま）がいる。府立第二高等女学校（現 府立朱雀《すざく》高等学校）に通う、正子と同い年の女子である。休日にはお互いの家に泊まりに行くほど仲がいい。

> 九時頃いとこの和子さんから電話がかかって遊びに来いと云われたので足の痛みも忘れて喜んで行きました。そして色々の美しい御本を見せていただいて夜は二人一緒に仲善く寝ました。
>
> 一九一八年（大正七）七月二二日　月曜日

日記では最初、「和子さん」と記されるのが、「和ちゃん」となり、やがて「和子さま」と呼び方が変遷しているのが、正子との心的な距離、寺族同士の親戚とはいえ、それぞれの家風（家柄）の違いといった関係が推し量られるようである。

しかし、和ちゃんについては、日記の記述からでしか何も知りえない。日記に「和ちゃんは明日小兄さんと加賀へ帰られる」(大正七年一二月二九日)とあり、別の日には「加賀の叔母様」(大正一〇年五月一五日)と出てくるので、叔母様は加賀に住む阿部家の親戚で、和ちゃんはその娘とも考えられる。和ちゃんが京都の女学校に入学して、等觀寺に住むことになったことで二人は出会ったのだろうか。

家族の肖像

「正子日記」では、無数の人物が登場している。網を張ったように無方へと繋がる人物地図を、井上正子の背景にかぶせてみることで、正子が日記を書いた徳正寺という日常の空間が、奥行きをもって立ち現れるのではないだろうか。また日記が書かれた大正七〜一一年(1918-22)の六年間、今からおおよそ百年前という過去が、どのような時代であったか、人物の輪郭を摑んでおくことにより、日記の描写が鮮明に息づく。幸いにも徳正寺には、日記だけでなく、正子の家族・親族を写した写真が何冊ものアルバムに遺されていた。もし正子に尋ねたら、これは誰、これは親戚の何々さんと教えてくれたに違いない。

それが叶わないまでも、正子の家族のアルバムは、見るものに能弁なまでの語り口を提示している。

正子と弟 淳丸(彰淳) 1913年(大正2)頃ヵ

徳正寺の間取り図

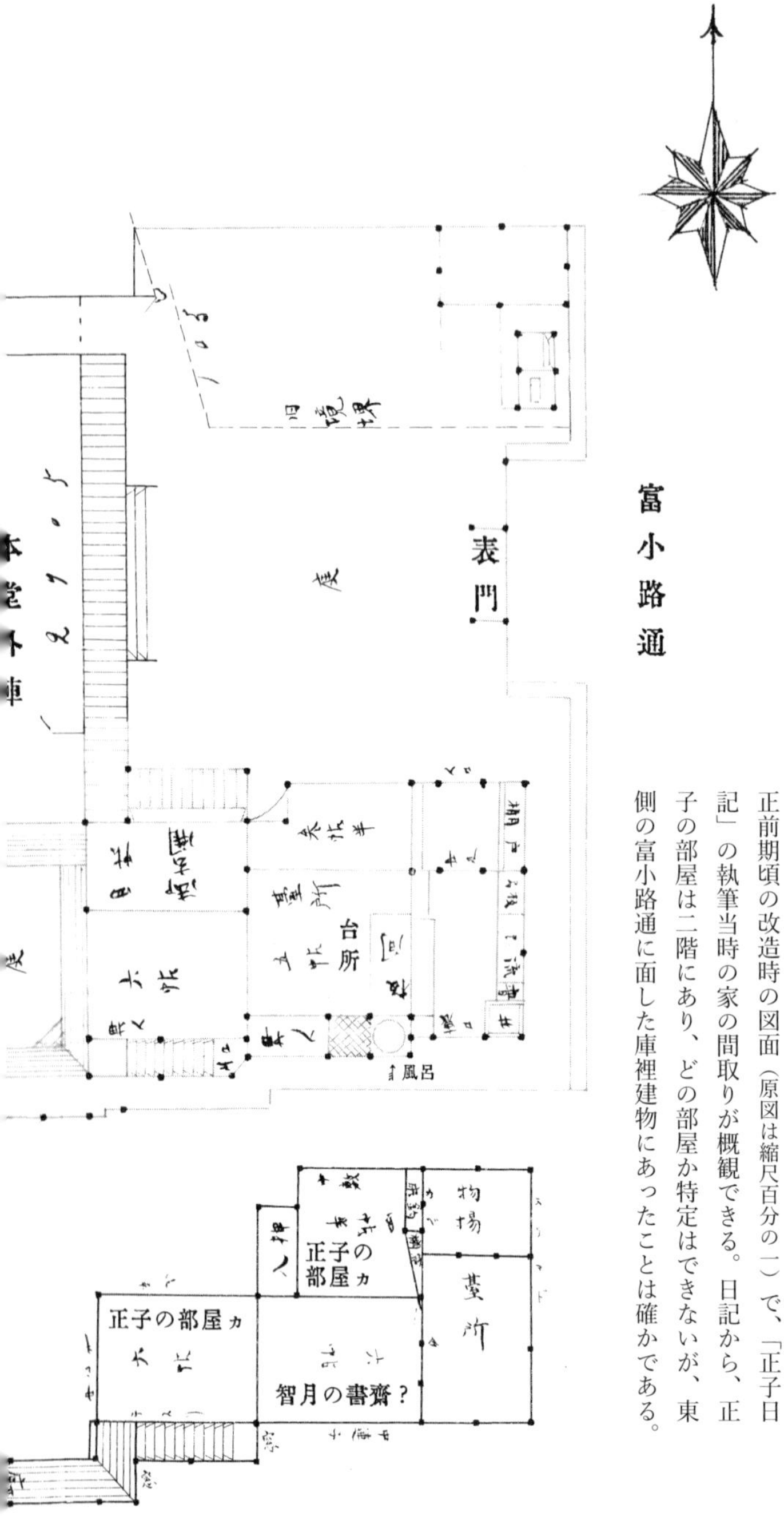

本図は徳正寺境内地の建物の間取り図である。境内地の建物は、一九一四年（大正三）までに本堂・書院・庫裡・客殿・表門が造営され、現在の寺観に整えられた。これは大正前期頃の改造時の図面（原図は縮尺百分の一）で、「正子日記」の執筆当時の家の間取りが概観できる。日記から、正子の部屋は二階にあり、どの部屋か特定はできないが、東側の富小路通に面した庫裡建物にあったことは確かである。

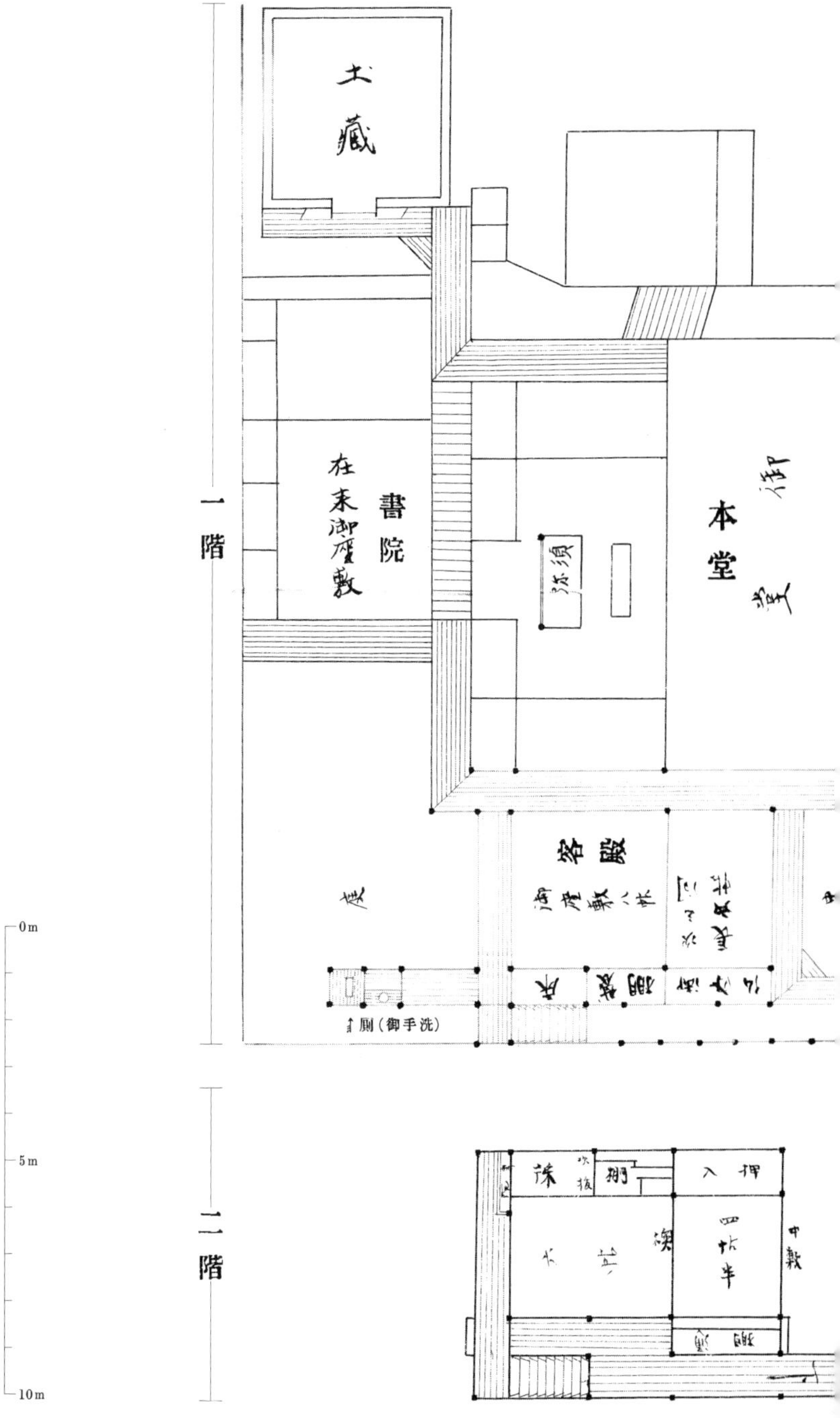
土蔵
書院
在来御座敷
本堂
一階
客殿
御座敷八畳
庭
厠（御手洗）
二階
0m
5m
10m

正子-淳丸-智月-美年子 正子の腕に抱かれる長女の尚子《ひさこ》
德正寺の庭にて 1930年(昭和5)頃

正子さんの日記と夏の日と

小林エリカ
こばやしえりか

この夏もまた蟬が鳴いていた。夏休み、私は娘を連れて坂下にある公立のプールへ出かける。プールはＣＯＶＩＤ‐19のために人数制限がかかっているせいで、いつもよりずっと空いている。私はやたら広々としたそのプールで泳ぎながら、また彼女のことを考えている。彼女の記した日記のことを。

八月一日　木曜日　晴　温度九十三度〔33・8℃〕　起床六時半　就眠九時
今朝弟の朝顔が一つ咲きました喜んで皆に自慢していました。
夕、この間澁谷へ行って初めて行水したのでめずらしくてたまりませんでしたので今日私と弟とは行水をしました。おふろよりか行水の〔方〕が面白うございます。

京都市立高等女学校へ入学したばかりの彼女は12歳。

ためさろろ日
井上正子日記 1918-1922

記した日記はいまから一〇二年前の夏。

彼女の名前は正子。


私は水着のままシャワーを浴びて、自転車で家へ戻る。ふと見れば、我が家の庭のプランタでも小さな薄桃色の朝顔の花が咲いていていた。とはいえそれは午後のことだったので花はすでにしおれてしまっていたけれど。


この夏、私はずっと彼女の日記を読んで過ごした。

黒、セピア、ときに青のインクで書かれ、ところどころインクが滲む彼女の日記。

文字は年を追うごとに次第に小さくきっちりした文字になってゆく。

なにしろ手書きの文字なので、ところどころ読みづらいのだが、それでも私はその日記を貪るように読んだのだった。


この日記の存在を私に教えてくれたのは、德正寺の住職で文筆家でもある井上迅(筆名・扉野良人)さん。

もう何年も前になるが、かつて京都を訪れたとき、私もその德正寺へもおじゃましたことがある。

四条の大丸の前を鴨川のほうへすすみ、富小路《とみのこうじ》通りをさがったところに、寺はあった。

その寺は室町時代一四七六年に創建され、一六〇〇年頃からこの地にあるという。とはいえ、勿論寺も火事で何度かは燃えてはいるし、その庭には新たに藤森照信の茶室「矩庵《くあん》」などが造られてはいるが。

あれも夏の日で、りっぱな万願寺唐辛子を焼いたものと素麺《そうめん》でおもてなしをしていただいたのだった。

私はそこで思いきり素麺を啜った。

本堂の右手には白壁の納骨堂、六角堂があったのを覚えている。

聞けば、その須弥壇の下の収納奥深く、彼女の日記はしまわれていたのだという。それを、三年前、片付けをしていた迅さんが見つけた、ということだった。

彼女は迅さんの大伯母にあたる。

そう、彼女はその場所に生まれ、暮らしていたのだ。

そもそも、その六角堂は彼女の父が、彼女が16歳の頃に建てたものだった。

彼女がその場所に生き、その場所で日記を記したのかと考えると、奇妙な感慨を覚える。

私も訪れたあの場所。

手入れの行き届いた廊下の奥に、唯一ロボット掃除機ルンバを認めたことを思い出したときにだけ、私はあそこを訪れたのが21世紀であることにはっとする。

迅さんは晩年の彼女に会ったことがあると手紙で教えてくれた。

彼女が亡くなったのは、一九九八年。数え93歳の年。

けれど、迅さんも12歳の彼女は知らない。

恐らくその日記に書き記したような胸の内は、その日記を読んだもの以外、その家族ですらしらなかったのではなかろうか。

彼女は四冊目の日記帳のいちばんはじめのページに祈るように書きつけている。

真直に進めよ一直線に進めよ！ 我!!!


彼女の日記を読む私のところに、ぽつりぽつりと迅さんから便りが届く。

八月六日のことだった。

届いたメールには、こんど広島へ行ってみようと思います、と書かれていた。

彼女の母にあたる人の生家は広島にあり、彼女も七つの時からお盆は毎年広島で過ごしていたと、日記にもあるのです。

そこは現在の広島原爆ドームから南八〇〇メートルほどの場所にあります。恐らく彼女はまだ完成して間もない広島県物産陳列館、のちの原爆ドームを見ていたことでしょう。

迅さんはその後実際、広島へ行き、そこから私にあてたポストカードも送ってくださった。

原爆でその生家は吹き飛び、彼女の叔父が亡くなったという。

けれど、いま、私は、彼女がそこで死ななかったことを、知っている。

戦争を、病気を、日々を、生き延びたことを知っている。

けれど、私は彼女の日記を読むとき、彼女がこれから先に何が起きるのかを、これから自らが一日一日と生きつづけることができるかさえ知らないのだ、という事実に、戦慄する。

彼女が12歳だったその年は、スペイン風邪が流行していた。

学校やお茶の稽古でも休むものが続出し、広島の祖父もおそらく感染し容態が悪化、亡くなっている。新聞の黒枠広告が多く並ぶ。その後、自らも体調を崩し学校を休まなければならなくなり、成績が悪くなってしまったことに、悔し涙を流す。

けれどその年だけではない、その後も彼女の日記の中には、生と同時に、繰り返し病や死が刻まれている。

祖母、それから、祖父。それから校長先生、同級生のお母さん。相次ぐ身近な人たちの死。親友のお八重さんが病気で命を落としたときには、その悲しみや死への想いは日記にも刻まれている。

ああ私はまた愛する人の死に出会わなくちゃならなかった。
私は人の世を呪う。私は人の世を悲しむ。どうして人の世はこんなに悲哀が多いのだろう。
私は私のお八重さんを失った。お八重さんは私を残してどこかへ行ってしまった。私はお八重さんが唯一人の親友だったのだ。
あの人の様な友情のあつい美しい友をあの人によって初めて知った。
私はその時実際幸福に思った。しかし私は今、最も哀れな不幸者になってしまった。私は悲しい。私は何と云ってこの悲しみをいやすのか知らない。私ほど悲しい者が今の世の中にあるだろうか。

一九二一年（大正一〇）六月一九日　日曜日

その翌年の一九二二年、同じ学校の佐々木さんが自殺、寺村の小父様も亡くなる。
夏の終り、私の家のエレベーターホールの真ん中で蟬が幾羽も死んでいた。
人は生まれて死んで、またおなじ季節が巡る。
テレビをつけると京都の大文字の送り火が中継されていた。私はそれを観た。
八月十六日の彼女の日記を繰ってゆくと、12歳の彼女も大文字を見ていた。

> 夜大文字《だいもんじ》山で大文字がともりました。お向のお医者さんのお子達もおこしになって皆で見ました。左大文字も見ました。舟や鳥《〔ママ〕》〔鳥居〕や妙法とか云うのは見ませんでした。久しぶりで大文字を見ました。七つの時から何時も広島へ行っていましたので長いこと京のおぼんを知りませんでした。

それから15歳になった彼女は日記を捲ってみて、私は驚く。
その日焼けたのを彼女が見たのは大文字山ではなく、大丸デパートだったから。

> めらめらと上る火焔は、さしもの大丸も弱きものになり
> 風のなき朝なれば、火は大丸の楼上より高く高く上るのである。
> ばさっと倒れる建築は大きなひびきと共に、又もはげしく焔をあげるのである。私等は身をふるわして恐れるのであった。

然し私はこれを見ている時、これは徹底した自然の美じゃなかろうかとも思った。でもそれはあまりに美しかった故に。

16歳になった彼女はこう書く。

夏中を私等を毎朝毎朝楽しまして呉れた、朝顔の淋しい末路を見た時、又生の空虚さを考えさせられたのでした。

一九二二年（大正一一）九月一一日　月曜日

夏は終わり、秋が、そしてそれに続いて冬がやってくる。
けれどそれでも、彼女の人生は、日記は、続く。
彼女の日記の一番最後にはこう書かれている。

名古屋の小父様と小母様御一緒にお越しになった。随分大きくおなんなさいましたねって吃驚していらっしった。
私そんなに大きくなったのかしら、
早く年老《と》って見えるのはきらいだのに。

いま、私は彼女の日記を読む。

その日記を読み続けているせいで、どこか彼女は心打ちあけてくれる、親しい人のような気持ちさえする。

けれど、日記は一九二二年（大正一一）九月二四日日曜日、最後のページでお仕舞いになっている。

その後、日記は書かれなかったが、彼女の人生は、まだ続く。

大丸は火事の後に再開し、彼女はその人生のうちその後も大文字に火がともるのを見ただろう。

やがて年を取り、実際に老いた彼女は、朝顔を見て人生の空虚さを感じ続けただろうか。あるいはもう、早く年老いて見えることをきらいでなくなったりも、しただろうか。

そして10代だった彼女はこんなふうにして、彼女の日記が読まれることを、考えたことはあっただろうか。

けれど彼女はこの世にもういない。

会うことは、喋ることは、叶わない。

いずれにしても、私は折に触れて、彼女のことを、彼女が書いたことを思い出し続けるだろう。そして、やがて私自身も年老いて、死んだ後も、おなじように季節は巡り、この日記がありつづけ、誰かに読まれ続けるかもしれないことが、一筋の希望でもある。

『井上正子日記』について

磯田道史
いそだみちふみ

『井上正子日記』について語るまえに、東アジアの女性日記文学の歴史について触れておきたい。日本は「日記」史料の豊富な国である。しかも、古くから女性の日記文学が多く残されている。日本史における日記の位置づけは、近年全二十巻シリーズで『日記で読む日本史』（倉本一宏監修、臨川書店、二〇一六年〜現在）が刊行され、その第一巻『日本人にとって日記とは何か』（倉本一宏編）で論じられている。この国には分厚い「日記文化」があった。とりわけ、世界的にみても、この国は女性の「自分語り」の文章がよくのこされている点は注目に値する。日本最古の女性日記とも呼ばれる『蜻蛉《かげろう》日記』は平安時代の西暦九七四年頃の成立とされる。平安期には、ほかにも『紫式部日記』『和泉式部《いずみしきぶ》日記』『更科《さらしな》日記』『讃岐典侍《さぬきのすけ》日記』など、女性日記文学の山脈がつらなる。古代の女性日記がこんなに残されている地域は地球上でも珍しい。

例えば、中国大陸をみよう。たしかに、古代から女性の文章はある。後漢の班昭《はんしょう》 *Ban Zhao*（西暦*49?*

－1202）は女性の歴史家であり、父や兄の遺業を書き継いで『漢書』をまとめ、『女誡《じょかい》』『続列伝』『東征《とうせい》賦《ふ》』を著した。日本でいえば弥生時代のことである。日本では『古事記』の編纂に協力した稗田阿礼《ひえだのあれ》が女性であったとしても、西暦七〇〇年ごろの話だから、女性の歴史家・班昭の存在は東アジアで飛び抜けて古い。しかし、これ以後、中国大陸での女性の「自分語り」は、しばらく確認できない。ようやく、千年後の南宋《なんそう》になって、李清照《りせいしょう》 *Li Qingzhao*（西暦*1084-1155*）が亡き夫・趙明誠《ちょうめいせい》 *Zhao Mingcheng* の遺作『金石録』によせた二千字ほどの「後序《こうじょ》」が現れる。これは自伝的な文章であるが、日記ではない（張龍妹《ちょうりゅうまい》「平安女性叙事文学の誕生を考える」『第34回国際日本文学研究集会会議録』国文学研究資料館、二〇一一年三月）。結局、中国では、女性の韻文（詩）はあっても、文学とりわけ自伝文学は、なかなか成立してこなかった。一七～一九世紀になって「弾詞《だんし》小説」（中国の明《みん》代から現代にまで流行する語り物の形式。ラブロマンスが多い）のなかに女性による作品があらわれた。女性作家の陶貞懐《とうていかい》『天雨花』（一六五一年頃刊）、陳端生《ちんたんしょう》『再生縁』（一八世紀中ば）、邱心如《きゅうしんにょ》『筆生花』（一八五七年刊）の登場をみた（方蘭『エロスと貞節の靴 弾詞小説の世界』勉誠出版、二〇〇三年）。このうち、邱心如（西暦*1805-73*）の『筆生花』は百万字を超える大作で、自伝的な部分も含んでいるとされる（方蘭、前掲書）。朝鮮でも、女性の日記文学は、ずいぶん時代が下る。一五世紀にハングルの原形「訓民正音《くんみんせいおん》［李氏朝鮮の国王 世宗《せいそう》が制定したハングルの正式名称］」ができて、当時の女性にとって筆記の障壁になっていた漢字のハードルがなくなった。しかし、朝鮮で古いとされる女性日記・自伝の『癸丑《きちゅう》日記』・『閑中録』は一八世紀の朝鮮後宮《こうきゅう》［皇后・妃《きさき》などが起居する奥御殿］で書かれたものである（張龍妹、前掲論文）。

以上のような東アジアの女性日記の伝存状況からして、大正期日本の京都で、この『井上正子日記』のような、きわめて詳細な女学生日記が書かれたのは偶然ではない。日本には分厚い女性日記の伝統と文化があった。加えて、一八九五年（明治二八）から東京の博文館が日記帳『懐中日記《かいちゅう》』の販売をはじめた。さらに大正期になると、女性専用の日記帳もさかんに作られた。阿部次郎の評論随筆『三太郎の日記』（一九一四〜一八年、東雲堂書店・岩波書店）がベストセラーになり、一九一八年には、本間久雄『日記文の書き方』（止善堂）という本も出版された（田中祐介・土屋宗一・阿曽歩「近代日本の日記帳——故福田秀一氏蒐集の日記資料コレクションより」『アジア文化研究』第39号、二〇一三年三月）。明治末から大正期にかけて、日本では「日記の爆発」が起きていた。日記をつける人口が急激に増え、日記の大衆化が生じた。当時は、学校が生徒に日記の作成を求める場合も多く、この日記ブームに拍車をかけた。『井上正子日記』も京都市立高等女学校（現 京都市立堀川高校）への進学をきっかけとして、入学後の五月から女学校特製の日記帳に記入がはじまっている。十二歳時の一九一八年（大正七）五月に始まって、十六歳時の一九二二年（大正一一）九月までの六冊が残されている。

女性日記の伝統があるとはいえ、現在、京都市内で、この日記ほど緻密《ちみつ》に書かれた大正期の女学生日記の類例を見つけるのは困難である。京都市歴史資料館（上京区）や歴彩館《れきさいかん》（京都学・歴彩館／左京区）で保管されている近代京都の日記の多くは男性の日記で業務上の必要から書かれたものである。『井上正子日記』の価値は、前近代から近代へと変化する大正期に、若年女性が日常生活の行動だけでなく、自己の内面世界を詳細に叙述している点にある。また、この日記は一九一八年（大正七）に始まるスパニッシュ・インフルエンザ（スペイン風邪）の記録としても貴重である。家族・友人の罹患《りかん》やその感染死の状況や、みずからが罹患した際の苦悩などがつづられている。患者側視点の「スペイン風邪」研究になくてはならない史料でもある。ただ、この日記のスペイン風邪についての叙述は、拙著『感染症の日本史』(文春新書、二〇二〇年)のなかでふれたから、ここでは繰り返さず、別の切り口から、この日記を論じたい。一言でいって、この日記には、大正日本のプレ・モダン(前近代)とモダン(近代)が入り混じった世界を生きた少女の内面が記録されている。例えば、人間関係では、中世さながらの主従関係が、子どもにも存在した。

井上正子(*1906-98*)は京都市内の本山《ほんざん》東本願寺直下の末寺《まつじ》・徳正寺(真宗大谷派)の令嬢である。「私は、私の境遇を最も幸福なものと信ずる。(中略)私はすべてが幸福だ。(中略)幸福よ 永久に私等の上にあれ」(大正一〇年五月三日)と願っていた。「私等のクラスメートは(中略)皆良家の娘さんばかりであるから」(大正一〇年五月一七日)という立場である。寺には女中の「きく」がいて仕えていた。正子は自分の靴下を洗った経験もなく、初めて靴下を洗ったら「女中のきくまでが明日雨が降らねばよろしゅうございますね……とひやかす」ような恵まれた身分であった(大正九年一一月七日)。家事をするのは「女中が藪入《やぶいり》[奉公人が暇をもらって郷里に帰ること]」をする時だけで「お台所の雑用をする。/中々忙しいけれど、日一日が充実していて気持ちがいい。/よく働いた。自分で働けるだけ働いてみた。/隠居の女中が手伝いに来るのを断った。殆ど自分独りで一日働く時、非常な興味と快感を味わった」と、希《まれ》にする労働の感激をつづるほどである(大正一一年八月二一日)。

正子が、このような立場に居られたのには、明治維新が関係している。明治維新は家柄《いえがら》主義の「門閥《もんばつ》世襲《せしゅう》」から能力主義の「人才登用《じんさいとうよう》」をもたらした。天皇という「一君」のもと「万民平等」が建前であり、国家を近代化するために、門閥でない者が「参議」に登用され、維新の功臣となった。東本願寺でも同じような変化が起きた。東本願寺は幕末維新時の「禁門《きんもん》の変」(一八六四年)で御影《ごえい》堂、阿弥陀堂の両堂を焼失し、明治十年代後半には負債総額が三百万円に及んだ。巨額債務《さいむ》のなか本山再建を成し遂げなくてはならなかった。また新時代に入って、近代的な教団として生まれ変わる必要もあった。それには、江戸時代以来の寺務運営を解消しなくてはならなかった。維新政府さながらの教団近代化の改革が始まった（中西直樹『明治前期の大谷派教団（龍谷叢書44）』法藏館、二〇一八年）。そのなかで、教団内に登場してきたのが、正子の外祖父・桑門《くわかど》志道《しどう》であった。桑門は広島県の離島寺院の出身で、実務に有能であった。維新政府は「参議」が維新を進めたが、東本願寺は「参務」の一人として、桑門を登用し、建設の「作事科」を任せた。のち桑門と親戚になる阿部恵水《えすい》（東本願寺寺務総長／正子の伯父）には「会計科」を担当させた（森龍吉編『真宗教団の近代化（真宗史料集成第12巻）』同朋舎、一九七五年）。桑門は新政府の大蔵卿松方正義や財政に詳しい井上馨《かおる》に東本願寺の財政支援を訴え、彼らの紹介で三井銀行神戸支店から三十万円の融資をうけることに成功した。*のち桑門は三男（澁谷）誠一を三井銀行に入行させている（『人事興信録』第四版、一九一五年一月）。本山再建を成し遂げた阿部や桑門は、東本願寺の近代化・本山再建の「功臣」であり、取り立てられた彼らは互いに縁戚を結んで、大谷派宗政の新興勢力をなし、子や孫が京都市内の大谷派の重要寺院を預かるようになっていた。

正子は、このような環境に育ったから、生まれながらに仕えてくれる女中がいた。日記中の次の記述は、寺の令嬢と女中の情念的関係を示していて興味深い。「四年間も忠実に働いたきくが（中略）遠い南の国に唯一人かえ」ることになって、正子は「きくをステーションまで送ってやった」という。「きくはステーションで〝お嬢さまどうぞきくの事を忘れないで下さい〟と泣いていた。私は〝何でお前を忘れよう、長年親切に仕えて来てくれたお前だもの〟と云えばまたはげしく泣いていた」。大正期には、このような古めかしい主従関係がまだあった（大正一〇年六月八日）。また、生死に関しては医療の発達しない時分であるから、前近代をひきずっていた。現代よりはるかに死が近かった。高等女学校には九月に「追悼会」なる行事があり、先生や卒業生を含むものの、学友などが毎年二十人近くが死んでいなくなる。正子も唯一の親友の「八重」やいとこを病気で失った。スペイン風邪がなくても、少女が普通に死ぬ。病に侵された学校を休学することになった親友・八重と二人だけで、円山《まるやま》公園へ行って語り合う。親友の顔には死の予兆があらわれていたのだろう。その日の日記は「別れたら、と思うと、胸がかきむしられる様な悲しさにとらわれる」（大正九年九月八日）と終わっている。そして、やはり死んだ。八重は「死ぬまで二人はほんとの友となりましょうね」と、よく言っていたことがわかる。正子は「淋しい 淋しい 淋しい。お八重さん待って頂戴。私のあなたのそばまで行ける日を」と書いている（大正一〇年六月一九日）。「庭の隅に可愛い虫が泣いている。（中略）彼の虫も毎夜毎夜ああして泣きながら一歩一歩死に向いつつあるのである。否！ 虫のみでない。私等もその通りなのだ」（大正九年一〇月一四日）。少女が、こう日記に書く。大正の女学生にとって死は、かほどに近いものであった。友人の死をきっかけに「私は宗教に頼ろうかしら」と思い始め、母親は「宗教の偉大」を説き、「これから宗教の本を読もう／もっとこれから沢山沢山善い行をしよう／仏様のお慈悲深いことを実際に知ろう」と宗教に傾斜していった（大正一〇年六月二一日）。信仰の背景には、当時の死亡率の高さがあり、十代半ばで親類知己《ちき》の死を契機に信仰を内面化していったさまがうかがえる。

その一方で、大正期の都市には近代的な娯楽や施設が登場した。一部では、我々同様の生活を享受し始めてもいた。日記からは、ピンポン（卓球）、テニス、トランプはもちろん、美術館での絵画鑑賞、公会堂での音楽鑑賞が日常化しているさまがみてとれる。大正期の京都市は公共施設の整備が進み、家族

＊大谷大学真宗総合研究所 編 真宗本廟（東本願寺）造営史資料室 編『真宗本廟（東本願寺）造営史―本願を受け継ぐ人びと―』（東本願寺出版、二〇一一年）、中西直樹『明治前期の大谷派教団（龍谷叢書44）』〈法藏館、二〇一八年〉所収史料 水谷壽「明治新以後に於ける大谷派宗政の変遷 十」（『真宗』三八二号一九三三年八月）を参照。

で植物園にイチゴ取りにもいけた。ところが、「いちごはもう誰かの手にもぎ取られ、哀われ淋しゅう葉ばかりの姿」で、がっかりして電車で帰っている（大正一〇年六月四日）。弟が女中等と「新らしい色々の動物がふえた」動物園に行った話も出てくる（大正八年五月三〇日）。

円山公園などで野外上映される映画もよく見にいった。少女歌劇も鑑賞した。「父母から今夜公会堂へ少女歌劇を見に行くのだよと知らしていただいて私はほんとに喜びました。去年宝塚へ行った時はあいにく少女歌劇は居ませんでしたから残念ながら見ませんでしたのが今日見られると云う事は何とも形容の出来ない程うれしゅうございました」と、少女歌劇鑑賞の喜びを記している（大正七年九月二七日）。公会堂に「大勢の人で押され押されて入ったが私達は早くから行ったのでよい場所に入れた」と、当時は指定席ではなかった（大正八年六月六日）。正子は雑誌メディアを日常的に消費する初期の世代であり、『女学世界』（博文館）をとり、「夢二さんの相変らず美しい詩がのっていた」（大正九年九月一六日）と記す。当時の典型的な竹久夢二ファンの女学生の一人でもあった。「来たばかりの《婦人公論》を読んだ」（大正一一年五月一日）ともある。しかし、女性にとって、写真などの近代メディアの普及は良いことばかりでもなかった。夏八月になると、正子の井上家は西宮の寺村という家に海水浴にいく。「波は静かだ。外国人の別荘が多いと見え、豊満な肉体の外国人が美しい浴衣《ゆかた》であちこちにいた」と、外国人もいる芦屋海岸へ行った（大正一〇年八月四日）。ところが、京都に帰宅すると、寺村家の女性から「毎日海水浴場へ行くと多くの人が横から前から後からとレンズを向けて攻撃するのだそうでほんとに困ってると云う意味のレター」が来た。正子はその女性に返事をして「この頃は写難《シャナ》［原文ふりがな］ると云う言葉が流行しています。あなたは写難れる方ですね。随分御迷惑なことですね。（中略）多く異性を悩殺せしめ、あえてそんな図々しい行為をさせるのも皆その美故です。（中略）実際いやな問題ですね。私ははるかに聡明なあなた方によって適当に処置されんことを祈るのみです」と、八枚も紙を書きつぶして手紙で慰めるしかなかった（大正一〇年八月一九日）。カメラの普及と同時に、不心得な男性による海岸での女性盗撮が問題になり、「写難《シャナ》る」という新語まで流行していたことがわかる。

消費行動についていえば、近代的デパート（百貨店）でのウインドウ・ショッピングもしている。日曜日に、家族みんなで列車に乗り、奈良の大仏、生駒《いこま》山に参詣し、「帰りに大阪の三越へ行った。私は三越も初めてだったから、その大きい立派な建築に驚いた。私達の欲しい物が沢山あった」という休日の過ごし方である（大正八年五月二五日）。日常の買い物は「京極へ赤ちゃんのお祝を買いに行きました」（大正七年九月一日）というように、新京極が多かった。叔父が来て「京極へ行き中ざしを買っていただいた」（大正八年六月三日）との記述もある。しかし、女学生の心のよりどころは、やはり百貨店であった。スペイン風邪の最後の感染波の中でも下校中に「三人で高島屋へお菓子の陳列を見に行った」りしている（大正一〇年二月一一日）。「私等は大丸のショーウィンドで暫し歩みを止め（中略）ショーウィンドの中には色々の美しいものが並べてあるのに私等は勝手なことを評しあって」いた。ところが、その「大丸が焼けた」。近代化の途上の百貨店は、今とは比べ物にならないほど、火災に脆弱であった。「親しい友の死にあった様に思われる」とまで書いている（大正一〇年八月一六日）。

『井上正子日記』を通じて読めば、皇室崇敬《すうけい》や国民国家への「意識」が、大正期の少女の内面に形成されていく過程もうかがえる。もちろん、日記に記している内容と、少女の本心は完全に一つではないだろう。ただ、少女が「こうあるべき」と考えた内面は日記に表れる。大正七年、十二歳時も「昭憲《しょうけん》皇太后《こうたいごう》［明治天皇の皇后］の地久節《ちきゅうせつ》［皇后の誕生日を祝う日］」には桃山御陵への参拝が天候で中止になるだろうとだけ記して（大正七年五月二八日）、特に感想は書いていない。だが約一ヶ月後の貞明《ていめい》皇后（大正天皇の皇后）の地久節では「校長先生の皇后陛下の御壮健な事や御高徳のお話を聞き我我人民が御立派な国《こく》母《も》陛下を戴き奉れるのは真に幸福な事であると思いました。」（大正七年六月二五日）とある。校長訓話などで皇室に崇敬の念を抱き始めたのかもしれない。少なくとも日記では、皇后への崇敬の表明が始まる。翌年の地久節も判で押したように同じ言葉を日記に記している。高等女学校は皇室崇敬の教育に熱心で「学校から烏丸《からすま》［烏丸通］へ淳宮《あつのみや》［秩父宮雍仁親王《ちちぶのみややすひとしんのう》］・高松宮《たかまつのみや》［高松宮宣仁《のぶひと》親王］両王子殿下を奉迎いたしました」（大正七年七月一六日）と、正子も奉迎に連れ出されるが、この時点では、奉迎の事実のみ記し、皇族への讃辞はない。日記には、明治天皇祭、天長節、地久節、皇太子殿下御生誕日など皇室の祝祭日が淡々と記されるのみである。

　ところが、大正八年六月下旬から、正子にとって皇族は俄然身近な存在になった。久邇宮《くにのみや》家の智子《さとこ》女王（*1906-89*／のち大谷智子）が東本願寺法嗣《ほうし》・大谷光暢《こうちょう》と婚約の運びで、京都に移ってきた。そして、京都府立第一高等女学校（現 京都府立鴨沂《おうき》高等学校）に入学し、後に正子と同窓になる。*正子は京都へ来て間もない智子女王を訪問している。「伯母様と和ちゃんとが来られて、御一緒に久邇宮《くにのみや》様に行った。丁度宮様がお風呂に召していられた。高松の伯母さん（家庭教師）は、今まで宮様やお花さんとつかまえ［鬼ごっこ］やかくれんぼをしていて、今、宮様がお風呂にお入りになった所だとお話していられた。暫くしてお上りになったので、宮様のお部屋でおじぎをした。お部屋には、お人形が奇麗に並べてあった。次の間には浅黄《あさぎ》法師と云う名の青いんこがいて、時々ちん［狆《ちん》］の鳴声や、かっぽれ［幕末から明治にかけて流行した俗謡］を歌ったり、「はなしはな」と宮様の真似をしたりした。／後お二階でトランプをした。宮様に色々なのを教えていただいた。宮様は可愛らしいお口元をなすって、時々にっこりとお笑みなさった。／夕暮近くなった時おいとまして帰宅してから父母にお話をした。」（大正八年六月二二日）。

正子は国際情勢にも興味をもっていた。「五年間長く続いた、欧洲大戦争が休戦条約が結ばれた。／多くの国を相手にして戦ったから独国の負けたのも当然である。それでその祝賀の為に提灯行列があったのである」（大正七年一一月一四日）と十二歳で記している。大正一〇年、十五歳になる頃から、皇太子（のち昭和天皇）の欧州歴訪のあたりから、「我が国・我が皇室」の表現が増える。「畏《かし》こくも我が東宮殿下には今日船艦〔ママ〕〔戦艦〕香取《かとり》にて遠く御洋行（中略）我が国未曾有《みぞう》のことである。我が国に取ってはどんなに幸福なことであろう」（大正一〇年三月三日）といった具合である。これには学校教育の影響が大きかったであろう。学校で「佐伯先生の洋行談」をきき、米国の「排日」が「加州〔カリフォルニア州〕の一部分のみで紐育《ニューヨーク》辺は寧ろ歓迎して下れますよとのお話に嬉しくて嬉くてたまらなかった。／日本の小児らしい事を思うなと自分ながらおかしく感じた。」と、自分の国民意識を自覚し、それを滑稽にも思い、客観視するに至っている（大正一〇年五月七日）。ただ、このあたりから、シベリア出兵の悲惨な話を聞き、単なる国民から「愛国民」の意識への傾斜もみられる。学校で、子爵《ししゃく》・金子堅太郎の弟・金子辰三郎の講話があり、正子は明治天皇ご臨終の話に「涙を出さずにはいられなかった」、さらにシベリア出兵時の尼港事件で石田副領事一家が無惨に殺された話に聞き入り、難を免れた遺児の石田芳子に深く同情した。殺された領事夫人については「責任を全うし終に愛国民として恥じない最後」と書いている（大正一〇年五月三一日）。

当時は、この赤軍パルチザンによる日本人殺害をきっかけに、ナショナリズムの高まりが生じていた。

＊一九二二年（大正一一）三月、市立高等女学校本科を卒業した井上正子は、同年四月より府立第一高等女学校本科五年に入学した。智子《さとこ》女王と正子は共に一九〇六年（明治三九）生まれだが、智子女王は九月一日生、正子は二月一八日生なので学齢では正子が年長。

翌日の日記には「私のする一つ一つの行動が私の一生の歴史を作るのだもの。／美しい歴史を書かなくちゃならないのは私の義務だ」と記している（大正一〇年六月一日）。

この十日後、再び、智子女王に挨拶をした。正子と同居しているいとこの「悦子さん」が女王のお供であった。智子女王は阿部恵水の所へ自動車でお成りになり、「茂山《しげやま》千五郎の狂言五番」を鑑賞したが、このとき正子は女王に挨拶した（大正一〇年六月一二日）。以前と違ったのは、一年前に、智子女王の姉・良子《ながこ》女王（のち香淳《こうじゅん》皇后）が皇太子（裕仁《ひろひと》親王）と正式に婚約し、智子女王は将来の皇后の妹となり、立場が大きく変わっていた。そのせいであろうか。正子は、このあと自分から父親に「お願いして、この頃京都に来ている皇太子殿下の我が国御出立と御着英の活動写真を円山《まるやま》〔円山公園〕まで見に連れて行って」もらう。「雨にめげず私等は頭なんかびしょびしょにしながら手に取る如く見ゆるその御雄姿を拝す。（中略）私等国民は殿下の御姿現わるや、感極まって思わず〝殿下《でんか》万歳《ばんざい》、我が国万歳〟の声をあげる。／御着英後の殿下の御態度は実に堂々たるものである。／我等国民としてこうした映画を拝することの出来るのは実際喜ばしい」と記す（大正一〇年六月一八日）。皇太子（裕仁）殿下への崇敬心の高まりがみられ、それまで味気なかった地久節の感想も「尊い国母《こくも》陛下の御誕生日である。／我等国民は心からお祝い申し上げることの出来るを無上に喜ぶ」と変わった（大正一〇年六月二五日）。皇太子欧州歴訪の「第二回の映画」が府立第一高等女学校にかかると、早速、見に行った。「白布の上に表われた東宮殿下のみ姿は、第一回のと同じく堂々たる御態度にて私等は息をもつがず、お終いまで拝した。」と、すっかり皇太子に心酔している（大正一〇年七月三日）。皇太子帰国の折には「御無事御安着は何よりも喜びとしなければならぬことと思う。／万才〔ママ〕〔万歳〕万歳だ!!!」（大正一〇年九月二日）と書き、翌日は、皇太子が無事健康に帰国するよう京都の生徒たちが「祇園さん」に参拝したことを、幼稚園の先生と園児が話すさまを記している。その月には、リアルに皇太子の京都行啓があった。もちろん、正子は烏丸通りまで奉迎に出た。小学生たちは日の丸を振り、正子は「私等歓喜に充てる小国民ににこやかな御笑《みえま》いと共に挙手」される皇太子を迎えた（大正一〇年九月一一日）。「今日は京都市が正式に皇太子殿下を迎え奉る市の永久に紀念すべき奉祝日である」「我ヶ校でも（中略）熱誠をこめて、万歳を唱えた」と、皇太子の欧州歴訪から入京の一連奉祝行事のなかで、正子も皇太子奉迎に熱狂していった（大正一〇年九月一三日）。皇太子が京都から東京に還啓するにあたり、とうとう正子は至近で皇太子の顔をみた。その時の感動をこう記している。「尊い皇子のお顔の間近く、しかもはっきりと拝された時、私は涙のこぼるる程嬉しく、尊く思った」。正子はこのような奉迎を徳川時代からの連続や後進性ではなく、むしろ開けた社会の覚醒であると考えていた。続けて、こう書く。「私は昔の大名の行列の時、町民が土下座したことを思うとほんとに馬鹿臭くてたまらない。／社会の目覚めた時に生れ出づる者は幸福者である」（大正一〇年九月一四日）。正子は徳川時代的な道徳話には嫌悪感をもっていたようである。京都郊外・川島村の「孝子儀兵衛」のような貧農が勤勉に働き、養父母に孝養を尽くす話は母校で聴いても「通俗的で一寸下品な様な感じがした」とまで切り捨てている（大正九年一一月二二日）。一方、日本国民として皇室を尊ぶのは、徳川時代の通俗的な忠孝とは別物の新しい目覚めた社会のあり方であると考えていた。

皇太子訪英の答礼に、英国皇太子が来日し、京都で奉迎することになった時、正子のこの「国民」意識は明確に日記上にあらわれている。自国の皇太子は心酔しての奉迎であったが、英国皇太子を「植物園のグラウンドに旗体操をして」奉迎するのは「国賓《こくひん》だもの、我国だって出来る限りの歓迎するのは当り前」と、国民としての義務と考え、「心から真面目に熱心にしなくちゃ」と自分を言い聞かせている文面である。正子が女学生でも京都人でもなく「日本国民」という意識で、英国皇太子を奉迎の旗体操に臨んだ。「我校の名を（中略）京都の地に対してはずかしくない様にするとか、そんな小さい事は勿論《もちろん》、私達の双肩《そうけん》には日本の国をしてと云う大なる事がある」と書いている。その時の正子ははっきり自分の双肩に「日本の国」を載せていた（大正一一年四月一八日）。「私等は今、あの大きい世界の国の一つ大英国の皇太子を奉迎しようとしているのだと思って、何とも云えない感じがする」（大正一一年四月二七日）。一つには皇室外交による大英帝国との接触によって、二つには学校指示による奉迎マスゲームへの参加によって、京都の一少女の「国民」意識は、かくまでも高揚したのである。この日記は十二歳から十五、十六歳にかけて女学生が皇室崇敬や国民意識を内面化する過程も如実に記録しているといえよう。正子がこのような意識に至ったのは、家庭環境での皇族との接触や、皇太子欧州歴訪などの宣伝映画の影響もあったが、やはり学校教育が大きかったとみられる。学校では、教科書だけでなく、校長訓話・来賓講話や皇室祝祭日の表示や皇族奉迎などで、皇室崇敬と愛国心の醸成をすすめていた。

ただ、学校教育はこれだけではなかった。他の話も学生に聞かせていた。府立高等女学校が企画した「講談会」のなかで、正子が「有益なお話」であったと、くりかえし日記に記したのは、第一次大戦でも、シベリア出兵でも、皇室関係の話でもなかった。それは京都帝国大学理工科大学教授「青柳先生［青柳榮司《あおやぎえいじ》（*1873-1944*）］のお話」であった。その感動を正子はこう書いた。「日本人に科学的思想の乏しいために如何に色々の方面に損をしてるかのお話を具体的に私等に分りやすくお話して下すった。（中略）経済的・衛生的・創造的・道徳的にして行かなくちゃならない。我等が科学精神のないことに止まっているならばどんなに不幸な、どんなに非文明な哀れな国になることだろう。故に我々は、否我々のみでなく我々の後になるべき第二国民にもこの精神を以て育てて行かなくちゃならないのである。／とのお話しを二時間に渡ってして下すったことは、私は深く感謝すると同時にこんな有益な講談会を開いて下さる学校に居ることを非常に嬉しく思っているのである。」（大正一〇年二月二三日）。

十五歳の少女の聡明は、これから日本は不幸な「哀れな国」におちいる虞《おそれ》があると、はっきり指摘している。「日本人に科学的思想の乏しい」。この国に科学的精神を育てていかなければ、やがては「非文明な哀れな国になる」。この予言めいた恐ろしい言葉が正子の日記には、はっきりと刻みこまれている。二十五年後、この予言は的中した。行き過ぎたナショナリズムにとらわれた大日本帝国は、科学的精神からはあり得ない国策遂行によって、全土の都市大半を焦土《しょうど》としたうえで、敗戦を迎えた。戦争体験を通じて、正子の思想が戦後にどのように変わったのか、変わらなかったのかは気になるが、史料がない以上、ここでは論じられない。ともかく重要なのは、正子が大正期に発した次の言葉だ。科学的精神を大事にして「経済的・衛生的・創造的・道徳的にして行かなくちゃならない」「我々の後になるべき第二国民にもこの精神を以て育て」る。これは百年前の少女が遺した申し送りの言葉であろう。「我々の後になるべき第二国民」とは、徴兵令に由来する当時の言い回しで、将来、国を守る子どもたちのことである。正子のような女性が、そういう国民を立派に育てあげるものだと教えられていた。要するに、国を背負う将来世代のことであり、正子のあとに続く我々世代のことを指している。

少女のこの言葉は徳正寺の納骨堂で眠り続け、新型コロナで経済的・衛生的・創造的・道徳的に右往左往する我々のまえに、ほぼ百年ぶりに顕現《けんげん》してきたのである。

「我等は第二の国民よ」とうたう星クラブ製薬の広告
（『大阪毎日新聞』大正11年6月13日朝刊）

正子日記の研究

藤原辰史
ふじはらたつし

1　日記読解の注意点と可能性

井上正子の日記が、第一次世界大戦と第二次世界大戦にはさまれた時代という日本のみならず世界全体にとって極めて重要な時代を理解するのに重要な史料であることは言うを俟《ま》たない。内容も非常に豊富で、時代状況も色濃く反映されているからだ。

ただ、それは、史料の背景や文脈をきちんと理解するだけでなく、現在の読者のまなざしを相対化することでしかなりたたない。なぜなら、読者が大人の場合、知らずしらずのうちに庇護《ひご》者の目線を固定化してしまい、正子の生の奔流《ほんりゅう》を見失う恐れがあるし、読者が男性の場合、少女の秘められた心を、安定したジェンダー秩序に守られた場所から、自分の特権性を脅《おびや》かすことのないものとして覗いてしまう可能性も否定できない。それでは意味がない。あとで述べるように、正子は男性に覗かれるかもしれないことを意識しながら、男性の鈍感さへの違和感を吐露《とろ》さえしているのであり、覗かれているのはむしろ男性読者であるかもしれないことを忘れてしまうからだ。逆に、読者が子どもの場合は、正子の心の微妙な動きと共振しやすく、大人の固定化した目線を解きほぐすことが期待できる日記叙述であるので、性差や世代を超えて読まれ、議論されるべきものだと思う。

以下、とくに『正子日記』を読むにあたって私が気をつけなければならないと感じた点、気をつけることによって開かれる史料読解の可能性を三点ほど述べていきたい。

第一に、正子が、個人の秘密としてではなく、ほぼ特定可能な他人に読まれることを前提として日記を書いていたことである。この日記から安易に「大正時代の少女の内面が分析できる」と思うのは危うい。それは、教師のささやかなコメントや誤字訂正が（頻度は少ないにせよ）赤い字で記されていることや、たびたび押される教師印から、教師に読まれることを意識せざるをえない状況にあったことは容易に想像できるし、一九一八年八月二十四日の日記では「今朝母が日記を見られて」日付の間違いと「柳原町の貧民」の騒動が書かれていないと「叱られ」たとあることから、すくなくとも家族に見られうる（見せてくれと言われうる）日記であったことを解読の前提にしなければならない。正子の内面は、自分自身だけではなく、自分よりも目上に位置する他人の目線にさらされていたのである。そしてその目線は、現在の子どもたちも逃れられることのない目線であることは贅言《ぜいげん》を要しないであろう。逆にいえば、そのような目線がどのようなものであったかを知る貴重な史料であるとも言える。

第二に、それゆえに、教師や親への不平や不満がほとんど日記に書かれていないことには注意を要するし、内面の吐露もしくは噴出と思われる箇所であっても正子の心の隅に「誰かに読まれる」という意識がつねにあったことは何度強調してもしすぎることはない。ただ、気をつけるべきなのは、教師のコメントも彼女に寄り添うというよりは、道徳的な一般論を伝える類のものだから（冷たいと感じるのは現代社会から過去を顧みた偏見だろう）、そこの距離感がかえって彼女の筆致にある程度まで勢いを与えていることは否めない、ということだ。そして、とくに読者を魅惑するに違いない親友で病弱な「お八重さん」への強い思慕、そしてその死の悲しみの底のないような深さは、上記の目線にもかかわらず漏れ出たものとして捉えなければならないのであり、そうすれば、一層の鮮やかさ、場合によっては正子の精神的な自立を感じ取ることもできよう。

第三に、正子の手書き文字の重要さである。一般的に、手で記された文字の情報は印刷された活字よりも豊かである。とりわけ、大人がペンで文章を書かなくなり、手書きに含まれる言葉の温かみを日頃感じる機会が減っている今、ますます手書きの文字を読む意義は増しているように思える。ちなみに私は、はじめは、写真に映った手書きの正子日記を、次に翻刻された活字のものを読んだ。楷書《かいしょ》体が次第に行書《ぎょうしょ》体や草書《そうしょ》体へと変わっていく傾向も興味深かったが、やはり正子の内面の模様は手書きの文字を読まなければ、深く理解できない。

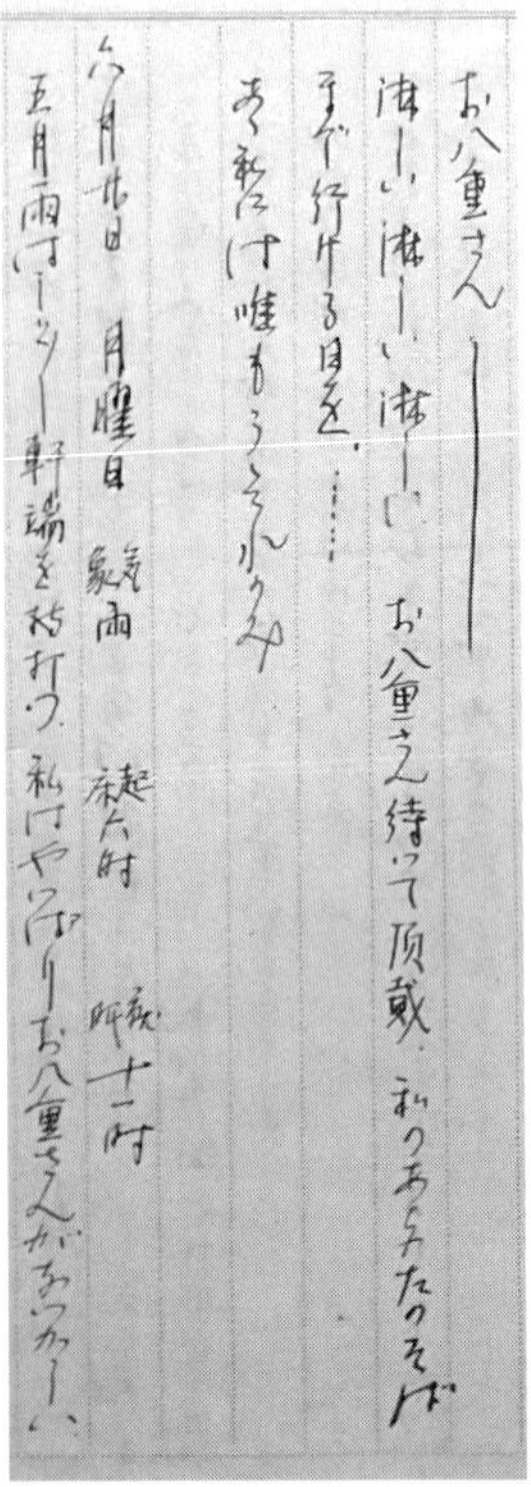

「日記V」（大正10年6月19日）

とりわけ、手書き読解の重要性は、無二の親友だったお八重さんを病気で失った一九二一年（大正一〇）六月一九日の文章で強く感じられた。最後から四行目の「お八重さん」と記されたあとの長いダーシ。そして「淋しい 淋しい 淋しい」と繰り返される文字。この一節は、ほとんど絵画のように視覚的に味わうことでより理解が深まるはずだ。

2 内面と社会の葛藤について

本日記の読みどころは多数あるが、あえて一つに絞って挙げるとすれば、それは、正子が日記のなかで「女性であることの弱さ」に打ちひしがれながら、何も言い出せない自分と葛藤《かっとう》するところだろう。自分を叱咤激励し学問に取り組もうとする中で、自分の不甲斐《ふがい》なさに挫折し、自分を責める箇所は痛々しいほどだ。これらの点について、三点ほど指摘しておきたい。

第一に、正子を、男性中心的なまなざし、つまり、守られるべき弱い立場にある女性として、あるいは時代の流れに逆らえない女性としてだけとらえてしまうと、お八重さんへの感情に見られるような正子を含む少女たちの柔軟なセクシュアリティを、当時にもまして固定化し、さらに再生産してしまう恐れがある。都市の経済的に恵まれた層に属し、デパートなどで消費文化に触れることができた正子が、「女」という性的役割を意識する記述は、後半になるにつれ増えていくが、その過程は「正子＝いたいけな少女」という先入観を持って読むとリアリティを損ねてしまう。ちょうど『アンネの日記』を読むときに、「かわいそうな清純なユダヤ人の少女」とアンネ・フランクを固定化してしまうと、ナチズムの殺戮《さつりく》を生き延びた同世代の子どもたちの生の刻印の重さを読み誤るように。アンネの日記は、既存の世界に充足している人間が悲劇を消費するかたちで世界的ヒットを記録したのだが、本来は既存の世界がいかに不甲斐なく、そして生を十分に発揮できないかを理解し、子どもがその無防備さゆえに感じ取ったに違いない、もうひとつのありうべき世界を考えるヒントになる本でもあるはずだった。『正子日記』も同様である。正子の叙述に潜む、今とは別の世界、別の自分への希求を見過ごしてはならない。「強い女」という概念を自分の内面に擦《す》り付けていきつつ、それとも異なった「女性」のあり方を模索するプロセスがこの日記の読みどころの一つであると思う。

とくに印象的なのは、「活躍」をめぐる正子の思考の変容である。一九二〇年（大正九）九月二二日付の日記には、自彊会《じきょう》という生徒たちの自主組織の会合で、「村上先生」の「女はもっと積極的に活動しなければならぬ時代である」というメッセージが記されている。正子の反応は「別にそれに対しての思いもなく、ただ御もっとものことですと感じただけのことである」といささか冷淡だ。大人の決まり文句では、それがどれほど正しくても子どもの心はやはり動かない。

だが、その正子は、ある事件に遭遇する。周囲からみればささやかな、記憶にも残らない風景だったかもしれないが、正子にとっては大事件だった。一九二〇年一〇月二三日、学校の「本門」が閉ざされていて子どもが運動会を見せてほしいと頼んでいるのに（おそらく男性の）門衛が冷然としていたのである。正子は義憤にかられる。「どうして、この不快なありさまを、よく私等の友達はだまって見ていることが出来るのだろう？」。しかし、正子は「門衛と人々の前で争う気になれなかった」。そのとき「そうは思ってるものの女は弱いものだもの」という感慨が漏らされるのである。

それから三ヶ月もたたぬ一九二一年の一月二七日、友人の母親が亡くなった次の日の日記には注目すべき心情の吐露が記されている。「私はほんとに待っている。もっともっと活躍すべき日の来るを……。しかし、こんなに待っているなんてゆっくりしたことが第一に悪いのではないだろうか？／私は何が何だかちっとも分らない。私は自己の取るべき道さえも知らぬ哀れな女なのかしら？」。「哀れな女」と「活躍すべき女」という対置のどこまでが正子の内面から生まれ、どこからが当時の世論《せろん》の状況から生まれたのかはわからない。ただ、家族や親戚に囲まれたお互いわかりあえる親密圏から、たとえ心理的に合わない人であってもつき合わなければならないような公共圏へと踏み出そうとする（たとえば門衛に異議を申し立てる）市民層の普遍的通過儀礼の中で、「活躍すべき女」というこれまでにはっきりとみられなかったモデルがあらわれてくる点に、日本近代史の転換点と正子の転換点との重なりがみられるのは、この日記の重要な箇所だろう。婦人運動が少しずつ世間に知られ始める時代の状況、都市文化の消費者でもあった正子の目の前に、「活躍すべき女」が、自分を落ち込ませるほどの強い理念として存在したのである。

それは逆にいえば、先生の決まり文句には動じないほどの自我を確立していること、門衛に何も言えなかったこと、誰も何も言えなかったことに怒りを感じるほどまでに、正子の心の中ではすでに女性である自分を相対化できる知性と、社会に自己を開こうとする意識がしっかりと根づいているとも言える。

第二に、『正子日記』を、日頃の学習、スパニッシュ・インフルエンザ、親友や同級生や従弟《いとこ》の死、知識人の講演会、少女歌劇の観劇や一流音楽家の演奏の鑑賞を経て、少女が「成長」を遂げていく物語として消費することにも注意しなければならない。たしかに、一九一八年から一九二二年の足かけ五年間は、十二歳から十六歳の年齢にあたり、著しい精神的かつ身体的な「成長」がみられることは一般論として否定しようがない。さらにいうならば、雑誌の読書や学習、友人との会話に影響されたシャストフ的な陰影、トルストイ的な博愛と自己《じこ》滅却《めっきゃく》的精神を帯びた、難しい漢字や言い回しが増えるという点を、内面の「成長」ととらえることも間違いではなかろう。個人的には、キエフ（キーウ）出身でクレズマー音楽の演奏家を祖父に持つミッシャ・エルマンの演奏を聞いたという一九二一年三月二日の記述は、東欧から世界へとつながるロマやユダヤ人の音楽の地下水脈の一端に京都の子どもが触れられる環境にあったという音楽史の貴重な証言であろう（伊東信宏『中東欧音楽の回路――ロマ・クレズマー・20世紀の前衛』〈岩波書店、二〇〇九年〉を参照せよ）。

ただし、さまざまな困難を克服して大人の階段を登っていくという「成長物語」的な読み方だけでは、とりわけ初期に「ですます調」であざやかに描かれている正子の感受性が、既存の文化によって整えられていく過程を見誤るだろう。上段でも述べたように、正子の「成長」は、ある種の「作られた女性像」や「作られた市民像」の広まりとセットである。そのような既存の枠組みと、それからはみ出ようとする正子の自我との衝突の中で、正子という人間が引き裂かれたり、一つにまとまろうとしたりするあり方こそが、読者が慎重に探査しなければならない領域であろう。

とくに、先ほどの運動会の事件の正子の心の動きは、「成長」だろうか、それとも「停滞」だろうか。どちらにも確定できない流動的なものを、そのものとして認め、大人の価値観で過剰に読み込まないことこそが、日記を一次史料として読む価値ではないだろうか。

3　世界史的な時代背景について

『正子日記』の時代背景に、重要な世界史的事象が見え隠れしている点は、現代史研究者としてはやはり興味深い。読者も、教科書で習った世界史の現象を、一般的な少女の目線から追体験することでより深く理解できるはずだ。とりわけ、正子と同年齢の子どもたちにとって、歴史の変化を身近に感じる大きな機会であると思う。

『正子日記』に反映された現代史的事象をあえて三点に絞るとすれば、それは、第一次世界大戦（ここでは「欧洲《おうしゅう》［ヨーロッパ］戦争」と記されている）、スパニッシュ・インフルエンザ（ここでは「成金《なりきん》風」「風」「流感［流行性感冒］」などと記されている）、世界的な「科学熱」である。

第一に、「欧洲戦争」である。正子も当時の多くの少年少女たちと同様に日本国家の「成長」、たとえば、国際社会に認められる英皇太子のパレードなどに大きな期待を抱いている。それは自己の小ささや不甲斐なさを繰り返し反省する姿と対照的であり、このアンバランスさは、貴重な歴史の証言である。近代化して立派な国になろう、自立しようという大きな思想状態と、そう簡単にはいかない民衆思想の状況のギャップを考える事例として見逃すことができない。一九一八年（大正七）九月九日には、「欧洲戦争」で日本が独墺《どくおう》［ドイツ・オーストリア］に勝利をし、ハバロフスク拠点地を鹵獲《ろかく》して、砲艦十七隻《せき》を得たという新聞の号外に胸を躍らせている。そして休戦締結《ていけつ》時には「五年間長く続いた、欧洲大戦争が休戦条約が結ばれた」ゆえに勝利した日本を祝う「提灯《ちょうちん》行列」の記述も見られる。京都もまた第一次世界大戦の世界同時的な経験の一角を占めていたのであり、それが懐疑心も義憤も抱き、市民の一員として世界に足を踏み入れつつある正子の不安を、国家発揚という別種の巨大で画一的な「公共精神」が覆い包む点が、当時の精神史として興味深い。

第二に、世界中で四〇〇〇万人から一億人の死者をもたらしたといわれる「スペイン風邪」である。新聞で黒枠の死亡欄が増え、自分もしばらく床《とこ》に伏しているとき、どんな気持ちであったかは詳しく記されていないが、日記を休んでいる自分の体の弱さを呪い、落第を恐れるという、現在にも通ずる心理模様は克明に描かれている。これもまた第一次世界大戦最終年に、その労働力や兵士の世界的移動が一つの原因となって生じたものであると考えれば、いうまでもなく、世界史的現象である。

第三に、「科学熱」である。一九二一年（大正一〇）二月二三日の日記では、京都帝国大学工学部の青柳榮司《あおやぎえいじ》の講演の記録が存在する。「日本人に科学的思想の乏しいために如何に色々の方面に損をしてるか」という話だったというが、科学史の分野では繰り返し指摘されているように第一次世界大戦の末期からは日本で「科学の体制化」（廣重《ひろしげ》徹《てつ》）が進む。理化学研究所は一九一七年（大正六）、東京帝国大学の航空研究所は一九一八年に設立されている。国家が研究者に資金を提供し、研究者の成果を国家が戦争や生活に役立てるという学術振興会が始まるのは一九三二年（昭和七）七月であるが、正子世代の子どもたちが研究者の卵として活躍し始める頃がちょうどこの頃だ。「有益な講談会」を開いてくれた学校にいることに「嬉しく」思った正子の心は、おそらく正子一人の気持ちではなかったはずである。

正子の内面のゆらぎと、科学の力や国家の力の朗らかさとのあざやかな対立もまた、この日記の叙述の特徴と言えるだろう。

おわりに

以上、『正子日記』を読むときの注意点、正子の内面の葛藤の背景、そして日記の世界史的な事件および事象について述べた。読み方の落とし穴について触れる点が多かったのは、そうすることによって逆説的に『正子日記』の史料としての価値を浮き彫りにしたかったからである。「大正デモクラシーのもとで悩み成長する少女の軌跡」のような安易な物語を回避さえすれば、科学史、芸能史、音楽史、文学史、医学史、教育史、地域史、家族史、ジェンダー史など広いジャンルにわたって少なくない示唆《しさ》を与える史料であることは間違いない。また、繰り返しになるが、さまざまな世代の読者が『正子日記』を読み、お互いに読後感を交換することができるのならば、それはこの史料の持つポテンシャルを十分に発揮するにふさわしい試みだと思う。

世界同時的な危機に直面する現在、『正子日記』の分野横断的な読み込みを経て、日本近現代史、さらには世界近現代史の理解が深まることを願ってやまない。

伯母の思い出

井上章子
いのうえしょうこ
聞き手　伏見《ふしみ》 操《みさお》

——章子さんは正子さんの姪で、子どものころからずっと交流があったそうですね。章子さんは一九四六年（昭和二一）生まれ、敗戦の翌年ですね。そのころ正子さん（一九〇六年〈明治三九〉生まれ）は四十代、どんな方でしたか？

私は正子さんのことを「日野のおばちゃん」と呼んでたの。伯母は、やや大柄でゆったりした佇《たたず》まいの人でした。滋賀県の日野（蒲生《がもう》郡）のお寺に嫁いだのですが、話していても声を大きくするようなところは見たことがありません。ご近所の農家のおばあさんが野菜を届けて下さったり、法事を頼みにこられる檀家の方と、玄関の上がり框《かまち》に座布団をすすめ気長にていねいに話を聞いていた姿が思い出されます。伯母は笑うと目が細くなるの。あの笑顔、好きだったな。

——正子さんとのエピソードで印象に残っていることをお聞かせください。

伯母の弟で、私の父である彰淳《しょうじゅん》は、五年間病に臥して、私が十一歳の時（一九五七年〈昭和三二〉）に亡くなりました。四十六歳でした。息を引き取ったのは一二月一七日の夜。寺には危篤の知らせを受けた人たちが次々集まってきました。ねえやさんをはじめ、女たちは通夜の準備のため厨房でいそがしく立ち働いている横の食堂で、伯母と祖母の美年子《みねこ》（正子の母）は、私がお葬式で着るための白い着物を縫ってくれました。寺の跡継ぎが着る白衣《はくえ》を、二人であっという間に仕上げ、それを伯母が着せてくれました。その時に腰ひもをぎゅっと結んでくれたのですが、それがすごく、何ていうのかな「大丈夫」と伝えてくれている気がしたの。母は父のそばでずっと泣いていた。父の親友だった菅泰男さんが、廊下にいた白衣の私を見て涙をこぼされたのを憶えています。

――正子さんは、日野から、よく徳正寺に来ておられたのですか？

ええ、父が亡くなった後も変わらず、買いものやクラス会やら、祖母に会いに来たりで、月に一度くらいはお里帰りしていました。デパートの大食堂などへ連れて行ってくれるので、私は伯母が来るととてもうれしかった。母（滋賀県長浜の寺出身）は父に代って法務に忙しくしていましたから、伯母が来ると学校であったことのあれやこれやを聞いてもらってね。そんなふうに祖母や私、母のことも見守ってくれていたのでしょうね。でも私を含め、家族の誰ともつねにいい距離感がありました。

伯母はお店に行くと、食事の前に、ハンドバッグから小さな銀色のステンレスの容器を出すの。中には消毒用のアルコールに浸した脱脂綿が入っていて、それを薄くはがして渡してくれました。今でいうウェットティッシュね。夏の暑い日なんて、それで手や指を拭くとひいやりして気持ちがよかった。当時はそういう習慣を身につけた人をときおり見かけましたけれど、何にも言わなかったけれど、今思うと、それはスペイン風邪の時の公衆衛生の名残だったのかもしれませんね。

――章子さんは、しばらく正子さんのところへ預けられていた時期があったそうですね。

小学校一年生の五月、父がくも膜下出血で倒れて、その年の夏休みは日野のお寺で過ごしました。奥のお手洗いに行くときに、真っ黒なお羽黒トンボが苔の上に群れていたの。京都では見たことがなかったものですから、珍しくて、「なんで黒いの？　ねえ、なんで？　なんで？」とたずねたら、伯母は困ったようで「なんでなんでの章子ちゃん」と言いながらも、「うーん、夜に生まれたからかな」と言って目を細めました。

私が町っ子だから、田舎では退屈だろうと、伯母は蔵の中から重い手回しミシンを出してきて、端切れでお人形の服を縫ってくれたり、またある日、昔から自分の子どもたちが読んだ本をいっぱい両手に下げて持ってきてくれました。その中にあった『コドモノクニ』にはすばらしい絵がいっぱいで私は夢中になって。とくに『もじゃもじゃペーター』が気に入って、くりかえし「読んで」とたのむと、伯母は面倒がらず読んでくれました。

あのころ、父の友人や教え子が幼い私を気の毒に思ったのか、本をおみやげにもってきて下さるの。岩波少年文庫の『床下の小人たち』（メアリー・ノートン）、ジュール・ヴェルヌの『海底二万里』とか。それらの中では、宣雄《のぶお》兄ちゃん（伯母の長男　野田宣雄）がくれたケストナーの『点子ちゃんとアントン』が面白くて、その一節を暗誦して、みんなの前で発表したことがあったなぁ。でも、『少女ブック』といった付録のたくさんついている、女の子が喜ぶような雑誌はだれも持ってきてくれません。ある日、伯母と散歩に行ったら、「こういうのも欲しいんやろ」って、寺町の本屋さんで『りぼん』を買ってくれました。

――成長してからの章子さんは、正子さんとはどんなご関係でしたか?

ひとり娘の私が年頃になると、祖母は、「あそこのお寺のなんとかちゃん、おむこさんにどうやろ」なんて話をよくするようになりました。お寺を存続させたいという気持ちが強かった人でね。だから、画家の両親のもと、自由な家庭で育った(将来夫となる)秋野等《ひとし》を徳正寺に連れてきたとき、長髪でサイケデリックな紫色のセーターにゴム草履の格好にみんな腰がぬけるほどびっくりしたようでした。でも私は等ととても気が合って、認めてもらえなければかけおちしてもいいやとまで思いつめてね。そんなころ、伯母は日野のお祭りに、私たち二人を呼んでくれました。

等は正座して、目の前にかかっているお軸を見て、なにか評さなければいけないと思ったのか、「かわいい仔犬ですねえ」と言ったら、伯母が「これ、鹿なんえ」と。「あんたのお母さんみたいに上手な絵とちごうてごめん」と言って、笑いが止まらなくならはったの。そのお軸の鹿、小太りでほんまに犬みたいでね。

「等さんて面白い人やなぁ」って。伯母は味方やなと思い、ほんとうにうれしかった。その時の笑い声が今も耳に残っています。

――「正子日記」を読んでいて、身内の章子さんだからこそ、気づかれたことはありますか?

日記にはいっさい書かれてないけれど、伯母はこの頃から歌舞伎が好きな人だったみたい。祖母や父といっしょに近くの南座へ歌舞伎を見に行ったと思います。当時女学校では歌舞伎も活動写真も禁止されていたようだから、あえて書かなかったのでしょう。* ねえやのおきくと駅で泣きながら別れる時の口上も歌舞伎調になっていて笑ってしまったな（大正一〇年六月八日）。父も幼いくせに生意気な口調で話していて、芝居好きの片鱗がすでに表れていますよね。父は大人になってからも、大阪や東京で歌舞伎を見ると、ロビーで買った役者の名シーンの絵葉書に劇評を走り書いて、当時岡山で暮らしている姉に送っています。その絵葉書が今も寺に残っています。伯母は市村羽左衛門《うざえもん》（十五代目／*1874-1945*）――「羽《う》左《ざ》さま」って呼ばれたアメリカ人の血が入っている役者のファンだったようです。祖母もラジオでの劇場中継に合わせて、「知らざあ言って聞かせやしょう」なんて歌舞伎の科白を言っていましたね。

大阪歌舞伎座から発信（昭和９年〈1934〉３月８日付消印）の岡山の正子に宛てた弟 淳丸の市村羽左衛門の絵葉書。「羽左の権八 ふるいつきたい程美しいです 延壽も嬉しいです／正月芝居二月の六件も三月のこれと帰〔つ〕てからくはしい劇評書〔い〕て送ります。今 次の幕のベルが鳴ってます」（書面全文）

スペイン風邪にかかった後、日記に「弱い身体に生んで下さった父をうらむ〳〵」（大正八年三月二四日）と記されているでしょう。もしかしたらそのころ、初潮が来たのかもしれませんね。当時、生理を不浄のものとみなす風潮がまだまだあったでしょう。この時期の憂鬱や不安は深かったろうと思います。

ただ伯母は日記を書き続けることによって、さまざまな事象を俯瞰する眼差しを持てたのではないかしら。

伯母は九十一歳まで生きて、日野ではお寺の作務《さむ》のほかに畑もつくっていました。仏花のために白菊や小菊などの花畑もあってね。その片隅に色とりどりのダリヤが植えられていて、そこだけハイカラな感じがしたなぁ。

そうそう、祖母と日野のお寺に泊まったときにね、寝室に行こうとすると長い廊下をヘビがくねくね進んでいったの。祖母と私がひえーってびっくりすると、伯母は何事もなかったかのように箒で静かに掃いて庭に追い出してしまった。その姿、仕舞みたいで格好良かった!

――あの日記は、学校の先生やご両親も読んでいるせいか、正子さんはとてもまじめな少女である印象を受けます。でも実際はなかなかユーモアのある方だったようですね。

ええ、伯母にはユーモアがありました。といっても、冗談を言ったりするのではなく、そこはかとないユーモアというのかしら。その感覚が似ていて、気が合いました。宣雄兄ちゃんが伯母の広いおでこをしみじみ見て、「お母ちゃんのおでこはゴビ砂漠みたいやな」と言ったとか。日記の中にも伯父の環さんから「おでこの姉さん」と手紙に書かれてプンプンしてるところがありますね。

――日記にはよくお母さんである美年子《みねこ》さんのことが出てきますね。美年子さんについて、章子さん

＊一九一七年〈大正六〉七月一四日、警視庁は〈活動写真興行取締規則〉を公布し、劇映画は十五歳未満児童の観覧を禁止、男女の客席分離などを命じた。同規則は二〇年に廃止、「正子日記」では同年一〇月一五日条で、ハリウッドの喜劇映画俳優ロスコー・アーバックルの愛称〝デブ君〟に触れており、公然とではないがすでに活動写真を見ていたことが知れる。

がおぼえていらっしゃることを聞かせてください。

祖母美年子は観察眼があって、辛辣な批評もする面白い人でした。日記にピンポンが「大変お上手」だとありましたが、敏捷だったんですね。

祖母は「広島の地図にも載っていないような小さな島」の寺から身を起こした父親の桑門志道といっしょに、函館にある別院に行くために、船で北海道に渡ったそうです。船っていろんな人が乗っていてひとつの小さな共同体でしょ。侠客やおすもうさんも乗り合わせていて、七、八歳の少女だった祖母はそこで花札を教わったり、そこいらにちらばっている立川文庫を読んだりしていたのですって。ついに北海道の地が糸みたいに遠くに見えてきたとき、おすもうさんが小さな美年子を手のひらにのせて、ぐっと持ちあげて陸地を見せてくれたたって、よほど嬉しかったのか何度も話してくれました。だから祖母の花札は任侠仕込みで、「おーば」「ぜつば」とか本格的な言葉を使っていた。私はお寺のご隠居さんが花札をするのがいやで、穴を掘って埋めたことがあるの。でも誰かがまた桐箱入りの新しいのをプレゼントしてくれたみたいで、終生やってましたね。父が劇団を作っていたので、若い人達や寺の下宿生たちが、「さぁ、おばあちゃんの部屋へ行こう」って、人気者でした。祖母も九十歳まで元気でね。ほんの数日寝込んで、テレビで大相撲の初場所を見了えて眠るように亡くなった。ああ、ご近所のお嫁入り前の娘さんたちにお茶やお作法も教えてましたよ。

――彰淳さんはお坊さんなのに、劇団もやっていたのですか?

父はお寺の跡取りだったし、身体が弱かったからとにかく甘やかされて、好きなことをさせてもらっていたようです。大正時代の遊民という感じね。カメラに凝ったり、中学時代からの仲間が集まって、レコードを聴いたり、同人誌を作ったり。書斎用に作ってもらった洋間で、ダンスパーティをしたり。本堂で朗読会をして、お芝居の真似事もしていたの。それを見た祖母が、「あんたらのやってることは、コロコロとうさぎのフンみたいやな」と言ったそうで、兎の糞を意味する「トフン」を劇団名にしたそうです。戦後はご近所の若者を集めて、アマチュア劇団「テアトロ・トフン」を作って、演出もしていました。母もチェーホフの「かもめ」を朗読したことがあったそうです。

――ずいぶん開けた、面白いお寺ですね。それから日記には、美年子さんのご兄弟の話も出てきますね。

安東県のおじさんと呼ばれているのは、祖母の兄の環さんです。なかなかの美男子で文学青年、日野の伯母はこのおじさんがすごく好きだったみたい。美年子のお里のお寺は広島にあり、爆心地に近かったために原爆で焼失（のちに再建）、下の弟の幹《もとき》さんはその時に亡くなったそうです。

――おじいさんの智月さんは？

母はよく「おじいちゃんはやさしかったのよ」と言っていました。母は体が弱くて、十年も子どもを授からなかったのですが、祖父の亡くなった翌年に私が生まれたので、周囲から「智月さんの生まれ変わり」と言われたそうです。子どもがなかなかできなくても、母は祖父からは何も言われたことはなかったそうです。母が奥の座敷で臥《ふ》せっていると、毎日見舞ってくれて、袂《たもと》からお檀家さんにもらったお菓子を取りだして手渡してくれたそうです。

祖父は本山に出仕していたので、その関連からか句仏上人《くぶつしょうにん》（*1875-1943*／大谷光演、東本願寺第二十三世法主《ほっす》）の「懸葵《かけあおい》」という句誌の集まりが毎月徳正寺で開かれていたようです。ご近所だった向井潤吉さんという洋画家が大正時代のこの辺りのことや、その集まりのことを回想されていた（『図書』五〇〇号、岩波書店）。すぐ伯母に聞いてみたら、「ああ、ご兄弟で来てはったなぁ」ってものすごく懐かしそうに言いました。伯母が俳句をしていたのかは知りませんが、日野のお寺の座敷に高浜虚子の「祇王寺の留守の扉や推せば開く」という色紙がずうっとかけてあってね。去年（二〇二〇年）六月、宣雄兄ちゃんを日野に見舞った時に久しぶりにそれを見て、伯母がひそやかに京都を思っていたのかなぁと、ちょっと胸が痛くなりました。

祖父は戦争には悲観的で、この戦争は負けるなって、わりあい早くから言っていたと聞きました。まじめで、本願寺に近いところにいた人だったからこそ、感じていたことがあったのかもしれませんね。

――正子さんが嫁いだ日野のお寺はどんなところでしたか？　夫の浄曜さんはどんな方でしたか？

伯母は丙午《ひのえうま》の生まれでした。丙午の女は男を食ってしまうって俗説があって、祖母はそういう迷信を信じる人ではなかったけれど、ずっとあとになって「あんたは丙午やから、嫁入りさせるの大変やったんえ」って言っていました。伯母は目を細めて笑っていましたが。

ご縁があって、とてもいい方に巡り合って、お見合いで結婚。夫になった野田浄曜さんは、日野のお寺の跡取りで、結婚した当初は岡山の六高で哲学の先生をしていました。祖母は「益田喜頓《きいとん》（1909-93／ボードビリアン）」に似てはるやろって喜んでました。伯母は京都から岡山に行き、そこで子どもを二人を産んで育てました。父が撮った、一家の楽しそうな写真がたくさんアルバムに残っています。

――章子さんのご結婚後も、正子さんとは家族ぐるみで交流があったのですか？

ええ、伯母は八十代になっても徳正寺に出かけて来ていました。私たちには、「蛍狩りにおいで」「筍掘りにおいで」と、よく呼んでくれて、年に一、二回は家族で日野に行っていました。子どもたちが遊ぶのを、にこにこ笑って見ていました。蔵からものすごく古臭いゲームやいとこ達が遊んだおもちゃを出して来たり、ミッキーマウスの形をした板に穴があいていて、そこにボールを投げ込むのとか。私も小学生のころにそれらで遊んだおぼえがあって、物もちがいいんだなぁって感心しました。小学校にあがったばかりの私の息子に湖東のゲーム「カロム」を気長に教えてくれたり。

――日記の正子さんは、少女から思春期にかかる年頃ですよね。素直でまっすぐ、明るくてまじめな印象で、どこか線が細いところがあるようにも感じましたが、章子さんのお話から、おおらかで鷹揚とした、温かい人柄も伝わってきて、またべつの一面が見えた気がします。家族の関係がとてもいいことや、徳正寺の開けた雰囲気も関係しているのかもしれませんね。最後に、もし今、正子さんに会ったとしたら、伝えたいことはありますか？

伯母は静かで控えめな人だったから、百年後に日記が見つかって、脚光を浴びて、きっととまどって、恥ずかしがっているんじゃないかしら。インタビューを受けながらも、じつはそのことがずっと気にかかりました。私は伯母から、スペイン風邪のことも、ずっとあとのことだけれど宣雄兄ちゃんが回想していた日野の本堂に大阪から疎開児童をあずかった戦争末期のこともほとんど聞いたことがなかった。日記の中に「今日は記すこともなし」みたいな日々がときおりありますよね。伯母のその後の人生で胸に沈めたことについて、今、私は想いをめぐらせています。

――二〇二一年七月収録

「正子日記」年表 1918年（大正7）-1922年（大正11）

井上正子と徳正寺の出来事

1918年（大正7／正子12歳）

2月 18日 満12歳の誕生日を迎える。

3月 開智尋常小学校を卒業。

4月 正子、京都市立高等女学校（現 京都市立堀川高等学校）に入学。

5月 1日 日記帳に初めて日記を綴る。

4日 母方の祖母 桑門みす、広島で死去。

22日 徳正寺で南條文雄の講演会。

6月 15日「京都市立高等女学校創立拾周年紀念」の展覧会。

8月 11日-14日 四日間、高熱に臥す。

16日 6年ぶりにお盆を京都で過ごして大文字の送り火を眺める（毎年お盆は母の生家 広島別院に滞在した）。

9月 23日 市立高女で追弔会が営まれる。

9月 27日 公会堂へ宝塚少女歌劇を見に行く。

10月 17日 岡崎で広告意匠博覧会、院展を見る。

10月 19日 大阪へ日帰りで修学旅行。朝日新聞社、大阪城、造幣局などを訪れる。

10月 30日 広島の祖父桑門志道、徳正寺に滞在。

11月 28日 祖父志道、スペイン風邪で死去。

京都と日本 東アジアの出来事

1918年（大正7）

4月 23日 後藤新平が外相に任命。**30日** 東京女子大学が開校。

5月 2日-22日 芥川龍之介、『大阪毎日新聞』に「地獄変」を連載。

6月「奈良歩兵第三十三連隊」に六月一日以来、流行性感冒の罹患者が続出。

7月 鈴木三重吉主宰『赤い鳥』創刊。

23日 富山県魚津市で漁民妻女たち、米の県外移出の差し止めを求める行動を起こす。米騒動の始まり。

8月 2日 日本政府、シベリア出兵を宣言。

10日 柳原町で米騒動が起こる（京都）。

25日『大阪朝日新聞』、寺内内閣弾劾の記者大会の記事により発禁。〈白虹事件〉

8月-19年7月 日本でスペイン風邪（スパニッシュ・インフルエンザ）が流行（**21年**まで3回の波）。第**1**回目の死亡者数ピークは**11月**。

9月 7日 シベリア出兵の日本軍、ハバロフスク根拠地を接収。**29日** 原敬内閣成立。

11月 5日 島村抱月（48）、スペイン風邪で死去。

欧米とアジア 世界の出来事

1918年

1月 8日 ウィルソン米大統領、十四か条の平和原則を公表。

22日 中央ラーダ政府によるウクライナ人民共和国樹立。

3月 3日 ブレストリトフスクでドイツとソヴィエト政府が講和条約に調印。

4日 米国カンザス州の陸軍ファンストン基地で百人以上がインフルエンザ（スペイン風邪）に感染。記録された最初の流行。

21日 ドイツ軍、西部戦線大攻勢を開始。

5月 スペインでインフルエンザ（同地発の報道の結果〈スペイン風邪〉と呼ばれる）が流行。

29日 チェコ軍団、ウラジオストクを占領。

7月 16日 ニコライ2世と家族が処刑される。

10月 31日 エゴン・シーレ、スペイン風邪で死去。

11月 4日 ベルリンで労働者が蜂起。独帝退位、社会民主党《エーベルト》に政権委譲。〈ドイツ革命〉

11日 ドイツが休戦条約に調印、第一次世界大戦が終結。**18日** オムスク政府でクーデター。コルチャークが独裁者に。

11月30日 文展で鏑木清方「ためさるゝ日」、上村松園「焔」などを見る。

1919年（大正8／正子13歳）

2月 2日 愛宕山へ雪中登山。
2月 16日 この日、頭痛と発熱。**19日**より喉の痛みを覚え、**21日-3月7日**まで15日間、熱が下がらず学校を休んで病臥した。スペイン風邪の第2波が続いており、正子も罹患したかと思われる。
4月 3日 父に連れられて宇治へ行く。
5日 岡崎の公会堂で催しの「故大谷政子姫追悼演奏会」に参加。
5月 4日 小学校の同窓と長岡天神へ遠足。
5月 10日 友人達と近江（滋賀県）に遊ぶ。
25日 家族で奈良-生駒-大阪と巡る。
6月 9日 学友と汽車で須磨海岸へ日帰りの遠足。平家物語の事跡を巡る。
22日 久邇宮の屋敷に智子女王を訪問。
29日 先生の引率で親友たち（一人は仲北八重）と連れ立って清滝へ自由遠足。

1920年（大正9／正子14歳）

6月 9日 従兄 阿部現亮、開教使としてロサンゼルスへ出発。（-**23年5月14日**）
8月 26日 阿部恵水寺務総長になる（2期目）。

29日-12月4日 京都府立図書館で〈第八回白樺社展〉。ロダンの彫刻が展示。

1919年（大正8）

1月 5日 女優 松井須磨子（34歳）の自殺。
2月 10日 シベリア鉄道、中東鉄道の管理について日米が協定。
20日 画家 村山槐多（24）スペイン風邪で没。
25日 シベリアのユフタで田中大隊全滅。
3月 27日 結核予防法、トラホーム予防法の公布。
30日 米映画「イントレランス」公開。
5月 7日 中国人留学生、東京で国恥記念デモ。
17日 日本政府、コルチャーク政権を承認。
23日 議員選挙法の改正（直接国税3円以上）。
6月 10日 皇太子裕仁親王、久邇宮良子女王との婚約が内定。
9月 株式の投機が激化 **5日** 帝国美術院設立。
11月 26日 大日本鉱山労働同盟会のストライキ。
9月-20年7月 スペイン風邪の第2回目の流行。死亡者数のピークは**20年1月**。
この年 普通選挙獲得運動が起こる。戦後景気。

1920年（大正9）

2月 11日 東京で数万人の普選大示威行進。
3月-5月 尼港事件。**3月 15日** 株価暴落による〈戦後恐慌（一九二〇年恐慌）〉始まる。

この年 米（NY-シカゴ）及び英仏の航空郵便。魯迅「狂人日記」（『新青年』5月号）。

1919年

1月 11日 ドイツ降伏（**18年11月11日**）を受けて、連合国によりパリ講和会議が開会。
21日 李氏朝鮮の王 高宗《コジョン》 死去。
3月 2日 モスクワにてコミンテルン創立大会。
3日 朝鮮人民の三・一独立運動が勃発。
4日 コルチャーク、西へ向けて大攻勢。
4月 12日 建築家グロピウスらバウハウス設立。
5月 4日 北京の学生、山東問題に抗議して示威運動。〈五・四運動〉
6月 28日 パリ講和会議の結果、独、連合国と講和条約を締結。〈ベルサイユ条約〉
7月 19日 満洲吉林で日中両軍が衝突。
31日 独国民会議、ヴァイマル憲法採択。
10月 10日 中華革命党、中国国民党に改組。
12月 11日 ソヴィエト赤軍、ハリコフ入城、全ウクライナ革命委員会結成。
ラザフォード（英）、原子核破壊を実験。

1920年

1月 5日 イルクーツクでコルチャーク政権が崩壊。**11日** 国際連盟が正式に成立。
3月-5月 アムール川の河口ニコラエフスク

井上正子と徳正寺の出来事

9月23日 家族親類と東西両大学対抗のボートレースを琵琶湖南端の瀬田川で観戦。

28日 宝塚少女歌劇を見に行く。久しぶりに療養中の親友 仲北八重と会う。

12月16日 安東県の伯父桑門 環、娘の悦子を伴い徳正寺に来る。悦子は来春より正子と同じ市立高女に入学。

20日 桑門悦子、開智尋常小学校に転入。

1921年（大正10／正子15歳）

1月20日 京都瓦斯《ガス》の島原工場を見学。

2月23日 市立高女で京大教授青柳榮司の講演会がある。

3月2日 岡崎公会堂でミッシャ・エルマンのヴァイオリン演奏会を聴く。

4月 従妹の悦子、市立高女に入学。

5月21日 全校で奈良へ遠足。

6月2日 開教使として渡米する津布良彰雪、徳正寺を訪問（**9日** 横浜を出航）。

6月4日 家族で植物園に出かける。

6月8日 四年間、寺で働いた女中のきくが「南の国」へ帰郷するのを京都駅に見送る。

6月12日 智子女王、阿部恵水の等観寺を訪問。

6月18日 円山公園で雨の降るなか《皇太子渡欧映画》の野外上映を見る。

京都と日本と東アジアの出来事

4月4日 日本軍が沿海州の武装解除を開始。

5月2日 上野公園で日本初のメーデー。

7月3日 北サハリン占領とザバイカル州撤兵を告知。**6日** 高等女学校令を改正公布。

10月1日 第一回国勢調査の実施。

10月 大杉栄、上海の極東社会主義者会議に出席。

12月-21年3月 スペイン風邪流行の第3回目。

この年 電話需要急増。第一期朝鮮産米増殖計画。

1921年（大正10）

1月3日 駐米大使 幣原喜重郎カリフォルニア州の排日土地法に抗議。

3月2日 梶井基次郎、公会堂でミッシャ・エルマンのヴァイオリン演奏会を聴く。

3月3日 皇太子裕仁、軍艦〈香取〉で外遊に出る。欧州各国を歴訪し、**9月3日** 帰国。

4月2日-18日 足尾銅山の鉱夫、団結権求め争議。**4日** 米穀法公布。**8日** 国有財産法・借地法・借家法を公布。**12日** 度量衡法改正（メートル法を基本/24年施行）。**13日** 極東共和国との協定を結び次第、沿海州撤兵を閣議決定。**15日** 羽仁もと子、自由学園を設立。**24日** 西村伊作、文化学院設立。

5月 鈴木大拙ら、大谷大学に東方仏教徒協会設立。

5月29日 ロシア出身のエロシェンコ、国外追放。

欧米とアジア 世界の出来事

で、赤軍パルチザンによる住民虐殺事件。犠牲者は数千人、うち日本人は七百余名（半数は軍人）が死亡。〈尼港事件〉

4月6日 シベリアで極東共和国樹立。**15日-10月12日** ソヴィエト・ポーランド戦争。

4月 イラク、英国の委任統治領となる。

7月 シリアとレバノンが分離、仏の委任統治下。

11月2日 米大統領選、共和党ハーディング当選。

1921年

1月28日 日華軍事協定取消公文を交換。

2月27日 孫文、桂林で北伐を宣言。

3月3日 ポーランド-ルーマニア攻守同盟条約。**8日** ロシア共産党大会でレーニン、〈新経済政策（ネップ）〉案採択。

4月16日 独・ソ間にラパロ友好条約調印。

23日 ルーマニア・チェコ同盟条約調印。

5月1日 パレスチナ、アラブ人の反ユダヤ暴動。**5日** 連合国、ドイツに賠償総額（1320億金マルク）支払計画の受諾を要求。

5日 孫文、非常大総統に就任（広東新政府）。

6月22日 アフガニスタン・ペルシア間に不可侵条約調印。〈オリエント協商〉

7月1日 上海で中国共産党創立大会。

29日 ヒトラーがナチス第一議長（党首）に就任。

6月19日 一年の時からの親友仲北八重を喪う。
8月1日‐5日 海水浴で西宮の寺村家に滞在。
8月16日 未明に大丸呉服店が出火。瞬くうちに全焼する一部始終を目撃する。
8月17日 初音会で八幡に吟行する。
8月21日 牡丹堂当主、寺村直三郎が急逝。
8月26日 嵐の夜、悦子、正子・彰淳の姉弟、体調急変で寝込む。悦子は高熱で重症。
9月24日 追悼会で死別した親友 仲北八重の弔詞を読む。

*1922*年（大正11／正子16歳）

3月 市立高女の本科四年を修業。
4月 京都府立第一高等女学校（現 京都府立鴨沂高等学校）の本科五年に入学。
4月15日 伊太利製のマンドリンを入手する。
5月20日‐23日 府一高女の創立五十周年記念行事が営まれる。**22日** は運動会。
6月8日 舞鶴へ日帰りで修学旅行。係留中の軍艦〈香取〉などを見学。
7月1日 初めて洋装の制服で通学。**15日** 阿部現亮長男の種ちゃん、死去（享年3歳）。
8月3日 広島の叔父に連れられて、岡崎に開園した遊園地パラダイスに遊ぶ。
8月8日‐11日 浜寺公園、堺大浜へ母子で家族旅行。海水浴、水族館など行楽。

6月6日 京都フィルハーモニー＝オーケストラ第1回公演（深瀬周一指揮）。
7月 F・L・ライト設計の帝国ホテル竣工。
8月26日 大連で極東共和国と国交回復を交渉。
9月11日 半年の外遊を終えた皇太子が入洛。
10月1日 日本石油、宝田石油を併合（石油業の独占）。
11月4日 原敬首相、東京駅で刺殺（66歳）。
13日 高橋是清に組閣命令、高橋内閣成立。
25日 皇太子裕仁、摂政となる。
12月 岩元禄設計、京都中央電話局西陣分局舎 竣工。

*1922*年（大正11）

2月3日 北陸線市振‐親不知間で雪崩。死者90人。
25日 「旬刊朝日」創刊（4月2日「週刊朝日」と改題）。**27日** 統一普選法案の否決（衆議院）。
3月3日 岡崎公会堂で全国水平社創立大会。
10日 上野公園で平和記念東京博覧会開幕。
4月27日 英国エドワード皇太子、京都に来訪。
5月20日 大谷大学・龍谷大学設立認可。
6月6日 高橋内閣総辞職。**12日** 加藤友三郎組閣。
25日 政府がシベリア派遣軍撤退を声明。
7月3日 海軍軍備制限計画を発表。**3日** 陸軍も発表 **9日** 森 鷗外の死（63歳）。
7月 日本共産党が非合法に結成。
11月18日 アルベルト・アインシュタインの来日。
この年 ペストで死者67人（最後の流行）。

11月1日 ローマでファシスタ全国大会。
12日 ワシントン会議が開幕。加藤友三郎、幣原喜重郎ら出席。米全権ヒューズ、建造中の主力艦の廃棄・保有比率を提案。
12月6日 アイルランドが自治法に調印。北部を除きイギリス自治領の地位を承認。（**22年12月6日** アイルランド自由国成立）
13日 ワシントン会議で日・英・米・仏の4国条約調印。日英同盟廃棄の決定（**22年** 廃棄）。
この年 ロシアで大飢饉。魯迅「阿Q正伝」。

*1922*年

2月6日 英国・米国・フランス・イタリア・日本の戦艦・空母等の保有制限を取り決める〈ワシントン海軍軍縮条約〉が調印。
28日 エジプト、独立を宣言。英、保護統治放棄。
4月16日 独・ソ間でラパロ友好条約調印。
5月12日 張作霖、東三省の独立を宣言。
10月30日 伊国王、ムソリーニに組閣命令。**31日** 連合内閣によるファシスト政権成立。
11月1日 オスマン帝国滅亡。
12月30日 ソヴィエト社会主義共和国連邦（USSR）成立。（ロシア‐ウクライナ‐ベラルーシ‐ザカフサカス各共和国の連邦）
この年 J・ジョイス（愛）「ユリシーズ」、T・S・エリオット（英）「荒地」。

鎖の両端——あとがきにかえて

井上迅《いのうえじん》

過去は、一つまた一つと流れ出すぶっつづきの事件の鎖によって、現在と結びついているのだ。そして彼は、たった今じぶんがこの鎖の両端を見たような気がした。——一方の端に触れたら、もう一方の端がぴくりとふるえたような気がした。

チェーホフ「大学生」（池田健太郎訳）

日記の周縁

「井上正子日記」の舞台が徳正寺であると同時に、わたしが生まれ育ち、いま家族と暮らす舞台もまた徳正寺であることが、今も私たちにこの日記を特別なものにしている。というのも、この本の「序」で記した、祖父が静かに横たわって早すぎる晩年を過ごした部屋も、正子が籐椅子に座って編み物をした明るい奥座敷も、まだ子どもだった祖父がかくれた押入れの暗がりも、おそらく当時とかわらず、おなじ広さと似たような明るさでいまここにある。ちがうのは新築で匂った木の香がやがて消えるように、登場人物がとうの昔に去ってしまった奥座敷は、いまや百年の古色を帯びている。子どもだったものは年を重ねて老人となり、老人は孫が庭先で遊ぶのをにこやかに眺めている。夜風が雨の匂いを運ぶ。舞台の袖《そで》にはまだ見ぬ役者たちが控えているのか。

百年。いま現在と、正子が日記をしたためた時とのあいだに横たわる時間の長さである。

わたしは六冊の日記帳が現れたとき、これを読み解けば、百年前のあらゆることが手に取るように判るのだろうと早合点《はやがってん》をしていた。もちろん百年前を知るための貴重な史料（歴史資料）に変わりはない。日記から、百年前のものごとをたくさん知ることができるし、理解が深まることには違いない。歴史背景も見えてくる。でも、そこから歴史が生まれてくるわけではない。そういうことが、この日記を読み、一冊の本に編纂《へんさん》する過程で次第にわかってきた。

日々の出来事を綴った多層性こそ、日記のもつ興味の尽きない魅力であり、歴史が生成する土壌でもある。ここで言う「歴史」とは、「ヒストリー（history）」の語源となった「探求」という意味を持つ、ギリシャ語の「ヒストリア（historia）」と言ってもいい。

でも、井上正子は、大伯母は、日野のおばちゃん（結婚して野田正子となった大伯母をわたしの家族はそう呼んだ）は、まさか姪孫《またおい》のわたしが、忘却の彼方にあった自分の日記帳を見出して、百年後に「歴史を探求する一級の史料」などと意気込んでいると知ったら、困惑した顔を浮かべることだろう。プライベートで書かれたものを断りもなく公開してしまうことに、わたしは泉下の日野のおばちゃん、日記を書いた井上正子に向かって深く頭を下げなければならない。とはいえ、ここに書かれたことは、わたしたち読者にとって、十二歳から十六歳の井上正子を語り手にした、かけがえのない、未来の読者への贈り物となっている。

言葉の背景

本書を手に取り、手書きの文字から活字となった日記のページを開くと、編者ながら註釈の多さにうんざりとする。しかし、ここには大小様々な発見が詰まっている。註を書くにあたり、どんな些細《ささい》なことでも現在の解釈、目線はいったん脇に置いて、その日の出来事を正子の視線に置いて見るように心がけた。だからこの日記の編纂には、日記が書かれた年月の半分以上、三年間もの時間を要した。時間をかけた分だけ、日々の解像度を上げることができたと自負している。

たとえば正子が慄《おのの》いた新聞の「黒わくの広告」（大正七年一一月一二日）を確かめようと、二〇二〇年初夏、わたしはコロナ禍が一時的に小康を保つのを見計らって、岡崎の府立図書館（正子も利用した）へ出かけた。当時の新聞各紙のマイクロフィルムを閲覧《スクロール》し、紙面上にスペイン風邪の猛威を目《ま》のあたりにした。また「八時二十分に汽車は真黒の煙を吐き大蛇の様に動き出した」（大正七年一〇月一九日）と、修学旅行で大阪へ出かけた正子たちを追って、梅小路公園の鉄道博物館の図書室で該当する年度の時刻表を開き、わたしは時空を超えて机上《きじょう》の旅客となった。図書室では司書の若い女性が、紙の時刻表を使った経験がないと断りつつ、当時の機関車と客車の仕様、京都駅の立地や鉄道事情について、彼女の的確な教示に目を丸くせずにはいられなかった。徳正寺から歩いて五分の学校歴史博物館では、正子の通った堀川高女（市立高等女学校）の諸資料を撮影したのだが、その作業にあてられた一室は、わたしが国語の授業でレオ・レオニ作・谷川俊太郎訳の「スイミー」を声に出して読んだ、四十三年前の小学二年生時の教室だった。博物館は、閉校した開智小学校の校舎を再活用しており、わたしだけでなく、母も祖父も、当然のことながら大伯母 井上正子の出身校でもある（祖父と大伯母の頃は開智尋常小学校）。

日記そのものが、書かれた土地を一度たりとも離れず、そこに在った、在りつづけたということは、日記に記された事件を解く手がかりが、百年という時を経てもなお、日記の周縁には遺《のこ》されていることだ。たとえ意味関連が認められなくても、この場所に日記の語り手である井上正子がいたのは紛れもない真実である。

このように日記を読むうえで、百年前の視座に照準を合わせようと試みた結果、膨大な傍註が日記本文の左ページの版面を占めてしまったのである。また註で書き切れなかったことはテーマを絞って、いささか長すぎる気もしなくはないコラムを、各日記のあい間あい間に収めた。

百年前の視座に可能な限り近づくことを心がけていると、現在の目線とのズレ、いやズレと言うのか、わずかなピントの振《ぶ》れみたいな箇所に気がつくことがしばしばあった。そうしたピントの振れは、記された〈ものごと〉の言葉の背景が、すでに失われているか、今ではべつの背景に置き換わってしまったことに起因する。

正子は〈米騒動〉のことを〈一き（一揆）〉と記した（大正七年八月二四日）。これは、近世・近代の〈一揆〉の歴史を知らなければ、当時の民衆暴動の意味合いを取り違えるところであった（コラム「米騒動と「正子日記」」P.75）。現在でも使われている何気のない言葉に、今とは少し違う意味を含んだものがあり、その言葉の背景にフォーカスをあててみると、これまでとは違った言葉の意味が浮かびあがり、思わず感心してしまうようなものがあった。

たとえば〈よう子〉。

「よう子を持ったまま外へ出て見ると昨夜から降った雪が二三寸積って諸々の木は時ならぬ花が咲いた。」（大正八年二月三日）

この〈よう子〉がなにか最初、わからなかった。〈様子〉かと思い、〈様子を見る〉を〈様子を持つ〉とでも言っていたのだろうかと考えたが、文意としてしっくりと来ない。そこで読みを別に考え、〈楊《よう》子《じ》〉ではないかと考えついた。〈楊子〉というと〈爪楊子（枝）〉が頭に浮かぶが、「歯をほじくるもの」という連想から、これは〈歯ブラシ〉ではないかと閃《ひらめ》いた。

歯ブラシの歴史をひもとくと、明治時代、歯ブラシは〈歯楊枝〉〈歯磨き楊枝〉と呼ばれていたことがわかった。日本で始めての歯ブラシ（現在と同じ形状の）は、明治五年（一八七二）に発売された〈鯨楊枝〉というもので、名に〈楊枝〉とつくのは、それまで歯のケアは、柳や黒文字《くろもじ》（クスノキ科の落葉低木）の枝の先を裂いてブラシ状にした〈房楊枝〉というものが使われていたからだという。現在のような柄の先に刷毛《ブラシ》のヘッドのついた歯ブラシが一般に普及しだすのは大正期以降のことだという。

冬の朝、外の様子をうかがおうとして、雪のつもった庭先に出てきた正子の手にしていたモノは、間違いなく歯ブラシだった。わたしは、自分自身もそうだが、家族が歯ブラシをくわえて部屋をうろうろする様子を思い浮かべて可笑しくなった。それと同じような光景が百年前にもあり、時ならぬ雪の花を咲かせた庭に目を輝かせる乙女の手には、なんと〝歯ブラシ〟が握られていたという、ちょっとチャーミングなスナップショットを想像してみた。

〈告別式〉も今とは様子がちがう。

「先生の告別式があった」（大正七年一〇月二六日）とあるので、そうか先生が亡くなられたのだと、スペイン風邪の流行時でもあり固唾《かたず》を呑んで読み進めていると、どうもその場に当の先生もいるのがわかり、おや？　と思った。

全十三巻別巻一の『日本国語大辞典 第二版』（小学館）で調べると、「転任、退官、退職などのために別れを告げる儀式」という意味が最初に置かれていた。これはどうやら転任式らしい。葬儀としての意味は二番目で、語義の由来として、中江兆民（*1847-1901*）が遺言で宗教的な儀式は行わず、代わりに〝告別式〟と称して、「友人たちが故人に別れを告げる式を行ったのが始まり」とあり、これまで感じていた〝こくべつしき〟という陰々《いんいん》とした悲しい響きをうち払うような気がした。なるほど〈葬儀〉としての〈告別式〉の始まりは、友に別れを告げると同時、友の意志を引き継ぐ明治の快活な民権思想が流れていたのかもしれない。

とはいえ、こんな記述も見つかる。

「今日校長先生の告別式よ」「あっほんと、私ちっとも知らなかった。あんなよい先生がお去りになるってほんとに惜しいわ」などと云うささやきがあちらにもこちらにも聞えて、何かしら、校内がしめっている様に思った」（大正八年五月二三日）

なるほど百年前も今と変わらず、別れを告げることは悲しく、また湿っぽいものでもあった。

ためさるる日

本書のタイトルを「ためさるる日」としたことについて触れておかねばならない。

祖父 桑門志道の急逝（死因は流行性感冒、スペイン風邪だった）を知った翌々日（大正七年一一月三〇日）、悲しみを振り払うようにして、正子は岡崎公園で開催の文展（文部省美術展覧会）を訪れている。

午後和子さんと文展へ行き、美しく赤緑黄と巧に画かれた絵画を見て来た。玉舎さんのお父さんがお書きになった《収穫》と云うのも見た。帰りに沢山沢山絵葉書を買った。文展で一番善かったのは「ためさるゝ日」と云う清方さんのだった。松園さんの《焰》もよかったが玉葉さんや成園さんや千種女氏のも美しかった。

一九一八年（大正七）一一月三〇日　土曜日

「ああ今日はなんと云う悲しい日だろう……私の一生の思い出となる日である」（大正七年一一月二八日）と、祖父の死を「一生の思い出」と見なす十二歳の正子の心中は、見るもの触れるるものに、その悲しみを投影したことだろう。父母弟が祖父の葬儀で広島へ行ったため、ひとり京都に残って従兄妹の寺に預けられ、そこから女学校に通う正子の日記は、淡々と学校の出来事と日常を記し留めるだけに、彼女の悲哀はきわだつ。和子さんや親類の小兄さん小姉さんも、正子をおもんばかって、そっと見守っているように見える。そうした中で訪れた文展。

「美術の秋」という言葉は、大正時代、文部省が主催・喧伝した文展の開催が秋で、多くの美術展覧会がこの時期に集中したことから生まれた流行語だと言われる。それだけ美術鑑賞が、人々にとって身近な文化・教養・趣味・娯楽として普及したことを教える。祖父の死亡記事が載った『中外日報』（大正七年一一月二九日）の紙面を繰ると、開催中の文展、國展、表展の感想を書いた「三展感想」という記事が目にとまる。「二十七日の午後は有象無象が蟻の行列のように館から館へ雪崩を打って押し込む様すさまじともすさまじ」とあり、正子が訪れた一一月三〇日土曜日の文展会場の混雑は、平日二七日水曜日の比ではなかったと想像される。その上この時期は、スペイン風邪の第2波がピークを過ぎたばかりで、感染の脅威は一向に収まる気配を見せていなかった。

大混雑する第二勧業館の会場で、正子は鏑木《かぶらき》清方《きよかた》の《ためさるゝ日》の前でたたずみ、何をか思った。「（上村）松園さんの《焰》もよかった」と感じたが、一番よかったのは《ためさるゝ日》だった。《ためさるゝ日》は、長崎の遊女が踏絵をするところを画題にした。作者の鏑木清方は、「女の足が銅板に触るる冷たい感じを現そうと二尺五寸（約七五・八センチ）に六尺四寸（約一九四センチ）の枠張り（額装）」（『大阪毎日新聞』大正七年一〇月一〇日朝刊）の絵にしたと述べている。

この長崎に行われた「絵踏」の行事は、禁制のキリスト教信者（キリシタン）を摘発するために、キリストやマリアの聖像を踏ませて発見する無慈悲な手口が、次第にキリスト教棄教の強要、あるいはその証としての儀式となり、寛永以来（一六二〇年代）、長崎では年中行事のようになって、江戸時代を通じて二百年にもわたって行われた。清方は「自作自解」のなかで、《ためさるゝ日》の画題を次のように語った。

私はまた私らしく、もっと後期の、と云っても安政よりは三四十年も遡ったあたりの、丸山の遊女の絵踏に作欲を誘われた。もうその頃ではこの行事も初期のような緊迫した空気はなく、正月八日に行われる丸山の絵踏は、紋日、物日のようになって、この式に臨む遊女達は粧いを凝らし、綺羅を飾って練り込む。なじみの客が競って贈る衣装には「絵踏衣装」の名で呼ばれたという。

鏑木清方「自作自解」『清方画集』（美術出版社、一九五七年）初出
（『鏑木清方記念美術館 収蔵品図録―作品編―』鎌倉市鏑木清方記念美術館、二〇〇一年）

《ためさるゝ日》はもともとは双幅《そうふく》で描かれたものだった。華やかな衣装をまとって踏絵を待つ遊女達の描かれた右幅と、遊女が素足を浮かせて聖像を踏もうと「銅板に触るる冷たい感じ」を捉えた左幅とからなっていた。だが文展に出品されたのは左幅のみだった。「両幅とも出来したが左幅の絵踏の女だけで十分私の意を悉《つく》していますから右幅は見合せた」（同前『大阪毎日新聞』）のだという。そして現在、右幅のみが鏑木清方記念美術館に所蔵され、左幅は所在が不明となっている。*

画集に掲載された《ためさるゝ日》双幅の図版をつぶさに見ると、展示を見合わせた右幅は、形骸化した絵踏行事の、異教の聖像を踏むことに何らためらいのなさそうな着飾った二人の遊女が、正月の寒さの中でつまらなさそうに順番を待っているという図に見える。かたや左幅は、聖母子の刻まれた銅板をじっと見おろし、右足をわずかに浮かせたままなにかに思い惑っている。それは単に素足に冷たい銅板が触れる感触をヒッと思っているだけなのかもしれないし、あるいはいたいけな赤子イエスを抱く母マリアの姿を自身の境遇と重ねたのか（遊女には里子に出された乳飲み子がいるという想像）。長崎は、かつて豊臣秀吉に

よるキリシタン禁止令により、フランシスコ会宣教師六人と日本人信徒二十人が処刑された地でもある。酷《むご》たらしい過去の伝習を、きらびやかに着飾った晴れの日の行事としていることへの疑いが心に萌したのか。もちろん彼女が隠れキリシタンの里の出身で、密かにカソリック教徒である可能性も拭いきれない。

《ためさるゝ日》とは、いったい何がためされているのか。正子はこの絵に何を感知したのだろう。正子は祖父の死の直後、ただこの絵に悲しみだけを投影したのではないと思う。

ためさるる日とは、その日その日と時を過ぎゆく中で、その日もきっと何かにためされながら、人は一生を送っているのだと教えているのではないか。

正子の日記は、どんな試練にも目を逸らさず、また目を逸らしたとしても、ちょっとした些細な出来事に天来の好奇心と感受性でそれを観察し、そのまま直裁に出来事を綴っている。そこには、その後九十一歳と長命を保った大伯母の優しくてほがらかな人柄にも通底した、正子の長い人生を支えた心の芯が詰められているように思う。

＊二〇二二年三月、東京国立近代美術館で開催された「没後50年 鏑木清方展」にて、《ためさるゝ日》（左幅）が三十年ぶりに出品された（東京 会期：三月一八日〜五月八日／京都国立近代美術館 会期：五月二七日〜七月一〇日）。左幅が最後に公開されたのは、一九九二年の「没後20年記念 鏑木清方展」の際で、その後「所在が不明」とされていたのは、個人蔵のため、公開の機会に恵まれなかったためであろう。以下、《ためさるゝ日》（左幅）の作品データ（同展図録より）。

ためさるゝ日　大正七年（一九一八）／絹本着色 軸　一八六・八×七八・〇㌢／初出　第十二回文部省美術展覧会（上野公園・竹之台陳列館　一〇月一四日〜一一月二〇日）／落款　右下に白文長方印「紫陽花舎」／箱書　表「ためさるゝ日 絵踏」、裏「大正戊午秋文部省美術展覧会出品」、朱文長方印「健」／控帳（作品おぼへ）九〜十月◎「ためさるゝ日 文展出品」

野田宣雄さん

二〇二〇年六月二五日、わたしは妻の運転で、老父母と共に、正子（日野のおばちゃん）が結婚して暮らした滋賀県蒲生郡日野の本誓寺を訪れた。

わたしが最後に日野を訪れたのはいつのことだったか。もう京都へ簡単には出かけることができなくなっていた日野のおばちゃんを訪ねたときがそうだ。一九九六年の初夏だったと思う。日野のおばちゃんの長男　野田宣雄《のだのぶお》さんと対座して話をしたことが一枚の風景として記憶に残る（わたしは二十五歳だった）。本誓寺を辞して、近江鉄道の日野駅まで歩いて行ったことも、その道のりの時間で覚えている。

あらためて日野の地に立つと、土間の光の加減だとか、鐘楼の脇の池の静もりだとか、ちょっとした瞬間がつい先日のことのように思い出され、時間の空白は無かったかのようにも感じられた。

それは、母にとっても同じことで、目に入るものすべてが鮮やかに昔を思い出して声にしていた。

「のぶおにいちゃん」

母は宣雄さんの手をとって呼びかけた。

ほんとうに両親が訪ねてくることを宣雄さんは待ちわびていらしたらしく、ベッドに横たわり、両親を見あげる目が潤んでいるように見えた。宣雄さんは長く病に臥しておられ、これが宣雄さんと会える最後の機会だと感じていた。

母が、「わたし、こんなにおばあさんになったんよ」と、宣雄さんに問いかけているのが、本当に長い時間が経ったことを教えるようだった。母は、小学生のころ、宣雄さんに勉強を教えてもらったことがあるらしく、宣雄さんの授業をボイコットしたこともあるらしい。たぶん、そうした微笑ましい記憶が、いくつもいくつも甦っていたのだろう。

わたしは、日野のおばちゃん、井上正子の六冊の日記帳を携えていた。

宣雄さんの手に日記をおさめて、十二歳の母の筆跡がよく見えるようにしてページを繰っていった。目はゆっくりと文字を追っておられるように見えた。時間が視線の先でねじれて、過去の風景が現在に浮かびあがり、米寿を迎えんとしていた宣雄さんは、日記の中になにを思われたことだろう。

わたしがかろうじて聞き取れたのは、「ありがとう」という言葉だった。

宣雄さんの訃報に接したのは、半年後の二〇二〇年一二月二九日。東京では新型コロナの第3波による感染者が急増しており、宣雄さんの通夜、葬儀はリモートで中継された。私たち家族は修正会《しゅうしょうえ》（新年の法要）の準備する手をとめて、葬儀の模様を本堂で視聴し、仏前に手を合わせた。

野田宣雄さんはドイツ近現代史を専門とする学者であり、保守論壇の思想家としてよく知られた。そして浄土真宗の僧侶として、日野本誓寺の住職を長年務められてきた。

一九三三年（昭和八）一二月四日、旧制第六高等学校（現 岡山大学）のドイツ哲学を専攻する教授だった野田浄曜と正子の長男として、岡山に生まれた。本誓寺の寺族に生まれたこともあり、幼くして得度を受けて僧籍に入った。敗戦（四五年）を経て五二年、滋賀県立日野高等学校を卒業。京都大学文学部の史学科（西洋史学）へ進み、ドイツ近現代史を専攻。五九年、二十四歳でベルリン自由大学に一年間留学の後、六三年より同大学教養部に席を置いて研究と講義に携わった（九一年から法学部）。

宣雄さんは、京大で西洋史の講義をする日々の傍らで、本誓寺の住職として法務に従事した。四十代から五十代にかけては、週日を大学で教え、週末は日野の寺で仕事をする日々が続いたそうだ。

六九年、文藝春秋から全26巻で刊行された『大世界史』の第二四巻『独裁者の道』(改題され文庫化、『ヒトラーの時代』上・下 講談社学術文庫、一九七六年)が最初の著作となる。『二十世紀の政治指導』(中央公論社、一九七六年)、『教養市民層からナチズムへ——比較宗教社会史のこころみ』(名古屋大学出版会、一九八八年)、『歴史の危機』(文藝春秋、一九九二年)など、その著書を通底するテーマは、二十世紀における「歴史」「教養」「政治」「宗教」を軸に、西洋史学から学ばれた文明論として一貫している。そこに仏教寺院に生まれたという出自がくわわり、「大学と寺院という二つの異なる世界を往復する生活」(「迂回の人生・大学と寺院」)から得られた経験が、宣雄さんの思考・思索・思想に陰影を与えてきたのではないだろうか。

わたしは、宣雄さんの没後一年を期して刊行された『「歴史の黄昏」の彼方へ 危機の文明史観』(千倉書房、二〇二二年)のなかに次のような一節を見つけて、もし宣雄さんが、一読者としてこの「井上正子日記」を読んだなら、こんな風に評したのではないかとも思った。

(戦後の知識人は、—引用者)人間の私的領域がはらんでいる問題の複雑さ困難さを忘れた。いいかえれば、人間には「われわれ」という発想によってではなく、「私」という発想によってしかとらえようのない世界があるということを忘れたのである。それは戦前の知識人たちが人生論という形であれほど私的な苦悩に執着した風潮をおもえば、まことに奇妙なことであった。

「「私」を忘れた戦後知識人」(初出『諸君!』創刊第四号、文藝春秋、一九六九年一〇月)

正子が今日の出来事を日記に綴るとき、まだ何も書かれていないページの〈私〉という発想によってしかとらえようのない世界に立って、〈私的領域〉での出来事より湧き出てくる喜びや哀しみや憤りから目をそらさないで、そこから社会の一員である〈私〉という存在を、書くという行為によって見出している。「井上正子日記」の意義は、こんなところにあるのではないか。

「私」を忘れた戦後知識人」は、一九〇一年生まれの戦前の教養人 塩尻公明氏の訃報から書き起こされた、宣雄さんの論壇デビューとなるエッセイだった。戦後知識人の一人として、〈私〉の世界に繋留点をもつことを良しとした宣雄さんの出発点がここに遠望できる。母として正子は、同時にひとりの教養人として、やや離れたところから、この寄稿を読んでいたに違いない。

鎖の両端

日記の刊行が決まり、法藏館の編集者の手を借りて六冊の日記の翻刻が全て終わったのは一昨年(二〇二一年)の春だった。作業は編集と組版を並行しつつ、ひとりで、時に編集の今西智久氏の手を煩わせながら、こつこつと日記をつけるようなペースで進められた。註やコラムを書くことにもっとも時間が割かれ、時が刻々と経過していった。ひとつの出来事に拘泥《こうでい》して、調べるほどに杳《よう》として知れなくなる事象の連続に音《ね》をあげそうになり、また勘が働いて、ここというポイントに糸を垂れると、手元に感じた微かな魚信から大きな獲物を引きあてることもあった(日記と共に見つけた祖父桑門志道の書簡の内容が日記とリンクしていた)。

しかし、日記の中のどんなものごとも、それを知って知りすぎるということは何ひとつとしてなかった。すべての出来事が日記のなかの日常と関連しているように思えた。たとえそれが地球の裏側で起こったことでも。じっさい、地球の裏側の事件が、当時（二〇世紀初頭）の目覚ましい通信と交通の発達により、情報伝達が即日とは言わないまでも、中一日程度のタイムラグで、正子の家にも毎日配達される新聞のニュースとして届くようになった。二〇世紀の百年という時間は、地球上で起きたあらゆる事象が、私たちの日常と急速につながりだし、にわかに影響を与えるものになったのである。

つまりはこういうことだ。ロシアの作家チェーホフの言葉を借りると、過去とは、一つまた一つと流れ出すぶっつづきの事件の鎖によって、現在と結びついている（「大学生」）。

わたしは正子の日記に触れた瞬間、日々の出来事が折り重なるだけの百年前の記述が、現在までずっと途切れ目なくつながっているように感じられる。

私のする一つ一つの行動が私の一生の歴史を作るのだもの。
美しい歴史を書かなくちゃならないのは私の義務だ。

一九二一年（大正一〇）六月一日　水曜日　雨

正子は「美しい歴史を書かなくちゃならない」と決意しているが、日記は、いまここで生起した出来事を、ただ正子自身の言葉で語っているだけであることを忘れてはならない。

彼女のする一つ一つの行動が、彼女の一生の歴史を作る。それは正子の一生の中で生きられた歴史であった。

読むものは、ただ鎖の一端に触れて、もう一方の端がぴくりとふるえたように感じられたら、それでいい。

私たちは、つねに過去現在未来と途切れ目のない歴史に触れ続けているが、そのことに気がつく時はいつも遅れてやってくる。今日の出来事を日記に記しとめることは、いつも未来とつながっている。

〈参考文献一覧〉　著者・編者・監修者・所蔵者名の五十音順

青木陽二・榊原映子 編『国立環境研究所研究報告 第197号　「八景の分布と最近の研究動向―過去の景観評価データ―」』独立行政法人 国立環境研究所、二〇〇七年
青柳榮司『真正の教育』青柳榮司、一九二六年
同「我國教育の科學的缺陥と强制的職業的補習教育の必要」京都市 編『京都小学五十年誌』京都市、一九一八年
秋定嘉和・森谷尅久・師岡佑行 編『京都の部落史7（史料近代2）／10（年表・索引）』京都部落史研究所、一九八五年（7）／一九八五年（10）
麻田雅文『シベリア出兵 近代日本の忘れられた七年戦争』中公新書、二〇一六年
朝日新聞社 編『現代日本 朝日人物辞典』朝日新聞社、一九九〇年
飛鳥寛栗『仏教音楽への招待』本願寺出版社、二〇〇八年
阿部敏行「等観寺近代史」草稿、二〇二一年九月一五日
池田仁美（指導教員：森田雅子／横川公子）「明治末期から大正期におけるミシン裁縫教育―シンガーミシン裁縫女学院の教育活動と実物教材の検討―」『生活環境学研究 No.4』武庫川女子大学大学院生活環境学専攻：［武庫川女子大学］生活環境学部生活環境学科：［武庫川女子大学］短期大学部生活造形学科、二〇一六年
石田潤一郎・沢田 清・柴田正巳・中川 理・福田晴虔　山形政昭『近代建築ガイドブック［関西篇］』鹿島出版会、一九八四年
磯田道史『感染症の日本史』文春新書、二〇二〇年
井上熊次郎 編『第五回内国勧業博覧会案内記』考文社、一九〇三年
井上章一『新版 霊柩車の誕生』朝日選書、一九九〇年
井上 迅・德正寺五百五十年史研究会 編『德正寺五百五十年史研究　腕木通信　巻二』りいぶる・とふん、二〇二〇年
岩波書店編集部『近代日本総合年表』岩波書店、一九六八年
宇田川庫吉 談「グラビア1／2世紀」『印刷新報』印刷出版研究所、六七年九月～一二月／「日本印刷産業連合会＞ぷりんとぴあ＞印刷産業アーカイブ＞印刷図書館 印刷史談会」https://www.jfpi.or.jp/files/user/pdf/printpia/pdf_part3_01/part3_01_003.pdf（参照二〇二一年一〇月七日）
内田青蔵「「住宅改良会」の沿革と事業内容について」「日本建築学会計画系論文報告集 第351号」日本建築学会、一九八五年五月
恩地孝四郎「夢二のスケッチ帖」恩地孝四郎 編『書窓 第六巻第六号 夢二スケッチ帖抄』アオイ書房、一九三八年
浦野起央 編著『20世紀紛争事典』三省堂、二〇〇〇年
海後宗臣 等編『日本教科書大系・近代編 第23巻（理科 第3）』講談社、一九六六年
大阪天守閣 編『大坂城天守閣復興80周年特別展 天守閣復興』大阪天守閣、二〇一一年
大阪毎日新聞社 編『日本都市大観　附 満洲国都市大観　昭和十一年版』大阪毎日新聞社、一九三六年
岡村周薩 編『真宗大辞典 第一‐三巻』永田文昌堂、一九三六年（改訂再刊、一九七二年）
お豆腐狂言 茂山千五郎家「お豆腐狂言 茂山千五郎家＞お豆腐狂言について＞茂山千五郎家とは」https://kyotokyogen.com/about/

sengoroke/（参照二〇二二年四月二日）
開智小学校創立百周年記念事業委員会『開智校百年誌』開智小学校創立百周年記念事業委員会、一九六九年
上平鹿之助『実験旗遊技』健康堂、一九二二年
紙屋牧子「〝皇太子渡欧映画〟と尾上松之助―NFC所蔵フィルムにみる大正から昭和にかけての皇室をめぐるメディア戦略」『東京国立近代美術館研究紀要 20号』東京国立近代美術館、二〇一六年
川上為次郎『歯科医学史』金原商店、一九三六年
祇園祭山鉾連合会 編『写真記録 祇園祭』祇園祭山鉾連合会、一九七八年
景山忠弘・小池謙一 編著『古今大相撲 力士事典』国書刊行会、一九八九年
京須利敏・水野尚文編著『平成三十年版 大相撲力士名鑑』共同通信社、二〇一七年
金指基 原著『相撲大事典 第四版』現代書館、二〇一五年
金子大榮 編『真宗聖典 上下』法藏館、一九六〇年
喜多川守貞（室松岩雄・古内三千代・保持照次 校）『守貞漫稿（類聚 近世風俗志）』榎本書房、一九二七年
北西弘『東本願寺近代史料 阿部恵水宗門秘顧録・下間頼信日記』北国出版社、一九八六年
木場明志・程舒偉 編『日中両国の視点から語る 植民地期満洲の宗教』柏書房、二〇〇七年
金両基監修『図説 韓国の歴史』河出書房新社、一九八八年（二〇〇二年新装改訂二版1刷）
教学研究所 編『近代大谷派年表 第二版』東本願寺出版部、二〇〇四年
京都鴨沂会（大塚美禾）編『京都鴨沂会雑誌 第五十号』京都鴨沂会、一九二二年
京都市社会課 編『京都市社会課叢書第十三編 京都の湯屋』京都市社会課、一九二三年
京都市中央斎場のあり方検討委員会『中央斎場の概要説明資料』京都市、二〇一一年
京都商品陳列所 編『京都商品陳列所の栞』京都商品陳列所、一九一一年
京都女子学園「学校法人 京都女子学園 > 教育理念 > 京女の歴史」https://www.kyoto-wu.ac.jp/gakuen/rinen/history/index.html（参照二〇二一年一月二〇日）
京都市歴史資料館「フィールド・ミュージアム京都 > いしぶみを探す > 孝子儀兵衛碑 」https://www2.city.kyoto.lg.jp/somu/rekishi/fm/ishibumi/html/ni043.html（参照二〇二二年二月九日）
京都市立高等女学校『京都市立高等女学校一覧 大正二年度』京都市立高等女学校、一九一三年
京都大学文学研究科 蔵「京都市都市計画基本図」一九二二年／立命館大学アート・リサーチセンター「近代京都オーバーレイマップ」https://www.arc.ritsumei.ac.jp/archive01/theater/html/ModernKyoto/（参照二〇二二年三月二四日）
京都府 編『京都府誌 上下』京都府、一九一五年
京都府立総合資料館『総合資料館だより No.176』京都府立総合資料館、二〇一三年七月
府立総合資料館 蔵「京都市明細図（昭和二六年頃手描き彩色・加筆）」大日本聯合火災保険協会京都地方会、一九二七年頃／立命館大学アート・リサーチセンター「近代京都オーバーレイマップ」https://www.arc.ritsumei.ac.jp/archive01/theater/html/ModernKyoto/（参照二〇二二

年七月二日）

京都府立第一高等女学校（鈴木正美）『京都府立第一高等女学校創立五十週〔周〕《ママ》年記念帖』京都府立第一高等女学校、一九二二年

近現代資料刊行会『近代都市環境研究資料叢書3　近代都市の衛生環境（京都編）別冊［解説編］』近現代資料刊行会、二〇一一年

近代建築画譜刊行会 編『近代建築画譜 近畿篇』近代建築画譜刊行会、一九三六年

草野顕之『親鸞の伝記『御伝鈔』の世界 シリーズ親鸞 第六巻』筑摩書房、二〇一〇年

工藤克洋「『洛陽德正寺由緒』にみる德正寺の寺地移転について」井上迅・德正寺五百五十年史研究会 編『德正寺五百五十年史研究 腕木通信 巻一』りいぶる・とふん、二〇二〇年

桑原武夫 編『岩波小事典 西洋文学 第2版』岩波書店、一九六七年

倉橋町 編『倉橋町史 海と人々のくらし』倉橋町、二〇〇〇年

同『倉橋町史 通史編』倉橋町、二〇〇一年

慶応義塾「慶應義塾公式ウェブサイト＞服事情「歴史篇 塾生ファッションの変遷と学生服」」https://www.keio.ac.jp/ja/assets/download/about/learn-more/publications/juku/270/270_05.pdf（参照二〇二二年一月一五日）

ケヴィン・ブラウンロウ／宮本高晴 訳『サイレント映画の黄金時代』国書刊行会、二〇一九年

元元堂書房編纂所『実科高等女学校用国語読本 巻三』元元堂書房、一九一五年／「広島大学図書館 教科書コレクション 画像データーベース」http://dc.lib.hiroshima-u.ac.jp/text/（参照二〇二一年九月一七日）

更生保護法人 盟親「史跡としての盟親」http://meishin.moon.bindcloud.jp/qanda.html（参照二〇二一年一二月九日）

河野法雲・雲山龍珠 監修『真宗辞典』法藏館、一九三五年

国勢院 編『日本帝国人口動態統計 大正七年』国勢院第一部、一九二一年

國分操子『日用宝鑑 貴女の栞』大倉書房、一八九五年

小林丈広 監修・京都岡崎魅力づくり推進協議会 編『地図で読む京都・岡崎年代史』京都岡崎魅力づくり推進協議会、二〇一五年

小山静子 監修『女学世界 大正期復刻版53 大正9年9月～10月（第20巻第9号、第20巻第10号）』柏書房、二〇一六年

齋藤慶子・渡邉 巧「成瀬仁蔵における「自学自動」の教育実践とその意義—女子の生活力改善をめざす取り組み—」日本女子大学教育学科の会 編『人間研究 第53号』日本女子大学教育学会、二〇一七年

左右田昌幸「花山火葬場について（一）」『本願寺研究所報 29』本願寺史料研究所、二〇〇六年七月／同「花山火葬場について（一・承前）」「花山火葬場について（二）」『同 30』二〇〇六年八月／同「花山火葬場について（二・承前 結）」『同 31』二〇〇六年一一月

堺史談会 編『堺水族館記』堺史談会編輯局、一九〇三年

佐賀枝夏文「大谷派婦人法話会『婦徳』総目次」『大谷大学真宗総合研究所研究紀要 第20号』大谷大学真宗総合研究所、二〇〇九年九月

嵯峨景子「『女学世界』にみる読者共同体の成立過程とその変容—大正期における「ロマンティック」な共同体の生成と衰退を中心に」日本マス・コミュニケーション学会 編『マス・コミュニケーション研究 No.78』学文社、二〇一一年

桜田通雄「大典記念京都植物園、創設とその背景—初の公立大規模総合植物園の誕生史—」『日本植物園協会誌 第53号』公益社団法人 日

本植物園協会、二〇一六年
沢田和彦「I・A・ゴンチャローフと二人の日本人」『スラヴ研究 45号』北海道大学スラブ・ユーラシア研究センター、一九九八年
三省堂編修所 編『大きな活字の コンサイス世界年表』三省堂、一九八三年
西 創生 編著『満洲芸術壇の人々』曠陽社出版部、一九二九年
清水吉康 作図『日本全国パノラマ地図 第三巻 近畿地方パノラマ地図』金尾文淵堂、一九二二年
週刊朝日 編『値段の明治・大正・昭和風俗史 上下』朝日文庫、一九八七年
浄土宗大辞典編纂実行委員会 編『新纂浄土宗大辞典』浄土宗出版、二〇一六年
白川静『字統』平凡社、一九八四年
人事興信所 編『人事興信録』人事興信所、一九〇三年（初版）、一九一五年（第四版）、一九二八年（第八版）／名古屋大学大学院法学研究科「『人事興信録』データベース」https://jahis.law.nagoya-u.ac.jp/who/（参照二〇二二年三月一七日）
住友和子編集室＋村松寿満子 編『20世紀の天使たち キューピーのデザイン』INAX、一九九五年
鄒 韻「大正時代における女性同性愛を巡る言説 ―「同性の愛」事件と吉屋信子『花物語』を中心に」『JunCture 超域的日本文化研究 第9号』名古屋大学大学院人文学研究科附属「アジアの中の日本文化」研究センター、二〇一八年
竹崎陽子「大先輩「井上 秀」先生―京都府立等女学校 明治二十六年卒―」『鴨沂会誌 158号』公益社団法人 京都鴨沂会、二〇二一年
田中義一 編『京極と其附近案内 週刊第三号』市民風景社、一九三四年六月一七日
田辺尚雄『音楽粋史① チヨボクレ節からシンフオニーまで』日本出版協同、一九五三年
辻村多助 編『都をどり』一九一四年、祇園街歌舞練場
津布良 正 オーラル・ヒストリー「Tessaku 鉄柵 Oral histories and testimonies from the Japanese American incarceration>ORAL HISTORIES>Tadashi Tsufura, MARCH 15, 2017 COMMENT」https://tessaku.com/oral-histories/2017/03/15/tadashi-tsufura（参照二〇二二年三月二二日）
鶴見香織・中村麗子・小倉実子・三宅さくら・福田智子・NHK・NHKプロモーション 編『没後50年鏑木清方展』毎日新聞社・NHK・NHKプロモーション・東京国立近代美術館・京都国立近代美術館、二〇二二年
鉄道院 公認『公認 汽車／汽船 旅行案内 第二九一号』㈱旅行案内社、一九一八年一二月
東京割烹講習会『西洋菓子の拵方』東京割烹講習会、一九二二年
扉野良人 編「十二歳のスペイン風邪 大叔母の百年前日記 野田正子日記抄」『河口から VI』季村敏夫個人誌、二〇二〇年五月
富安風生 他 編『俳句歳時記（全5巻／新年・春・夏・秋・冬）』平凡社、一九五九年
豊田千明「［資料］昭和女子大学図書館蔵『少女画報』目次（下）その一」『学苑 第八六九号』昭和女子大学、二〇一三年三月
内務省衛生局 編『流行性感冒』内務省衛生局、一九二二年
中村 元・福永光司・田村芳朗・今野 達 編『岩波 仏教辞典』岩波書店、一九八九年

南條文雄『懐旧録』大雄閣、一九二七年
日外アソシエーツ編集部 編『新撰芸能人物事典 明治〜平成』日外アソシエーツ、二〇一〇年
西川泰 編「災害研究図表集」『防災科学技術研究資料 12』国立研究開発法人 防災科学技術研究所、一九七〇年三月
日本印刷学会 編『新版 印刷事典』大蔵省印刷局、一九七四年
日本近代文学館 小田切進 編『日本近代文学大事典 机上版』講談社、一九八四年
日本近代文学館 小田切進 編『日本近代文学大事典 第五巻』講談社、一九七七年
日本国語大辞典 第二版 編集委員会・小学館国語辞典編集部『日本国語大辞典 第二版（全13巻 別巻1）』小学館、二〇〇一年第二版
日本名著全集刊行会（代表 石川寅吉）『西鶴名作集 上（日本名著全集第一期出版 江戸文藝之部 第一巻）』日本名著全集刊行会、一九二九年
沼 法量『宗門千城慧行』等觀寺、一九二〇年
沼 法量・井上智月 編『德正寺誌』德正寺、一九三三年
野口穂高「大正期における「林間学校」の受容と発展に関する一考察—その目的と実践内容の分析を中心に—」『早稲田大学 教育・総合科学学術院 学術研究（人文科学・社会科学編）第64号』早稲田大学 教育・総合科学学術院、二〇一六年三月
野田宣雄 著 竹中亨・佐藤卓巳・瀧井一博・植村和秀 編『「歴史の黄昏」の彼方へ 危機の文明史観』千倉書房、二〇二一年
橋本雅夫 編『宝塚歌劇の70年』宝塚歌劇団、一九八四年
長谷川家住宅 蔵『京都市明細図（縮尺1/1,200）』一九二七年／立命館大学アート・リサーチセンター「近代京都オーバーレイマップ」https://www.arc.ritsumei.ac.jp/archive01/theater/html/ModernKyoto/（参照二〇二三年三月一日）
林 鶴一『女子代数教科書』東京開成館、一九二一年訂正再版
林 俊光「明治期における平安徳義会の児童保護活動」『福祉教育開発センター紀要（11）』佛教大学福祉教育開発センター、二〇一四年三月
速水 融『日本を襲ったスペイン・インフルエンザ 人類とウイルスの第一次世界戦争』藤原書店、二〇〇六年
林屋辰三郎・村井康彦・森谷尅久 編集代表『日本歴史地名大系27 京都市の地名』平凡社、一九七九年
日高圭一郎「「八景」と明治期の名所図会について—福岡県を事例として—」『国立環境研究所研究報告 第197号 青木陽二・榊原映子編「八景の分布と最近の研究動向—過去の景観評価データ—」』国立環境研究所、二〇〇八年一月
美術手帖「HOME>MAGAZINE>NEWS>EXHIBITION>鏑木清方の《ためさるゝ日》（左幅）、30年ぶりに公開へ」https://bijutsutecho.com/magazine/news/exhibition/25269（参照二〇二三年七月三〇日）
深田一弘「新聞製作技術の軌跡（第4回）」『CONPT Vol.39 No.2』日本新聞製作技術懇話会、二〇一五年三月
福田恆存『増補版 私の國語教室』中公文庫、一九八三年
藤田真一・清登典子 編『蕪村全句集』おうふう、二〇〇〇年
藤波楽斎『歌劇と歌劇俳優』文星社、一九一九年
藤野裕子『民衆暴力—一揆・暴動・虐殺の日本近代』中公新書、二〇二〇年
藤原辰史『カブラの冬 第一次世界大戦期ドイツの飢饉と民衆 レク

チャー 第一次世界大戦を考える』人文書院、二〇一一年

同「パンデミックを生きる指針―歴史研究のアプローチ」B面の岩波新書、二〇二〇年四月 https://www.iwanamishinsho80.com/post/pandemic(参照二〇二三年一月一五日)

藤森照信『日本の近代建築（上）（下）』岩波新書、一九九三年

藤山宗利『日本歌劇俳優写真名鑑』歌舞雑誌社、一九二〇年

平安女学院大学「平安女学院大学＞大学について＞歴史と沿革＞沿革」http://www.heian.ac.jp/about/history/univ.html(参照二〇二三年五月一一日)

平安徳義会（社会福祉法人）「社会福祉法人 平安徳義会＞法人のご案内＞沿革」http://www.heiantokugikai.or.jp/message.html(参照二〇二一年一二月一五日)

堀内久美雄 編『新訂 標準音楽辞典 アーテ 第二版』二〇〇八年（新訂第2版2刷）

毎日新聞社 編『京都人物山脈』毎日新聞社、一九五六年

前田蓮山『原敬 三代宰相列伝』時事通信社、一九五八年

マック・セネット／石野たき子 訳・新野敏也 監修『〈喜劇映画〉を発明した男 帝王マック・セネット、自らを語る』作品社、二〇一四年

㈱三越本社 編『株式会社 三越 100年の記録』㈱三越本社、二〇〇五年

南 元子「児童劇・学校劇における岡田文部大臣の訓示・通牒の意味とその影響―所謂「学校劇禁止令」(1924) について―」『子ども社会研究12号』日本子ども社会学会、二〇〇六年

南 亮進「印刷業における動力と技術進歩」一橋大学経済研究所 編『経済研究 Vol.27 No.1』岩波書店、一九七六年一月

宮原誠一 他『資料 日本現代教育史4』三省堂、一九七九年

持田恵三「米穀市場の近代化―大正期を中心として―」『農業総合研究23』農林水産省農業総合研究所、一九六八年

本橋 仁「KYOTO OKAZAKI ARCHITECTURE MAP」art-plus、二〇二一年

森安正・生田誠・高田聡 編『集う京都20世紀 ホテル・百貨店・四条通の絵葉書』京都絵葉書研究会、二〇一八年

文部科学省「白書＞学制百年史＞二 近代教育制度の創始」https://www.mext.go.jp/b_menu/hakusho/html/others/detail/1317567.htm（参照二〇二一年一一月五日）

八杉貞利 著・和久利誓一 監修『八杉貞利日記 ロシヤ路 図書新聞双書5』図書新聞社、一九六七年

吉沢典男・石綿敏雄『外来語の語源 角川小辞典＝26』角川書店、一九七九年

謝辞

本書の出版にあたり、諸資料、情報のご提供、ご教示などご協力を賜りました左記の関連機関、関係各位に、深く感謝の意を表します。（敬称略、順不同）

阿部敏行
阿部恵木
跡部 信
網中いづる
生田 誠
磯田真理子
井上章子
故井上 等
大八木一壽
興地純子
樺山 聡
菊地利奈
季村敏夫
桑門真昭
小林久子
駒井 雅

鈴木 潤
寺村浩平
寺村 隆
根本章雄
野田彬雄
野田綾女
野田恒雄
故野田宣雄
林 潤平
林 哲夫
日野志道
伏見 操
三輪万明
山﨑純夫
山本 淳

大谷大学図書館
鎌倉市鏑木清方記念美術館
京都市学校歴史博物館
京都市消防局
京都市立堀川高等学校同窓会
京都鉄道博物館
京都市錦市場商店街振興組合
京都府立京都学・歴彩館
京都府立図書館
公益社団法人京都鴨沂会
真宗大谷派 京都教区 山城第一組
真宗大谷派 常念寺
真宗大谷派 信順寺
真宗大谷派 等觀寺
真宗大谷派 本誓寺
中外日報社

寺村牡丹堂
日本印刷産業連合会 総務部
山﨑書店

［著者プロフィール］

井上正子（いのうえまさこ）

一九〇六年（明治三九）京都市生まれ。生家は下京区の真宗大谷派寺院 徳正寺。一八年（大正七）、京都市立高等女学校（現 京都市立堀川高等学校）に入学。同年五月より日記を綴る（～二二年九月）。二六年、京都府立第一高等女学校（現 京都府立鴨沂《おうき》高等学校）の国語漢文専攻科二年を卒業。同年、野田浄曜《じょうよう》と結婚、野田正子となる。九八年（平成一〇）、滋賀県蒲生《がもう》郡日野の真宗大谷派本誓寺の坊守として天寿を全うした。行年九十一歳。

［編者・執筆者プロフィール］

井上迅（いのうえじん）／**扉野良人**（とびらのらびと）

一九七一年（昭和四六）京都市生まれ。本書の著者 井上正子の又甥《またおい》。徳正寺 住職。僧侶のかたわら〝扉野良人〟の筆名でアマチュア出版人を名告《なの》り、〈りいぶる・とふん〉を主催して、『浮田要三の仕事』（二〇一五年）、詩誌『百年のわたくし』（一六年～）などを編集・出版。著書に『ボマルツォのどんぐり』（晶文社、〇八年）。

磯田道史（いそだみちふみ）

一九七〇年（昭和四五）岡山県生まれ。国際日本文化研究センター教授。慶應義塾大学大学院文学研究科博士課程修了。博士（史学）。著書に『武士の家計簿』（新潮新書、二〇〇三年）、『近世大名家臣団の社会構造』（東京大学出版会、一一年）、『無私の日本人』（文藝春秋、一二年）、『歴史とは靴である 17歳の特別教室』（講談社、二〇年）、『感染症の日本史』（文春新書、二〇年）、『徳川家康 弱者の戦略』（文春新書、二三年）など多数。

小林エリカ（こばやしえりか）

一九七八年（昭和五三）東京生まれ。作家、マンガ家。著書にアンネ・フランクと父の日記をめぐる『親愛なるキティーたちへ』（リトルモア、二〇一一年）、『トリニティ、トリニティ、トリニティ』（集英社、一九年）、『最後の挨拶 His Last Bow』（講談社、二一年）、〝放射能〟の歴史に迫った『光の子ども1－3』（リトルモア、一三～一九年）ほか。展覧会に《野鳥の森 1F》（Yutaka Kikutake Gallery、一九年）、《話しているのは誰？ 現代美術に潜む文学》（国立新美術館、一九年）など。

藤原辰史（ふじはらたつし）

一九七六年（昭和五一）生まれ。京都大学人文科学研究所准教授。専門は食と農の現代史。著書に『ナチス・ドイツの有機農業／「自然との共生」が生んだ「民族の絶滅」』（柏書房、二〇〇五年）、『ナチスのキッチン／「食べること」の環境史』（水声社、一二年／共和国、一六年）、『トラクターの世界史』（中公新書、一七年）、『給食の歴史』（岩波新書、一八年）、『分解の哲学 腐敗と発酵をめぐる思考』（青土社、一九年）、『歴史の屑拾い』（講談社、二二年）など多数。

井上章子（いのうえしょうこ）

一九四六年（昭和二一）、井上正子の弟 彰淳の一人娘として徳正寺に生まれる。七〇年、画家 秋野不矩の五男 秋野等《ひとし》と結婚（等は徳正寺の前住職）。本書の編者 井上 迅は長男。

ためさるる日

井上正子日記 1918-1922

二〇二三年一一月二五日　初版第一刷

著　者　井上正子
編　者　井上　迅
発行者　西村明高
発行所　株式会社　法藏館
京都市下京区正面通烏丸東入
郵便番号　六〇〇-八一五三
電　話　〇七五-三四三-〇〇三〇（編集）
〇七五-三四三-五六五六（営業）

書容設計　扉野良人
題　字　小村雪岱
印刷・製本　中村印刷株式会社

© Noda Ayame & Inoue Jin 2023 *Printed in Japan*
ISBN 978-4-8318-7759-8　C0095
乱丁・落丁本の場合はお取り替え致します